ERRATUM

Page LXXI : lire

FORMIGÉ (J.), *L'abbaye royale de Saint-Denis, Recherches nouvelles*. Paris, 1960.

FOSSIER (R.), *Le Moyen-Âge 2 : L'éveil de l'Europe : 950-1250*. Paris, 1982.

FRANKL (P.), *The gothic literary sources and interpretations through eight centuries*. Princeton 1960.

LES CLASSIQUES
DE L'HISTOIRE DE FRANCE
AU MOYEN AGE

FONDÉS PAR LOUIS HALPHEN
ET PUBLIÉS SOUS LA DIRECTION DE PIERRE RICHÉ
SOUS LES AUSPICES DE L'ASSOCIATION GUILLAUME BUDÉ

37ᵉ volume

*LES CLASSIQUES DE L'HISTOIRE DE FRANCE
AU MOYEN AGE*
fondés par Louis HALPHEN
et publiés sous la direction de PIERRE RICHÉ
sous les auspices de l'Association Guillaume Budé

SUGER

ŒUVRES

TOME I

Écrit sur la consécration
de Saint-Denis

L'Œuvre administrative
Histoire de Louis VII

TEXTE ÉTABLI, TRADUIT
ET COMMENTÉ

PAR

Françoise GASPARRI
Directeur de recherches au C.N.R.S.

PARIS
LES BELLES LETTRES
1996

Conformément aux statuts de l'Association Guillaume Budé, ce volume a été soumis à l'approbation de la commission technique, qui a chargé M. Michel Nortier d'en faire la révision et d'en surveiller la correction en collaboration avec Mme *Françoise Gasparri.*

Tous droits de traduction, de reproduction et d'adaptation réservés pour tous les pays.

© *1996. Société d'édition Les Belles Lettres, 95 bd Raspail 75006 Paris.*

ISBN : 2-251-34048-3

INTRODUCTION

I. — Vie de Suger

Moine, soldat, homme d'Etat : sans doute pourrait-on par ces trois mots, d'entrée de jeu, définir la personnalité de l'abbé Suger de Saint-Denis.

Né vers 1081 d'une famille de petite extraction, paysans ou petits chevaliers possessionnés dans la région de Saint-Denis ou d'Argenteuil [1], probablement à Chennevières-lès-Louvres près de Roissy, Suger avait pour père un certain Hélinand, qui figure au nécrologe de Saint-Denis, ainsi que ses deux frères : Raoul, avec son épouse Emmeline, et Pierre [2]. Il avait aussi plusieurs neveux : Guillaume, chanoine de Notre-Dame de Paris [3], Jean [4], Girard [5] et Simon [6]. Sur son origine ou sur sa petite enfance Suger ne nous dit rien mais il nous informe, dans plusieurs passages de son œuvre écrite, sur la modestie de son ascendance : ainsi, dans sa Vie de Louis le Gros, il dit à propos de son élection à l'abbatiat « comme il est habituel à la toute-puissance de Dieu, plus sa main, aussi douce que puissante, m'éleva, me faisant passer de ma bassesse au degré

---

1. Sur l'origine de la famille de Suger, cf. J. Benton, *Suger's life and personality*, dans *Abbot Suger and Saint-Denis, A Symposium*, p. 2-15, qui suggère un lien avec la famille de Garlande.
2. A. Molinier, *Obituaire de la province de Sens, I : diocèses de Sens et de Paris*, Paris, 1902, p. 325 (4 septembre), p. 332 (28 novembre) et p. 349 (4 septembre). Pour Pierre, cf. la charte du 24 août 1125, Mayence : Tardif, *Monum. Hist.* n° 397.
3. Cf. B. Guérard, *Cartul. de Notre-Dame de Paris*, Paris, 1850, IV, 11.
4. Lettre du pape Eugène III, 1145-1151 : cf. O. Cartellieri, reg. n° 125.
5. Cf. Suger, *Traité sur son administration*, I, Chap. 1.
6. Charte de Suger : 1145, 25 octobre-1149, 12 mars : Lecoy n° 12, p. 362.

suprême, relevant le pauvre de son fumier pour le faire asseoir parmi les princes, plus aussi elle me rendit humble... » [7], et dans son testament : « me représentant ma longue ingratitude... de quelle manière la main vigoureuse de Dieu a relevé ma pauvre personne de l'ordure, de quelle manière elle m'a fait siéger, même avant cet honneur, parmi les princes de l'Eglise et du royaume, de quelle manière elle m'a élevé sur ce siège, moi qui étais indigne et absent... » [8] ; et ailleurs encore, à plusieurs reprises, dans son traité sur l'administration de l'abbaye. Après sa mort, le moine Guillaume de Saint-Denis en attestera dans la biographie qu'il écrivit de son abbé : « cependant ses rivaux reprochaient à cet homme illustre l'humilité de ses origines car les aveugles et les imbéciles ne comprennent pas que son plus grand mérite et sa plus grande gloire est d'avoir rendu nobles les siens plutôt que d'être né de parents nobles... » [9]. Sa chance fut d'être offert par son père, vers l'âge de dix ans, comme oblat à l'abbaye de Saint-Denis, devant le Grand Autel, que plus tard il enrichira de panneaux d'or : il fréquenta alors l'école du prieuré de l'Estrée pendant une dizaine d'années : c'est là qu'il fit la connaissance du jeune prince Louis, fils du roi Philippe I, qui y recevait lui aussi son éducation. Mais cette nouvelle relation, une amitié qui plus tard deviendra plus intime et aura les conséquences que l'on sait, ne dura alors pas plus d'une année : l'héritier de la couronne alla rejoindre son père et se former au métier des armes, puis entrer dans la guerre contre le roi anglais, Guillaume le Roux, tandis que Suger, ayant embrassé la profession monastique, après avoir déjà rencontré au moins une fois, en 1104, le prince Louis à la cour du roi Philippe [10], ira pendant deux ans,

7. Cf. Suger, *Vie de Louis le Gros*, éd. H. Waquet, Paris, 1964, p. 212.
8. Cf. Lecoy, charte n° VII, p. 334.
9. Cf. *Vie de Suger par le moine Guillaume* : Lecoy, p. 380.
10. A. Luchaire, *Annales du règne de Louis VI*, n° 3 : c'est en sa présence que le roi exhorta son fils Louis à garder la tour de Montlhéry : « Le roi en portait bien témoignage quand, en notre présence, il rappelait à son fils Louis la fatigue douloureuse et pesante que lui avait causée ce château : Va Louis, mon fils, disait-il, veille avec grand soin à la conservation de cette tour. Voici que les tracas

jusque vers 1106, terminer ses études dans une école abbatiale que les textes ne nous permettent pas d'identifier, proche de Fontevrault [11] : peut-être Saint-Benoit-sur-Loire ou plus probablement Marmoutier car c'est de cette abbaye qu'il revenait quand il alla assister à un concile réuni à Poitiers, au printemps 1106, par le légat du pape Pascal II [12]. Quel que soit le lieu de son ultime formation, il dut y recevoir une très solide culture, une instruction très étendue : il connaissait en très grande partie la littérature antique, les textes patristiques, il possédait parfaitement l'office monastique, savait l'histoire des rois : ses écrits, très variés, sont un composé de textes bibliques dont il était imprégné, l'Ancien comme le Nouveau Testament, des Épîtres de saint Paul, de fragments liturgiques, de passages d'auteurs latins, plus classiques que chrétiens, du moins ceux qui avaient cours dans les écoles à son époque : Horace dont, aux dires de son biographe Guillaume, il était capable de réciter par cœur vingt ou trente vers, Juvénal, Ovide, et les poètes comiques ou épiques : Térence et surtout Lucain dont on retrouve des citations assez fréquentes dans son œuvre sous forme de fragments d'hexamètres, d'expressions poétiques donnant souvent à son style une impression d'affectation, d'effets oratoires, parfois d'emphase, mais aussi une vivacité originale faite de ruptures de construction, d'irrégularités grammaticales qui bien souvent sentent la langue vulgaire, le pittoresque, la spontanéité d'un homme d'action dont la pensée allait plus vite que l'expression écrite ou même parlée.

Il fut alors, dès son retour à Saint-Denis, investi par son abbé, Adam, de missions importantes : le 9 mars 1107 il rencontra, à La Charité-sur-Loire, le pape alors en difficulté avec l'empereur Henri V au sujet de la grande contestation

qu'elle m'a causés a fait de moi presque un vieillard » (Suger, *Vie de Louis le Gros*, ed. Waquet, chap. VIII, p. 38-39).
11. Cf. sa lettre adressée au pape Eugène III en faveur des moniales de Fontevrault, ed. Lecoy, p. 263-264 : « placeat igitur excellentie vestre... eas... confovere et protegere, utpote tantum tante religionis locum quem, cum in partibus illis in scholis essemus, noviter inceptum esse vidimus... ».
12. Cf. Suger, *Vie de Louis le Gros*, ed. Waquet, p. VI.

sur l'investiture des évêques : ce dernier était venu en France pour en débattre et recevoir l'appui du roi et du clergé des Gaules. Après la dédicace de l'abbatiale, un grand rassemblement eut lieu, dirigé par l'ancien chancelier Gui le Rouge, au cours duquel Suger eut à défendre, contre les prétentions de l'évêque de Paris, Galon, certains privilèges de l'abbaye de Saint-Denis, en particulier celui d'ordonner les moines de la communauté [13] : c'est à cette occasion qu'il fit preuve, pour la première fois, en public, de ses talents d'orateur, de « brillant plaideur de causes » (Chronique de Morigny) et de son pouvoir de conviction [14]. La même année il accompagna l'abbé Adam et certains prélats à Châlons-sur-Marne où le pape devait rencontrer les ambassadeurs de l'empereur Henri V [15]. Ces rencontres permirent à Suger de se familiariser avec les habitudes diplomatiques du Saint-Siège et favoriseront les relations avec Rome, lesquelles deviendront plus étroites sous le pontificat de Calixte II.

Pour l'heure l'abbé Adam, soucieux de redresser l'état des possessions de son monastère et d'en améliorer l'administration, confia à Suger dont il avait pu apprécier le talent à défendre ses intérêts, la prévôté de Berneval en Normandie, dans le pays de Caux près de Dieppe, prévôté sur laquelle les officiers du duc de Normandie exerçaient de multiples exactions. De procès en procès, Suger réussit à rétablir la prévôté dans ses droits et eut l'occasion d'apprécier et d'analyser les qualités de l'administration anglo-normande : il en conservera longtemps admiration et respect pour le roi d'Angleterre Henri I, pourtant ennemi du roi de France. Pendant ce temps, le prince Louis gagnait une brillante victoire sur la famille de Rochefort et le sénéchal Hugues de Crécy, au château de Gournay-sur-Marne. Ce fut l'occasion pour la famille de Garlande de

[13]. Cf. lettre du pape Pascal II à l'abbé Adam : cf. Lecoy, p. 430-431.
[14]. Suger, *Vie de Louis le Gros*, ed. Waquet, p. 52-53.
[15]. *Ibid.*, p. 54-59.

renforcer sa position à la cour : le sénéchalat fut en effet confié à Anseau de Garlande. Suger, désormais rompu au métier d'administrateur, fut envoyé en 1109, à l'âge de vingt-huit ans, à la tête de la prévôté de Toury en Beauce. Là les enjeux étaient tout autres. Ce domaine était en effet en proie à la rapacité des châtelains du Puiset, « opprimé par d'insupportables corvées... donné en pâture aux peuples éthiopiens »[16]. Suger, qui administra cette prévôté pendant presque deux ans, dut faire appel à Louis, désormais roi de France, avec l'aide des églises environnantes de Chartres, de Sens[17], de Saint-Benoît, pour mener une guerre totale contre le seigneur du Puiset : cette guerre eut lieu et elle fut implacable[18]. Suger y participa, organisant la défense, fortifiant le domaine de Toury, le garnissant d'un grand nombre de chevaliers, faisant apporter des chars pleins de bois mêlé de matière inflammable[19]. L'année suivante, il assista à la soumission simulée d'Hugues du Puiset à laquelle naïvement il avait cru, et à la rémission du château de Corbeil[20], fit face ensuite à une nouvelle attaque de Toury, soutenu par les forces royales et la présence du roi lui-même[21] qui, après un siège long et difficile, vint à bout du rebelle et de la coalition avec Thibaud de Blois, Milon de Montlhéry, Hugues de Crécy et Guy de Rochefort, et fit raser le château du Puiset[22].

Entre-temps Suger avait accompli sa première mission lointaine : en mars 1112 il avait en effet accompagné son abbé, Adam, à Rome, où s'était tenu un concile pour tenter de régler, avec l'empereur, le problème des investitures. A

16. Suger, *Traité sur son administration*, I chap. 18, et charte de l'abbé Adam, où Suger souscrit comme prévôt de Toury : 1111, mai: Lecoy, p. 365.
17. Une réunion eut lieu à Melun, autour du roi, le 12 mars 1111 : cf. Suger, *Vie de Louis le Gros*, Waquet, chap. XIX, p. 134-135.
18. *Ibid.*, chap. XIX à XXI, p. 128-169.
19. *Ibid.*, p. 136-137.
20. *Ibid.*, p. 152-153 : la convention fut conclue à Moissy-Cramayel (Seine-et-Marne, arr. Melun, cant. Brie-Comte-Robert).
21. *Ibid.*, p. 158-159.
22. Automne 1112.

Châlons-sur-Marne Henri V avait en effet extorqué au pape le droit d'investiture des évêques par la crosse et l'anneau : au cours de ce concile, ce privilège fut cassé.

Après la victoire du roi au Puiset, Suger put enfin administrer efficacement sa prévôté de Toury : restaurer les exploitations, réparer les bâtiments et favoriser le repeuplement. Il fut aidé dans cette tâche par un certain Hugues, nommé par le roi au titre de maire [23]. A cette époque Suger venait de faire profession monastique en l'abbaye de Saint-Denis [24]. Il avait alors dépassé la trentaine ; il avait accumulé une expérience multiple, moine d'une des abbayes les plus prestigieuses de l'Europe chrétienne, dédiée à l'Apôtre de la Gaule, unique protecteur de la royauté et dépositaire du symbole de l'autorité royale et de l'unité de la nation. Il avait eu la bonne fortune d'en étudier l'histoire dans le chartrier, il avait eu la chance, grâce à elle, de pouvoir faire la connaissance de ce jeune prince qui allait devenir le restaurateur du pouvoir royal en France, de fréquenter de près la Cour pontificale et de pénétrer dans les arcanes de la diplomatie du Saint-Siège, de se trouver au cœur de la politique européenne alors secouée par la grande affaire du siècle : la fameuse Querelle des investitures. Il avait enfin acquis l'expérience de la gestion domaniale, de l'exploitation rurale et de l'économie, observé et éprouvé les particularités et les qualités de l'administration anglo-normande, affronté enfin les problèmes de politique intérieure, les difficultés d'un roi en butte à la cruauté et à la rapacité de seigneurs habitués à profiter de la faiblesse du pouvoir central pour exercer sur leurs terres une autorité absolue et se rendre coupables de toutes sortes d'abus et d'exactions. Le roi Louis, habitué dès son jeune âge à combattre, venait de réussir, grâce à une politique amorcée par son père Philippe, à éloigner de la Cour les familles trop riches et trop puissantes, à soumettre

---

23. Luchaire, op. cit., p. 85, n° 166.
24. Cf. charte de l'abbé Adam, 1114 : Lecoy, p. 365, où Suger souscrit comme sous-diacre et moine de Saint-Denis.

les seigneurs alentour par la guerre sans merci. Suger fut en même temps le témoin et l'acteur de cette guerre : il en connut la dureté, participa à des actions cruelles dont toute sa vie il se repentira ; son œuvre écrite témoigne en bien des passages de ce sentiment de remord, de péché, de cette « jeunesse malheureuse » dont il demandera pardon à Dieu et pour laquelle il éprouvera toute sa vie la crainte du Jugement Dernier, de l'ultime verdict du « Juge Redoutable » envers l'« homme de sang » qu'il était.

A ce double titre de moine de Saint-Denis déjà investi de responsabilités importantes, et de familier et même conseiller du roi, Suger se sentait impliqué dans la politique de l'Etat à son plus haut niveau. De nouvelles missions allaient encore renforcer son idéal d'auxiliaire, de serviteur de l'Eglise et de l'Etat, à la fois de la loi naturelle et de la volonté divine.

Le 21 janvier 1118 mourait le pape Pascal II. La Curie porta son choix sur un ancien moine du Mont-Cassin, bibliothécaire et chancelier de l'église romaine, Jean de Gaëte, sous le nom de Gélase II. L'empereur Henri V lui opposa aussitôt un antipape, l'archevêque déposé de Braga, sous le nom de Grégoire VIII [25]. Le pape Gélase, en difficulté à Rome, vint, suivant l'antique usage des temps carolingiens, demander aide et protection au roi de France. Débarqué le 23 octobre 1118 à Marseille, le roi chargea Suger d'aller à sa rencontre à l'abbaye de Maguelonne [26]. A la mort de ce dernier, le 29 janvier 1119 à Cluny, le choix des cardinaux se porta cette fois sur l'archevêque de Vienne, Guy de Bourgogne, fils de Guillaume dit « Tête Hardie » comte de Bourgogne et d'Etiennette de Vienne. Il porta le nom de Calixte II. L'une de ses sœurs Gisèle ayant épousé Humbert II comte de Savoie, il se trouvait être le propre oncle de la reine de France Adélaïde de Maurienne, et il était le chef du parti de la réforme, contre l'empereur. Les liens de la papauté avec la France s'en trouvèrent

25. Suger, *Vie de Louis le Gros*, Waquet, p. 200-201.
26. *Ibid.* p. 202-203.

renforcés et atteignirent leur point culminant. Suger ne tarda pas à entrer en contact avec le nouveau pape : il était encore à Toury quand il reçut l'ordre d'accompagner l'abbé Adam au concile de Reims décidé par le pape qui venait de visiter Saint-Denis, les 20 et 21 octobre 1119. Bien que cette assemblée se fût soldée par un échec, le roi, en reconnaissance des services rendus par l'abbé Adam, vint à Saint-Denis accompagné de la reine et en présence du légat Conon, déposer dans l'abbaye la couronne de son père et lui faire certaines donations. L'intervention de Suger dans la rédaction de cet acte, dont l'original est aujourd'hui conservé, semble évidente [27] : ce document établit l'institution des sépultures royales à Saint-Denis, avec le legs obligatoire *jure et consuetudine* de la couronne et des insignes des rois défunts, et définit Saint-Denis comme un martyr et l'Apôtre de la Gaule, le chef et l'unique protecteur de la royauté. Toute la pensée théologique et politique sugerienne se trouve résumée dans cette charte ; plus tard Suger tentera d'en rapporter l'établissement au temps de son abbatiat [28]

Le pape Calixte II était en Italie du sud quand Suger fut envoyé en ambassade auprès de lui par le roi de France, avec Hugues abbé de Saint-Germain-des-Prés et d'autres abbés, « pour diverses affaires du royaume » [29]. La rencontre eut lieu à Bitonto dans les Pouilles [30], et c'est à son retour, comme on le sait, que, prévenu par un songe étrange [31], il apprit le décès de l'abbé Adam et sa propre élection à la tête de l'abbaye de Saint-Denis. En proie à la

---

27. Arch. nat., K 21 n° 16 : Tardif, *Mon. Hist.*, n° 379, J. Dufour, *Recueil des actes de Louis VI*, n° 163. L'écriture du corps de l'acte est celle de l'abbaye destinataire, celle des formules de corroboration a été exécutée par une main qui fait son apparition à la chancellerie royale précisément en 1120.

28. Suger, *Vie de Louis le Gros*, Waquet, p. 226-229.

29. *Ibid.*, p. 206-207.

30. Probablement le 27 janvier 1121 puisque le pape se trouvait à Acquaviva le 26, et à Bitonto le 28 : Jaffé, *Regesta pontificum romanorum*, n° 6947 ; Cartellieri, p. 11 et reg. 19 et 20.

31. Le 19 février 1122.

tristesse et à l'angoisse d'avoir été élu contre la volonté du roi, Suger regagnait la France. Il avait alors quarante et un ans quand il fut ordonné prêtre, le samedi, veille de la Passion, puis sacré abbé le lendemain 12 mars 1122, le dimanche d'*Isti sunt dies* [32]. Il suffit de lire le récit que donne Suger lui-même de ces événements, les seuls à propos desquels il s'arrête vraiment sur sa propre personne [33], pour cerner d'un peu plus près sa personnalité, celle d'un homme qui, ayant surmonté les difficultés dûes à son humble origine, les « insuffisances tant de notre naissance que de notre savoir », grâce à une extraordinaire vitalité, ne tomba jamais dans le piège de l'autosatisfaction ; sans cesse hanté par sa propre indignité, il manifesta une fierté purement institutionnelle, identifiant sa personne à son église et la mettant en même temps au service de l'Etat dont il était le principal support. Il fut en effet, pendant ces années, le conseiller privilégié du roi de France.

La première décision importante que prit Suger en sa qualité d'abbé fut de se rendre, en 1123, à Rome, en reconnaissance pour la bienveillance que le Saint-Siège avait manifestée au cours de ses différentes visites [33]. Ce séjour en Italie fut certainement un événement déterminant dans la vie de l'abbé de Saint-Denis. Il passa en effet six mois à Rome et dans le sud, assista tout d'abord au concile de Latran, du 18 au 30 mars 1123, qui confirma les décisions du concile de Reims (1119) et de la Diète de Worms (1122) au sujet des Investitures ; puis il alla visiter les principaux sanctuaires des contrées méridionales [34]. Les connaissances et les expériences qu'il accumula durant ce long séjour orientèrent sans aucun doute très profondément toute son action à venir, tant dans son rôle d'abbé constructeur et mécène que dans celui d'homme d'Etat. Il découvrit en effet l'architecture des basiliques romaines avec leurs fresques, leurs mosaïques et leurs carrelages qui

---

32. Répons de la procession de la Passion.
33. Suger, *Vie de Louis le Gros*, Waquet, p. 214-215.
34. *Ibid.*, p. 214-217.

durent lui inspirer le pavement des chapelles absidiales de Saint-Denis [35], leurs *tituli*, leurs colonnes antiques, leurs croix triomphales gemmées à thèmes cosmiques, leurs chapiteaux paléo-chrétiens réemployés. Il saisissait l'architecture chrétienne dans sa continuité depuis les premiers siècles, et dans son renouveau, dans un ensemble plus vaste et plus évocateur qu'à Paris ou dans les régions de France qu'il avait pu visiter [36]. Il put admirer aussi les splendeurs et le faste des constructions antiques, s'arrêter tout spécialement devant les colonnes des Thermes de Dioclétien qui lui donneront plus tard des idées pour la construction de sa basilique. Il s'en fut ensuite visiter Bénévent et Salerne, Saint-Nicolas de Bari, le Mont-Gargan et son église Saint-Michel-Archange. Mais l'expérience la plus décisive pour Suger fut sans aucun doute la visite de l'abbaye du Mont-Cassin, berceau de la civilisation chrétienne : il fit là la connaissance posthume d'un abbé, Didier, qui fut, au siècle précédent, constructeur, mécène et homme d'Etat. Sans doute Suger renoua-t-il avec l'idéal grégorien de retour à l'*Ecclesiae primitivae forma*, reflet de l'idée de la *Renovatio Urbis* que les papes du XIIe s. reprenaient en compte. Toujours est-il que l'influence de la personnalité de Didier et de son œuvre architecturale sur l'abbé de Saint-Denis sera considérable : construction d'une nouvelle basilique, pavements, mosaïques, colonnades, portes de bronze et inscriptions seront l'essentiel du programme cassinien que Suger retiendra et qui trouvera son expression dans la nouvelle construction de Saint-Denis. Suger établit un parallèle entre Rome et son abbaye qui est *tanquam propria beati Petri sedes*. Son intention était de lier la royauté à Saint-Denis comme à la papauté, tenant d'elle sa souveraineté comme un fief : le double couron-

---

35. Cf. Christopher Norton, *Les carreaux de pavage du moyen-âge de l'abbaye de Saint-Denis*, dans *Bull. Monum.*, t. CXXXIX (1981), p. 69-100.

36. Cf. Hélène Toubert, *Le renouveau paléochrétien à Rome au début du XIIe s.*, dans *Cahiers Archéol.*, t. 20 (1970), p. 99-154.

nement du prince Philippe (1129) puis du prince Louis (1131) à Reims montre que l'abbé de Saint-Denis ne réussit pas, sur ce chapître au moins, à imposer au roi ses ambitions de faire de tout le royaume un fief de l'abbaye [37]. C'est donc dans l'intention de réaliser deux objectifs : rehausser le pouvoir de la couronne de France et agrandir son monastère que Suger rentra en France. Pour l'un et l'autre de ces objectifs, des liens privilégiés avec le Saint-Siège étaient nécessaires : le roi est en effet le vicaire de Dieu, investi du glaive temporel et du glaive spirituel pour la défense des pauvres et de l'Eglise. Les guerres

37. Cf. Rolf Grosse, *Saint-Denis und das Papsttum zur Zeit des Abtes Suger*, dans *L'Eglise de France et la papauté* (Xe-XIIIe s.), Bonn, 1993, p. 219-238. L'auteur souligne les relations étroites entre Saint-Denis et le Saint-Siège dès 1106, lors de la rencontre du roi Philippe I et de son fils avec Pascal II à Saint-Denis : le roi promet au pape aide et conseil et reconnaît tenir son domaine de la souveraineté de Saint-Pierre, comme un fief (cf. Suger, *Vie de Louis le Gros*, ed. Waquet. Chap. X, p. 54-56). Ces relations se resserrent encore à partir de l'année 1129, avec la récupération du prieuré d'Argenteuil, et jusqu'en 1131 (puis plus tard, en 1147-1149). Suger veut faire de saint Denis le patron du royaume ; il s'efforce d'établir un parallèle entre Rome et Saint-Denis, *tanquam propria beati Petri sedes*, afin de lier le roi à Saint-Denis comme il l'était à Rome. Un diplôme très significatif à cet égard est celui que délivra Louis VI en 1120, rédigé par Suger : le roi déposa les insignes royaux de son père à l'abbaye dont le saint Patron est considéré comme *duci et protectori suo* ; de même la charte consécutive à la levée de l'étendard du Vexin sur l'autel de Saint-Denis, de 1124. Enfin le document fondamental à cet égard est le faux diplôme de Charlemagne daté de 813, très vraisemblablement fabriqué par Suger, par lequel l'empereur dépose sa couronne à Saint-Denis, lui confie son royaume comme étant son fief, et versera pour cela à l'abbaye quatre besans d'or chaque année, comme un serf paie la capitation. Saint-Denis est qualifiée de *caput omnium ecclesiarum regni* et ses successeurs devront obligatoirement y être couronnés, comme Charlemagne lui même le fut, en 754, par le pape. Toutes ces idées seront reprises et développées dans le *Liber Sancte Jacobi*, dit Chronique du pseudo-Turpin, rédigé entre 1140 et 1150. Sur ce sujet, voir l'article fondamental de Manfred Groten, *Die Urkunde Karls des Grossen für Saint-Denis von 813 (M.G.H. Dipl. Karol. I, n° 286). Eine Falschung Abt Sugers ?* (Im Auftrag der Görres-Gesellschaft) Munich, 1988, p. 1-36.

menées par Louis VI contre les seigneurs d'Ile-de-France n'avaient aux yeux de Suger d'autre but ; mais il préférait la médiation à la guerre, l'œuvre de paix à la violence. Les plus grandes victoires de Suger furent pacifiques : il évita, à Reims, la guerre contre l'Allemagne lors de la tentative d'invasion de la France par Henri V ; il contint plus tard le coup d'Etat tenté par Robert de Dreux, frère du roi Louis VII, à son retour de Palestine. Suger fut toujours un homme de paix et de conciliation. Il utilisa, pour redresser pacifiquement le pouvoir royal, le prestige de son abbaye. En 1124, lors de la menace d'invasion du royaume par l'empereur, Suger fit exposer sur le Grand Autel les reliques des saints Patrons, la communauté pria jour et nuit et le roi vint lever, sur cet autel, des mains de l'abbé, la bannière du Vexin, « un fief pour lequel il aurait dû, s'il n'avait été roi, prêter hommage à l'abbaye »[38], cet oriflamme dont il venait de faire le symbole de l'unité nationale, puisqu'il valut au roi une victoire éclatante sans effusion de sang, grâce à la protection du martyr Denis, « patron spécial et, après Dieu, le protecteur sans pareil du royaume », et qui le restera pendant trois siècle au moins. La même année il se mit en route pour l'Italie où le pape l'avait appelé à la Curie, peut-être pour l'élever a quelque épiscopat romain ou en tout cas au cardinalat, quand, arrivé à Lucques, il apprit son décès [39].

Suger devait donc rester abbé de Saint-Denis. Il prit désormais en main le destin de son église dans toute sa dimension d'abbaye royale, nécropole des rois, symbole du pouvoir et dépositaire des attributs de sa souveraineté. Il fallait donc donner à l'abbatiale toute la grandeur que sa fonction exigeait. Tout d'abord il se devait, et cela était

---

38. Cf. *Vie de Louis le Gros*, Waquet, p. 220-221, *Traité sur son administration* I, chap. 4, et diplôme de Louis VI en faveur de l'abbaye de Saint-Denis, en reconnaissance de la protection qu'il a obtenue après avoir pris l'oriflamme des mains de Suger : Arch. nat., K 22 n° 4 : Lecoy, p. 417-418.

39. 13-14 décembre 1124 : Cartellieri, p. 18 et reg. 40 ; Waquet, p. 216-217.

urgent, de protéger sa bonne réputation : l'abbé de Clairvaux y veillait. Jusque-là Suger avait accompagné le roi dans ses courses militaires, voyagé trois fois en Italie où il avait séjourné plusieurs mois, accompli des missions diplomatiques tant pour le compte de l'abbé Adam que pour celui du roi dont il était devenu le fidèle conseiller et l'efficace collaborateur ; il s'était enfin rendu, au printemps 1125, à la Diète de Mayence, pour assister en observateur à l'élection du nouvel empereur, Lothaire de Supplinburg, le candidat du parti pontifical qu'il soutenait, contre le duc Frédéric de Souabe, neveu du défunt Henri V. Il avait aussi accompli une œuvre administrative et économique remarquable pour le compte de son abbaye ; on admirait chez lui ses multiples qualités : *sapientia, strenuitas, industria, magnanimitas, prudentia*. Dès lors que le destin ou la providence divine l'avait placé à la tête de Saint-Denis, une des plus hautes fonctions qui existât dans l'Eglise de France, il lui fallait répondre totalement à sa mission. Il n'échappait à personne, et surtout pas à Bernard de Clairvaux, que l'abbaye souffrait de certains désordres intérieurs et que la Règle de saint Benoit n'y était pas scrupuleusement respectée. Les sollicitations de l'abbé de Clairvaux finirent par l'emporter, et lui qui « rendait plus à César qu'à Dieu » réussit à transformer l'atelier de Vulcain [40], la « synagogue de Satan », et à redevenir lui-même un moine véritable, responsable d'une véritable communauté de Bénédictins. Il est difficile de faire totalement confiance aux jugements de saint Bernard et encore moins à celui de Pierre Abélard, qui qualifiait l'abbaye de « mondaine et honteuse » et accusait son abbé de « mœurs et de réputation dissolues » [41], pour se faire une idée juste, objective, de l'état de l'abbaye de Saint-Denis quand Suger la prit en main, car le premier parlait par

40. Saint Bernard, *Epist.* 78. 4 : éd. J. Leclercq et H. Rochais, Rome, 1957-1977, t. 7, p. 201-207.
41. Pierre Abélard, *Historia calamitatum*, éd. J. Monfrin, Paris, 1978, p. 81, II, 654-657.

ouï-dire, le second ne donne aucune précision et son séjour dans l'abbaye ne le poussait aucunement à la bienveillance, bien que Suger lui eût consenti le droit de la quitter. Toujours est-il qu'au printemps 1128, l'abbé de Clairvaux se réjouit du changement de vie de l'abbé de Saint-Denis et décrit la réforme des mœurs de la communauté [42].

Dans quelle mesure Suger a-t-il tenu compte de la réforme préconisée par Bernard ? [43] Sur le plan de l'esthétique, dont il sera question plus loin, la position respective des Cisterciens et des Clunisiens est à redéfinir : on a trop souvent opposé l'aniconisme de Cîteaux à l'iconophilie de Cluny. L'expérience esthétique est considérée par tous, depuis saint Augustin, comme le premier aspect de l'illumination mystique : c'est la démarche anagogique que Bernard ne pouvait ignorer puisqu'elle était reprise, depuis le Pseudo-Denys et Scot Erigène, par son contemporain Hugues de Saint-Victor : *Contemplationis autem duo sunt genera : unum quod et prius est et incipientium : in creaturarum consideratione ; alterum quod posterius et perfectorum est : in contemplatione creatoris* (PL, CLXXV, 117). La réponse de Suger, présente dans son œuvre bâtie comme dans son œuvre écrite, et surtout dans son Traité sur l'administration de l'abbaye, se référait non seulement à la valeur didactique des images mais aussi à leur valeur spirituelle, sacramentale et symbolique. Le point le plus important de la réforme réclamée par saint Bernard se rapportait à la vie des moines et au respect de la Règle. Sur ce chapître, la réponse de Suger fut, comme toujours, modérée : ne voulant mécontenter ni l'abbé de Clairvaux ni sa propre communauté, il se contenta de demi-mesures :

42. Saint Bernard, *Epist.* 78.6, éd. Leclercq et Rochais, t. 7, p. 210 : le but inavoué de saint Bernard était aussi de solliciter l'aide de Suger contre le chancelier du roi, Etienne de Garlande qui était un obstacle à sa propre influence sur la Cour ; et de fait, dès le début de l'année 1128, Etienne de Garlande fut disgracié.
43. Cf. Y. Christe, *A propos de l'« Apologia » de saint Bernard : dans quelle mesure Suger a-t-il tenu compte de la réforme cistercienne ?* dans *Genava*, n. s., t. XIV (1966), p. 5-11.

tempérance dans le jeûne, observance du silence monastique et de la fidélité aux offices, prière, étude, clôture, feraient l'essentiel de la vie des moines de Saint-Denis, qui ne s'en trouvait pas profondément modifiée.

En même temps prenait corps le grand projet d'agrandissement et d'embellissement de la basilique. Dès 1125 Suger affranchit les habitants de Saint-Denis de certaines servitudes, moyennant deux cents livres qu'il consacre à restaurer l'entrée de l'abbaye. Mais il fallait, avant d'entreprendre une si grande œuvre, rassembler toutes les capacités économiques de l'église, récupérer les biens perdus : ce que fit Suger en Alsace, puis, profitant d'un mouvement de réforme des abbayes féminines, déclanché déjà au temps du roi Philippe I à Faremoutiers, puis en 1107 à Saint-Eloi, poursuivi en 1128 à Laon où les nonnes furent remplacées par des moines, Suger s'attaqua au prieuré d'Argenteuil « qui avait appartenu jadis à Saint-Denis et fut définitivement aliéné par Charlemagne [44], lequel le donna à sa fille Théodrade », et dont la réputation venait d'être sérieusement ternie par l'aventure d'Héloïse. Suger dépêcha à Rome, auprès du pape Honorius (1124-1130) des messagers, avec les anciens titres de fondation, de donation et de confirmation de ce prieuré. Aucun de ces

---

44. Suger, *Traité sur son administration* : I Chap. 3 ; *Testament* : Lecoy, p. 338 ; *Vie de Louis le Gros* : Waquet, p. 216-218 ; voir aussi Lecoy, p. 441. Félibien cite à l'appui de ces prétentions une charte présentée par Suger lors du concile, par laquelle Louis le Pieux et son fils Lothaire avaient ordonné que ce monastère fût remis à la mort de sa sœur Théodrade : or bien que ce diplôme ait été considéré par certains historiens comme non authentique et attribuable à Suger, rien dans son style rédactionnel ni dans son contenu ne permet de le mettre en doute : cf. T. Waldman, *Abbot Suger and the nuns of Argenteuil*, dans *Traditio*, t. 41 (1985), p. 239-272, et *L'abbé Suger et les nonnes d'Argenteuil*, dans *Le Vieil Argenteuil*, t. 29 (1986-1987), p. 5-26. Le diplôme royal de restitution d'Argenteuil à Saint-Denis est, lui, de style sugérien : cf. M. Groten, *Die Urkunde Karls des Grossen für Saint-Denis von 813 (D. 286), Eine Falschung Abt Sugers ?* dans *Auftrag der Görres-Gesellschaft*, Munich, 1988, p. 1-36. Cf. aussi la charte du légat Mathieu d'Albano de 1129 : *Cartul. de Saint-Denis*, II, p. 278, Arch. nat. LL 1158.

documents ne subsiste aujourd'hui. Au début de l'année 1129, un concile se tint à Saint-Germain-des-Prés, sous la direction du cardinal légat Mathieu d'Albano, réunissant l'archevêque de Reims, les évêques de Chartres, de Soissons et de Paris, avec l'abbé Suger : la vie des moniales d'Argenteuil fut déclarée scandaleuse et leur expulsion fut décidée : la récupération du prieuré d'Argenteuil sera célébrée par l'abbé Suger comme un événement majeur de son abbatiat et de l'histoire de l'abbaye, car il contribua largement au financement de la construction de l'église. Abélard émet des doutes sur les moyens employés par l'abbé de Saint-Denis pour récupérer le monastère dont Héloïse était prieure et nous apprend que les moniales furent expulsées violemment. Ce devait être sans doute le seul acte de violence dans la vie de Suger.

L'année 1130 débuta par le décès du pape Honorius II. Aussitôt la Curie fut partagée : les uns élirent le cardinal Grégoire de Saint-Ange, sous le nom d'Innocent II, les autres, qui étaient la majorité, portèrent leur suffrage sur le cardinal Pierre de Léon, sous le nom d'Anaclet II : ce fut le schisme. Suivant la coutume en pareille circonstance, Innocent vint chercher secours en France. Suger le rencontra le 3 novembre 1130 et lui annonça sa reconnaissance par la France, puis le reçut à Saint-Denis le 15 avril 1131, puis à l'Estrée, l'accompagna à Rouen, à la rencontre du roi d'Angleterre. Enfin il participa au concile de Reims, qui s'ouvrit le 18 octobre, au cours duquel le pape eut à consoler le roi Louis du décès accidentel de son fils aîné Philippe [45] et, sur le conseil de Suger, présida aussitôt au sacre du prince Louis le 25 octobre. Sans doute déçu de ce que le sacre du jeune prince n'ait pas eu lieu à Saint-Denis, Suger feint de n'avoir pas été présent à la cérémonie de Reims : pourtant le pape délivra, dans cette ville-même, deux actes en sa faveur le 2 novembre 1131, l'un concernant l'abbaye de La Cluse, l'autre l'abbaye de Saint-Mihiel.

45. Suger, *Vie de Louis le Gros* ; Waquet, p. 266-267.

Au total, les années 1125-1131, et même jusqu'en 1137, furent pour Suger, alors en pleine maturité, celles de la prise en mains des affaires du monastère, matérielles et spirituelles, celles du service du roi et d'un pouvoir qui venait de retrouver la paix et, débarassé des grandes familles trop puissantes, parmi lesquelles et en dernier lieu celle des Garlande, une autorité grandissante sur tout le royaume.

L'abbé de Saint-Denis participait de près aux affaires du gouvernement et, pour pouvoir loger plus près du Palais, il venait d'acquérir une maison proche de la porte Saint-Merry. Il était devenu l'intime du roi quand Louis VI tomba gravement malade à La Charité-sur-Loire, en novembre 1135. Suger se rendit à son chevet [46], assista à sa confession, reçut de ses mains des pièces de son trésor, dont une hyacinthe héritée de son aïeule Anne de Kiev, pour être insérée dans la Couronne d'Epines que possedait l'abbaye. Suger pleura de piété devant l'humilité de son roi ; c'est alors que mourait le roi d'Angleterre [47] que Suger avait tant admiré, tandis que Louis connaissait un répit.

L'abbé de Saint-Denis devait alors accomplir sa dernière mission pour le compte du roi, son dernier devoir envers son maître, qui fut aussi son confident et son ami : Guillaume X duc d'Aquitaine venait en effet, avant d'aller mourir à Compostelle, de confier sa terre au roi de France et d'offrir la main de sa fille et héritière, Aliénor, à l'héritier de la couronne, le prince Louis : il fallait conduire ce dernier en grand cortège à Bordeaux. Suger fut désigné, avec Geoffroy évêque de Chartres, Guillaume comte de Nevers, Rotrou comte du Perche et Thibaud de Champagne, désormais rallié au roi de France [48]. Impressionné par la maladie du roi, inquiet sans doute aussi de ce voyage dans un pays qui fut toujours rebelle, Suger, avant de

---

46. *Ibid.*, p. 272-277.
47. Le 1er décembre 1135.
48. Suger, *Vie de Louis le Gros* ; Waquet, p. 281.

partir, en juin 1137, rédigea son testament [49] : il était alors âgé de cinquante-six ans, ce qui, pour l'époque, était un âge déjà fort avancé.

Le testament de Suger est un témoin extraordinairement précieux de la vraie nature de l'abbé de Saint-Denis, de sa conscience, du sentiment qu'il avait de son état de pécheur, du sens qu'il voulut donner à sa vocation de moine et d'abbé, de son regard et de son jugement sur son œuvre passée. Mais la préoccupation majeure qui préside à la rédaction de ce document est le souci constant de son indignité, du rachat de ses péchés et du salut de son âme : il institue dès sa vie présente une messe quotidienne du Saint Esprit, et plus tard, le jour anniversaire de sa mort, « jour de terreur, de calamité et de malheur », l'office complet, des distributions d'aumônes pour l'église-mère et pour l'église Saint-Paul ; il fait aussi, perpétuant la tradition des empereurs romains, de nombreuses autres fondations. Il rappelle les grands travaux d'agrandissement faits et à faire dans l'église, l'hôtellerie, le dortoir et le réfectoire, l'accroissement des revenus dans les domaines de l'abbaye, la récupération du prieuré d'Argenteuil, « aliéné pendant une période de presque trois cents ans et presque ruiné par l'extraordinaire légèreté des moniales ». Il fonde, à l'Estrée, une communauté de treize moines. Son anniversaire sera célébré également dans tous les prieurés, proches ou lointains, dépendant de Saint-Denis, et une messe pour les défunts sera dite une fois par semaine. C'est donc une très longue prière que Suger adresse à Dieu par l'intermédiaire de ses frères présents et à venir, pour qu'ils tiennent leur promesse et accomplissent leur vœu de perpétuer sa mémoire, afin que son âme soit digne de s'unir à Dieu pour l'éternité. Quinze jours plus tard, le cortège princier était en Aquitaine, le premier juillet 1137 à Limoges, puis le dix à Bordeaux où le mariage de Louis

---

49. Arch. nat. K 22 n° 9[7] : Lecoy n° VII, p. 333-341.

et Aliénor fut célébré le dimanche suivant, et le prince fut couronné duc d'Aquitaine le huit août à Poitiers [50].

Entre-temps le roi Louis VI mourait à Paris, le premier août 1137, « n'ayant pas eu le temps de se faire transporter à l'église des Saints Martyrs pour s'y acquitter humblement du vœu qu'il avait fait à plusieurs reprises » [51], et fut enseveli en l'abbaye de Saint-Denis par le prieur Hervé « entre les autels de la Sainte Trinité et des Saints-Martyrs » [52], en l'absence de l'abbé qui avait envisagé de le faire mettre en terre « devant l'autel de la Sainte Trinité, à l'opposé du tombeau de l'empereur Charles » [53].

L'année 1137 fut pour Suger une année tournant. Après une courte période de présence effective et efficace à la Cour, où son autorité domine face à la reine mère Adélaïde, et au sénéchal Raoul de Vermandois qui, en conflit l'un et l'autre avec le jeune roi, quittèrent le Palais, Suger est à son tour écarté et son pouvoir diminua, surtout à partir du moment où Cadurc devint chancelier (1140-1147). C'est donc en cette année 1137 que l'abbé de Saint-Denis se consacra délibérément à l'œuvre dont depuis son enfance il avait rêvé et qu'il avait commencé à réaliser dès 1125 : la reconstruction de son abbatiale, son agrandissement et son embellissement, et parallèlement, à l'œuvre qui consacrait son rôle d'homme politique, de familier du roi et de protecteur de la souveraineté française, et symbolisait l'alliance de la Couronne et de l'abbaye : le récit de la vie de Louis le Gros puis le début de l'histoire de Louis VII, inaugurant par là une série de biographies royales écrites à Saint-Denis, sur la base d'une

---

50. Suger, *Vie de Louis le Gros*, Waquet, p. 282-283.
51. *Ibid.*, p. 284-285.
52. *Ibid.*, p. 284-285 : une place que le roi lui-même avait choisie.
53. Charles le Chauve, empereur de 875 à 877, le plus grand bienfaiteur de l'abbaye : Waquet, p. 284-285.

première collection de chroniques compilées dans les premières décennies du XIIe s., les *Gesta gentis Francorum* [54].

C'est en effet Suger qui amena les débuts de l'historiographie royale à l'abbaye, d'une série d'œuvres historiques qui firent des chroniques de Saint-Denis, comme de l'abbaye elle-même, un symbole de l'unité de la France et de la grandeur de ses rois : les Grandes Chroniques de France. Il n'existe cependant aucune étude sur Suger historien, et pourtant il est un des rares auteurs de son temps à préférer l'histoire aux spéculations théologiques. Son récit de la vie de Louis VI est moins une biographie qu'une suite de *res gestae*, vues en fonction de leur contribution au progrès du pouvoir royal et de son prestige ; car il s'agissait là d'une œuvre plus importante encore que l'agrandissement matériel de l'abbatiale de Saint-Denis, d'une œuvre « plus durable que le bronze », d'une ascension *more anagogico* dans la vie d'un roi qui commença sa carrière comme un soldat et la termina comme un moine : c'était l'image d'une vie modèle qui devrait être une promesse pour l'avenir : *preteritorum recordatio futurorum est exhibitio* [55].

Ce modèle, Suger eut la volonté de le perpétuer au-delà du règne de son roi, par son action auprès du jeune roi Louis et par le récit de sa propre œuvre, matérielle et spirituelle, à Saint-Denis : il consacra à la rédaction de ses deux traités les années où, s'étant éloigné de la Cour, il n'avait plus le souci des affaires du royaume, où il avait achevé la reconstruction de la basilique, et celles où il tint la régence, pendant l'expédition de Louis VII en Terre Sainte. L'œuvre architecturale et l'œuvre écrite étaient donc la double expression d'une seule réalité : celle du

---

54. Cette collection de textes survit dans le ms. Bibl. Mazarine 2013, manuscrit sandionisien, contemporain de Suger.
55. Cf. G. Spiegel, *History as an enlightenment. Suger and the mos anagogicus*, dans *Abbot Suger... A symposium*. — Idem, *The chronical tradition of Saint-Denis, a survey*, Brooklyn, Mass. et Leyden, 1978.

prestige de la royauté incarnée par un modèle de roi et par l'unique protecteur du royaume, Saint-Denis ; ce que certains historiens, par un abus de langage, appellent « la propagande capétienne ».

Il est un autre domaine où le symbolisme du pouvoir royal s'exerçait très fortement : celui du grand sceau de majesté, représentant le roi en personne, dont la destruction ou la falsification était un crime de lèse-majesté. Or le sceau de Louis VII représente une étape importante dans la représentation sigillographique du symbolisme royal. Le roi est assis sur un trône de type nouveau : un siège pliant en forme de X, orné de têtes et de pattes de lion ; un siège qui rappelle le « trône de Dagobert », de facture carolingienne, qui se trouvait en l'abbaye de Saint-Denis, que Suger fit restaurer et dont il dit que « les rois s'y asseyaient, au début de leur gouvernement, pour recevoir l'hommage de leurs vassaux »[56]. La restauration de ce siège à Saint-Denis et son apparition sur le sceau de Louis VII laissent deviner la part de Suger dans cette nouvelle iconographie. Un autre élément du sceau de Louis VII pourrait aussi être mis en relation avec l'initiative de l'abbé de Saint-Denis : l'adoption définitive de la fleur de lys comme emblème du souverain capétien, dans sa relation avec les rois de l'Ancien Testament. Déjà Philippe I, entre 1076 et 1080, avait adopté, sur un modèle carolingien[57], le siège à pattes de lion, et le sceau de Louis VI représente le roi portant le sceptre et le fleuron, attributs à la fois bibliques, byzantins, carolingiens et ottoniens : le modèle n'était donc pas dû à Dagobert. La nouveauté du sceau de Louis VII est la forme du siège en X, la fleur de lys et l'apparition du contre-sceau représentant le roi duc d'Aquitaine, à l'image du sceau anglo-normand, puisque le sceau, désormais, n'est plus plaqué mais pendu et présente donc deux faces. L'évocation de Dagobert était pour Suger une nécessité politique

---

56. Suger, *Traité sur son administration* : II Chap. 17.
57. Celui de Lothaire I, évoquant le trône de Salomon (I Rois 10, 18-20) composé de deux lions.

puisque Philippe I avait dénié à Saint-Denis le titre de patron personnel du roi au profit de saint Remi : c'est ce qui explique l'apparition de ce « trône de Dagobert » sur le nouveau sceau royal ; c'était donc là l'expression d'une bataille contre Reims, Dagobert étant considéré depuis Hincmar comme le fondateur de l'abbaye de Saint-Denis : Louis VII assis sur le « trône de Dagobert » affirmait le lien unissant le roi et le monastère [58]. C'était aussi établir le lien des trois dynasties, et c'est pourquoi Suger fut le promoteur de l'historiographie royale à Saint-Denis.

Toutes les activités de Suger se rejoignent donc dans un seul objectif : se mettre, lui-même et son église, au service du roi. l'occasion ultime lui en fut fournie dans la dernière période de sa vie, quand, le jeune roi ayant décidé de faire le voyage de Jérusalem, il eut en charge le gouvernement du royaume. Louis VII fut en effet le premier roi de France à décider de quitter son royaume pour se rendre au Saint Sépulcre, afin d'accomplir le vœu de son frère défunt, de racheter le serment concernant le siège épiscopal de Bourges et réparer le crime de Vitry en Champagne, répondre aussi aux sollicitations du pape Eugène III, ami et disciple de saint Bernard, pour aller au secours du roi Baudouin III de Jérusalem menacé par l'invasion turque. A ce projet, Suger était ouvertement hostile. A l'assemblée réunie par le roi à Etampes (mi-février 1147) pour organiser le gouvernement du royaume en l'absence du roi et désigner ceux qui en auraient la charge, saint Bernard proposa le comte de Nevers et l'abbé Suger. Tous deux refusèrent ; Suger, fort de son expérience avec Louis VII et arguant de son âge, s'en remit alors à la décision du pape. Celle-ci, comme on pouvait s'y attendre, fut conforme à la volonté de l'abbé de Clairvaux : « s'il y a dans l'Eglise des Gaules un vase d'honneur, s'il existe à la Cour du roi un aussi bon serviteur que David, ce ne peut être à mon sens

---

58. Cf. B. Bedos-Rezak, *Suger et le symbolisme du pouvoir royal : le sceau de Louis VII*, dans *Abbot Suger... A symposium*, p. 95-103.

que le vénérable Suger »[59]. Suger fut donc nommé régent du royaume par le pape en visite à Saint-Denis en compagnie du roi [60]. La cérémonie solennelle de départ eut lieu le jour de la Pentecôte, le 8 juin 1147 : le roi visita les saintes reliques et leva l'étendard de l'abbaye. Suger lui adjoignit un moine de Saint-Denis, Eudes de Deuil, qui devait être l'historiographe de la Croisade.

Pendant deux ans, Suger fut le véritable chef de l'Etat, gardien de la *Respublica*, de la paix et du bien commun. Homme de dialogue et de conciliation, excellent diplomate, il était en l'occurence l'homme providentiel, « lui qui, tandis qu'il gouvernait le monastère, était aussi à la tête du Palais et ainsi remplissait les deux offices, de sorte que la Cour ne l'empêchait pas de prendre soin du cloître, et le monastère ne le dispensait pas du service du conseil du prince »[61]. Il fit face à la situation au-delà de toute espérance : la correspondance qu'il échangea avec le roi alors en Orient en porte témoignage [62]. Il sut si bien gérer le domaine et administrer le royaume qu'il put envoyer au roi les subsides nécessaires en même temps qu'il s'occupait de faire restaurer les palais royaux. Possedant à la fois le glaive temporel et le glaive spirituel, sorte de légat en relation étroite avec le pape, il réussit à tenir en respect l'épiscopat, les églises en désordre (Sainte-Geneviève de Paris), à mater les rebellions des grands que l'absence du roi enhardissait, en particulier les agitations du sénéchal Raoul de Vermandois et du chancelier Cadurc, à maintenir la paix, la justice, l'ordre et la sécurité, et en même temps faire rentrer les recettes, thésauriser afin qu'au retour du

59. Saint Bernard, *Epist.* n° 309 : Lecoy, n° IV, p. 419.
60. Deux co-régents furent aussi désignés par le roi : l'évêque de Reims, Samson Mauvoisin, et Raoul de Vermandois : si pour le premier le choix était bon, pour le second, étant excommunié il ne pouvait pas porter ombrage au gouvernement de l'abbé de Saint-Denis.
61. Guillaume de Saint-Denis, *Vie de Suger* : Lecoy, p. 381.
62. Lettres de Suger à Louis VII, 1149 : Lecoy, n° XI, p. 258-260 ; n° XVI, p. 266-267 ; n° XXIV, p. 280-282.

roi le trésor fût suffisamment pourvu. Il eut aussi à contenir la rebellion de Robert de Dreux, le frère du roi rentré plus tôt d'Orient, et la prolifération des bandes de routiers, les Brabançons. Au concile de Reims, en mars 1148, c'est à Suger que saint Bernard s'adressa pour présenter la position théologique de l'Eglise qui entraîna la condamnation de Gilbert de la Porrée. Une lettre enthousiaste de Gozlin, évêque de Salisbury, postérieure au concile de Reims, donne une idée du prestige qu'avait acquis le régent du royaume de France auprès des vassaux comme auprès des grands des autres pays d'Europe [63].

Au même moment Suger se préoccupait du déroulement de la Croisade qui fut un véritable désastre. A travers les échecs militaires et le scandale lié à la probable inconduite d'Aliénor, le roi avait cependant su s'attirer grâce à ses exploits le respect, l'amitié et la fidélité des barons du royaume, imposer, grâce au gouvernement du régent, l'idée de maintien de la paix et de la tranquillité du pays. L'autorité du roi s'en trouva grandie, et après les rumeurs malveillantes qui troublèrent un instant la réputation de Suger, le roi lui reconnut tout le mérite de sa remarquable gestion. Le roi tient désormais de nouveaux atouts qui vont lui permettre de répandre son autorité bien au-delà des frontières : l'erreur et l'échec de la Croisade s'étaient retournés, grâce à Suger, en sa faveur. Une autre erreur aurait pu être évitée, sans une fois encore l'intervention de l'abbé de Clairvaux et si Suger avait vécu assez longtemps pour continuer à l'en prévenir : celle du divorce royal, et donc de la perte du duché d'Aquitaine, en 1152.

Ainsi l'influence de l'abbé de Saint-Denis continua à s'exercer jusqu'à la fin. Pendant l'été 1150 la chancellerie change de mains : le neveu de Suger, Simon, succède à Cadurc qui avait été hostile au régent. La même année, le roi lui confie le soin de régler la délicate affaire de la réforme de l'abbaye Saint-Corneille de Compiègne. Depuis le retour de Louis VII, les assemblées de prélats et de

63. Cf. Cartellieri, reg. n° 185 et 187.

grands se succédaient : l'une d'elles se réunit à Laon, pour discuter d'un projet de Croisade que Suger formait avec saint Bernard, et qu'il préparait, à l'invitation du pape, depuis qu'il avait été informé de l'échec du roi en Orient ; mais, peu suivi par les barons et par l'Eglise de France, l'abbé de Saint-Denis dut abandonner son rêve de réparer, même de ses propres forces et à ses propres frais, le désastre de l'expédition royale : il dut se contenter d'envoyer des subsides en Orient, de désigner un chevalier pour le remplacer et de commuer son projet personnel en pélerinage à Saint-Martin de Tours : « en vérité, si la vie lui avait été donnée pour compagne il serait parti par ses propres moyens... il espérait que le Tout-Puissant lui viendrait en aide... le Très Haut qui sonde les cœurs, pour qui l'intention tient lieu d'action, décida de couronner son héros avant l'engagement et d'épargner ce vieillard glorieux qui avait déjà mené pour Lui des combats nombreux et variés... » [64]. La correspondance de Suger, si riche pour les dernières années de sa vie, nous laisse deviner le rôle qu'il dut jouer dans le contencieux entre Louis VII et Geoffroy Plantagenet qui venait de céder, sans en avertir son suzerain, son duché de Normandie à son fils Henri, lequel ne prit pas la peine de prêter hommage au roi de France. Suger, avec l'aide de l'évêque Arnoul de Lisieux, négocie avec les parties, réussit à éviter une agression de la part du roi et probablement — les sources ne nous permettent pas de nous en assurer — à imposer une solution.

Ce ne fut donc pas sans raison que le roi Louis « lui rendit grâce vivant et mort à partir de ce moment-là (le retour de Terre Sainte) ; il fut appelé, tant par le peuple que par le prince, Père de la Patrie » [65]. A la fin de l'année

---

64. Guillaume de Saint-Denis, *Vie de Suger* : Lecoy, livre III, p. 399-400.
65. Guillaume de Saint-Denis, *Vie de Suger* : Lecoy, livre III, p. 398. Cette titulature, inaugurée par Auguste, était le titre suprême que pouvait porter un empereur : beaucoup d'entre eux, tel Hadrien,

1150 Suger entra en agonie : après un bref répit à la fin du mois de décembre, comme pour laisser à ses frères la joie de fêter Noël autour de leur abbé, il mourut le 13 janvier 1151, pendant l'office de Prime. L'abbé de Saint-Denis laissait derrière lui une œuvre immense : celle de la modération, de la paix du royaume, de l'harmonie et du prestige de la *Corona regni*. Aussitôt, à peine plus d'un an après la mort du sage conseiller, celui sur qui avait pesé pendant si longtemps le souci de la « République », Louis VII déclarait la guerre au Plantagenêt et renvoyait son épouse Aliénor: les germes de la guerre de Cent Ans apparaissaient, qui allaient plonger la France dans trois siècles de durs combats, de misère et de malheur.

II. — Suger et Saint-Denis.

On ne peut étudier l'œuvre architecturale ou iconographique de l'abbé Suger sans s'arrêter sur sa pensée, ses idées philosophiques, ses orientations théologiques, sans suivre, dans cette intelligence pratique, leur évolution et leurs réalisations matérielles dans la pierre, dans le bronze, l'orfèvrerie, les vitraux.

Suger fut, dès son jeune âge, initié à la pensée néo-platonicienne, celle du Pseudo-Denys, philosophe grec du Ve siècle, auteur d'un célèbre traité, le *De Hierarchia celesti*, connu très tôt en Occident. On identifia ce philosophe avec l'évêque de Paris, martyr décapité, et avec l'apôtre converti par saint Paul sur l'Aréopage [66]. Un manuscrit de l'œuvre de ce philosophe grec fut offert par

---

n'acceptèrent de le porter qu'après avoir pleinement mérité de la Patrie, à la fin de leur vie. On trouve cette expression dans la *Correspondance de Gerbert d'Aurillac*, cf. ed. P. Riché et J. P. Callu, p. 29, note. 2 (Classiques de l'Histoire de France, 1993).

66. On trouvera un bon résumé de cette question dans : R. Lœnertz, *La légende parisienne de saint Denys l'Aréopagite, sa légende et son premier témoin*, dans *Analecta Bollandiana*, t. 69 (1951), p. 217-237.

l'empereur byzantin Michel le Bègue, en septembre 827 à l'empereur Louis le Pieux qui le transféra à l'abbaye de Saint-Denis le 8 octobre suivant, vigile du saint patron [67]. C'est là que l'abbé Hilduin (814-840) le fit traduire en latin, et écrivit une grande Vie de saint Denis (B. H. L. 2175-2176). Un peu plus tard, une nouvelle traduction, meilleure, sera exécutée à la demande de Charles le Chauve, par le philosophe irlandais jean Scot Erigène : de là la pensée pseudo-dyonisienne pénétra dans toute la tradition théologique et mystique du moyen-âge, avec deux grands représentants dans les siècles postérieurs : Hugues de Saint-Victor au XIIe s. et Albert le Grand au XIIIe s.

Est-il besoin de rappeler que la pensée pseudo-dyonisienne repose sur une théologie mystique, l'image du foyer primordial de la Lumière, duquel sort un rayon qui traverse et transfigure la matière et permet à l'homme, par la contemplation de la matière transfigurée, de remonter, *more anagogico*, des *visibilia* aux *invisibilia*, des réalités terrestres aux réalités divines : le monde créé se divise donc en deux univers qui correspondent au sensible et à l'intelligible, d'où l'importance, pour Suger, des inscriptions permettant de passer d'un univers à l'autre, des allégories et de la symbolique, de la matière envahie et traversée de lumière : c'est tout le programme de Saint-Denis qui est ici résumé.

Il est donc logique de penser que Suger, élève de l'école de Saint-Denis, qui étudia avec tant d'intérêt les chartes de l'abbaye, en ait aussi étudié les manuscrits, et donc les œuvres du Pseudo-Denys conservées dans la bibliothèque du monastère.

Cela est vraisemblable, mais ce qui l'est plus encore, ce sont les contacts directs et personnels qu'il a pu avoir avec l'illustre maître de l'école de Saint-Victor, son exact contemporain, Maître Hugues, qui composa un commentaire du *De Hierarchia celesti*, qui, en esprit pratique qu'il

[67]. Ce manuscrit est aujourd'hui conservé à la Bibliothèque nationale de France, ms. grec 437.

était également, fut aussi le promoteur des arts mécaniques auxquels il accorda une grande place dans son enseignement [68]. A bien des égards Suger s'inspira de ses idées et il est tout-à-fait probable que les deux hommes aient échangé leurs conceptions et leurs points de vue : mettre le concept, la pensée en relation avec la technique, l'imagerie au profit de l'esthétique et de la métaphysique. Suger amplifia ce programme tout au long de son œuvre : la réforme de l'abbaye, pour laquelle saint Bernard le félicite et qu'il considère comme son œuvre, ne dut être qu'une réforme touchant au respect de la Règle et à une relative pauvreté, ou au moins à la renonciation au faste de la communauté et de l'abbé. Pour le reste, le programme de Suger alla à l'encontre de tous les vœux de l'abbé de Clairvaux : Suger amplifia la liturgie, revendiqua la sépulture des rois, acquit de nombreux biens à l'abbaye, améliora le repas des moines et leur confort dans l'église. Il sut habilement intégrer son œuvre dans le mouvement de réforme. Saint Bernard fit semblant de s'en contenter et parla de « changement inattendu » : « Une bien excellente nouvelle s'est répandue jusque dans nos contrées... la seule chose qui nous scandalisait, c'était ce luxe et ce faste qui vous suivaient partout... cette maison... était le théâtre de la chicane et le rendez-vous des gens du roi, on s'y montrait exact et empressé à rendre à César ce qui est dû à César, mais on était un peu moins zélé pour rendre à Dieu ce qui appartient à Dieu...mais à présent on trouve dans votre maison du temps pour Dieu, pour les pratiques d'une vie modeste et régulière, et pour les saintes lectures... » [69]. Cette lettre fut écrite pendant la sixième année de l'abbatiat de Suger. Cette « réforme », loin de diminuer l'importance politique de l'abbaye, lui permit de resserrer ses liens avec la monarchie, donna plus de légitimité à l'œuvre de reconstruction de l'abbé : Suger avait alors déjà

---

68. Cf. Hugues de Saint-Victor, *Didascalicon*, trad. par M. Lemoine, Paris, 1991, p. 114 et suiv.
69. Cf. note 42 p. xx.

obtenu des habitants de Saint-Denis l'argent nécessaire à la réfection de l'entrée ouest de l'abbatiale.

L'œuvre commença par la destruction du porche construit par Charlemagne pour protéger la tombe de son père, Pépin le Bref, et l'édification de l'avant-corps ouest. Dès lors c'est tout le programme sugérien qui est mis en œuvre : un programme qui s'inscrit dans la controverse de l'époque, relative à l'attitude à observer à l'égard de l'art. Saint Bernard avait alors publié son *Apologia ad Willelmum abbatem Sancti Theodorici*, où est exprimée l'interdiction de toute peinture ou sculpture, matières précieuses, vêtements luxueux. Suger avait conçu son programme bien avant que Bernard ne s'exprime ouvertement à cet égard : c'était une réponse de nature esthétique, où la pensée d'Hugues de Saint-Victor semble bien présente. Le maître parisien commença précisément son enseignement et dirigea l'école de Saint-Victor en 1133 : il s'était entouré des meilleurs savants européens comme Suger s'entoura des meilleurs artistes et artisans de l'Europe. Son commentaire du *De Hierarchia celesti* date d'avant 1125. Il fut l'auteur d'une *practica geometriae* ; son œuvre est truffée de références à l'art, en tant que support spirituel. On s'éloigne dès lors de l'attitude traditionnelle en matière artistique. Il ne s'agit nullement d'un accord entre Suger et Bernard en cette matière mais d'un armistice sur une base essentiellement politique. Pour le reste, Suger ne se contenta pas d'utiliser le Pseudo-Denys contre Bernard, il voulut créer, dans son église, à la fois une image du Paradis et un symbole de la couronne royale, reflet de la présence de Dieu sur la terre : transporter la beauté à sa source transcendentale, expression d'une expérience religieuse nouvelle qui écartait la pure imagerie au profit de l'esthétique et de la métaphysique. On acceptait le luxe non plus au premier degré, pour le plaisir de l'homme, mais comme exaltation de la gloire de Dieu ,et instrument du processus anagogique par lequel l'esprit peut atteindre les *immaterialia*. Il s'agissait de faire du nouveau bâtiment un lieu où l'homme, au service de Dieu et des saints anges, se sentirait comme déjà dans les cieux [70]. Instruit par le Tabernacle de Moïse et le Temple de Salomon, c'est la signification que Suger voulut donner, tout d'abord à l'entrée ouest de la basilique : associer la pureté intérieure à la splendeur extérieure. La justification de Suger s'appuie sur l'Ancien Testament et sur l'autorité de saint Paul. Dans son œuvre, c'est la main de Dieu qui agit elle-même, et pour les observateurs extérieurs il justifie sa décision par l'exiguïté des lieux et les foules de plus en plus nombreuses qui accouraient à la basilique, surtout les jours de fête. Suger décide donc de construire cet avant-corps imposant, massif, original, dont on ne trouve aucune argumentation ni théorisation, mais seulement une description sommaire, allusive, dans son œuvre écrite. Cette argumentation, que l'on rattache clairement au Pseudo-Denys, est passée par des intermédiaires. E. Panofsky désigne Jean Scot, mais l'on peut, plus simplement, y voir l'intervention d'Hugues de Saint-Victor : la clarté, la géométrie, l'exégèse complexe de cet auteur sont partout présentes dans l'œuvre de l'abbé de Saint-Denis.

La façade de Suger est divisée horizontalement en trois registres, verticalement en trois portails, tandis que la structure intérieure, elle, est composée de deux étages voûtés mais de trois chapelles : l'une, supérieure, dédiée à saint Romain, les deux autres à saint Hippolyte, saint Barthélémy, saint Nicolas et bien d'autres saints. La référence trinitaire est donc évidente, à l'extérieur comme à l'intérieur. Quant à l'iconographie de cet avant-corps de Suger, elle reflète tout autant la pensée hugonienne sur la Création et le Rachat, dans la structure de pierres et les portes de bronze. Le portail de Saint-Denis est le premier des portails royaux, et du premier art gothique : le tympan du portail central représente le Christ en majesté du Jugement Dernier, de chaque côté les Apôtres conversent dans un dialogue apostolique ; cette fonction essentielle

70. Suger, *Traité sur son administration*, II chap. 3 et chap. 13.

d'enseignement qui est celle des Apôtres remonte à l'Antiquité : elle revêt la forme d'une *disputatio* entre le vrai et le faux [71]. De fait les Apôtres sont représentés *in disputatione*, à gauche, deux groupes de trois figures, à droite, ils sont divisés en paires, reliés par des gestes. Aux pieds du Christ, de petites figures nues sortant de tombeaux représentent les élus, au centre desquels se distingue l'image de Suger, petit moine agenouillé, les mains jointes en prière, que l'on peut identifier grâce au texte de l'abbé de Saint-Denis mentionnant une inscription aujourd'hui perdue, qui jadis figurait sur le linteau [72] :

« Accueille les prières de ton Suger, Juge redoutable,
Dans ta clémence, fais que je sois reçu parmi tes brebis ».

Au-dessus des épaules du Christ, figurent quatre anges dont l'un porte la Couronne d'épines, un autre vraisemblablement l'un des insignes de la Passion apportés à Saint-Denis au IXe siècle : un clou de la Croix du Christ. Au centre de la deuxième archivolte en partant du haut, la Trinité est représentée par Dieu tenant un disque sur lequel se trouve l'Agnus Dei : au-dessus, dominant le tout, la colombe de l'Esprit-Saint. Au centre de l'archivolte inférieure, des anges encensant émergent de nuages, et dans la deuxième archivolte, au-dessus du tympan, sont figurés, à droite du buste du Christ, les élus, à gauche les damnés ; aux piédroits nord et sud, les Vierges folles et les Vierges sages ; dans les trois archivoltes extérieures, les Vieillards de l'Apocalypse. Sur les portes centrales, de bronze, étaient figurées la Passion et la Résurrection du Christ. Le portail central de Suger est donc la Porte du Salut : salut par la Passion, jusqu'au Jugement dernier et au Paradis [73] : il signifie donc l'essentiel du dogme chrétien. Quant aux portails latéraux, du côté sud étaient

---

71. Saint Augustin, *Contra Cresconium grammaticum*, I, 15-19 : P. L. XLIII, 457.
72. Suger, *Traité sur son administration*, II chap. 4.
73. Suger, ibid., note 176.

figurés les travaux des mois aux piédroits, au tympan la célébration de l'Eucharistie dans la prison la veille du martyre de saint Denis et ses compagnons, et aux archivoltes des scènes se rapportant à ce martyre. Du côté nord, les destructions et les restaurations furent telles que l'interprétation du portail ne peut être, du moins en partie, que conjecturale. Il est certain cependant qu'il illustrait la royauté, qu'il représentait aussi, par Moïse et Aaron, la descendance royale du Christ. La fameuse mosaïque placée par Suger « contrairement à l'usage » représentait peut-être le couronnement de la Vierge, mais ce n'est là qu'une hypothèse, vraisemblable cependant étant donnée l'unité théologique de l'ensemble de ce cycle et la place que Suger donna au culte de la Vierge dans la liturgie de l'abbaye [74]. Si l'on ajoute à ce grand ensemble théologique tout-à-fait original les *tituli* que Suger fit inscrire sur les portails, le premier, une prière où il se cite lui-même comme l'auteur de cet œuvre et où il précise l'année de sa consécration, mais surtout le deuxième, inscrit sur les portes, qui est une paraphrase du premier chapitre de la Hierarchie Céleste, mêlée d'allusions aux Evangiles de saint Jean et de saint Mathieu, on a, dans l'avant-corps de la basilique de Suger, le résumé de toute sa mystique néo-platonicienne fondée sur la lumière dont le Christ illumine le monde, et l'essentiel de la foi et de l'espérance chrétiennes. Là aussi on peut reconnaitre l'influence d'Hugues de Saint-Victor et l'importance qu'il donne aux *tituli* pour introduire à la compréhension du sens caché d'une scène ou d'un sujet figurés [75]. Si bien que le visiteur, le fidèle qui pénètre dans l'église, trouve, dès l'entrée, rassemblé l'essentiel de l'enseignement théologique de l'Eglise, la place de saint

74. Suger, ibid. notes 177 et 178.
75. Suger, ibid. note 180. Cf. P. Sicard, *Diagrammes médiévaux et exégèse visuelle : le « Libellus de formatione arche » de Hugues de Saint-Victor*, Turnhout, 1993 *(Bibliotheca victorina* IV). Sur les rapports entre Hugues de Saint-Victor et Suger, voir Conrad Rudolph, *Artistic change at Saint-Denis. Abbot Suger's program and the early 12th century controversy over art.* Princeton, New-Jersey, [1990].

Denis martyr, apôtre et patron de la Gaule, protecteur de la royauté, et la royauté elle-même dont la sacralité est représentée, à travers les rois de l'Ancien Testament, par celle du Christ et de la Vierge. C'est donc là une théologie de l'histoire qui, suivant la pensée d'Hugues de Saint-Victor (préface au Commentaire de la Hiérarchie Céleste) utilise des choses divines pour comprendre des réalités invisibles, qui à travers le *simulacrum* de la nature visible permet d'accéder, par le *simulacrum* de la grâce, à la réalité spirituelle. La théologie hugonienne, comme celle de Suger, trouve son centre dans l'Incarnation, la Crucifixion, la Résurrection et l'Ascension du Christ créateur et rédempteur, qui unifie les deux mondes des réalités matérielles et spirituelles. Cette approche symbolique du monde matériel, sorte d'échelle faite d'apparence des choses pour atteindre aux choses invisibles du Créateur, interprétation hugonienne originale de la pensée du Pseudo-Denys, Suger la reprend entièrement à son compte dans la reconstruction et l'ornementation de son église. Hugues de Saint-Victor écrivit son traité *De Sacramentis* entre 1133 et 1137, exactement pendant les années où Suger mit en place tout son programme architectural et iconographique pour la construction du narthex [76].

L'œuvre achevé, eut lieu, le 9 juin 1140, la dédicace : une cérémonie que Suger nous décrit dans ses deux traités, qui reflète aussi la hiérarchie ecclésiale et le système ternaire présents dans l'œuvre de Scot Erigène et dans le commentaire du Pseudo-Denys par Hugues de Saint-Victor [77]. Ce sont en effet trois prélats qui procèdent à la consécration des oratoires : Hugues archevêque de Rouen, Pierre évêque de Senlis et un troisième qui, dans le Traité sur la consécration, se trouve être Eudes évêque de

---

76. A. Grover et Jr. Zinn, *Suger : théologie et tradition pseudo-dyonisienne*, dans *Abbot Suger and Saint-Denis, A Symposium*, éd. P. L. Gerson, New-York, 1986, p. 33-40.

77. Suger, *Traité sur son administration*, II chap. 3 ; *Traité sur la consécration*, chap. 6.

Beauvais, et dans le Traité sur son œuvre administrative (qui fut composé plus tard) se trouve être Manassès évêque de Meaux. Une « seule et glorieuse procession » sortit par la porte Saint-Eustache [78], passa devant les portes principales, sur la place Panetière, et revint dans l'église par la « porte de bronze qui ouvre sur le cimetière sacré, au milieu d'une foule de clercs qui chantaient et de peuple qui dansait ». Ici se trouve exprimé, par le mélange de chants, de gestes, d'odeurs et sans aucun doute de matières précieuses, le concept théologique de la relation cultuelle entre Dieu et l'homme, une dimension de la beauté, jeu de miroir de l'*impressio* et de l'*expressio* qui ne peut être comprise en elle-même mais dans toute sa signification liturgique, sacramentelle, et insérée dans l'œuvre architecturale. Depuis l'Antiquité la consécration religieuse est considérée comme un acte qui fait sortir du domaine de l'humain, du profane, pour entrer dans celui de Dieu [79]. C'est pourquoi il fallait que le nouvel avant-corps fût consacré dès son achèvement, avant même la pose de la première pierre du chevet ; et Suger, toujours anxieux du péril de l'oubli, fit inscrire la date de cette cérémonie en lettres d'or au-dessus des portes de bronze.

C'est en effet immédiatement après cette cérémonie que Suger, « différant la construction des tours dans leur partie supérieure » et préoccupé par les difficultés que provoquait l'étroitesse des lieux autour de la sépulture des saints, se consacra à l'agrandissement de la partie orientale de l'église et à la construction du chevet [80]. Il s'agissait en effet de réaliser la « chambre de la divine propitiation dans laquelle l'hostie perpétuelle de notre rédemption doit être sacrifiée dans le secret, loin du harcèlement des foules ».

78. « L'oratoire Saint-Eustache », dans le *Traité sur la consécration*.
79. L'autre expression, *dedicatio* = don du donateur au destinataire, s'est vite identifié, dans l'Eglise primitive, au mot *consecratio* pourtant plus complet : Suger préfère le mot *consecratio* (treize occurences dans le traité sur la consécration, contre deux occurences pour le mot *dedicatio*).
80. Suger, *Traité sur la consécration*, chap. 7.

Suger sait qu'il réalise une œuvre glorieuse, que Dieu a pourtant confiée au « si petit successeur de tant de rois et d'abbés » : « Qui suis-je en effet, ou quelle est la maison de mon père pour avoir prétendu commencer un édifice si noble, si agréable, ou espérer l'achever... ».

C'est ici encore un témoignage de l'humilité de l'abbé de Saint-Denis, contrastant il est vrai, avec le caractère apparemment ostentatoire des *tituli* qu'il fit inscrire, avec son nom, dans la basilique, ou la représentation de sa propre personne dans la pierre ou au vitrail ; mais cette humilité, mêlée au sentiment du péché, au souci du salut de son âme et à la crainte du « jugement redoutable » le jour du Jugement dernier, sont une constante dans l'œuvre de l'abbé, dans ses traités, plus encore dans ses chartes et surtout dans son testament. Sa fierté d'abbé, de constructeur, d'homme d'Etat, c'était celle de son église, à laquelle il s'identifiait totalement, et celle de son roi qui en était à la fois le vassal, le protégé et le protecteur.

Animé par cette force intérieure, la conviction de n'agir, comme instrument, que pour la gloire de Dieu et au service de la *Respublica*, Suger aborde la construction du « saint des saints » non sans avoir, comme il le répète souvent, sollicité le conseil de ses frères. Le 14 juillet 1140, l'œuvre commença par la pose de la première pierre, c'est-à-dire un rituel bien établi d'après la liturgie pontificale et l'ancien rite bénédictin, suivant un ordre rigoureux, cérémonie tout à fait solennelle, en présence du roi, à laquelle participèrent une assemblée d'évêques et d'abbés portant, en tête de la procession, les insignes de la Passion du Christ conservés dans l'abbaye : le Clou et un fragment de la Couronne, ainsi que le bras du vieillard Siméon et d'autres reliques. Descendus dans la fosse, ils préparèrent eux-mêmes le mortier avec l'eau bénite de la dédicace de l'avant-corps de l'église [81]. Puis le roi lui-même posa une pierre et les autres participants, abbés et religieux, des pierres précieuses. En bon gestionnaire, Suger n'oublie pas de préciser qu'il a

---

81. Suger, ibid. chap. 7, et note 37.

assigné, pour la réalisation et l'achèvement complet de l'église, y compris les tours, un revenu annuel de 150 livres sur les offrandes des autels et des reliques, et 50 livres sur la propriété de Villaines en Beauce : dans cette mesure faut voir aussi la préoccupation, toujours présente chez l'abbé de Saint-Denis, que son œuvre ne puisse être achevée ni par lui ni par ses successeurs, en raison des « vicissitudes des temps », sa propre défaillance ou celle des hommes à venir. C'est là la raison qui explique ce souci de laisser, de sa personne et de son œuvre, un souvenir durable, comme un modèle pour la postérité : *preteritorum recordatio futurorum est exhibitio :* de là cette « humble vanité » dont parle E. Panofsky, qui a fort peu à voir avec notre conception actuelle de la vanité. Il fallut trois ans trois mois (en réalité quelques mois de plus [82]) pour réaliser cette œuvre magnifique qu'est le chevet de Saint-Denis. On remarquera que la description que fait Suger de la construction de la partie orientale de l'église, un édifice pourtant combien important et novateur, est assez succinte, dépourvue de détails techniques, ce qui a fait dire à certains historiens qu'il était peu versé dans le domaine de l'architecture. Cette conclusion semble dérisoire si l'on se replace dans la perspective d'un auteur tout tendu vers la finalité de son œuvre : l'agrandissement, l'ennoblissement de la *caput ecclesie* « par la beauté de la longueur et de la largeur ». Les techniques et les ouvriers sont les intermédiaires implicites, en vue d'un résultat mûrement réfléchi. C'est pourquoi Suger n'en parle pas. L'agrandissement de l'église était un thème déjà ancien. On le trouve dès le Xe siècle chez Folcuin de Lobbes *(Gesta abbatum Lobbensium* : 965-990), à la même époque à propos de Saint-Germain-des-Prés et dans la Vie de Brunon I, archevêque de Cologne, par Ruotger. Quand Suger parle de la beauté de la longueur et de la largeur, il ne faut pas oublier la

---

82. Suger, *Traité sur son administration*, II chap. 5, note 184.

signification théologique de la *geometria*, correspondant au *spiritus pietatis* (cf. Ekkehard IV de Saint-Gall, 1000-1057) [83].

Si Suger s'applique aussitôt à la reconstruction du chevet, c'est qu'il avait décidé, « sous l'inspiration de Dieu et après délibération » de ne pas toucher à la nef dont les murs, suivant la légende, furent consacrés, du temps du roi Dagobert, des mains du Christ lui-même [84]. La pose de la première pierre est le symbole du fondement sur la pierre angulaire qu'est le Christ, le cœur de l'église. Il s'agissait tout d'abord de rehausser et agrandir la crypte, une opération que Suger décrit en termes assez confus. Ce qu'il faut en retenir est que les cryptes anciennes, l'abside recouvrant les corps des saints et le prolongement construit peut-être au IXe s. par l'abbé Hilduin furent ramenés au même niveau de hauteur pour former un plancher égal au chevet projeté. Après quoi fut bâtie la « couronne d'oratoires », de chapelles rayonnantes faites d'arcs et de colonnes auxquels devraient se superposer très exactement les arcs et les colonnes supérieurs. Dans le Traité sur la consécration, Suger précise que l'on usa d'instruments géométriques et arithmétiques permettant de faire coïncider le milieu de l'ancien bâtiment avec celui du nouveau, le milieu étant évidemment, pour Suger, le milieu liturgique, spirituel, le chœur, le centre de la croix que forme l'église, et faire correspondre précisément les arcs et les colonnes des deux niveaux, respecter ainsi la largeur de l'ancienne église, exceptée cette « extension élégante et remarquable, la couronne d'oratoires », tout autour du déambulatoire du chevet. Ainsi la lumière ininterrompue des vitraux pourrait inonder toute la beauté intérieure de l'église. Aux deux notions de longueur et de largeur, Suger

83. Cf. K. A. Wirth, *Von mittelalterlichen Bildern und Lehrfiguren...*, dans *Studien zum Städt. Bildungswesen des Späten Mittelalters*, Göttingen, 1983, p. 256-370.

84. Suger, *Traité sur la consécration*, chap. 7 et note 49 ; *Traité sur son administration*, II chap. 2 et note 162.

ajoute celle de hauteur (« la hauteur des voûtes rythmée par la distribution de tant d'arcs et de colonnes ») et de profondeur (saint Paul, Ephes. 3, 18) c'est-à-dire le sentiment total de Dieu. La question reste, bien sûr, ouverte, de savoir quelle a été l'origine de ce plan, de ce nouveau mode de construction : Suger en fut-il l'initiateur ou le promoteur grâce à la collaboration d'artisans et d'artistes venus de différentes régions ? On ne peut le savoir, mais ce qui est certain c'est la conscience qu'eut l'abbé de Saint-Denis de la nouveauté de son œuvre, du changement de style entre l'*opus antiquum* et l'*opus novum* qu'il s'agissait d'harmoniser et d'adapter, tout en reconnaissant la remarquable beauté de l'*opus novum* dans sa verticalité et sa luminosité ininterrompue.

Ce qui est certain aussi c'est que le résultat architectural est le produit d'un nouvel art de géométrie, géométrie pratique reconnue par les philosophes comme une composante, avec l'architecture, de l'ingéniérie et de la technologie dans son ensemble. Dans ce contexte on peut reconnaître qu'Hugues de Saint-Victor et Suger sont deux figures de premier plan. Ajouté à cela un retour à l'antique avec les colonnades de style romain, assimilées ici aux douze Apôtres et aux douze Prophètes, s'harmonisant avec les colonnades carolingiennes que Suger croyait de l'époque de Dagobert. C'est bien Rome et l'Italie de l'ère paléochrétienne, la basilique constantinienne avec sa double colonnade du déambulatoire, qui ont en grande partie commandé le plan de 1140. Un modèle existait à Paris même, de ce type de construction : celui de la cathédrale Saint-Etienne, toujours présente, qui remontait au deuxième quart du VIe s. Le chapiteau à acanthe et les frises emportent enfin la conviction d'une adhésion aux traditions romaines et d'un renouveau conscient de l'antique dans le chevet de Suger ; et le *titulus* ajouté à la mention de l'année de consécration fait de nouveau référence à la lumière matérielle et spirituelle traversée d'une lumière nouvelle, par laquelle l'œuvre noble resplendit, référence aussi à son auteur : *C'est moi Suger qui dirigeais la réalisation de cet ouvrage.*

Nous savons aujourd'hui, grâce aux fouilles, que ce que dit Suger sur l'élévation et l'agrandissement, et leur adaptation à l'œuvre nouveau du chevet et à l'œuvre ancien de la nef, a été réalisé au moins dans la partie sud du transept, de même que l'élargissement de la nef dont les archéologues ont retrouvé les fondations des murs. Cette transformation ne fut jamais achevée et c'est ce qui explique l'obscurité du passage du Traité sur son administration, consacré à ce sujet. On apprend par ce texte que l'abbé de Saint-Denis avait entrepris ce chantier après la mise en place des vitraux : il fut probablement interrompu par les nouvelles charges qu'il dut assumer à la Cour en raison du départ du roi pour la Terre Sainte [85].

Il fallait bien deux évènements miraculeux, la tempête maîtrisée et l'arrivée providentielle d'un troupeau, pour annoncer le moment culminant de l'œuvre de Suger : le jour de la consécration de l'église achevée. Suger donne le nom de tous les prélats qui procédèrent à la consécration de l'église extérieure et intérieure, ainsi que des vingt autels, au milieu d'une foule de princes, de nobles, de chevaliers, de soldats venus de diverses régions du royaume. On y trouve la mise en place de la hiérarchie ecclésiale, l'*ordo dignitatis* hugonien : l'ordre épiscopal de la procession se rendant autour de la vasque pour les exorcismes, la beauté des vêtements blancs et des mitres ornées d'orfrois, tout concourait à la solennité de la célébration « des noces de l'Epoux éternel », chœur céleste plutôt que terrestre, œuvre divine plutôt qu'humaine. Le récit de la translation des reliques des saints fait ressortir le rôle prédominant du roi, inhabituel en pareille circonstance, portant lui-même la châsse du Saint Patron, suivi d'une procession d'évêques, comtes et barons traversant le cloître et revenant déposer les reliques sur le maitre-autel. Le centre de la liturgie, point de rencontre de la *longitudo* et de la *latitudo*, est le

---

85. Suger, *Traité sur son administration*, II chap. 7.

lieu de la sépulture des Corps Saints, autour duquel est disposée la couronne de chapelles. Il est difficile de comprendre l'ordre des *patrocinia* des autels, ainsi que celui des consécrateurs : Suger commence par citer l'autel majeur, puis l'autel de la chapelle axiale, puis va du côté nord, procédant d'est en ouest, ensuite revient vers le côté sud, toujours d'est en ouest, et suit le même plan pour les autels de la crypte (voir le plan des chapelles, planche n° 5)[86]. La consécration de l'église Saint-Denis porte le symbole de la *laus perennis* dans le chevet, image de l'univers cosmique et expiation liturgique éternelle dans la lumière de Dieu, et la *communio sanctorum* dans la *claritas* de l'esprit recevant la véritable lumière : il est donc le lien entre la *laus perennis* et la *lux continua*.

Il n'est pas dans notre propos d'énumérer ici tous les ornements dont l'abbé Suger décora son église : on les trouvera dans son œuvre elle-même[87] : donnons seulement l'essentiel du programme, les lignes directrices : l'ordre suivi par Suger dans son récit est probablement l'ordre chronologique de ses réalisations : le frontal d'or offert par Charles le Chauve, orné des matières les plus précieuses, anneaux d'or de grands personnages, anneaux de consécration des prélats, et portant en *titulus* une prière de l'abbé à saint Denis ; le tombeau des Corps Saints reconstruit solidement, en pierres, dans le chevet, entouré de panneaux de cuivre doré et de portes juxtaposées que la description quelque peu obscure qu'en donne Suger ne permet pas de préciser exactement, portant aussi un *titulus* dédié aux Corps Saints[88] ; le crucifix d'or qui fait, lui, l'objet d'une description détaillée de Suger[89] : c'était, il est vrai, une œuvre particulièrement somptueuse, point central de la décoration intérieure de la basilique et de la théologie du Salut suivant la conception hugonienne. Pour

86. Suger, *Traité sur la consécration*, notes 101 à 104.
87. Suger, *Traité sur son administration*, II chap. 8-18 (fin).
88. Ibid., II chap. 10 et note 206.
89. Ibid., II chap. 11 et note 217.

son exécution Suger fit venir « de diverses régions les artistes les plus habiles » et y consacra quatre-vingt marcs d'or : pour son ornement il reçut providentiellement quantité de pierres précieuses provenant du trésor de Thibaud de Champagne qui les avait reçues du roi Henri I d'Angleterre. Mêlant l'Ancienne Loi à la Nouvelle, cette croix racontait l'histoire du Christ, les Evangélistes au bas, et sur le chapiteau, suivant les études les plus récentes, la terre, la mer, Moïse ou l'Ancienne Loi, le Centurion ou la Loi Nouvelle. Mais cette croix comportait aussi l'image de l'abbé de Saint-Denis à genoux, face à un *titulus*, une prière implorant la protection du Seigneur. Placée juste derrière le maitre-autel, elle fut consacrée des mains du pape Eugène III qui y plaça un fragment de l'inscription de la vraie Croix. Le revêtement que Suger fit placer autour du maitre-autel, devant lequel, enfant, il fut offert à l'abbaye, était formé de quatre panneaux d'or rehaussés de pierres précieuses, et sur cet autel Suger plaça les candélabres pesant vingt marcs d'or que lui avait offert le roi Louis VI, et fit inscrire un *titulus* rappelant que c'est lui qui le fit revêtir. L'intervention de l'abbé dans le mobilier de l'église fut aussi celle d'un restaurateur : il fit en effet remonter plusieurs objets liturgiques sur lesquels, afin qu'ils soient compris de tous et non des seuls *litterati*, il fit graver des inscriptions. Tous ces ornements : la croix de saint Eloi, d'autres encore, la *crista*, splendide construction architecturale couverte de matière précieuse, étaient pour l'abbé un sujet de méditation, loin des affaires du siècle, et d'expérience mystique. Fier aussi du trésor de son église, Suger interrogeait les Croisés qui commençaient à revenir d'Orient, ou peut-être encore ceux qui avaient participé à la première expédition, pour savoir si le trésor de Constantinople ne surpassait pas celui de son église. Après tout, ne fallait-il pas, pour célébrer l'Eucharistie, les objets les plus précieux puisque, suivant la parole de Dieu et l'ordre du Prophète, des vases et des fioles d'or servaient à recueillir le sang des boucs, des veaux et de la vache rousse. Plus

qu'une réponse aux critiques de saint Bernard, c'est ici exprimée la pensée théologique qui a dirigé toute l'œuvre de l'abbé Suger, de la beauté terrestre mise au service de la gloire de Dieu, et pour proclamer ses bienfaits. Au reste n'a-t-il pas demandé, déjà dans son testament de 1137, que le jour de son anniversaire soient exposés les ornements — vêtements de prix, or ou argent — acquis pendant son administration afin de susciter la prière de ses frères pour le salut de son âme, de réchauffer leur zèle à poursuivre son œuvre : on ne pouvait afficher une attitude plus contraire aux recommandations de l'abbé de Clairvaux. Le théologien rejoint ici le poète, le patron des arts, l'organisateur de brillantes liturgies pour qui la pureté intérieure est certes nécessaire, mais la noblesse extérieure et « tout ce qu'il y a de plus cher parmi les choses créées doit être mis au service du saint Sacrifice ».

C'est pourquoi Suger entreprit aussi de restaurer l'autel que, suivant les anciens et la mémoire de Louis VI lui-même, l'on appelait « l'autel saint » : un autel probablement portatif qui renfermait, dans un encadrement de bois doré, des reliques de l'apôtre saint Jacques, du protomartyr Etienne et de saint Vincent martyr. Suger en fit ouvrir la partie antérieure pour vérifier l'authenticité de ces reliques, et il le fit solennellement, en présence des plus grands prélats de France, d'abbés et de religieux, et d'une « foule innombrable de peuple ». Les inscriptions attachées à ces reliques confirmèrent l'exactitude de la tradition, et un diplôme de Charles le Chauve apprenait en outre que ces reliques avaient été retirées de son trésor et placées là pour la protection de son âme : c'était donner à ces reliques un caractère encore plus précieux, plus sacré puisqu'ayant fait l'objet d'une donation impériale elles jouaient en même temps un rôle politique qui unissait plus étroitement l'abbaye et la royauté, et servaient de manière éclatante la politique de Suger. La présence du collier de la reine Nanthilde, épouse de Dagobert, fixé à la grande croix d'or face au tombeau de Charles le Chauve, rappelait le lien des dynasties et la continuité de leur rattachement à l'abbaye.

Dans l'église libérée, depuis les premières années de son administration, d'un mur antique qui la séparait en son milieu et l'obscurcissait [90], il fallait que la parole de Dieu pût résonner d'une extrémité à l'autre, et que l'Evangile fût proclamée d'un lieu plus élevé : c'est pourquoi Suger fit aménager et orner l'entrée du chœur : il fit réparer l'ambon décoré de plaques d'ivoire représentant des scènes antiques et d'animaux de cuivre, ainsi que l'aigle placé à l'entrée du chœur, derrière l'ambon : lutrin de cuivre à quatre pupitres tournants à l'image des Evangélistes. Un autre meuble de l'église fit également l'objet d'une restauration : le fauteuil de Dagobert, placé derrière le maitre-autel, qui représentait au plus haut point le pouvoir royal et le fondateur légendaire de l'abbaye, qui pouvait dater soit de cette époque soit, plus probablement, de l'époque carolingienne, confectionné sur un modèle antique [91]. C'était là aussi un objet hautement symbolique de la politique sugérienne.

Enfin, toujours respectueux et soucieux du bien-être de ses frères et du bonheur de la communauté, homme de modération et de juste mesure, hostile à l'ascétisme et à la mortification, Suger améliora le confort des moines pendant les offices en faisant remplacer les stalles de cuivre et de marbre par des stalles de bois « afin d'alléger les épreuves physiques de ceux qui assistaient régulièrement aux offices ». Tel était donc l'ensemble mobilier qui constitua le décor intérieur du chœur et du chevet de la nouvelle église. Il y avait aussi d'autres objets de grand prix : candélabres, vases, calices, burettes qui ornèrent les autels et que Suger cite à la fin de son traité [92], parmi lesquels certains sont mentionnés autant pour l'importance

90. Ibid., II chap. 17 et note 262.
91. Ibid., II chap. 17 et note 263.
92. Ibid., II chap. 19, p. 52-54.

de leur donateur que pour le prix de leur matière : candélabres offerts par Charles le Chauve, vases en or offerts par les rois de France, vase en pierres précieuses et orné de « l'œuvre cloisonné de saint Eloi », laissé en gage par le roi Louis VI, carafon en cristal dont nous savons par l'inscription que Suger y fit graver qu'il provenait de la reine Aliénor, peut-être d'origine sassanide et datant du VI-VIIe siècle, que le roi Louis VII offrit personnellement à Suger, lequel en fit don à son église. Sur d'autres vases encore Suger fit inscrire des *tituli* : un vase de sardonix et surtout le fameux vase antique de porphyre, aujourd'hui conservé, qu'il fit transformer en aigle et affecta aussi au service de l'autel.

Mais toutes ces merveilles n'auraient pu être admirées à leur véritable valeur et dans tout leur éclat sans l'illumination totale de l'église grâce aux grandes baies vitrées du chevet, montées sur une architecture légère : fleuron de l'œuvre de Suger, qui commanda toute la structure du chevet. Pour leur description, l'auteur ne fait pas appel à la théologie mystique du Pseudo-Denys mais se borne à rappeler par des *versiculi* la justification anagogique, à donner à l'image une fonction méditative, un caractère exégétique, basé en grande partie sur saint Paul. Or Hugues de Saint-Victor recommande justement l'étude des Epitres de saint Paul dans l'enseignement de l'allégorie [93], comme le fit aussi saint Augustin dans le *De Doctrina Christiana*, et Hugues donne à ce sujet un complexe très riche de miniatures, disant qu'elles ne sont accessibles qu'aux *litterati* : ce que dit, mot à mot, Suger à propos des reliefs du grand autel pour justifier l'inscription de *tituli* qu'il fit placer un peu partout dans son église. Mais il faut souligner que l'église de Saint-Denis avait aussi une audience populaire : il s'agissait d'instruire les foules qui venaient en grand nombre, les jours de fête, les jours de foire surtout. C'est cette fonction d'éducation du peuple qui explique en grande partie le programme iconographi-

---

93. *De arca Noe morali*, IV-4 : P. L. 176, 670.

que de l'abbé Suger. Il fut à la fois un compilateur d'idées classiques et un innovateur dans l'art monastique.

C'est cet aspect de sa personnalité qui apparait le plus dans les verrières du chevet. Composées en compartiments circulaires, semi-circulaires ou rectangulaires, avec ornementation végétale, filets et bordures, elles formaient un écrin lumineux. Chaque fenêtre comportait deux verrières. Suger n'en décrit hélas pas la totalité mais seulement neuf scènes en deux verrières 1° une première verrière représentant des allégories de saint Paul, Moïse dévoilé, l'Arche d'Alliance, l'ouverture du Livre par le lion et l'agneau 2° une autre verrière présentant des scènes de la vie de Moïse, toutes assorties de *versiculi* [94]. Le programme de Suger comportait pourtant beaucoup d'autres vitraux : 1° celui qui faisait pendant à l'Arbre de Jessé, représentant la vie de la Vierge, ou plutôt l'enfance du Christ : il comportait, entre autres scènes, l'adoration des mages, la présentation au Temple, l'adoration des bergers et surtout l'Annonciation où figurait Suger en personne, en habit monastique, crosse en main, avec l'inscription de son nom ; 2° la passion de saint Vincent ; 3° le *Signum* T, ou vision d'Ezechiel sur l'extermination des injustes (Ezech. IX, 2-4) qui faisait partie d'une verrière symbolique de la Passion du Christ, mêlant l'Ancien et le Nouveau Testament ; 4° le vitrail de la vie de saint Benoit, peut-être placé dans la chapelle de saint Benoit dans la crypte : située au nord, elle fut consacrée en 1144 par l'évêque de Soissons Joscelin de Vierzy ; 5° un vitrail perdu illustrant la première croisade : vitrail commémoratif ou vitrail de propagande en faveur de l'expédition de Louis VII ? Il comportait l'image du combat contre les infidèles, la prise de Nicée, la prise d'Antioche, la bataille contre Corboran, la prise de Jérusalem avec une inscription incomplète *(Jerusalem a Francis)*, la bataille d'Ascalon en quatre épisodes ; 6° un autre vitrail perdu, proche du précédent,

---

94. Suger, *Traité sur son administration*, II chap. 18 et notes 265-276.

représentant le pélerinage légendaire de Charlemagne à Jérusalem pour recevoir les reliques de la Passion, basé sur le poème latin *Descriptio qualiter Karolus Magnus...* [95], connu par deux dessins de Montfaucon : le premier figurant Charlemagne donnant la main à Constantin, le deuxième Charlemagne portant la couronne impériale, fermée, et recevant trois ambassades de Constantin. A toutes ces verrières qui ornaient les neuf chapelles de la crypte et les neuf chapelles du chevet, il faut ajouter le vitrail central de la façade occidentale et ceux qui éclairaient les chapelles hautes de l'avant-corps : en tout un ensemble de cinquante-deux à cinquante-quatre verrières qui justifiaient bien, comme le souligne L. Grodeki, l'énorme dépense de sept cents livres que Suger y consacra et la nomination d'un maitre verrier pour leur conservation et leur réparation.

C'était donc un mélange de scènes de l'Ancien et du Nouveau Testament, de sujets hagiographiques, une évocation de saint Benoit, le maitre de l'Ordre, et de scènes se rapportant aux actions glorieuses des rois au service de l'Eglise — pélerinages et croisades — la gloire du pouvoir spirituel et temporel que l'abbaye représentait, convertissant le temps en espace, les relations temporelles en termes d'œuvres d'art ayant leur place respective dans l'église, depuis les portes de bronze de l'entrée jusqu'à la verrière de l'Arbre de Jessé au centre du chevet, dans la chapelle axiale. La propre représentation de l'abbé dans son église est aussi disposée stratégiquement : deux portraits de lui-même à l'entrée, l'un sur le linteau, l'autre sur les portes, un troisième au pied de la grande croix à l'entrée du chœur, visible de tous les points de l'église et un quatrième aux pieds de la Vierge dans le vitrail central du chevet ; et l'on compte, sur les murs comme sur les objets liturgiques, au moins quatorze inscriptions portant son

95. J. Bédier, *Les légendes épiques*...vol. IV, 2º éd., 1921, p. 122-156, et A. Adler, *The « pelerinage de Charlemagne » in new light on Saint-Denis*, dans *Speculum*, 1947, p. 550-561.

nom. On remarque que l'abbé de Saint-Denis se fait représenter en moine sur la façade et en abbé au centre du chevet : c'est qu'il y a là aussi une transposition du temps en espace. C'est sa propre carrière d'homme d'Eglise qui se déroule du bas en haut de l'abbatiale. Toutefois dans cette mise en évidence de sa propre personne il ne faut pas voir une quelconque vanité d'ordre individuel mais une identification à la fois à son église et à son rôle d'homme d'Etat. Suivant l'expression d'E. Panofsky, il s'agit d'une personnalité « centrifuge » qui renonça aux intérêts de sa propre personne individuelle, privée. Pierre le Vénérable, abbé de Cluny, exprima son émotion à cet égard quand il vit l'exiguïté de la cellule que l'abbé de Saint-Denis s'était fait construire pour lui, tout contre la basilique.

Cet homme de modeste extraction, petit et malingre *(imbecille corpusculum)* était un seigneur au service de l'Eglise et de l'Etat. S'il eut le souci de la perpétuation de sa propre personne et s'il prit aussi la plume, à cinquante-six ans, c'était sans doute pour se justifier en tant que responsable de sa communauté, pour glorifier Dieu de ses bienfaits et avant tout pour encourager la postérité à poursuivre son œuvre, car il eut conscience d'avoir agi autrement que les autres prélats de l'époque : il prit part lui-même à la réalisation de sa construction, il s'y impliqua personnellement, physiquement, il fit face à tous les soucis matériels de l'abbaye, il participa activement aux offices de la communauté et chantait volontiers avec ses frères, il se dépensa sans compter, dans une totale liberté, sans souci de récompense transitoire, respectueux de la loi naturelle et divine, convaincu qu'il était de mener le bon combat, d'œuvrer pour l'élaboration de la *Respublica*, suivant sa propre expression. Ce mot renouait avec l'expression carolingienne de l'autorité souveraine, concept juridique romain : et on le trouve employé par Hugues de Saint-Victor. Suger l'emploie cinq fois dans la *Vita Ludovici Grossi* pour exprimer la notion de gouvernement royal, mais il y a, chez lui, dans ce mot, un sens plus profond : celui de la communauté humaine que Dieu a répartie entre tous les rois de la terre, et dont les rois sont responsables.

La *Respublica* met l'accent sur les devoirs du roi qui porte la *corona regni*. C'est le point culminant du Traité sur la consécration de Suger. La dualité du *visibilis* et de l'*invisibilis* est aussi présente dans ce concept : la réunion de la *polis* et de l'*ecclesia*. Le mot *Respublica* est alors une notion théologique, rare mais présente chez Suger comme chez Hugues de Saint-Victor (dans le *Didascalicon*). C'est la vision eschatologique saisie à travers la communauté terrestre par la méditation sur le monde intermédiaire, ecclésiologique, entre ciel et terre, et la *pulchritudo* de la liturgie de l'Eglise qui atteint la transcendance surnaturelle. La *Respublica* est alors la *communio sanctorum* permettant la transformation miraculeuse de l'Eglise présente en royaume céleste, réunissant par la grâce de Dieu le ciel et la terre en une seule République. Tel est le sens profond de toute l'œuvre de Suger à Saint-Denis, guidé par une foi essentielle en Dieu : *identitas auctoris et operis sufficentiam facit operantis*. Suger sait que le véritable maitre d'œuvre est Dieu lui-même, et il le proclame : *Sit bonum opus in voluntate, ex Dei adjutorio erit in perfectione*. Et par la force des sacrements le Christ transformera notre œuvre humaine en œuvre divine, fera de nous des créatures angéliques, unies dans une seule République.

III. — Les œuvres du premier volume.

L'œuvre principale de l'abbé Suger, et la première en date, est La Vie de Louis le Gros. Commencée dans la deuxième partie de l'année 1137 (peu après la mort de Louis VI), elle fut terminée en 1143 environ. C'est un ouvrage historique de grande importance et, nous l'avons dit, tout à fait original pour son temps. Ayant fait l'objet de plusieurs excellentes éditions, dont celle d'H. Waquet, assortie de la traduction, dans la présente collection [96], nous ne l'avons pas retenue ici.

Nous avons choisi, pour le premier volume, de présenter les deux autres traités de Suger et le début d' l'histoire de Louis VII, fragment inachevé.

1) Le traité sur la consécration de l'église :

Ce récit fut écrit avant le traité sur l'œuvre administrative de l'abbé de Saint-Denis, dans lequel il est cité comme étant achevé. Il dut être rédigé peu de temps après la consécration du chœur, le 11 juin 1144 : y sont relatées les circonstances de la reconstruction de l'abbatiale, la collaboration effective de Suger aux travaux, dans la recherche tout d'abord de colonnes anciennes, puis dans celle d'une bonne carrière pour les y faire tailler, ensuite dans son expédition en pleine forêt de Rambouillet pour trouver des poutres de dimensions suffisantes, réussissant toujours dans ses entreprises grâce à l'intervention divine. Mais l'objectif de cet ouvrage était, ce qui couronnait toute son œuvre, le récit de la splendide cérémonie de consécration des vingt autels du chevet par les plus grands prélats de la Gaule, une cérémonie qui par sa grandeur et sa magnificence créait un « concert angélique », le transfert des *visibilia* aux *invisibilia*, donnait une préfiguration du royaume céleste, de l'union du ciel et de la terre en une seule République : la vraie vocation de l'église Saint-Denis telle que la voulait Suger.

2) L'œuvre administrative de l'abbé Suger :

Suger fut sollicité par ses frères, en chapître, la 23ᵉ année de son abbatiat, donc entre le 12 mars 1144 et le 11 mars 1145 (il avait alors soixante-quatre ans) de mettre

---

96. H. Waquet, Suger, *Vie de Louis VI le Gros*. Edition et traduction (Les Classiques de l'histoire de France au moyen-âge), Paris, 2° éd. 1964.

par écrit « pour la mémoire future » les résultats de son activité d'abbé, de sa gestion : acquisitions, recouvrements de propriétés, accroissements de revenus, construction d'édifices, augmentation du trésor en argent, matières précieuses, tissus de prix. Il est à noter que ses frères lui promettaient en retour deux bienfaits auxquels il ne pouvait être insensible : mériter par un tel écrit leurs prières perpétuelles pour le salut de son âme, et encourager par cet exemple leur sollicitude pour le culte de Dieu. C'est donc pour accéder à leur demande, sans souci de récompense ou de vaine gloire, et surtout pour que son action ne soit pas oubliée dans l'avenir : *ne veritatis emula subrepat oblivio et exemplum auferat agendi*, que Suger prend la plume la même année, sans doute après la consécration du chevet le 11 juin 1144, pour écrire ce long mémoire qui occupe la deuxième place en ordre d'importance dans son œuvre littéraire, la troisième dans l'ordre chronologique, et divisé en deux parties : la première partie comprenant, suivant le manuscrit, les vingt-trois premiers chapitres, traite de sa gestion domaniale, la deuxième, comprenant les chapitres vingt-quatre à trente-quatre, décrit l'œuvre d'embellissement et de reconstruction de la basilique, d'acquisition de trésors, de restauration de meubles et objets liturgiques, ainsi que les images des verrières du chevet. C'est le livre qui révèle le mieux la personnalité de l'abbé de Saint-Denis, son talent de bâtisseur, d'artiste et d'« antiquaire », de praticien de la philosophie et de la théologie politiques. Cet ouvrage fut terminé pendant la régence, en 1148-1149, car il y est fait allusion à la Croisade.

3) L'histoire du roi Louis VII :

Nous avons donc écarté du présent ouvrage l'essentiel de l'œuvre historique de l'abbé Suger. Il est cependant un fragment de grande importance que nous avons retenu : le début de l'Histoire du roi Louis VII. Ce texte fut peut-être commencé au même moment que les événements qu'il relate mais plus probablement longtemps après, et interrompu soit par les nouvelles responsabilités de l'abbé comme régent du royaume, soit, plus vraisemblablement, par sa propre mort, comme le dit son biographe le moine Guillaume : « Il raconta en outre les gestes du roi Louis dans un style splendide, et commença de même à écrire celles de son fils Louis mais, surpris par la mort, il ne mena pas l'œuvre à son terme »[97]. Eudes de Deuil, dédiant à Suger son Histoire de la deuxième croisade, fait lui aussi allusion à son projet, que lui-même encourageait, d'écrire une Histoire de Louis VII. Suger y travaillait encore en 1149 au moment où Eudes de Deuil achevait son récit. A. Molinier a démontré que ce fragment fut à l'origine de la rédaction de l'*Historia gloriosi regis Ludovici* qui s'étend jusqu'à la naissance de Philippe Auguste, en 1165, et qui est la source latine des Grandes chroniques de France. L'*Historia* se compose en effet de deux parties dont la première, la plus courte, est un tableau de la situation comparée de la France, de l'Empire et de l'Angleterre vers 1137, suivie d'une deuxième partie constituée de morceaux classés plus ou moins dans l'ordre chronologique des événements. Or la première partie, comme le début de la deuxième, rappellent le style et le ton de Suger. En outre, dans la deuxième partie de ce fragment[98] figure un morceau négligé par l'auteur de l'*Historia* et que J. Lair a attribué avec certitude à l'abbé Suger[99] car, à propos de la Diète de Mayence qui eut lieu en 1125 pour l'élection de l'empereur Lothaire, l'auteur ajoute ces mots : *cui et nos interfuimus* : or on sait que Suger était à Mayence et assistait à la Diète ; plusieurs actes

---

97. Lecoy, I, p. 382.
98. Dans le ms. 12710, ff. 51^v-52 : cf. note 107.
99. J. Lair, *Fragment inédit de la vie de Louis VII...*, dans *Bibl. de l'Ec. des Ch.*, t. 34, (1873), p. 583-596.

furent en effet expédiés par lui, de cette ville, en 1125 [100].
Il en résulte que tout le début de l'*Historia*, fragment de
J. Lair compris, peut en toute certitude être attribué à
l'abbé Suger. Ensuite le style change ainsi que le mode de
composition et l'auteur, même s'il a utilisé quelques notes
de Suger, n'est plus le même. A. Molinier a montré que cet
auteur était certainement un moine de Saint-Germain-des-
Prés, peut-être originaire de Vezelay, qui, ami intime de
l'abbé Thibaud [101], la rédigea vers l'année 1172. Les
événements relatés dans le fragment de Suger se situent
dans les deux premières années du règne de Louis VII,
depuis son retour de Bordeaux, à l'annonce de la mort de
son père (1° août 1137) jusqu'à l'affaire de Talmont, la
trahison de Guillaume de Lesay et la destruction du
château (1138), et s'interrompent brutalement.

L'œuvre de Suger comporte également une collection de
lettres, dont vingt-six conservées, qui concernent la période politiquement la plus importante de sa vie (1146-
1151), et un très grand nombre de lettres à lui adressées
(156 analysées par Lecoy). Il y a enfin une collection de
chartes expédiées par l'abbé de Saint-Denis : partie la
moins connue de son œuvre et pourtant la plus personnelle : treize expédiées par lui conservées et quarante-deux
reçues par lui. La plus importante de ses chartes est son
testament, texte très long, éminemment spirituel, qui
renseigne sur les dispositions d'esprit de l'abbé et les
motivations profondes de son action. Les lettres et les
chartes feront l'objet du deuxième volume de la présente
publication, avec la Vie de Suger par le moine Guillaume.

100. A. Molinier, *Suger auteur d'une partie de la chronique dite
Historia Ludovici VII*, dans *Bibl. de l'Ec. des Ch.*, t. 48 (1887),
p. 286-288. — P. Viollet, *Une grande chronique latine de Saint-
Denis, observations pour servir à l'histoire critique des œuvres de
Suger*, dans *Bibl. de l'Ec. des Ch.*, t. 34 (1873), p. 241-254. — J. Lair,
*Mémoire sur deux chroniques latines composées au XIIe s. à l'abbaye
de Saint-Denis*, dans *Bibl. de l'Ec. des Ch.*, t. 35 (1874), p. 543-580.

101. A. Molinier, *Vie de Louis le Gros par Suger, suivie de
l'Histoire du roi Louis VII*, Paris, 1887, préface, p. XXXI-XXXV.

Les manuscrits, éditions et traductions :

1) *Le traité sur la consécration de l'église Saint-Denis :*

C'est un manuscrit appartenant à Claude Alexandre Petau qui servit de base à l'édition de Duchesne en 1641, à l'exception des deux dernières pages qui manquaient dans ce volume et furent restituées en 1723 par Dom Mabillon dans ses *Vetera Analecta* suivant un manuscrit provenant de Saint-Victor, considéré ensuite comme perdu. Le premier manuscrit de la collection A. Petau a été identifié par L. Grodeki [102] : il est actuellement conservé à la Bibliothèque Apostolique Vaticane sour la cote *Reg. lat.* 571 : un recueil factice de fragments datant du milieu du XIIe s. Le traité de Suger y occupe les ff. 119-129^v. L'écriture en est artificielle, gothique primitive plutôt maladroite et lourde, donnant une curieuse impression d'inauthenticité. Ce manuscrit est en effet incomplet : le texte est interrompu au folio 129^v aux mots *choro angelorum et sancte Cruci assig[natur]* (dernière ligne de la page 236 de l'édition de Lecoy). Pour la fin du texte il a fallu se reporter au manuscrit utilisé par Mabillon, un manuscrit du XVe s. en écriture bâtarde, d'origine victorine : (Bibliothèque de l'Arsenal 1030), contenant de nombreux textes concernant Saint-Denis, textes historiques, sermon sur l'oriflamme, Vie de Dagobert etc... La fin du texte de Suger se situe aux ff. 81, l. 12 — 82, l. 12 [103]. Nous avons donc suivi le ms. Reg. lat. 571, et pour la fin le ms. Arsenal 1030 ; et porté les variantes de ce dernier ms. dans tout le texte [104].

102. L. Grodeki, *Les vitraux de Saint-Denis*, I, Paris, 1976, p. 145.
103. A. Luchaire, *Quelques manuscrits de Rome et de Paris, Mél. d'hist. du M. A.* (Bibl. de la Fac. des lettres de Paris, t. 13), Paris, 1881.
104. Il y aurait lieu de tenir compte aussi d'une variante que donne le ms. lat. 5949^A : *Annales regni Francorum*, 1057-1270 : copie du XVIIe s. d'une compilation d'un auteur de Saint-Denis qui a dû disposer de notes historiques plus ou moins classées sous forme

Editions :

Le traité sur la consécration fut donc édité par Duchesne en 1641 *(Hist. Franc. Script.* IV, 350) ; les deux dernières pages ont été éditées par Mabillon *(Vetera Analecta,* p. 463) en 1723. Le texte fut ensuite édité, d'après les deux précédents auteurs, par Felibien *(Histoire de l'abbaye de Saint-Denis,* 1706, preuves CLXXXVII) et partiellement par D. Brial *(Rerum Gallicarum Scriptores,* Paris 1806, XIV, 312-318). L'édition de la Patrologie Latine, (CLXXXVI, Paris 1854, col. 1239-1254) suit celle de Félibien. En 1867 Lecoy de la Marche donna une édition des œuvres complètes de Suger (Soc. Hist. de Fr. XXIX, Paris, 1867) : ce traité se trouve aux pages 211-238. La dernière édition est celle d'E. Panofsky, *Abbot Suger on the abbey church of Saint-Denis and its treasures,* 2e édition, Princeton, New-Jersey, 1979, p. 81-120.

Traductions :

Une traduction française en a été donnée par J. Leclercq, *Comment fut construit Saint-Denis,* La Clarté-Dieu, XVIII, Paris, 1945, traduction reprise par M. Bur dans *La geste de Louis VI* (coll. Acteurs de l'Histoire) Paris 1994. Une traduction en anglais figure dans l'ouvrage de E. Panofsky cité ci-dessus, p. 82-121.

2) *Le traité sur l'administration de Suger :*

Ce texte ne nous est connu que par un unique manuscrit : Bibl. nat. lat. 13835 (ancien 1072 du fonds de

d'annales nationales. Il abrège ou reproduit des fragments du traité sur son administration de Suger et du traité sur la consécration : pour ce dernier ouvrage, il donne, en plus du texte du ms. Vat. reg. lat. 571, parmi les évêques qui devaient participer à la consécration, Nicolas de Cambrai, qui figure ensuite, dans le ms. Reg. lat. 571 et dans l'édition de Lecoy, comme consécrateur de l'autel de saint Jean Baptiste et saint Jean l'Evangéliste dans le chevet (Chap. 15, p. 25) : cf. A. Luchaire, *Une très ancienne histoire de France, la compilation du ms. lat. 5949^a,* dans *Revue Historique,* t. 34 (1887^2), p. 259-276.

Saint-Germain, provenant de Saint-Denis). Ce manuscrit est de format assez réduit, de facture modeste, d'une grosse écriture gothique artificielle à l'encre noire, que l'on peut situer dans le troisième quart du XIIe s. (environ 1160-1180). Dans la marge inférieure du premier folio figure un titre d'une main du XIVe-XVe s. : *Gesta Suggerii abbatis*, et dans la marge supérieure se trouve le même titre, d'une main du XVe-XVIe s. : ce fut peut-être le titre original et c'est en effet le titre que l'on devrait retenir car le mieux adapté au contenu de l'ouvrage. L'initiale du début du texte est mi-partie rouge et bleu, filigranée. Chaque paragraphe de la première partie est introduit par une initiale de couleur alternée rouge ou bleue sans filigranes. Dans la deuxième partie le même principe est observé mais les initiales filigranées sont plus nombreuses et les titres des paragraphes sont rubriqués.

Editions :

Une analyse de ce texte en fut d'abord donnée en 1625 par Doublet *(Histoire de l'abbaye de Saint-Denis)*. Il fut publié pour la première fois par Duchesne, suivant ce manuscrit, en 1641, réimprimé en 1648, sous le titre forgé : *Sugerii abbatis liber de rebus in administratione sua gestis* [105]. Cette édition fut reproduite, avec une analyse, par Félibien dans son *Histoire de l'abbaye de Saint-Denis* (preuves CLXXII), en 1706. Les continuateurs de Dom Bouquet en insèrent la deuxième partie dans le *Recueil des Historiens des Gaules* (1781, t. XII, p. 96-102). Au XIXe s. une édition figure dans la *Patrologie Latine* (CLXXXVI, 1854, col. 1211-1240) d'après Duchesne. A. Lecoy de la Marche en donne une nouvelle édition, d'après le manuscrit, dans ses *Oeuvres complètes de Suger* (Soc. Hist. de Fr., XXIX, Paris, 1867, p. 151-209). La dernière édition est celle d'E. Panofsky, *Abbot Suger on the abbey church of Saint-Denis and its treasures*, 2° éd. Princeton, New-Jersey, 1979, p. 40-80, mais pour la deuxième partie seulement.

105. *Hist. Franc. Script.* IV, p. 331-350.

Traductions :

Une traduction française est donnée par M. Bur dans *La geste de Louis VI* (Coll. Acteurs de l'histoire), Paris, 1994, p. 219-269. Traduction anglaise, pour la deuxième partie seulement, dans l'ouvrage d'E. Panofsky cité ci-dessus, p. 41-81.

3) *Le fragment de l'Histoire du roi Louis VII* :

Les manuscrits de ce fragment ont été énumérés par A. Molinier. Il s'agit 1° du ms. A : ms. Bibl. nat. lat 12711, datant de la fin du XIIe s. Ce manuscrit a été décrit par Siméon Luce [106]. Il contient la copie originale de la Continuation d'Aimoin, dont dérivent les autres exemplaires de ce texte. 2° ms. D : lat 12710 (ancien Saint-Germain 646), de la fin du XIIe s. Ce manuscrit a été bien étudié par J. Lair [107] : c'est un cahier de notes écrites négligemment et où les fautes de copie abondent ; y figure le deuxième fragment de la rédaction de Suger sur Louis VII, négligé par le rédacteur de *l'Historia*. 3° lat. 12712, du XVIe s. 4° ms. C : lat. 17657 : copie de 1332 provenant du Collège de Navarre, presque identique à A. 5° lat. 15046 de la première moitié du XIIIe s., provenant de Saint-Victor. 6° lat. 5925[A], du troisième quart du XVe s. (1470 ?), qui a appartenu à Nicolas Lefèvre. 7° ms. G : lat 6265, copie de 1515 d'un volume de Saint-Magloire : c'est une copie de peu de valeur.

Pour la première partie du fragment nous avons suivi le ms 12711 (ms. A) retenu comme texte de base par A. Molinier. Pour les 2°, 4° et 7° manuscrits nous avons conservé les lettres données par A. Molinier dans son édition de la *Vie de Louis le Gros* : D, C, G. Aux 3°, 5° et 6° manuscrits nous

---

106. S. Luce, *La continuation d'Aimoin, le ms. 12711 de la Bibl. nat.* (Notices et doc. publiés pour la Soc. de l'Hist. de Fr.), p. 57-70.

107. *Mémoire sur deux chroniques latines composées au XIIe s. à l'abbaye de Saint-Denis*, dans *Bibl. de l'Ec. des Ch.*, t. 35 (1874), p. 543-580 : cf. ci-dessus, note 98.

avons affecté les lettres H, J et K. Nous avons donc, pour la première partie de ce texte, les manuscrits suivants :

A : lat. 12711, ff. 174-176.
D : lat. 12710, ff. 51^v-52.
C : lat. 17657, ff. 122-122^v.
G : lat. 6265, ff. 51-52.
H : 12712, ff. 192^v-193.
J : lat. 15046, ff. 315-316^v.
K : lat. 5925^A, ff. 194-194^v.

De tous ces manuscrits nous avons relevé les variantes significatives.

Pour la deuxième partie du fragment nous avons, bien sûr, repris le texte du ms. 12710, manuscrit unique publié par J. Lair, en tenant compte des quelques corrections proposées par A. Molinier, car le texte du manuscrit est souvent incorrect.

Editions :

L'*Historia* a été éditée une première fois par Duchesne *(Hist. Fr. Script.* IV, 1641, p. 412-413 : jusqu'à *XIV aut XV annorum adolescentia tam natura... in diem proficiebat),* d'après le ms. G appartenant à J. B. Hautin, conseiller au Châtelet. L'édition des continuateurs de Dom Bouquet (XII, p. 124-125 : jusqu'à *Franci vero tante... prolis successione... et congauderent)* suit également ce ms. G. La chronique d'Aimoin a été publiée plusieurs fois : citons seulement l'édition de Dom J. Dubreul, Paris, 1603, faite sur le ms. A. La 1e partie du fragment de Suger est publiée dans A. Molinier, *Suger, Vie de Louis le Gros, suivie de l'Histoire de Louis VII,* Paris, 1887, p. 147-150. Pour la deuxième partie de ce fragment nous avons l'édition de J. Lair *(Fragment inédit de la vie de Louis VII,* dans *Bibl. de l'Ec. des Ch.* t. 34, 1873, p. 583-596, reprise par A. Molinier (Suger, *Vie de Louis le Gros...* p. 150-156).

Traduction :

La traduction en français donnée par M. Bur *(La Geste de Louis VI,* Paris 1994, p. 179-186) ne prend en compte que la deuxième partie de ce fragment, publié par J. Lair et non la première, publiée par A. Molinier.

Règles d'édition

Nous avons respecté, autant de fois que cela était possible, la ponctuation originale donnée par le manuscrit. Cependant la pause faible (point au-dessus de la ligne) et la pause moyenne (point-virgule renversé) ont été plus d'une fois soit supprimées, soit déplacées soit encore interverties, correspondant plus souvent à l'intonation de la voix, à des respirations liées à la lecture à haute voix qu'à des pauses commandées par l'intelligibilité de la phrase. La pause forte en revanche (point sur la ligne) correspond presque toujours à l'usage moderne ; nous observons en outre qu'elle est, sauf exception, suivie d'une majuscule : nous l'avons donc respectée, de même que la majuscule.

Les mots *Deus*, *Divinitas* etc... sont, dans tous les cas, écrits avec une initiale minuscule : nous avons adopté l'initiale majuscule, suivant les principes modernes d'édition, de même que pour les noms propres.

Le copiste du Traité sur l'administration transcrit très souvent la diphtongue *æ* par un *e* cédillé, plus rarement par un *e* simple : nous avons transcrit le *e* cédillé par les lettres *a e*. Les manuscrits des autres textes, à l'exception de la première partie de l'Histoire du roi Louis VII, n'emploient que le *e* simple.

Certains *tituli* ont une initiale ornée, d'autres non : nous avons traité toutes les initiales également.

Nous avons dû couper les phrases trop longues chaque fois que cela était nécessaire pour la bonne compréhension du texte. Pour la même raison les divisions des chapitres telles qu'elles se présentent dans le manuscrit ont parfois été quelque peu modifiées ; nous les avons en outre regroupées sous des titres plus généraux que nous avons insérés entre crochets carrés. Nous avons dû également diviser certains chapitres en paragraphes, marqués par des alinéas.

Dans la traduction, quelques difficultés particulières se sont présentées :

1) Suger, parlant à la première personne, emploie tantôt le singulier tantôt le pluriel : *ego/nos*, réservant en général le singulier à la relation d'actions personnelles, l'expression d'expériences, de mouvements d'humeur ou de sentiments personnels, et le pluriel à des actions ou décisions d'intérêt commun ou engageant toute la communauté, qu'il ait ou non sollicité explicitement le conseil de ses frères ; mais bien souvent aussi, le choix de la forme est arbitraire : nous avons maintenu toutes les phrases au singulier ou au pluriel, telles qu'elles se présentent dans le texte.

2) Le mot *castrum/castellum* signifie, prenant la partie pour le tout, le bourg fortifié autour de son château : nous avons maintenu le mot château en précisant en note *(Traité sur l'administration*, note 4) le sens plus général de ce mot.

3) De même, Suger emploie le mot *carruca* (charrue) pour désigner indifféremment la charrue ou la charruée *(carrucata)* : nous avons signalé cette double acception (ibid. note 25) et nous l'avons toujours traduite par le terme *charrue*, placé entre guillemets quand le sens de *charruée* est probable ou possible.

4) La traduction du mot *Villa* est, elle aussi, délicate : il faut entendre par ce mot, du temps de Suger, à la fois le groupe d'habitations (le village lui-même) et le domaine foncier avec lequel il forme une seule entité, à la fois administrative et fiscale. La traduction exacte en serait donc « circonscription villageoise » ou « ressort villageois ». Cependant, pour ne pas alourdir le texte, nous avons retenu le simple mot de « village », entendu dans sa globalité : l'agglomération et son terroir.

5) Enfin le mot *domus* peut signifier soit la maison, comme unité d'habitation, soit, comme le laissent entendre certains passages du texte de Suger, un ensemble de maisons impliquant un centre de gestion. Pour la même raison que précédemment, nous avons traduit ce mot par « maison », entendue dans toute son acception.

BIBLIOGRAPHIE

Abbot Suger and Saint-Denis. A symposium. New York, the Metropolitan Museum of Art, 1986.

ADLER (A.), *The " Pelerinage de Charlemagne " in new light on Saint-Denis*, dans *Speculum*, t. 21 (1947), p. 550-561.

Artistes, artisans et production artistique au moyen-âge. Colloque du CNRS sous la direction de X. Barral y Altet (2-6 mai 1983). 2 vol. Paris 1983.

Atlas historique de Saint-Denis : une documentation (Archéologie et grands travaux), sous presse (cf. M. Wyss).

AUBERT (M.), *La construction au moyen-âge*, dans *Bulletin Monumental*, t. 119 (1961), p. 181 et suivantes.

AUBERT (M.), *Les plus anciennes croisées d'ogives*, dans *Bulletin Monumental*, t. 93 (1934), p. 216 et suiv.

AUBERT (M.), *Suger (Figures monastiques)*. Saint-Wandrille, 1950.

BABELON (J.), *Histoire de la gravure sur gemmes en France, des origines à l'époque contemporaine.* Paris, 1902.

BABELON (E.), *Le tombeau du roi chilpéric et les origines de l'ofèvrerie cloisonnée*, dans *Mémoires de la Société Nationale des Antiquaires de France*, 8e série, t. 6 (1919-1923) p. 81 et suiv.

BARRAL y ALTET (X.), *The Mosaïc pavement of Saint-Firmin Chapel at Saint-Denis : Alberic and Suger* dans *Abbot Suger and Saint-Denis. A symposium.* New-York, 1986, p. 245-255.

BARROUX (R.), *L'abbé de Saint-Denis et la vassalité du Vexin en 1124*, dans *le Moyen-Âge* t. 64 (1958), p. 1-26.

BAUTIER (R.H.), *Paris au Temps d'Abélard* dans *Pierre Abélard en son Temps*. Colloque international... 9ᵉ centenaire de la naissance de Pierre Abélard (14-19 mai 1979), Paris 1981.

BÉDIER (J.), *Les légendes épiques, recherches sur la formation des chansons de geste*. Paris 1908-1913. 4 vol.

Bedos-Rezak (B.) *Suger and the symbolism of royal power : the seal of Louis VII*, dans *Abbot Suger and St-Denis. A symposium...* New-York 1986, p. 95-103.

BEECH (G.T.), *The Eleanor of Aquitaine vase, William IX of Aquitaine and Muslim Spain*, dans *Gesta*, t. 32^1 (1993), p. 3-10.

BEISSEL (S.), *Die Kunstdenkmäler der Rhein Provinz*, 10 (Die Kunstdenkmäler der Stadt Aachen 1), Düsseldorf, 1916, p. 114 et suiv.

BEITZ (E.), *Rupertus von Deutz : seine Werk und die bildende Kunst*. Cologne, 1930.

BENSON (R.L.) et CONSTABLE (G.), *Renaissance and renewal, of the 12th c.* Cambridge Mass., 1992.

BENTON (J.), *Suger's life and personality*, dans *Abbot Suger and Saint-Denis. A symposium...*, p. 2-15.

BERGER (Elie), *Le Chronicon Sancti-Dionysii ad cyclos paschales*, dans *Bibliothèque de l'École des Chartes*, t. 40 (1879), p. 261-296.

BINDING (G.), *Zum Architektur verständnis bei Abt Suger*, dans *Mittelalterlisches kunstleben nach Quellen des 11 bis 13 Jahrhundert*, herausg von G. Binding und A. Speer, Stuttgart, 1993.

BINDING (G.) et SPEER (A.), *Abt Suger von Saint-Denis De consecratione. Kommentierte Studienausgabe*, Cologne, 1995.

BLUM (P.), *Le cycle de saint Benoit sur les chapiteaux de la crypte de Saint-Denis*, dans *Gesta*, t. 20^1 (1981), p. 73 et suiv.

BLUM (P.), *The lateral portals of the west facade...* dans *Abbot Suger... A symposium...*, p. 199-227.

BONGERT (Y.), *Recherches sur les cours laïques du Xe au XIIIe siècle*. Paris, 1949.

BONY (J.), *What possible sources for the chevet of Saint-Denis?* Dans *Abbot puger and St Denis. A symposium...* New-York, 1986, p. 131-144.

BOURNAZEL (E.), *Suger and the Capetians*. Dans *Abbot Suger and St-Denis. A symposium...* New-York 1986, p. 55-72.

BROWN (E.), *Saint-Denis and the Turpin legend. The Codex Callixtinus and the Shrine of Saint-James.* Tübingen, 1992, . 51-85.

BROWN (E.) et Cothren (M.W.) *The 12th Century crusading window of the abbey of Saint-Denis*, dans *Journal of Warburg and Courtauld Institute*, t. 49 (1986), p. 1-40.

BUR (M.), *La geste de Louis VI*. Paris, 1994.

BUR (M.), *A note on Suger's Understanding of Political Power*, dans *Abbot Suger and St-Denis. A symposium...* New-York, 1986, p. 73-76.

BUR (M.), *Suger, abbé de Saint-Denis, régent de France*. Paris, 1991.

CARTELLIERI (O.), *Abt Suger von Saint-Denis* (1081-1151). (Historische Studien, Hefte XI). Berlin, 1898.

CHRISTE (Y.), *A propos de l'Apologia de Saint Bernard : dans quelle mesure Suger a-t-il tenu compte de la réforme cistercienne ?*, dans *Genava*, n.s., t. 14 (1966), p. 5-11.

CHRISTE (Y.), *Saint Odilon précurseur de Suger*, dans *Genava*, t. 15 (1967), p. 85-106.

CLANCHY, *From memory to written records : England 1066-1307.* Londres, 1979.

CLARK (W.W.), *Suger's church at Saint-Denis : the state of Research*. Dans *Abbot Suger and St-Denis. A symposium...* New-York, 1986, p. 105-130.

CONSTABLE (G.), *Suger's monastic administration*, dans *Abbot Suger and St-Denis. A symposium...*, New-York, 1986, p. 17-31.

CONWAY (W.M.), *The abbey of Saint-Denis*, dans *Archeologia*, t. 66 (1915) p. 103 et suiv.

CONWAY (W.M.), *The abbey of Saint-Denis and its ancient treasures*, dans *Miscellaneous tracts relating to Antiquity*, t. 66, 2e série 16 (1915), p. 103-158.

CROSBY (S.M.), *Abbot Suger's Saint-Denis. The new gothic*, dans *Studies in western art* (Acts of the 20th intern. Congress of Hist. of Art, New-York, 1941), Princeton, 1963, I.

CROSBY (S.M.), *A carolingian pavement at Saint-Denis*, dans *Gesta*, t. 9^1 (1970) p. 42-45.

CROSBY (S.M.), *Crypt and choir plans at Saint-Denis*, dans *Gesta*, t. 5 (1966) p. 4 et suiv.

CROSBY (S.M.), *Excavations at Saint-Denis. Jul. 1967*, dans *Gesta*, t. 7 (1968) p. 48 et suiv.

CROSBY (S.M.), *le portail ouest et le style de Saint-Denis*, dans *Gesta*, t. 9^2 (1970) p. 1 et suiv.

CROSBY (S.M.), *A relief from Saint-Denis in a Paris apartment*, dans *Gesta* t. 8^2 (1969) p. 45 et suiv.

CROSBY (S.M.), *The royal abbey of Saint-Denis from its begennings to the death of Suger: 475-1151*. New-Haven et Londres 1987.

CROSBY (S.M.) et BLUM (P.), *Le portail central de la façade occidentale de Saint-Denis* dans *Bulletin Monumental*, t. 131 (1973) p. 209-266.

DAUZAT (A.) et ROSTAING (Ch.) *Dictionnaire étymologique des noms de lieux en France*, 2ᵉ éd. [1978].

DELABORDE (H. Fr.) et PETIT-DUTAILLIS (Ch.) *Recueil des actes de Philippe Auguste* t. I, Paris, 1916, t. II par H. Fr. Delaborde, Ch. Petit Dutaillis et J. Monicat, Paris, 1943, t. III par J. Monicat et J. Boussard, Paris, 1966, t. IV par M. Nortier, Paris 1979.

DELAHAYE (G.R.), *Sculpture du haut moyen-âge*, dans *Bulletin Monumental*, t. 142 (1984), p. 107 et suiv.

DOUBLET, *Histoire de l'abbaye de Saint-Denis*, Paris, 1625.

DUCHESNE (A.), *Historiae Francorum Scriptores...* Paris, 5 vol. 1636-1649, t. IV, 1641.

DUFOUR (J.), *Louis VI roi de France (1108-1137) à la lumière des actes royaux et des sources narratives. Bulletin de la Société Nationale des Antiquaires de France*, séance du 1ᵉʳ juin 1990, p. 456-482.

DUFOUR (J.), *Recueil des actes de Louis VI*. Paris, 1992. 4 vol.

ERLANDE-BRANDENBURG (A.), *L'église abbatiale de Saint-Denis*, t. 1. *Historique et visite*.

ERLANDE-BRANDENBURG (A.), *Illustrations astrologiques des IXe et XIe siècles*, dans *Bulletin monumental*, t. 125 (1967), p. 99 et suiv.

ERLANDE-BRANDENBURG (A.), *Le roi est mort. Étude sur les funérailles, les sépultures et les tombeaux des rois de France jusqu'à la fin du XIIIe siècle*. Genève-Paris, 1975.

ERLANDE-BRANDENBURG, *Une tête de prophète provenant de l'abbatiale de Saint-Denis* dans *Bull. Monumental*, t. 146 (1988), p. 359 et suiv.

FÉLIBIEN (Dom M.), *Histoire de l'abbaye royale de Saint-Denis en France*. Paris, 1706.

FITCHEN (J.), *The Construction of gothic cathedral, a study of medieval vault erection*. Oxford, 1961.

FLEURY (M.), *Fouilles de la basilique depuis Viollet-le-Duc*, dans *Dossiers de l'archéologie*, t. 32 (1979).

FOLEY (E.B.), *The first ordinary of the royal abbey of Saint-Denis in France. Spicilegium Friburgense*, 32. Fribourg, 1990.

FORMIGÉ (J.), *L'abbaye roary sources and interpretations through eight centuries*. Princeton 1960.

GABORIT-CHOPIN (D.), *Les couronnes du sacre des rois et des reines au Trésor de Saint-Denis*, dans *Bulletin monumental*, t. 133 (1975), p. 165-174.

GABORIT-CHOPIN (D.), *L'orfèvrerie cloisonnée à l'époque carolingienne*, dans *Cahiers archéologiques*, t. 29 (1980-1981), p. 5-26.

GABORIT-CHOPIN (D.), *Suger's liturgical Vessels*, dans *Abbot Suger and Saint-Denis. A symposium...*, p. 283-294.

GABORIT-CHOPIN (D.), *Le Trésor de Saint-Denis*. Paris, 1991.

GERSON (P.L.), *Suger as iconographer : the Central portal of the west façade of Saint-Denis*, dans *Abbot Suger and Saint-Denis. A symposium*, p. 183-198.

GIRY (A.), *La donation de Rueil à l'abbaye de Saint-Denis*, dans *Mélanges Julien Havet*, Paris, 1895, p. 683-717.

GLASER (H.), *Beati Dionysii qualiscumque abbas...* thèse présentée à l'université de Munich le 27 février 1957 (inédite).

GRABOIS (A.), *Le privilège de Croisade et la régence de Suger*, dans *Revue historique de droit français et étranger*, 4ᵉ série t. 3³ (1964), p. 458-465.

GREENHILL, *Eleanor, abbot Suger and Saint-Denis*, dans *Eleanor of Aquitaine, patron and politician*, éd. W.W. Kibler, Austin — Londres, 1976, p. 81 et suiv.

GRODECKI (L.), *Le moyen-âge retrouvé. De l'an mil à 1200*. Paris, 1986.

GRODECKI (L.), *The style of the Stained glass windows of Saint-Denis*, dans *Abbot Suger and Saint-Denis. A symposium...*, p. 273-282.

GRODECKI (L.), *Les vitraux allégoriques de Saint-Denis*, dans *Art de France*, 1961, p. 16-46.

GRODECKI (Louis), *Les vitraux de Saint-Denis. Étude sur le vitrail au XIIᵉ siècle*. I. Paris, 1976.

GRODECKI (L.), *Études sur les vitraux de Suger à Saint-Denis* II (*Corpus vitrearum*). Paris, 1995.

GROSSE (R.), *Saint-Denis und das Papsttum zur Zeit des Abtes Suger*, dans *L'Église de France et la papauté (Xᵉ-XIIIᵉ siècle)*, Bonn, 1993, p. 219-238.

GROTEN (M.), *Die Urkunde Karls des Grossen für Saint-Denis von 813 (D. 286), eine Falschung Abt Sugers?* dans *Auftrag der Görres-Gesellschaft*, Munich, 1988, p. 1-36.

GROVER (A.) et ZINN (Jr.), *Suger, theology, and the pseudo-dionysian tradition*, dans *Abbot Suger and St Denis. A symposium...*, New-York, 1986, p. 33-40.

GUÉRARD (B.), *Cartulaire de Notre-Dame de Paris*, Paris, 1850, 4 vol.

HANNING (R.W.), *Suger's literary style and vision*, and *Abbot Suger and Sᵗ-Denis. A symposium...*, New-York, 1986, p. 145-150.

HARRISON-CAVINESS (M.), *Suger's glass at Saint-Denis : the State of Research*, dans *Abbot Suger and Saint-Denis. A symposium*... p. 257-272.

HASKINS (C. H.), *The Renaissance of the 12th Century*, Cleveland-New-York, 1968.

HELIOT (P.), *Les origines et les débuts de l'abside vitrée (XIe-XIIIe s.)*, dans Walraf-Richartz Jahrbuch, 1968, p. 89-128.

HIGOUNET (Ch.), *Note sur le mot carruca chez Suger*, dans *Mélanges Niermeyer*, Groningen 1967, p. 241-244.

Histoire de Suger abbé de Saint-Denis, ministre d'État et régent du royaume sous le règne de Louis le Jeune. Paris, 1721.

HUBERT, (J.), *Le "fauteuil de Dagobert"*, dans *Demareteion*, I, 1935, p. 17-25.

HUGLO (M.), *Les chants de la missa graeca de Saint-Denis. Essays presented to Egon Wellesz* ed. J. Westrup, Oxford, 1956, p. 74-83.

JAFFÉ (Ph.), *Regesta pontificum romanorum ab condita ecclesia ad annum post christum 1198*. Berlin, 1851.

JAUNEAU (E.), *Pierre Abélard à Saint-Denis*, dans *Pierre Abélard en son temps*. Actes du Colloque international... 9e Centenaire de la naissance de Pierre Abélard (14-19 mai 1979), p. 161-173.

JOUBERT (F.), *Récentes acquisitions, Musée de Cluny, Paris. Tête de Moïse provenant du portail de droite de l'abbatiale de Saint-Denis*. Dans *Gesta*, t. 28[1] (1989) p. 107 et suiv.

KÖTZSCHE (D.), *Zum Stand der Forschung des Goldschmiedskunst des 12 Jahrhundert im Rhein-Maas Gebiet*, dans *Rhein und Maas* II, Cologne, 1973, p. 191 et suiv.

KROGH RASMUSSEN (N.), *the liturgy at St-Denis : A preliminary Study*. Dans *Abbot Suger and St-Denis. A symposium*... New-York 1986, p. 41-47.

LABANDE (E.R.), *Memoria Sugerii abbatis. Hommage au prof. Lechkalinowski*, dans *Cahiers de civilisation médiévale*, 20^2 (1982), p. 121.

LABANDE (E.R.), *Vaux-en-Chatelleraudais, vu par un moine du XIIe siècle : Guillaume de Saint-Denis*, dans *Cahiers de Civilisation médiévale*, t. 12 (1969), p. 15-24.

LABARTE (J.), *Histoire des arts industriels au moyen-âge et à l'époque de la Renaissance*, 2ᵉ éd. Paris, 1872-1875, 3 vol.

LAIR (J.), *Fragment inédit de la vie de Louis VII préparée par Suger*, dans *Bibliothèque de l'École des Chartes*, t. 34 (1873), p. 583-596.

LAIR (J.), *Mémoire sur deux chroniques latines composées au XIIᵉ siècle à l'abbaye de Saint-Denis*, dans *Bibliothèque de l'École des Chartes*, t. 35 (1874), p. 543-580.

LAPEYRE (A.), *Des façades occidentales de Saint-Denis et de Chartres aux portails de Laon*. Paris, 1960.

LECLERCQ (J.), *La consécration légendaire de la basilique Saint-Denis et la question des indulgences*, Mélanges monastiques I, dans *Revue Mabillon*, t. 33 (1943), p. 1-11.

LECOY DE LA MARCHE (A.), *Oeuvres complètes de Suger, recueillies, annotées et publiées*. Paris, 1867.

LEMARIGNIER (J.F.), *Autour de la royauté française*, dans *Bibliothèque de l'École des Chartes*, t. 113 (1955), p. 5-36.

LEMARIGNIER (J.F.), *Le gouvernement royal aux premiers temps capétiens : 987-1108*. Paris, 1965.

LEVILLAIN (L.), *L'église carolingienne de Saint-Denis*, dans *Bulletin Monumental*, t. 72 (1907) p. 228-229.

LEVILLAIN (L.), *Essai sur les origines du Lendit*, dans *Revue Historique*, t. 155 (1927), p. 241-276.

LEVILLAIN (L.), *Études sur l'abbaye de Saint-Denis à l'époque mérovingienne*, dans *Bibliothèque de l'École des Chartes*, t. 82 (1921), p. 5-106.

LEVILLAIN (L.), *Études sur l'abbaye de Saint-Denis à l'époque mérovingienne*, dans *Bibliothèque de l'École des Chartes* t. 86 (1925), p. 5-99.

LEVILLAIN (L.), *Études sur l'abbaye de Saint-Denis à l'époque mérovingienne*, dans *Bibliothèque de l'École des Chartes*, t. 87 (1926), p. 20-97.

LEVILLAIN (L.), *Études sur l'abbaye de Saint-Denis à l'époque mérovingienne*, dans *Bibliothèque de l'École des Chartes*, t. 91 (1930), p. 1-65.

LEVILLAIN (L.), *Les plus anciennes églises abbatiales de Saint-Denis*, dans *Mémoires de la Société de l'histoire de Paris et de l'Ile de France*, t. 36 (1909), p. 143-222.

LEWIS (A.W.), *Anticipatory Association of the Heir in early Capetian France*, dans *The american historical review* t. 83[4] (octobre 1978), p. 906-928.

LEWIS (A.W.), *Suger's view on Kingship*, dans *Abbot Suger and s^t-Denis. A symposium*. New-York, 1986, p. 49-54.

LIEBMAN (J.), *Étude sur la Vie en prose de saint Denis*. Genève-New-York, 1942.

LOENERTZ (R.), *La légende parisienne de saint Denys l'Aréopagite, sa légende et son premier témoin*, dans *Analecta Bollandiana*, t. 69 (1951), p. 217-237.

LOMBARD-JOURDAN (A.), *La légende de la Consécration par le Christ de la basilique mérovingienne de s^t-Denis et de la guérison du lépreux*, dans *Bulletin Monumental*, t. 143 (1985), p. 237 et suiv.

LOMBARD-JOURDAN (A.), *Montjoie et saint Denis*. Paris, 1989.

London National Gallery. Catalogues. Early Netherlandisch school (Martin Davies), 3° ed. Londres, 1968.

LUCE (S.), *La continuation d'Aimoin : le ms. 12711 de la Bibliothèque Nationale*. Notice et documents publiés par la Société de l'Histoire de France, Paris, 1884, p. 57-70.

LUCHAIRE (A.), *Etude sur les actes de Louis VII*, Paris, 1885. réimpression, Paris 1964.

LUCHAIRE (A.), *Histoire des institutions monarchiques de la France sous les premiers Capétiens*, Paris, 1883, 2° éd. Paris, 1891.

LUCHAIRE (A.), *Louis VI le Gros. Annales de sa vie et de son règne*, 1081-1151. Paris 1890.

LUCHAIRE (A.), *Quelques manuscrits de Rome et de Paris*, *Mélanges d'histoire du Moyen-Âge* (Bibliothèque de la faculté des lettres de Paris, t. 13), Paris, 1881.

LUCHAIRE (A.), *une très ancienne histoire de France, la Compilation du ms. lat. 5949^A*, dans *Revue historique*, t. 34 (1887[2]), p. 259-276.

MABILLON (Dom J.), *Annales ordinis sancti Benedicti* VI, éd. Martène, Paris, 1729.

MAINES (Cl.), *Good works, social Ties and the hope for Salvation : Abbot Suger and s^t-Denis*, dans *Abbot Suger and s^t-Denis. A symposium*. New-York, 1986, p. 77-94.

MÂLE (E.), *L'art religieux du XIIe siècle en France. Étude sur les origines de l'iconographie du moyen-âge*. Paris, 1922.

MÂLE (E.), *La part de Suger dans l'iconographie du moyen-âge*, dans *Revue de l'art ancien et moderne*, t. 35 (Janvier-juin 1914), p. 91-102, 161-168.

MOLINIER (A.), *Obituaire de la province de Sens, I : diocèses de Sens et de Paris*. Paris, 1902, 2 vol.

MOLINIER (A.), *Suger, auteur d'une partie de la chronique dite Historia Ludovici VII*, dans *Bibliothèque de l'École des Chartes*, t. 48 (1887), p. 286-288.

MOLINIER (A.), *Vie de Louis le Gros par Suger, suivie de l'Histoire du roi Louis VII*. Collection de textes pour servir à l'étude et à l'enseignement de l'histoire. Paris 1887.

MONTESQUIOU-FEZENSAC (B. DE) *Camées et intailles du trésor de Saint-Denis*, dans *Cahiers archéologiques*, t. 24 (1975), p. 137-157.

MONTESQUIOU-FEZENSAC (B. de) *Le chapiteau de pied de Croix de Suger...* dans *l'Art Mosan*, Paris, 1953, p. 147-154.

MONTESQUIOU-FEZENSAC (B. DE), *Les derniers jours du crucifix d'or de Suger*, dans *Études et documents sur l'art français du XIIe au XIXe siècle* (Hommage à Gaston Brière), dans *Archives de l'art français*, n.s. t. 22 (1959) p. 150-158.

MONTESQUIOU-FEZENSAC (B. de), *Une épave du trésor de Saint-Denis, fragment retrouvé de la Croix de Saint Éloi*, dans *Mélanges M. Fr. Martroye* publiés par la Société Nationale des Antiquaires de France, 1940, p. I-IX.

MONTESQUIOU-FEZENSAC (B. de), *L'« escrain de Charlemagne »*, dans *Bulletin d'archéologie française*, 1945-1947, p. 119-129.

MONTESQUIOU-FEZENSAC (B. de), *« In sexto lapide », l'ancien autel de Saint-Denis et son inscription*, dans *Cahiers archéologiques*, t. 7 (1954), p. 51-62.

MONTESQUIOU-FEZENSAC (B. de), *Nouvelles observations sur la Croix de Saint-Éloi...* dans *Bulletin de la Société Nationale des Antiquaires de France*, 1967, p. 229 et suiv.

MONTESQUIOU-FEZENSAC (B. de), *Le tombeau de Charles le Chauve à Saint-Denis*, dans *Bulletin de la Société Nationale des Antiquaires de France* 1963, p. 84 et suiv.

MONTEQUIOU-FEZENSAC (B. de), *Le tombeau des corps saints à l'abbaye de Saint-Denis*, dans *Cahiers archéologiques*, t. 23 (1974), p. 81-95.

MONTESQUIOU-FEZENSAC (B. DE), *Le trésor de Saint-Denis, inventaire de 1634*. Paris, 1973.

MONTFAUCON (B. DE), *Monuments de la monarchie française* I, Paris, 1729.

Monumenta Germaniae Historica, Diplomata Karolinorum I, éd. Mühlbacher. Hanovre, 1906.

Monumenta Germaniae Historica, Epistolae Karolini aevi, ed. Weidmann. Berlin, 1892.

Monumenta Germaniae Historica, Scriptores Rerum Merovingicarum. Hanovre-Leipzig, 1895-1934 (t. II et t. IV, ed. B. Krusch).

MORGAN (N.), *The iconography of 12th Century mosan enamels*, dans *Rhein und Mass* II, Cologne, 1973, p. 263 et suiv.

MORTET (V.), *Lexicographie archéologique, origine du mot : transept*, dans *Bulletin Monumental*, t. 77 (1913), p. 5-8.

MORTET (V.), *Lexicographie archéologique : deambulatorium, ambulatorium, corona ecclesiae*, dans *Bulletin Monumental*, t. 76 (1912), p. 5-20.

MORTET (V.), *Géométrie pratique au moyen-âge* (Xe-XIIIe siècles), IIe Congrès international de philosophie, Genève, 4-8 septembre 1904, p. 1-18.

MORTET (V.), *La mesure et les proportions des colonnes antiques d'après quelques compilations et commentaires antérieurs au XIIe s.*, dans *Bibliothèque de l'École de Chartes*, t. 59 (1898), p. 56-72.

MORTET (V.), *Recueil de textes relatifs à l'histoire de l'architecture et la condition des architectes en France au moyen-âge, XIe-XIIe s.* Paris, 1911-1929.

MÜTHERICH (F.), *Denkmale der deutschen Könige und Kaiser. Ein Beitrag zur Herrschergeschichte von Karl dem Grossen bis Friedrich II, 768-1250*. Munich, 1962.

Nebbiai-Dalla Guarda (D.), *La bibliothèque de Saint-Denis*, dans *Histoire des bibliothèques françaises*. I. *Les bibliothèques médiévales*. Paris, 1989, p. 45-46.

Nebbiai-Dalla Guarda (D.), *Le trésor de Saint-Denis*, dans *Revue Mabillon*, n.s. 2, t. 63 (1991), p. 297-300.

Neuheuser (H. P.), *Die Kirchweihbeschreibungen von Saint-Denis und Ihre Aussage. Fähigkeit für das Schönheitsempfinden des Abtes Suger*, dans *Mittelalterlisches Kunsterleben...*, Stuttgart, 1993.

Newman (W. M.), *Catalogue des actes de Robert II roi de France*. Paris, 1937.

Norton (Ch.), *Les carreaux de pavage du moyen-âge de l'abbaye de Saint-Denis*, dans *Bulletin Monumental*, t. 139 (1981), p. 69-100.

Omont (H.), *La messe grecque de Saint-Denis au moyen-âge*, dans *Études d'histoire du moyen-âge dédiées à Gabriel Monod*, Paris, 1896, p. 177-185.

Omont (H.), *Praeceptum Dagoberti de fugitivis, en faveur de l'abbaye de Saint-Denis*, dans *Bibliothèque de l'École des Chartes*, t. 61 (1900), p. 75-82.

Panofsky (E.), *Abbot Suger on the abbey church of Saint-Denis*. 2e ed. G. Panofsky-Soergel, Princeton, New-Jersey, 1979.

Panofsky (E.), *Architecture gothique et pensée scholastique*. Paris, 1967.

Parisse (M.), *Saint-Denis et ses biens en Lorraine et en Alsace*, dans *Bull. philol. et hist. (jusqu'en 1610) du Comité des Travaux Historiques et scientifiques*, 1967, p. 233-256.

Patruno (Fr.), *Sugerio e san Bernardo : una polemica theologica ed estetica. Per una storia dell'estetica benedettina*. Dans *Annalecta Pomposiana*, t. 6 (1981), p. 267-288.

Poly (J. P.) et Bournazel (E.), *La mutation féodale*. Paris, 1980.

Porcher (J.) et Wolbach (W. F.), *L'empire carolingien*. Paris, 1968.

Pressouyre (L.), *Une tête de reine du portail central de Saint-Denis*. Dans *Gesta : Essays in honor of S. M. K. Crosby*. New York s.d. [1976], p. 151-160.

RUDOLPH (C.), *Artistic change at Saint-Denis. Abbot Suger's program and the early 12th Century controversy over art*. Princeton, New-Jersey [1990].

SASSIER (Y.), *L'utilisation du concept de Respublica en France aux Xe-XIIe s*. (Droits savants et pratiques françaises du pouvoir : XIe-XVe s. Université de Bordeaux 1. Faculté de droit CERH. IR). Bordeaux, 1992.

SAUER (J.), *Symbolik des Kirchengebaüdes*. 2e ed. Fribourg, 1924, p. 111-128.

SCHLINK (W.), *Saint-Bénigne*. Berlin, 1878.

SCHLOSSER (J. von), *Quellenbuch zur Kunstgeschichte des abendländischen Mittelalters*, dans *Quellenschriften für Kunstgeschichte*, n.s. t. 7, Vienne, 1896.

SCHRAMM (P. E.), *Die Metalbullen des Karolinger...*, dans *Beiträge zur Kulturgeschichte des Mittelalters und der Renaissance*, herausgeg. von W. Goetz, Band 29 (1925), p. 60-70.

SICARD (P.), *Diagrammes médiévaux et exégèse visuelle : le libellus de formatione arche de Hugues de Saint-Victor* (Bibliotheca Victorina IV). Turnhout, 1993.

SICARD (P.), *Libellus de archa mystica d'Hugues de Saint-Victor*, ed. CCCM 161, Turnhout, 1994.

SICKEL (Th.), *Acta regum et imperatorum Karolinorum digesta et ennarata*. Vienne, 1867, 2 vol.

SICKEL (Th.), *Beiträge zur Diplomatik*. Vienne, 1861-1877, 4 vol.

SICKEL (Th.), *Diplomatum imperii*, t. I, Berlin, 1873.

SPIEGEL (G.), *The chronical tradition of Saint-Denis : a survey*. Brooklyn, Mass. et Leyde, 1978.

SPIEGEL (G.), *The cult of Saint-Denis and the capetian Kingship*, dans *Journal of medieval history*, I, 1 (1975), p. 43-69.

SPIEGEL (G.), *History as an enlightenment. Suger and the mos anagogicus*, dans *Abbot Suger and Saint-Denis. A symposium...*, p. 151-158.

STAHL (H.), *The problem of manuscript painting at Saint-Denis during the abbacy of Suger*, dans *Abbot Suger and Saint-Denis. A symposium...*, New York, 1986, p. 163-181

STANDE (H.), *Untersuchungen zur Mechanik und Technischen Geschichte des Dagobertthrones*, dans *Jahrbuch des römische-Germanischen zentral Museum*, Mayence, 1976-77, p. 261-266.

STEINMAN (E.), *Die Tituli und die kirchliche Wandmalerei im Abendland...*, Leipzig, 1892.

STOCLET (A.), *Autour de Fulrad de Saint-Denis (v. 710-784)*, Genève, 1993.

STOCLET (A.), *La descriptio basilicae Sancti Dionisii : premiers commentaires*, dans *Journal des Savants*, 1980[1], p. 103-117.

SYBEL (H. K. L.) et SICKEL (Th.), *Kaiserurkunden in Abbildungen*, Berlin, 1881-1891.

TANGL (M.), *Das Testament Fulrads von St. Denis*, dans *Neues Archiv*, t. 32 (1907), p. 208-209.

TARDIF (J.), *Monuments historiques. Carton des rois*. Paris, 1866.

TESSIER (G.), *Diplomatique française*. Paris, 1962.

TESSIER (G.), *Recueil des actes de Charles le Chauve*, Paris, 1952, 2 vol.

TOUBERT (H.), *Le renouveau paléochrétien à Rome au début du XIIe siècle*, dans *Cahiers archéologiques*, t. 20 (1970), p. 99-154.

VAN DER MEULEN (J.) et SPEER (A.), *Die frankische königsabtei Saint-Denis*. Darmstadt, 1988.

VERDIER (Ph.), *La grande Croix de l'abbé Suger*, dans *Cahiers de civilisation médiévale*, t. 3 (1970), p. 1-30.

VERDIER (Ph.), *Peut-on reconstituer le tombeau des corps saints de Saint-Denis ?*, dans *Mélanges Stiennon*, Liège, 1982, p. 653-61.

VERDIER (Ph.), *La politique financière de Suger...*, dans *Artistes, artisans et production artistique au moyen-âge*. Colloque C.N.R.S., 2-6 mai 1983. Paris, 1983, p. 179 et suiv.

VERDIER (Ph.), *Que savons-nous de la grande Croix de Saint-Denis ?*, dans *Gesta*, t. 9[2] (1970), p. 12 et suiv.

VERDIER (Ph.), *Saint-Denis et la tradition carolingienne des tituli*, dans *Mélanges René Louis I*, 1982, p. 341-359.

VERDIER (Ph.), *Some new readings of Suger's writings*, dans *Abbot Suger and Saint-Denis. A symposium...*, p. 159-162.

VERGNOLLE (E.), *Une tête provenant de la basilique de Saint-Denis récemment acquise par le Musée de Cluny*, dans *Bulletin monumental*, t. 146 (1988), p. 359-360.

VERRIER (J.), *Vitraux de la France aux XIIe-XIIIe siècles*. Paris, 1959.

VIEILLARD-TROÏEKOUROFF (M.), *L'architecture en France du temps de Charlemagne*, dans *Karl der Grosse, Lebenswerk und Nachleben III*, 3e ed., Düsseldorf, 1966.

VIEILLARD-TROÏEKOUROFF (M.), *Les chapiteaux de marbre du haut moyen-âge à Saint-Denis*, dans *Gesta : Essays in honor of S. M. K. Crosby*, New York, s.d. [1976], p. 105 et suiv.

VIOLLET (P.), *Une grande chronique latine de Saint-Denis : observations pour servir à l'histoire critique des œuvres de Suger*, dans, *Bibliothèque de l'École des Chartes*, t. 34 (1873), p. 241-254.

WALDMAN (T.), *Abbot Suger and the nuns of Argenteuil*, dans *Traditio*, t. 41 (1985), p. 239-272 ; traduction en français, dans *Le vieil Argenteuil*, t. 29 (1986-1987), p. 5-26.

WAQUET (H.), *Suger : Vie de Louis le Gros*. Édition et traduction. (Les classiques de l'Histoire de France au moyen-âge). Paris, 2e ed., 1964.

WEIDEMANN (K.), *Zur Geschichte der Erforschung des Dagobertthrones, Untersuchung zur Ornamentik und Datierung des Dagobert-thrones*, dans *Jahrbuch des römische-germanischen zentral Museum*, Mayence, 1976-1977, p. 257-260 et 267-274.

WEISS (R.), *Lo studio del greco all'abbatia di San Dionigi durante il medioevo*, dans *Rivista delle chiesa in Italia*, t. 6 (1952), p. 426-438.

WILMART (A.), *Le dialogue apologétique du moine Guillaume, biographe de Suger*, dans *Revue Mabillon*, t. 32 (1942), p. 80-118.

WILPERT (J.), *Die römischen Mosaïken und Malereien der kirchlichen Bauten*, I, 2e partie, Fribourg, 1916.

WIRTH (K. A.), *Von Mittelalterlichen Bilden und Lehrfiguren...*, dans *Studien zum Städt. Bildungswesen des späten Mittelalters*, Göttingen, 1987, p. 256-370.

Wixom (W. D.), *Traditional forms in Suger's contributions to the treasury of Saint-Denis*, dans *Abbot Suger and Saint-Denis, A symposium...*, p. 295-304.

Wyss (M.), cf. *Atlas historique de Saint-Denis... sous presse.*

Wyss (M.) et Favreau (R.) *Saint-Denis I : sculptures romanes découvertes lors des fouilles urbaines*, dans *Bulletin monumental*, t. 150, IV (1992), p. 309-354.

SCRIPTUM CONSECRATIONIS
ECCLESIÆ SANCTI DIONYSII. [1]

1. — Divinorum humanorumque disparitatem unius et singularis summeque rationis vis admirabilis contemperando coequat, et que originis inferioritate et nature contrarietate invicem repugnare videntur, ipsa sola unius superioris moderate armonie conveniencia grata concopulat. Cujus profecto summe et eterne rationis participatione qui gloriosi effici innituntur, cebro in solio mentis argute quasi pro tribunali residentes, de concertatione continua similium et dissimilium, et contrariorum inventioni et judicio insistunt ; in eterne sapientie rationis fonte, caritate ministrante, unde bello intestino et seditioni interiori obsistant, salubriter exhauriunt ; spiritualia corporalibus, eterna deficientibus preponentes, corporee sensualitatis exteriorum sensuum molestias et gravissimas angarias postponunt ; ab earum oppressione seipsos sublevantes, solidissimam mentis aciem in spem eterne infigentes remunerationis, eterni-

---

1. La désignation de cet écrit, sous le titre : *scriptum consecrationis* est donnée par Suger lui-même dans le Traité sur son administration (II, chap. 5). Le manuscrit Arsenal 1030 porte le titre suivant : *hic incipit dedicatio ecclesie*, et au-dessous, à l'encre plus claire, de la même main : *De renovatione ecclesie Beati Dyonisii*. Le ms. Bibl. Vat. Reg. lat. 571, porte, dans la marge supérieure, écrit d'une main du XVIe s., le titre : *Suggerius abbas Sancti Dionisii de ecclesia a se ædificata*.

ÉCRIT SUR LA CONSÉCRATION
DE L'ÉGLISE DE SAINT-DENIS

1. — [*Introduction*].

La puissance prodigieuse d'une raison unique, singulière et suprême, égalise en l'harmonisant la disparité du divin et de l'humain ; et les choses qui paraissent entre elles contradictoires par l'infériorité de [leur] origine et l'opposition de [leur] nature, elle seule les unit par l'heureux accord d'une harmonie mesurée, unique et supérieure [1]. Certes, ceux qui s'attachent à être glorifiés par une participation à [cette] raison suprême et éternelle, siégeant souvent sur le trône d'un esprit pénétrant comme en une sorte de tribunal, s'appliquent à débattre continuellement des choses semblables et dissemblables, à découvrir et discerner les contraires ; avec l'aide de la charité ils puisent salutairement à la source de la raison d'éternelle sagesse la force de résister à la guerre intestine et à la division intérieure ; préférant les réalités spirituelles aux corporelles, celles qui sont éternelles aux transitoires, ils méprisent les tracas et les très lourdes contraintes des sens extérieurs de la sensualité corporelle ; dominant leur oppression, plantant le glaive inébranlable de leur esprit dans l'espérance en la récompense éternelle, ils ne se

---

1. Les notes qui ne sont pas en bas de page sont renvoyées aux notes complémentaires.

tati tantum studiose obsequuntur [2]. Carnalia desideria in admirationem et spectaculum aliorum obliviscuntur ; summe rationis hoc modo, et eterne beatitudinis consortio, promittente unigenito Dei filio [3] : *In patientia possidebitis animas vestras*, se gloriose conscientie merito uniri gratulantur. Quod tamen conditionis prime corruptione depressa et graviter sauciata humanitas, presentia potius amplectens quam futura expectans, nullo modo sustineret, si non etiam rationis et intelligencie humane rationabilis summe et divine caritatis copiosa administratio hoc ipsum effectui mancipare misericorditer subpeditaret. Unde legitur : *Et misericordia ejus super omnia opera ejus.* Ex quo quidem cum aliis audacter et veraciter prof[er]emur [4], quod quanto sola misericordia salvos nos facit per lavacrum regenerationis et renovationis Spiritus Sancti, tanto nos gratissimo purificate mentis holocausto pro toto velle et posse justi[ti]am nostram, quantumcumque et ipse dederit, supplici ei devotione offerre elaboremus : ut ipse qui potest ut Deus, qui debet ut Creator, si non resistimus, disparitatem istam periculosam in nobis parificet, contrarietatis intestine inimicitias, quas in amicitie ejus amissione prima prevaricatione incurrimus, ea ineffabili karitate qua divinitatem suam captivate humanitati nostre ineffabiliter et inseparabiliter univit, dissolvat, sopita carnalitatis gravissima molestia, tumultuque viciorum sedato, pacato habitaculo, interiora repugnantia pacificet ; ut mente et corpore expediti, gratam ei offerentes servitutem, beneficiorum etiam inmensorum

2. écrit : *obsecuntur.*
3. ms. Arsenal 1030 = *filio Dei.*
4. La forme passive *proferemur* pourrait s'expliquer par une assimilation avec le verbe *profiteor.*

soucient plus que de l'éternité, ils oublient les désirs charnels dans l'admiration et la contemplation des autres [désirs], par une telle communion à la suprême raison et à la béatitude éternelle, selon la promesse du Fils unique de Dieu : « dans la patience vous serez maitres de vos âmes »[2], ils se réjouissent d'être justement unis à la connaissance glorieuse. Cependant l'humanité déchue et gravement blessée par la corruption de sa condition première, embrassant le présent plutôt que d'espérer en l'avenir, ne saurait en aucune façon soutenir [cet effort] si l'abondante largesse de la suprême et divine charité ne venait aussi avec miséricorde aider la raison et l'intelligence rationnelle de l'homme à y parvenir. Aussi lit-on : « Et sa miséricorde est sur toutes ses œuvres »[3]. C'est pourquoi avec tous les autres nous proclamons avec hardiesse et en vérité que, autant la seule miséricorde nous sauve par l'ablution de la régénération et de la rénovation du Saint-Esprit, autant nous devons nous efforcer de tout notre vouloir et notre pouvoir de Lui offrir [en retour], avec une dévotion suppliante, notre rétribution en holocauste agréable d'un esprit purifié, dans la mesure où il nous en aura fait la grâce, afin que Lui qui, étant Dieu en a le pouvoir, étant le Créateur en a le devoir, égalise en nous, si nous ne Lui résistons pas, cette dangereuse disparité, dissolve les inimitiés de la contradiction intérieure que nous avons encourues dans la perte de son amitié lors de la première prévarication, par cette indicible charité qui Lui fit unir de manière ineffable et inséparable sa divinité à notre humanité rendue captive et que, le très lourd tourment de notre être de chair apaisé, le tumulte des vices calmés, l'habitacle [du corps] rasséréné, il pacifie les contradictions intérieures de sorte que, le corps et l'esprit allégés, et lui offrant une obéissance reconnaissante, nous puissions célébrer et proclamer aussi l'abondance de ses immenses

---

2. Saint Luc, XXI, 19.
3. Psaume 145 (144), 9.

ejus circa nos et nobilem cui nos preferri sustinuit ecclesiam replicare et predicare valeamus largitatem. Ne, si muti in laudem ejus extiterimus, beneficiorum ejus ob hoc defectum incurramus, et vocem illam terribiliter audiamus : *Non est inventus qui rediret et daret gloriam Deo.*

Justificati igitur ex fide pace nostra interiori, secundum Apostolum, pacem apud Deum habentes, unum et inter multos singulare divine largitatis beneficium, more eorum qui ad gratificandum impertita dona donatoribus suis ultro referunt, in medium proferentes, gloriosam et Deo dignam sancte hujus ecclesie consecrationem, pretiosissimorum martirum dominorum et apostolorum nostrorum Dyonisii, Rustici et Eleutherii, et aliorum sanctorum quorum prompto innitimur patrocinio, sacratissimam translationem ad successorum notitiam stilo assignare elaboravimus ; qua de causa, quo ordine, quam solempniter, quibus etiam personis ad ipsum [5] actum sit reponentes, ut et divine propitiationi pro tanto munere condignas pro posse nostro gratiarum actiones referamus, et sanctorum protectorum nostrorum, tam pro impensa tanti operis cura quam pro tante solempnitatis adnotatione, op[p]ortunam apud Deum obtineamus intercessionem.

2. — Gloriosus et famosus rex Francorum Dagobertus, vir etsi in regni administratione magnanimitate regia conspicuus, nichilominus tamen Ecclesie Dei devotus, cum ad declinandam patris sui Clotharii magni intolerabilem iram Catulliacum vicum aufugisset, et sanctorum martirum ibidem quiescentium effigies vene-

5. *ad ipsum* pour *id ipsum* ?.

bienfaits envers nous et envers la noble église à laquelle il a daigné nous préposer [4] ; craignant que, si nous restions muets dans sa louange, nous ne risquions, à cause de cela, de voir cesser ses bienfaits et n'entendions cette parole terrible : « il ne s'est trouvé personne pour revenir et rendre gloire à Dieu » [5].

Ainsi justifiés par la foi dans notre paix intérieure, nous possédons suivant l'Apôtre la paix de Dieu [6], proclamant tout haut ce bienfait unique et singulier entre tous de la largesse divine, à la manière de ceux qui par reconnaissance rapportent à leurs donateurs les biens qu'ils en ont reçus, nous avons entrepris de confier à la plume, pour les porter à la connaissance de nos successeurs, la consécration glorieuse et digne de Dieu de cette sainte église et la translation très sacrée des très précieux martyrs, nos seigneurs et apôtres Denis, Rustique et Eleuthère et des autres saints, sur le patronage desquels nous nous fondons résolument. Nous avons exposé pour quelle raison, dans quel ordre, avec quelle solennité et avec quelles personnes cela fut accompli afin de rendre à la divine propitiation, suivant notre pouvoir, de dignes actions de grâces pour un tel don et d'obtenir auprès de Dieu l'intercession favorable de nos saints protecteurs, tant pour les soins apportés à une telle œuvre que pous le récit [écrit] d'une si grande solennité.

2. — [*Les raisons de la reconstruction*].

Le glorieux et illustre roi des Francs Dagobert, remarquable par sa magnanimité royale dans l'administration du royaume, non moins dévoué cependant à l'Eglise de Dieu, ayant un jour trouvé refuge, pour fuir la colère intolérable de son père Clotaire le Grand [7], dans le bourg de *Catulliacum*, s'était aperçu que les vénérables images des saints martyrs reposant en ce lieu [8], [lui apparaissant]

randas, tanquam pulcherrimos viros niveis vestibus comptos, servitium suum requirere et auxilium promittere incunctanter voce et opere comperisset, basilicam sanctorum regia munificentia fabricatum iri affectu mirabili imperavit. Quam cum mirifica marmorearum columpnarum varietate componens, copiosis purissimi auri et argenti thesauris inestimabiliter locupletasset [6], ipsiusque parietibus et columpnis et arcubus auro tectas [7] vestes, margaritarum varietatibus multipliciter exornatas, suspendi fecisset, quatinus aliarum ecclesiarum ornamentis precellere videretur, et omnimodis incomparabili nitore vernans, et omni terrena pulcritudine compta inestimabili decore splendesceret, hoc solum ei defuit quod quandam oporteret magnitudinem non admisit ; non quod aliquid ejus devotioni aut voluntati deesset, sed quod forsitan tunc temporis in primitiva ecclesia nulla adhuc aut major aut equalis existeret, aut quod brevior fulgorantis auri et splendorem gemmarum propinquitati arridentium oculorum acutius delectabiliusque refundendo, ultra satis quam si major fabricaretur irradiaret.

Hujus brevitatis egregie grata occasione, numerositate fidelium crescente, et ad suffragia sanctorum crebro confluente, tantas prefata basilica sustinere consuevit molestias, ut sepius, in solemnibus videlicet diebus, admodum plena per omnes valvas turbarum sibi occurrentium superfluitatem refunderet, et non solum intrantes non intrare, verum etiam qui jam intraverant precedentium expulsus exire compelleret. Videres aliquando, mirabile visu, quod innitentibus ingredi ad venerationem et deosculationem sanctarum reliquiarum

6. écrit *locupectasset*. — ms. Arsenal *1030* : *locupletasset*.
7. *tectas* pour *textas* ?

comme des hommes magnifiques vêtus d'un blanc de neige, requeraient son service et lui promettaient leur aide sans hésiter, en paroles et en actes ; il ordonna alors dans un élan d'amour admirable que soit construite par la munificence royale la basilique des saints [9]. Constituée d'une admirable variété de colonnes de marbre, il l'avait enrichie à un degré inestimable d'abondants trésors d'or très pur et d'argent, et avait fait suspendre aux murs, aux colonnes et aux arcs des tentures tissées d'or et ornées d'une grande variété de perles au point qu'elle semblait l'emporter en ornements sur les autres églises et que, brillant en tous points d'un éclat incomparable, ornée de toute la beauté terrestre, elle resplendissait d'une élégance inestimable [10]. Une seule chose lui manquait : elle n'était pas aussi grande qu'il l'eût fallu, non qu'il eût manqué quelque chose à la dévotion ou à la volonté [du roi] mais sans doute en ce temps-là, dans la primitive Eglise, n'en existait-il aucune qui fût plus grande ou égale, ou bien [cette église] étant plus petite répandait-elle de manière plus vive et plus délectable, parce que de plus près, la splendeur de l'or éclatant et des pierres précieuses dans les regards éblouis, et rayonnait ainsi bien plus que si elle avait été construite plus grande [11].

Par une heureuse circonstance liée à cette remarquable exiguïté — l'accroissement du nombre des fidèles qui venaient fréquemment implorer les suffrages des saints — cette basilique se mit à subir tant de désagréments que bien souvent les jours de fête, remplie à l'excès, elle rejetait par toutes ses portes le trop-plein des foules qui y accouraient et non seulement elle empêchait les arrivants d'entrer mais forçait ceux qui étaient déjà entrés à sortir sous la pression de leurs devanciers. Il fallait voir, parfois, chose étonnante, la foule entassée opposer une telle résistance à ceux qui s'efforçaient d'entrer pour vénérer et

Clavi et Corone Domini tanta congeste multitudinis opponebatur repugnantia, ut inter innumera populorum milia ex ipsa sui compressione nullus pedem movere valeret, nullus aliud ex ipsa sui constrictione quam sicut statua marmorea stare, stupere, quod unum supererat vociferare. Mulierum autem tanta et tam intolerabilis erat angustia, ut in commixtione virorum fortium sicut prelo depresse, quasi imaginata morte exanguem faciem exprimere, more parturientium terribiliter conclamare, plures earum miserabiliter decalcatas, pio virorum suffragio super capita hominum exaltatas, tamquam pavimento abhorreres incedere, multas etiam extremo singultantes spiritu, in prato fratrum cunctis desperantibus anhelare. Fratres etiam insignia Dominice passionis adventantibus exponentes, eorum angariis et contentionibus succumbentes, nullo divertere habentes, per fenestras cum reliquiis multoties [8] effugerunt. Quod cum scolaris puer inter fratres erudirer audiebam, extra juvenis dolebam, maturus corrigi affectuose appetebam. *Cum autem placuit illi, qui me segregavit ex utero matris mee, et vocavit per gratiam suam,* meritis etiam repugnantibus parvitatem meam hujus sancte ecclesie tante preficere administrationi, sola Dei omnipotentis ineffabili misericordia, prefate molestie correctioni, sanctorum martirum dominorum nostrorum suffragio raptus, ad augmentationem prefati loci toto animo, tota mentis affectione accelerare proposuimus : qui numquam, si tanta, tam necessaria, tam utilis et honesta non exigeret op[p]ortunitas, manum supponere vel cogitare presumeremus.

---

8. ms. Arsenal 1030 = *multociens*.

baiser les saintes reliques du clou et de la couronne du Seigneur [12] que personne parmi tant de milliers de gens, à cause de la pression exercée sur chacun, ne pouvait plus remuer un pied, que personne, à cause de cette compression, ne pouvait faire autre chose que se tenir [immobile] comme une statue de marbre, demeurer frappé de stupeur ou, dernier recours, vociférer. La détresse des femmes était telle et si intolétable qu'on aurait pu les voir avec horreur, écrasées comme par une presse dans la mêlée d'hommes robustes, présenter une face livide, telle l'image de la mort, pousser des cris terribles comme des parturientes, plusieurs d'entre elles, misérablement blêmes, soulevées par le pieux secours des hommes au-dessus de la tête des gens, avancer ainsi comme sur un pavement, et beaucoup d'entre elles haleter dans le pré des frères [13], rendant leur dernier soupir au désespoir de tous [14]. En outre les frères qui présentaient les insignes de la Passion du Seigneur aux arrivants, succombaient à leurs agitations et à leurs querelles, et, n'ayant d'autre issue, s'enfuirent bien des fois par les fenêtres avec les reliques [15]. Cela, je l'entendais [raconter] lorsque, enfant parmi les frères, je recevais à l'école mon instruction ; étant jeune je m'en affligeais de l'extérieur [16], parvenu à l'âge mûr je désirais ardemment y porter remède. « Mais quand il plut à Celui qui me choisit dès le sein de ma mère et qui m'appela par sa grâce » [17], bien que mes mérites y fussent contraires, de placer ma petitesse à la tête de l'administration si importante de cette sainte église [18], poussé par le suffrage des saints martyrs, nos seigneurs, à remédier, grâce à la seule et ineffable miséricorde de Dieu tout-puissant, au susdit inconvénient, nous nous sommes proposé de tout notre cœur, de toute l'affection de notre esprit, d'œuvrer rapidement à l'agrandissement de ce lieu, nous qui n'aurions jamais osé y mettre la main ou même y penser si une occasion si grande, si nécessaire, si utile et si digne ne l'avait exigé.

3. — Quia igitur in anteriori parte, ab aquilone, principali ingressu principalium valvarum, porticus artus hinc et inde gemellis, nec altis, nec aptis multum, sed minantibus ruinam turribus angebatur [9], ea in parte inito directe testudinis et geminarum turrium robusto [10] valde fundamento materiali, robustissimo autem spirituali, de quo dicitur : *Fundamentum aliud nemo potest ponere preter id quod positum est, quod est Christus Jhesus,* laborare strenue Deo cooperante incepimus. Cujus inestimabili freti consilio et irrefragabili auxilio, usque adeo in tanto tamque sumptuoso opere profecimus, ut, cum primum pauca expendendo multis, exinde multa expendendo nullis omnino indegeremus, verum etiam habundando fateremur : *Sufficientia nostra ex Deo est.* Materie autem validissime nova quadraria qualis et quanta nunquam in partibus istis inventa fuerat, Deo donante, occurrit. Cementariorum, lathomorum, sculptorum, et aliorum operariorum solers succedebat frequentia, ut ex hoc et aliis Divinitas ab hoc quod timebamus absolveret, et voluntatem suam nobis confortando et inopinata suppeditando ministraret. Conferebam de minimis ad maxima, non plus Salomonianas opes templo quam nostras huic operi sufficere posse, nisi idem ejusdem operis auctor ministratoribus copiose prepararet. Identitas auctoris et operis sufficientiam facit operantis.

In agendis siquidem hujusmodi, adprime de convenientia et coherentia antiqui et novi operis sollicitus, unde marmoreas aut marmoreis equipollentes haberemus columpnas, cogitando, speculando, investigando

---

9. ms. Arsenal 1030 = *augebatur.*
10. écrit *rubusto.*

3. — [*Les débuts de la reconstruction*].

Ainsi, dans la partie antérieure, du côté de l'Aquilon [19], à l'entrée principale des grandes portes [20], le porche étroit était de part et d'autre rétréci par des tours jumelles [qui n'étaient] ni élevées ni vraiment adaptées mais qui menaçaient ruine. C'est donc dans cette partie que nous commençâmes à travailler ardemment, avec l'aide de Dieu, en donnant tout d'abord à l'entrée du bâtiment et à ces tours jumelles un très robuste fondement matériel et un fondement spirituel le plus ferme qui soit [21], dont il est dit « personne ne peut poser un autre fondement que celui qui a été posé, à savoir le Christ Jésus » [22]. Muni de son conseil inestimable et de son irréfragable secours, nous avons progressé dans cette œuvre si grande et si dispendieuse au point que, dépensant d'abord peu, nous eûmes beaucoup de difficultés, mais ensuite, dépensant beaucoup nous n'avons jamais manqué de rien, mais au contraire, dans l'abondance nous devions avouer : « Tout notre pouvoir vient de Dieu » [23]. Par la grâce de Dieu, une nouvelle carrière de matériau très dur, si riche en qualité et quantité que personne n'en avait jamais découvert de semblable en ces régions, s'offrit à nous. Maçons, tailleurs de pierre, sculpteurs et autres ouvriers habiles se présentaient en grand nombre, de sorte que par ce signe et par d'autres la Divinité nous libérait de nos craintes et nous manifestait sa volonté en nous réconfortant et en nous pourvoyant en abondance de ressources inattendues. Comparant les plus petites choses aux plus grandes [je me disais] que les richesses de Salomon n'auraient pas plus suffi à son temple que les nôtres à cette œuvre si le même auteur de la même œuvre n'avait doté généreusement ses serviteurs. L'identité de l'auteur et de l'œuvre fait la capacité de l'ouvrier.

Dans une telle entreprise j'étais surtout préoccupé par la convenance et la cohérence de l'ancien et du nouvel œuvre [24] et nous réfléchissions et nous nous demandions où trouver des colonnes de marbre ou de matériau

per diversas partium remotarum regiones, cum nullam offenderemus, hoc solum mente laborantibus et animo supererat, ut ab urbe — Romæ enim in palatio Diocletiani et aliis termis sepe mirabiles conspexeramus — ut per mare Mediterraneum tuta classe, exinde per Anglicum, et per tortuosam fluvii Sequane reflexionem, eas magno sumptu amicorum, inimicorum etiam Sarracenorum proximorum conductu haberemus. Multis annis, multis temporibus cogitando, queritando angebamur : cum subito larga Omnipotentis munificentia, laboribus nostris condescendens, quod nec cogitare nec opinari liceret, decentes et peroptimas in admirationem omnium sanctorum martirum merito revelavit. Unde quanto contra spem et humanam opinionem apto, et nullibi nobis gratiori loco miseratio divina dignata est conferre, tanto majores gratiarum actiones pro tanti remedio laboris opere precium duximus rependendo referre. Locus quippe quadrarie admirabilis prope Pontisaram castrum, terrarum nostrarum confinio, collimitans vallem profundam, non natura sed industria concavam, molarum cesoribus sui questum ab antiquo offerebat ; nihil egregium hactenus proferens, exordium tante utilitatis tanto et tam divino edificio, quasi primicias Deo sanctisque martiribus, ut arbitramur, reservabat. Quotiens autem columne ab imo declivo funibus innodatis extrahebantur, tam nostrates quam loci affines bene devoti, nobiles et ignobiles, brachiis, pectoribus et lacertis funibus adstricti vice trahentium animalium educebant ; et per medium castri declivum diversi officiales, relictis officiorum suorum instrumentis, vires proprias itineris difficultati offerentes,

équivalent ; nous cherchions dans diverses régions de pays lointains et nous n'en trouvions aucune ; à notre pensée et à notre esprit anxieux une seule idée dominait : les faire venir de Rome car dans le palais de Dioclétien et dans les autres thermes nous en avions souvent remarqué d'admirables, [les faire acheminer] par une flotte sûre à travers la mer Méditerranée, de là à travers la mer d'Angleterre et par le cours sinueux de la Seine [25], les obtenir à grands frais de nos amis et même de nos ennemis les Sarrasins les plus proches, moyennant un droit de passage [26]. Pendant des années de longue réflexion nous étions tourmenté par cette ardente recherche lorsque soudain la grande munificence du Tout-Puissant, condescendant à nos efforts, chose qu'il n'était permis ni d'imaginer ni de croire, nous révéla à l'étonnement de tous, par le mérite des saints martyrs, des [blocs] bien adaptés et excellents [27]. Aussi avons-nous jugé important, pour un si grand remède à notre peine, de rendre des actions de grâces d'autant plus ferventes que la miséricorde divine avait daigné, contre tout espoir et toute attente humaine, nous offrir un lieu approprié et plus agréable qu'aucun autre. L'emplacement de cette carrière admirable, située près du château de Pontoise à la limite de nos terres, dessinait une vallée profonde creusée non par la nature mais par la main de l'homme, de bon rapport depuis toujours pour ceux qui en extrayaient des pierres ; n'ayant jusque-là rien produit d'excellent, elle réservait, selon nous, le début d'une telle utilité à un édifice si grand et si divin, comme des prémices pour Dieu et pour les saints martyrs. Chaque fois que l'on retirait du fond de la déclivité des colonnes liées par des cordes, nos gens, aussi bien que ceux du voisinage, pleins de dévotion, nobles et non nobles, attachés par des cordes aux bras, à la poitrine et aux épaules, les tiraient comme des bêtes de trait hors de la carrière ; et au milieu du chemin incliné du château des gens de métier laissaient les outils propres à leurs fonctions et, prêtant leurs forces contre les difficultés de la route, venaient à leur secours,

obviabant, quanta poterant ope Deo sanctisque martiribus obsequentes. Unde nobile quoddam et dignum relatione contigit miraculum, quod nos ipsi ab assistentibus addi[s]centes, ad laudem Omnipotentis sanctorumque suorum calamo et atramento adsignare decrevimus.

4. — Quadam itaque die, cum imbrium refusione turbatum aera tenebrosa obtexisset opacitas, adventantibus ad quadrariam plaustris, qui adjutores esse consueverant operandi pro inpluvii infestatione seipsos absentaverunt. Bubulci[s] vero querentibus et reclamantibus se otio vacare, operarios prestolantes suspendere, usque adeo clamando institerunt, quod quidam imbecilles et debiles cum pueris aliquibus numero decem et septem, presente, nisi fallor, sacerdote, ad quadrariam acceleraverunt, [u]namque [11] cordarum assumentes, columpne innectentes, aliam sudem in terra jacentem dimiserunt. Neque enim erat qui ea [12] trahere inniteretur. Animatus itaque grex pusillus pio zelo : « Sancte, inquiunt, Dyonisi, pro teipso vacantem accipiens sudem, si placet nos adjuva. Non enim nobis, si non poterimus, imputare poteris. » Moxque fortiter inpingentes, quod centum quadraginta aut minus centum graviter ab ima valle extrahere consueverant, ipsi non per se, quod impossibile esset, quod [13] voluntate Dei et sanctorum quos invocabant suffragio extraxerunt, eamque ad ecclesie fabricam in plaustro destinaverunt. Unde per totam propalatum est viciniam Deo omnipo-

---

11. *unamque* ? écrit *namque*. — ms. Arsenal 1030 = *namque*.
12. *ea* pour *eam* ?
13. *quod* pour *sed* ?

apportant au service de Dieu et des saints martyrs toute l'aide qu'ils pouvaient [28]. Ainsi il arriva un noble miracle et digne d'être rapporté, que nous avons appris de ceux qui étaient présents et que nous avons décidé de confier à la plume et à l'encre pour la louange du Tout-Puissant et de ses saints.

4. — [*Le miracle de la carrière*].

Un jour que, par une pluie abondante, une sombre couche de nuages couvrait le ciel tourmenté, les charriots arrivaient à la carrière mais à cause de la violence de la pluie ceux qui avaient coutume d'aider à la tâche étaient absents. Les bouviers les cherchaient et se plaignaient d'être réduits à l'inaction et de ce que les ouvriers les laissaient dans l'attente ; ils protestèrent si fort et avec une telle insistance que quelques personnes faibles et sans force, auxquelles se joignirent des enfants, — dix-sept personnes dont un prêtre, si je ne me trompe — vinrent en hâte à la carrière, prirent l'une des cordes, l'attachèrent à une colonne et laissèrent l'autre pieu par terre car il n'y avait personne pour tenter de le tirer. Alors, animé d'un zèle pieux, le petit troupeau s'écria : « Saint Denis, s'il te plait, aide-nous et saisis toi-même le pieu qui est resté. Vraiment si nous n'y arrivons pas par nous-mêmes tu ne pourras pas nous le reprocher ». Bientôt, poussant avec une grande vigueur, non par leurs propres forces, ce qui eût été impossible, mais par la volonté de Dieu et des saints dont ils imploraient le secours, ils retirèrent du fond de la vallée ce que cent quarante ou au moins cent personnes en extrayaient habituellement avec peine, et acheminèrent [cette colonne] en chariot jusque sur le chantier de l'église. Ainsi on répandit dans tout le voisinage que cette œuvre était tout-à-fait agréable à Dieu tout-puissant puisqu'il

tenti hoc opus admodum placere, cum ad laudem et gloriam nominis sui his et hujusmodi intersignis ejus operatoribus elegerit opem deferre.

5. — Secundatur et aliud nobile factum memoria dignum, relatione conspicuum, auctoritate predicandum. Peracto siquidem magna ex parte opere, et compactis novi et antiqui edificii tabulatis, magnoque deposito quem diu habueramus timore propter illas patulas antiquarum maceriarum rimas, magnorum capitellorum et basium columpnas deportantium disruptionem exhilariti deaptare sollicitabamur. Cumque pro trabium inventione tam nostros quam Parisienses lignorum artifices consuluissemus, responsum nobis est pro eorum existimatione verum, in finibus istis propter silvarum inopiam minime inveniri posse, vel ab Autisiodorensi pago necessario devehi oportere. Cumque omnes in hoc ipso consonarent, nosque super hoc tam pro laboris magnitudine quam pro operis longa dilatione [14] gravaremur, nocte quadam a matutinarum obsequio regressus, lecto cogitare cepi meipsum per omnes partium istarum [15] silvas debere procedere, circumquaque perlustrare, moras [16] istas et labores, si hic inveniri possent, alleviare. Moxque rejectis curis iliis, summo mane arripiens, cum carpentariis et trabium mensuris ad silvam que dicitur Ivilina acceleravimus. Cumque per terram nostram Capreolensis vallis transiremus, accitis servientibus nostris nostrarum custodibus et aliarum silvarum peritis, adjurando fide et sacramento

---

14. *dilatione* écrit *delatione*. — ms. Arsenal 1030 = *dilatione*.
15. *istarum* écrit deux fois.
16. *moras* écrit *mores*.

daignait, pour la louange et la gloire de son nom, porter secours à ses ouvriers par de tels signes et par d'autres semblables.

5. — [*Découverte providentielle de poutres*].

En second lieu, un autre noble fait, digne de mémoire, mérite d'être rapporté et proclamé avec autorité. L'œuvre était en grande partie achevée et les charpentes de l'ancien et du nouvel édifice réunies ; libérés de la grande crainte que nous avions eue pendant longtemps en raison de ces fissures béantes dans les murs anciens, nous étions poussés par le désir enthousiaste de réparer la brisure des grands chapiteaux et des bases qui supportaient les colonnes [29]. Pour trouver des poutres nous avions consulté des artisans du bois tant chez nous qu'à Paris et ils nous avaient répondu qu'à leur avis on ne pourrait probablement pas en trouver dans ces régions à cause du manque de forêt et qu'il faudrait nécessairement en faire venir de la région d'Auxerre. Tandis qu'ils étaient tous d'accord sur ce point et que nous étions accablés tant par l'ampleur de la tâche que par le long retard qu'elle ferait subir à l'œuvre, une nuit, au retour de matines, je me mis à penser dans mon lit que je devrais aller moi-même dans toutes les forêts de ces régions, chercher tout alentour et, si je pouvais y trouver des poutres, abréger ainsi ces retards et alléger ces peines. Laissant aussitôt les autres soucis et partant de grand matin, nous nous dirigeâmes en hâte avec les charpentiers et les mesures des poutres vers la forêt appelée Yveline [30]. Traversant notre terre de la vallée de Chevreuse [31], nous fîmes venir nos sergents, gardiens de nos forêts et qui connaissaient bien les autres forêts et, les adjurant sous la foi du serment, nous leur demandâmes si

---

31. Sur les possessions de l'abbaye de Saint-Denis dans la vallée de Chevreuse, cf. Suger, *Traité sur son administration* (I, chap. 13).

eos consuluimus, si ejus mensure ibidem trabes invenire quocumque labore valeremus. Qui subridentes, si auderent potius deriderent, admirantes si nos plane nesciremus in tota terra nihil tale inveniri posse, maxime cum Milo Capreolensis castellanus homo noster, qui medietatem silve a nobis cum alio feodo habet, cum sustinuisset tam a domino rege quam ab Amalric[o] de Monte Forti longo tempore guerras, ad tristegas et propugnacula facienda nihil tale illibatum vel intactum preteriisset. Nos autem quicquid dicebant respuentes, quadam fidei nostre audacia silvam perlustrare cepimus, et versus quidem primam horam trabem unam mensure sufficientem invenimus. Quid ultra ? usque ad nonam aut citius per frutecta, per opacitatem silvarum, per densitatem spinarum, duodecim trabes — tot enim necessarie erant — in admiracionem omnium presertim circumstantium assignavimus, et ad basilicam sanctam deportatas cum exultatione novi operis operture superponi fecimus, ad laudem et gloriam Domini Jesu, qui sibi sanctisque martiribus a manibus raptorum protegens, sicut facere voluit, reservaverat. Nec igitur superflua neque minus continens id circa divina extit largitio, que in pondere et mensura omnia moderari, omnia dare constituit, cum ultra quam oportuit nulla ulterius invenire [17] potuerit.

6. — Tantis itaque et tam manifestis tantorum operum intersignis constanter animati, ad prefati perfectionem edificii instanter properantes, quomodo et quibus personis, et quod valde solemniter Deo omnipo-

---

17. *invenire* pour *inveniri*.

nous aurions des chances de trouver là, quelles qu'en fussent les difficultés, des poutres de ces dimensions. Ils se mirent à sourire et, s'ils avaient osé ils auraient plutôt ri de nous, se demandant si nous ignorions vraiment que sur toute cette terre on ne pouvait trouver rien de tel, surtout depuis que Milon, châtelain de Chevreuse, notre homme, tenant de nous la moitié de la forêt avec un autre fief[32], et qui avait longtemps soutenu des guerres tant avec le seigneur roi qu'avec Amaury de Montfort[33], n'avait rien épargné, rien laissé intact de ce qui pouvait lui servir à construire des donjons de trois étages[34] et des ouvrages de défense. Quand à nous, rejetant tout ce qu'ils disaient, nous commençâmes, avec l'audace de notre foi, à explorer la forêt et vers la première heure nous trouvâmes une poutre de dimension suffisante. Que demander de plus ? Jusqu'à none ou [un peu] plus tôt, à travers les broussailles, la profondeur des forêts, les épais buissons d'épines, à l'étonnement de tous et surtout de ceux qui nous entouraient, nous marquâmes douze poutres : c'était le nombre qu'il nous fallait ; les ayant fait porter à la sainte basilique, nous les fîmes placer avec joie sur la couverture[35] de la nouvelle construction à la louange et à la gloire du Seigneur Jésus qui, les protégeant des mains des voleurs comme il voulut le faire, les avait réservées pour lui-même et pour les saints martyrs. Ainsi la largesse divine qui a décidé de tout pondérer, de tout donner « selon le poids et la mesure » ne se montra en cela ni excessive ni restrictive car il ne fut désormais plus possible de trouver aucune autre poutre que celles qui furent nécessaires.

6. — [*Dédicace de la partie antérieure*].

Constamment stimulés par des signes si grands et si manifestes d'actions prodigieuses, nous travaillâmes sans relâche à l'achèvement de l'édifice, nous demandant comment, par quelles personnes et selon quelle grande solen-

tenti consecraretur deliberantes, accito egregio viro Hugone Rotomagensi archiepiscopo et aliis venerabilibus episcopis, Odone Belvacensi, Petro Silvanectensi, ad id peragendum multimodam laudem, magnos [18] diversarum personarum ecclesiasticarum, cleri et populi maximo conventu, decantabamus. Qui in medio novi incrementi priorem inconsistenti dolio benedicentes aquam, per oratorium sancti Eustachii cum processione exeuntes per plateam que Panteria, eo quod inibi omnia emptioni et venditioni teruntur, antiquitus vocitatur, per aliam que in sacro cimiterio aperitur, eream portam revertentes, in eterne benedictionis et sanctissimi crismatis delibutione, veri corporis et sanguinis summi pontificis Jhesu Christi ex[h]ibitione, quicquid [19] tanto et tam sancto convenit edificio devotissime compleverunt : pulcherrimum et angelica mansione dignum superius oratorium, in honore sancte Dei Genitricis semperque virginis Marie, et sancti Michælis archangeli, omniumque angelorum, sancti Romani ibidem quiescentis aliorumque multorum sanctorum, quorum ibi nomina subtitulata habentur, dedicantes ; inferius vero in dextro latere oratorium in honore sancti Bartholomei multorumque aliorum sanctorum ; in sinistro autem, ubi sanctus requiescere perhibetur ypolitus, oratorium in honore ejusdem et sanctorum Laurentii, Sixti, Felicissimi, Agapiti, aliorumque multorum, ad laudem et gloriam Dei omnipotentis. Nos autem tante benedictionis pro fructu impensi laboris Dei dono participes effici toto affectu desiderantes, quasi pro dote sicut solet fieri, ad expensas emendorum luminariorum,

18. *magnos* pour *magnoque* ?
19. ms. Arsenal 1030 = *quidquid.*

nité il serait consacré à Dieu tout-puissant. Ayant fait venir, pour ce faire, excellent homme Hugues, archevêque de Rouen et d'autres vénérables évêques, Eudes de Beauvais [et] Pierre de Senlis [36], nous chantions toutes sortes de louanges au milieu d'un grand rassemblement de divers personnages ecclésiastiques et d'une immense foule de clercs et de peuple. Les trois prélats bénirent tout d'abord [37], au milieu du nouveau bâtiment, l'eau contenue dans une vasque qui était placée là, sortirent ensuite avec la procession par l'oratoire Saint-Eustache [38], traversèrent la place que de toute ancienneté on appelle Panetière parce qu'on y déballe toutes sortes de marchandises à acheter et à vendre [39], puis revenant par une autre porte de bronze qui ouvre sur le cimetière sacré [40], ils accomplirent très dévotement, par l'onction de l'éternelle bénédiction et du très saint chrême, et par l'ostension du corps et du sang véritables du pontife suprême Jésus-Christ, tout ce qui convient à un si grand et si saint édifice. Ils dédièrent l'oratoire supérieur, qui est très beau et digne d'être la demeure des anges, en l'honneur de la sainte Mère de Dieu, Marie toujours vierge, de saint Michel archange et de tous les anges, de saint Romain qui repose là et de beaucoup d'autre saints dont les noms s'y trouvent inscrits. Au-dessous [ils dédièrent] l'oratoire de droite en l'honneur de saint Barthélemy et de nombreux autres saints, et l'oratoire de gauche où l'on dit que repose saint Hippolyte, en son honneur et en l'honneur des saints Laurent, Sixte, Félicissime, Agapit et beaucoup d'autres, à la louange et à la gloire de Dieu tout-puissant [41]. Quant à nous, désirant de tout notre cœur être rendu participant par un don de Dieu, à une si grande bénédiction, comme fruit de nos efforts, nous offrîmes à ces oratoires en manière de dotation [42]

---

41. cf. *Traité sur son administration* (II, chap. 3) et note 172. Sur la présence des reliques de saint Hippolyte, sur laquelle Suger fait ici une prudente restriction *(ubi sanctus requiescere perhibetur Ypolitus oratorium...)*, voir ibid..

plateam quandam cimeterio collimitantem juxta ecclesiam sancti Michælis, quam quater viginti libris a Willelmo Corneilensi emeramus, ejusdem contulimus oratoriis, ut in sempiternum censum inde habeant. De termino vero hec est veritatis consistentia, sicut legitur, si tamen non obscuretur, in aureo super portas, quas ad honorem Dei et sanctorum deauratas fieri fecimus, epithaphio :

> Annus millenus centenus et quadragenus
> Annus erat Verbi, quando sacrata fuit.

7. — Igitur post illam [20] que majestatis summe opitulatione in anteriore parte de oratorio sancti Romani et aliorum celebrata est consecrationem, nostra que tam ex ipsa sui prosperitate animabatur devotio, quam ipsa circa [sanctum] [21] sanctorum tanto tempore tam intolerabiliter opprimebat coar[c]tatio, votum nostrum illo convertit : ut prefato vacantes operi, turriumque differendo prosecutionem in superiori parte, au[g-]mentacioni matris ecclesiæ operam et impensam pro toto posse, pro gratiarum actione eo quod tantillo tantorum regum et abbatum nobilitati succedenti tantum opus divina dignatio reservasset, quam decentius, quam gloriosius rationabiliter effici posset, fieri inniteremur. Communicato siquidem cum fratribus nostris bene devotis consilio, quorum *cor ardens erat de Jhesu dum loqueretur eis in via*, hoc Deo inspirante deliberando elegimus, ut propter eam quam divina operatio,

---

20. Après le mot *illam* le scribe passe à la ligne suivante.
21. Ce mot, oublié par le scribe, peut être rétabli d'après l'*Ordinatio* de Suger (Lecoy, charte n° X, p. 357).

suivant l'usage, pour les frais d'achat des luminaires, une place jouxtant le cimetière, tout près de l'église Saint-Michel, que nous avions achetée pour quatre-vingts livres à Guillaume de Cornillon, afin qu'ils en perçoivent le cens à perpétuité [43]. Quant à la date [de cette solennité], voici quelle en est la vérité telle qu'on la lit — à condition qu'elle ne soit pas obscurcie [44] — dans l'inscription en lettres d'or au-dessus des portes dorées que nous avons fait faire en l'honneur de Dieu et des saints :

> C'était l'année mille cent quarantième
> Du Verbe quand cet édifice fut consacré.

7. — [*Construction du chevet*].

Ainsi après la consécration de l'oratoire de saint Romain et des autres [saints] qui, par le secours de la Majesté Suprême, fut célébrée dans la partie antérieure [45], notre zèle d'une part s'enflammait de ses propres succès mais d'autre part l'étroitesse [des lieux] qui depuis si longtemps et de façon si intolérable opprimait les alentours [du Saint] des Saints [46] dirigea notre intention vers cet objectif : libérés de l'œuvre susdite et différant la construction des tours dans leur partie supérieure, nous nous efforcerions de tout notre pouvoir de consacrer notre labeur et nos moyens de la manière la plus convenable et la plus glorieuse possible à l'agrandissement de l'église mère, en action de grâces de ce que la faveur divine avait réservé un tel ouvrage au si petit successeur de l'illustre [lignée] de tant de rois et d'abbés. Ayant donc tenu conseil avec nos frères très dévoués « dont le cœur brûlait [d'amour] de Jésus tandis qu'il leur parlait en chemin » [47], nous décidâmes sous l'inspiration de Dieu

---

44. C'est ici encore l'inquiétude de l'oubli, le thème de la perennité et de la mémoire du futur qui sont évoqués.
45. Sur la terminologie géographique du bâtiment : cf. *Traité sur son administration* (II, chap. 5) et note 181.

sicut veneranda scripta testantur, propria et manuali extensione ecclesie consecrationi antique imposuit benedictionem, ipsis sacratis lapidibus tamquam reliquiis deferremus, illam que tanta exigente necessitate novitas inchoaretur, longitudinis et latitudinis pulcritudine initeremur nobilitare [22]. Consulte siquidem decretum est illam altiori inequalem, que super absidem sanctorum dominorum nostrorum corpora retinentem operiebat, removeri voltam usque ad superficiem cripte cui adherebat ; ut eadem cripta superioritatem sui accedentibus per utrosque gradus pro pavimento offerret, et in eminentiori loco sanctorum lecticas auro et preciosis gemmis adornatas adventantium obtutibus designaret. Provisum est etiam sagaciter ut superioribus columpnis et arcubus mediis, qui inferioribus in cripta fundatis superponerentur, geometricis et aritmeticis instrumentis medium antique testudinis ecclesie augmenti novi medio equaretur, nec minus antiquarum quantitas alarum novarum quantitati adaptaretur, excepto illo urbano et approbato in circuitu oratoriorum incremento, quo tota clarissimarum vitrearum luce mirabili et continua interiorem perlustrante pulcritudinem eniteret.

Ut autem sapienti consilio, dictante Spiritu Sancto cujus unctio de omnibus docet, luculento ordine designatum est quid prosequi proponeremus, collecto virorum illustrium tam episcoporum quam abbatum conventu, accita etiam domini ac serenissimi regis Francorum Ludovici presentia, pridie idus julii die dominica, ordinavimus ornamentis decoram, personis

22. ms. Arsenal 1030 = *nobilitate*.

[et] après délibération, en considération de cette bénédiction que l'intervention de Dieu, au témoignage d'écrits vénérables, conféra par l'imposition de ses propres mains à la consécration de l'ancienne église [48], de respecter les pierres elles-mêmes ainsi sanctifiées comme autant de reliques et de nous appliquer à ennoblir cette nouvelle [addition] qu'une telle nécessité exigeait, par la beauté de la longueur et de la largeur. Il fut donc décidé, après réflexion, de déplacer la voûte, inégale à celle, plus haute, qui couvrait l'abside contenant les corps des saints, nos seigneurs, jusqu'au niveau supérieur de la crypte à laquelle elle était jointe [49] ; ainsi une seule crypte offrirait son sommet comme pavement à ceux qui arriveraient par les escaliers de part et d'autre et présenterait aux regards des visiteurs, en un lieu plus élevé, les reliquaires des saints ornés d'or et de pierres précieuses [50]. Avec perspicacité on veilla aussi à faire coïncider à l'aide d'instruments géométriques et arithmétiques le milieu du bâtiment de l'ancienne église avec le milieu de la nouvelle construction en superposant les colonnes supérieures et les arcs médians à ceux qui avaient été bâtis dans la crypte [51] ; [on fit en sorte]également d'adapter les proportions des anciens collatéraux à celles des nouveaux [52], sauf cette extension élégante et remarquable distribuant une couronne d'oratoires et grâce à laquelle [l'église] toute entière brillerait de la lumière admirable et ininterrompue de vitraux resplendissants illuminant la beauté intérieure.

Suivant un sage conseil dicté par l'Esprit Saint dont l'onction instruit de tout, ce que nous nous proposions de réaliser fut précisé dans un ordre rigoureux : ayant réuni une assemblée d'hommes illustres, évêques et abbés, et obtenu la présence du seigneur et sérénissime roi de France Louis [53], la veille des ides de juillet, un dimanche [54], nous organisâmes une procession, belle par les ornements,

---

53. Il s'agit bien sûr du roi Louis VII (1137-1180).
54. Le 14 juillet 1140.

celebrem processionem. Quin etiam manibus episcoporum et abbatum insignia Dominice Passionis, videlicet clavum et coronam Domini, et brachium sancti senis Symeonis, et alia sanctarum reliquiarum patrocinia preferentes, ad defossa faciendis fundamentis preparata loca humiliter ac devote descendimus. Dein [23] paracliti Spiritus Sancti consolatione invocata, ut bonum domus Dei principium bono fine concluderet, cum primum ipsi episcopi ex aqua benedicta dedicationis facte proximo quinto [24] idus junii, propriis confecissent manibus cementum, primos lapides imposuerunt, himnum Deo dicentes, et *Fundamenta ejus* usque ad finem psalmi solemniter decantantes. Ipse enim serenissimus rex intus descendens, propriis manibus suum imposuit ; nos quoque et multi alii, tam abbates quam religiosi viri, lapides suos imposuerunt ; quidam etiam gemmas, ob amorem et reverentiam Jhesu Christi, decantantes : *Lapides preciosi omnes muri tui.*

8. — Nos igitur tanta et tam festiva tam sancti fundamenti positione exhilarati, de peragendo solliciti, varietatem temporum, diminutionem personarum, et mei ipsius defectum pertimescentes, communi fratrum consilio, assistentium persuasione, domini regis assensu, annalem redditum his explendis constituimus, videlicet centum quinquaginta libras de gazofilatio, id est de oblationibus altaris et reliquiarum, centum in Indicto et quinquaginta in festo sancti Dyonisii ; quinquaginta etiam de possessione sita in Belsa que dicitur Villana, prius inculta, sed auxilio Dei et nostro labore compo-

---

23. ms. Arsenal 1030 = dem^- = *demum*.
24. écrit. v^o.

illustre par les personnes ; bien plus, faisant porter en tête, par les mains même des évêques et des abbés, les insignes de la Passion du Seigneur, à savoir le Clou et la Couronne du Seigneur, le bras du saint vieillard Siméon [55] et les autres saintes reliques de nos patrons, nous descendîmes humblement et dévotement dans ces lieux souterrains préparés pour recevoir les fondations puis, ayant imploré la consolation de l'Esprit Saint Paraclet pour qu'il conclue l'heureux commencement de la maison de Dieu par un heureux achèvement, les évêques eux-mêmes préparèrent tout d'abord de leurs propres mains du mortier avec l'eau bénite de la dédicace [56] qui avait eu lieu le V des ides de juin précédent [57], puis posèrent les premières pierres en entonnant un hymne à Dieu et en chantant solennellement le psaume « *ses Fondements* » [58] jusqu'à la fin. Le sérénissime roi lui-même, descendant dans ces profondeurs, posa la sienne de ses propres mains, et nous aussi, avec beaucoup d'autres personnes, abbés et religieux, posâmes les nôtres ; certains même déposèrent des pierres précieuses par amour et révérence pour Jesus-Christ, en chantant « Tous tes murs sont des pierres précieuses » [59].

8. — [*Etablissement d'un revenu annuel pour la continuation des travaux*].

Quant à nous, réjouis par la pose si magnifique, si solennelle d'un si saint fondement, mais inquiets de l'achèvement [de l'œuvre] dans la crainte des vicissitudes des temps, de la diminution des personnes et de ma propre défaillance, par le conseil unanime des frères, avec l'encouragement des personnes présentes et l'assentiment du seigneur roi, nous avons assigné pour sa réalisation un revenu annuel de cent cinquante livres sur le trésor, c'est-à-dire sur les offrandes des autels et des reliques [60], à savoir cent à la foire du Lendit et cinquante en la fête de saint Denis [61] ; en plus, cinquante sur la possession appelée Villaines [62], en Beauce, jadis inculte mais qui, mise en

sita, et ad valens quater viginti aut centum librarum singulis annis adaptata. Que si quocumque infortunio his explendis deficeret, alia Belsa nostra, quam dupliciter aut tripliciter in redditibus augmentavimus, suppleret. Has autem ducentas libras, preter ea que ad archam gazofilatii devotione fidelium deportabuntur, vel quecumque ipsi utrique operi offerentur, tantum continuari ipsis operibus firmavimus, donec totaliter absque ulla questione, et ipsa edificia et anteriora et superiora cum suis turribus omnino honorifice compleantur.

9. — Insistentes igitur per triennium multo sumptu, populoso operariorum conventu, estate et hieme operis perfectioni, ne nobis conqueri Deo *Imperfectum meum viderunt oculi tui* jure oporteret, admodum ipso cooperante proficiebamus ; instarque divinorum fundabatur exultationi universe terre mons Syon, latera aquilonis, civitas Regis magni, cujus in medio Deus non commovebitur, sed peccatorum incitamentis commotus, odorifero penitentium holocausto placari et propiciari non dedignabitur. Medium quippe duodecim columpne duodenarium Apostolorum exponentes numerum, secundario vero totidem alarum columpne Prophetarum numerum significantes, altum repente subrigebant edificium, juxta Apostolum spiritualiter edificantem : *Jam non estis,* inquit, *hospites et advene, sed estis cives sanctorum et domestici Dei, superedificati super fundamentum Apostolorum et Prophetarum, ipso summo angulari lapide Christo Jhesu* [25], *qui utrumque conjungit parietem, in quo omnis edificatio, sive spiritualis, sive*

---

25. La suite est une citation libre : le texte biblique dit en effet : *...in quo omnis ædificatio constructa crescit in Templum sanctum in Domino.*

exploitation avec l'aide de Dieu et par nos soins, a été portée à un revenu annuel de quatre-vingts ou cent livres. Et si par quelque malheur cette propriété ne pouvait y subvenir, une autre [propriété de] Beauce dont nous avons doublé ou triplé les revenus y suppléerait. Ces deux cents livres, outre ce qui sera apporté au coffre du trésor [63] par la dévotion des fidèles ou ce qui pourrait être offert pour l'un et l'autre ouvrage, nous en avons confirmé l'affectation à la seule continuation de ces œuvres jusqu'à ce que, totalement et sans contestation, ces édifices antérieurs et supérieurs, avec leurs tours, soient complètement et dignement achevés [64].

9. — [*Achèvement de l'œuvre*].

Nous nous sommes donc appliqués pendant trois ans, été comme hiver, à l'achèvement de cette œuvre, à grands frais et grâce à [la contribution] de nombreux ouvriers, afin que Dieu ne puisse nous adresser ce reproche : « Tes yeux ont vu ma [substance] inachevée »[65] et, avec son aide, nous progressions de manière satisfaisante ; à l'instar des œuvres divines était fondée « pour la joie de toute la terre, le Mont Sion, flanc de l'Aquilon, cité du Grand Roi [66], au milieu de laquelle Dieu ne sera pas ébranlé »[67], mais, ému par les supplications des pécheurs, il ne dédaignera pas de se laisser apaiser et fléchir par l'holocauste odoriférant des pénitents. Ainsi, au milieu [de l'édifice] douze colonnes présentent le groupe des douze apôtres, et au second rang les [douze] colonnes du déambulatoire représentant le même nombre de prophètes projetaient soudain l'édifice à une grande hauteur, suivant l'Apôtre qui construisait spirituellement : « Désormais, dit-il, vous n'êtes plus étrangers ni forains mais vous êtes les concitoyens des saints et les familiers de Dieu, édifiés sur le fondement des apôtres et des prophètes, et la pierre angulaire c'est le Christ Jésus qui joint un mur à l'autre, en qui tout

materialis, crescit in templum sanctum in Domino. In quo et nos quanto altius, quanto aptius materialiter edificare instamus, tanto per nos ipsos spiritualiter coedificari in habitaculum Dei in Spiritu Sancto edocemur.

10. — Interea siquidem potissimum de dominorum nostrorum sanctissimorum martyrum et aliorum sanctorum qui per ecclesiam sparsi, diversis colebantur oratoriis, translatione solliciti, sacratissimas eorum lecticas, precipue dominorum, ornatum iri votive animabamur ; et ubi gloriosius adventantium obtutibus et conspicabilius transferretur [26] eligentes, aurifabrorum eleganti sive artis industria [sive] auri gemmarumque pretiosarum copia illustrem [sepulturam] [27] valde fieri Deo cooperante elaboravimus. Et deforis quidem his et hujusmodi pro ornatu nobilem, pro tuto vero intus fortissimorum lapidum muro non ignobilem, circumquaque muniri ; extra vero econtra, ne lapidum materia apparentium locus vilesceret, cupreis tabulis fusilibus et deauratis decorari, non tamen sicut deceret preparavimus. Exigit enim tantorum patrum experta nobis et omnibus magnificentia, ut quorum venerandi spiritus Deo omnipotenti sicut sol fulgentes assistunt, nos miserrimi, qui eorum patrocinia et sentimus et indigemus, sacratissimos cineres eorum pretiosiori qua possumus materia, videlicet auro obrizo, jacinctorum et smaragdinum, et aliarum gemmarum copia opere pretium liquet operiri. Hoc autem unum egregie fieri

---

26. Ce verbe, au singulier, pourrait se rapporter à un mot au singulier, non exprimé = *[lecticam]* ou *[sepulturam]*.
27. restitution possible.

l'édifice, spirituel et matériel, grandit pour devenir un temple saint dans le Seigneur » [68]. En Lui nous aussi nous nous appliquons à construire matériellement d'autant plus haut et avec d'autant plus de convenance que nous sommes instruits pour être édifiés ensemble, par nous mêmes, spirituellement [pour devenir] la demeure de Dieu dans l'Esprit Saint [69].

10. — [*Le Tombeau des Corps Saints*].

En même temps, soucieux avant tout de la translation de nos seigneurs les très saints martyrs et d'autres saints qui, dispersés dans l'église, étaient vénérés dans différents oratoires, nous étions poussés par notre vœu d'orner leurs reliquaires très sacrés, spécialement ceux de [nos] seigneurs et, choisissant pour les transférer l'emplacement le plus glorieux, et le plus remarquable aux regards des visiteurs, nous travaillâmes, avec l'aide de Dieu, à faire bâtir [une sépulture] tout-à-fait éclatante tant par la délicatesse raffinée de l'art des orfèvres que par l'abondance d'or et de pierres précieuses [70]. Nous prîmes des dispositions, avec cependant moins [d'éclat] qu'il n'aurait fallu, pour la consolider de toutes parts, noble à l'extérieur par le décor de ces [matières] et d'autres semblables, mais remarquable aussi à l'intérieur par son renforcement grâce à un mur de pierres très solides, et pour le décorer en revanche à l'extérieur de panneaux de bronze doré afin que l'endroit ne soit pas déprécié par la matière des pierres apparentes [71]. Car la magnificence de tels Pères, appréciée par nous et par tous, exige que nous, hommes très misérables qui éprouvons le sentiment et le besoin de leur patronage, nous nous fassions un devoir de recouvrir les cendres très sacrées de ceux dont les esprits vénérables se tiennent, brillant comme le soleil, auprès de Dieu tout-puissant, de la matière la plus précieuse possible, à savoir de l'or très pur et une profusion d'hyacinthes, d'émeraudes et d'autres pierres précieuses. Or il est une seule chose que nous avons décidé de faire d'une façon remarquable :

elegimus, ut ante corpora Sanctorum celeberrimam ad libandum Deo, que nunquam ibidem fuerat, erigeremus aram, ubi Summi Pontifices et persone auctenti[c]e suffragio eorum qui seipsos holocaustum odoriferum Deo obtulerunt [28], placabiles Deoque acceptabiles hostias offerre mereantur. Cui etiam cum tabulam auream, mediocrem tamen defectus pusillanimitate preponere proposuissem, tantam auri, tantam gemmarum preciosissimarum inopinatam et vix ipsis regibus existentem copiam ipsi sancti martires nobis propinaverunt, ac si nobis ore ad os loquerentur : « Velis nolis, optimam eam volumus ; » ut eam aliter quam mirabilem et valde preciosam tam opere quam materia efficere aut non auderemus aut non valeremus. Neque enim ipsi pontifices, qui his egregie pro officii sui dignitate potiuntur, anulos etiam pontificales mirabili preciosarum [29] lapidum varietate gemmatos eidem imponere tabule presentes abnegabant [30], verum absentes a transmarinis etiam partibus, sanctorum martirum amore invitati, ultro delegabant. Ipse etiam rex inclitus perlucidas et maculis distinctas smaragdines, comes Theobaldus jacinctos, rubetos, optimates et principes diversorum colorum et valitudinum preciosas margaritas ultro offerentes, nos ipsos ad peragendum gloriose invitabant. Preterea tot venales ab omnibus pene terrarum partibus nobis efferebantur, et unde eas emeremus Deo donante offerebatur, ut eas sine pudore magno et sanctorum offensa dimittere nequiremus. Hic et alibi experiri potuimus : sit bonum opus in voluntate, ex Dei adjutorio erit in perfectione. Hoc itaque ornamentum

   28. écrit *optulerunt*.
   29. ici le mot *lapidum* est employé au féminin.
   30. écrit *agnegabant*.

ériger devant les corps des saints, là où il n'y en avait jamais eu, un très illustre autel pour sacrifier à Dieu, où les souverains pontifes et les personnes d'autorité pourraient dignement offrir au suffrage de ceux qui se sont donnés eux-mêmes à Dieu en holocauste odoriférant, des hosties propitiatoires et acceptables pour Dieu [72]. Tandis que, envahi par le sentiment de ma petitesse, je m'étais proposé de placer à l'avant de cet autel un frontal d'or, d'ailleurs assez modeste, les saints martyrs eux-mêmes nous fournirent une si grande profusion d'or et de pierres précieuses — inattendue et telle qu'on en trouve à peine chez les rois — comme s'ils nous disaient dans le secret : « Que tu le veuilles ou non, nous le voulons parfait », que nous n'aurions ni osé ni pu le faire autrement que merveilleux et tout-à-fait précieux, tant par le travail que par la matière [73]. Car les pontifes eux-mêmes, qui les portent en signe éminent de la dignité de leur fonction, n'hésitaient pas, du moins ceux qui étaient présents, à offrir pour ce frontal [leurs] anneaux pontificaux rehaussés d'une admirable variété de pierres précieuses ; quant aux absents, poussés par l'amour des saints martyrs, ils les faisaient même parvenir d'outre-mer. Bien plus, le glorieux roi lui-même, en offrant des émeraudes translucides et rehaussées de veinures, le comte Thibaud des hyacinthes et des rubis, les grands et les princes des perles précieuses de diverses couleurs et de propriétés variées, [tous] nous invitaient à achever l'œuvre glorieusement [74]. En outre, de toutes les régions de la terre ou presque [75] on nous apportait tant de [gemmes] à vendre — et l'on nous offrait aussi, par la grâce de Dieu, les moyens de les acheter — que nous n'aurions pu les laisser partir sans une grande honte et sans offense pour les saints. Là comme ailleurs nous pûmes faire l'expérience de ce que, si l'œuvre est bonne dans la volonté, elle le sera avec l'aide de Dieu dans son accomplissement. C'est pourquoi si jamais quelqu'un, par une audace téméraire, ose emporter ou détériorer sciemment cet ornement offert par la dévotion de person-

tantorum devocione tantis protectoribus commodatum, si quis temerario ausu auferre aut scienter minuere presumpserit, domni Dyonisii offensam et Spiritus Sancti mucrone perfodi mereatur.

11. — Nec illud etiam silere dignum duximus, quod dum prefatum novi augmenti opus capitellis et arcubus superioribus et ad altitudinis cacumen produceretur, cum necdum principales arcus singulariter voluti voltarum cumulo cohererent, terribilis et pene tolerabilis obnubilatione nubium, inundatione ymbrium, impetu validissimo ventorum, subito tempestatis exorta est procella ; que usque adeo invaluit, ut non solum validas domos, sed etiam lapideas turres et ligneas tristegas concusserit. Ea tempestate, quadam die anniversario gloriosi Dagoberti regis, cum venerabilis Carnotensis episcopus Gaufredus missas gratiarum pro anima ejusdem in conventu ad altare principale festive celebraret, tantus oppositorum ventorum impetus prefatos arcus nullo suffulto[s] podio, nullis renitentes suffragiis impingebat [31], ut miserabiliter tremuli, et quasi hinc et inde fluctuantes subito [32] pestiferam minarentur ruinam. Quorum quidem operturarumque impulsionem cum episcopus expavesceret, sepe manum benedictionis in ea parte extendebat, et brachium sancti senis Symeonis signando instanter opponebat, ut manifeste nulla sui constantia sed sola Dei pietate et sanctorum merito ruinam evadere appareret. Sicque cum multis in locis firmissimis ut putabatur edificiis, multa ruinarum

---

31. écrit *impingebant*.
32. dans le ms. Arsenal 1030, le passage : *nullis renitentes... fluctuantes subito* est ajouté en marge de la même main.

nes si importantes pour de si grands protecteurs, qu'il encoure la juste colère du seigneur Denis et soit transpercé par le glaive de l'Esprit Saint[76].

11. — [*Le miracle de la tempête*].

Voici encore un événement que nous avons estimé ne pas devoir passer sous silence. Au moment où l'œuvre de la nouvelle extension, avec ses chapiteaux et arcs supérieurs, parvenait au sommet de sa hauteur, mais où les arcs principaux, construits indépendamment, n'étaient pas encore reliés à la masse des voûtes[77], une tempête terrible ou presque intolérable s'éleva soudain, avec accumulation de nuages, de pluie torrentielle et de vent très violent, qui se déchaîna au point d'ébranler non seulement des maisons robustes mais aussi des tours de pierre et des donjons de bois[78]. Durant cette tempête, le jour où, pour l'anniversaire du glorieux roi Dagobert[79], le vénérable évêque de Chartres Geoffroy[80] célébrait solennellement, au milieu de la communauté, une messe d'action de grâces pour l'âme de [ce roi] à l'autel principal[81], la violence des vents contraires poussait si fortement ces arcs, qui n'étaient soutenus par aucun échaffaudage de pied ni retenus par aucun étai[82], que, tremblant misérablement et oscillant en quelque sorte dans un sens et dans l'autre, ils menaçaient de tomber brusquement dans une ruine irréparable. Effrayé par l'ébranlement de ces [arcs] et des [œuvres de] couverture, l'évêque étendait fréquemment sa main de ce côté en signe de bénédiction et présentait avec insistance, le bras du saint vieillard Siméon[83] en faisant le signe de la croix ; ainsi il apparut clairement que l'écroulement [de la construction] fut évité non par sa propre solidité mais par la seule bonté de Dieu et le mérite des saints. Alors qu'en de nombreux endroits la tempête avait provoqué, pensait-on, beaucoup de dégâts à des édifices très solides, repous-

---

80. Geoffroy II de Lèves, évêque de Chartres : 1116-1149.

incommoda intulisset, virtute repulsa divina, titubantibus in alto solis et recentibus arcubus, nichil proferre prevaluit incommodi.

12. — Secutum est aliud dignum memoria factum, quod non ex accidenti, sicut de talibus judicant qui illi consentiunt secte, videlicet quod

> Fors [33] incerta vagatur,
> Fertque refertque vices, et habent mortalia casus,

sed divina largitione, que in se sperantibus magnis et parvis in omnibus providet affluenter, et que novit profutura administrat. Cum enim quadam die de apparatu proxime consecrationis curie, quia maximam fore prestolabamur, et cum amicis et ministerialibus et villicis nostris ageremus, et pro temporum gravitate — mense enim junio pene omnia victualia cara erant — de aliis fauste satis providissemus, hoc nos solum graviter offendebat, quod carnes arietinas, propter ovium que eodem anno extiterant morticina, Aurelianensi pago et versus Burgundiam queritare oporteret. Cumque mille solidos, aut quantum oporteret ob hoc illuc pergentibus dari graviter, ne tarde redirent, quia sero inceperant, precepissent [34], sequente mane, cum de camerula nostra ad sancti sacrificii ex consuetudine accelerarem celebrationem, subito quidam de fratribus albis monachus renitentem ad cameram me retrahit. In quem aliquantisper quia nos a tanto impediebat opere commotus, cum minus bene respondissem : « Audivimus, inquit, domine Pater, vos ad instantem consecrationis vestre

---

33. écrit *foris*.
34. *precepissent* pour *precepissem*.

sée par la force divine, elle ne put causer aucun dommage aux arcs isolés et tout nouveaux vacillant dans les airs.

12. — [*Arrivée providentielle d'un troupeau pour la nourriture*].

Un autre événement digne de mémoire survint alors, non par l'effet du hasard, comme jugent de ces choses ceux qui adhèrent à cette doctrine suivant laquelle :

> Le fortune erre ça et là,
> Elle emporte et rapporte toutes choses,
> Et les hasards disposent de tout ce qui est mortel [84],

mais [ce fut] par l'effet de la largesse divine qui, pour ceux qui placent en elle leur espérance, pourvoit abondamment en toutes choses, les grandes et les petites, et leur procure ce qu'elle sait devoir être salutaire. Un jour, en effet, nous nous entretenions avec nos amis, nos officiers et nos fermiers, des préparatifs de l'assemblée qui aurait lieu à l'occasion de la prochaine consécration, car nous savions qu'elle serait très nombreuse, et malgré la difficulté des temps — au moins de juin [en effet] presque tous les vivres étaient chers — nous avions, pour le reste, tout organisé avec assez de bonheur. Une seule chose nous affectait profondément : à cause de mortalités qui, cette année là, avaient frappé les brebis, il nous fallait aller chercher de la viande de mouton dans la région d'Orléans et du côté de la Bourgogne. J'avais prescrit formellement de donner mille sous, ou toute somme nécessaire, à ceux qui devaient s'y rendre dans ce but, afin qu'ils revinssent sans tarder car ils s'étaient mis en route avec retard. Mais le matin suivant, tandis que, comme à l'accoutumée, je sortais en hâte de notre cellule pour aller célébrer le Saint Sacrifice, voici qu'un moine, un frère blanc [85], me ramena malgré moi vers la chambre ; quelque peu irrité contre lui parcequ'il nous détournait d'une si grande tâche, je lui avais répondu peu aimablement. « Nous avons appris, seigneur père, dit-il,

solempnitatem arietinis carnibus indigere ; et inde a fratribus nostris missus, arietum gregem maximum Paternitati vestre [35] adduco, ut quot vobis placuerit retineatis, et quod non placuerit nobis dimittatis. » Quo audito, ut post missas nos expectaret precepimus, et quod offerebat eo presente, finita missa, nostris retulimus ; qui hoc ipsum divine ascribebant largitioni, eo quod hoc solum quod deerat, quod querendo fatigaremur, inopinate religiosorum fratrum deportatione delegasset.

13. — Urgebat deinceps nove fieri consecrationem ecclesie tam operis laboriosa consummatio quam nostra que ad hoc diu anhelaverat suspensa devotio. Et quoniam tam ipsam quam sanctorum dominorum nostrorum, velut pro gratiarum actione et laboris nostri gratissimo fructu, translationem fieri celeberrimam optando affectaremus, regie majestatis serenissimi regis Francorum Ludovici placido favore — desiderabat enim sanctos martires suos protectores ardentissime videre — diem agendi secunda junii dominica, videlicet tercio idus quod est Barnabe Apostoli consulte assignavimus.

Invitatorias itaque nuntiis multis, etiam cursoribus et preambulis pene per universas Galliarum regiones litteras delegavimus ; archiepiscopos, episcopos, ex parte sanctorum et debito apostolatus eorum tante interesse solempnitati votive sollicitavimus. Quorum cum multos et diversos ad hoc peragendum gratanter, gratantius omnes, si fieri posset, excepissemus, ipse dominus rex

---

35. ms. Arsenal 1030 = *ad vos* cancellé, remplacé de la même main par *Paternitati vestre*.

que pour la fête prochaine de votre consécration vous manquez de viande de mouton ; c'est pourquoi, de la part de nos frères, j'amène à votre paternité un très grand troupeau de moutons de sorte que vous puissiez en retenir autant qu'il vous plaira et nous renvoyer le reste ». A ces mots nous lui ordonnâmes de nous attendre après la messe et, la messe finie, en sa présence, nous fîmes part à nos frères de ce qu'il nous offrait ; ils attribuaient ce fait à la générosité divine parceque la seule chose qui nous manquait, et que nous nous serions fatigués à rechercher, elle avait inopinément chargé ces frères attentionnés de nous l'apporter.

13. — [*Déroulement de la consécration*].

Dès lors, l'achèvement laborieux de l'œuvre ainsi que notre dévotion en attente, qui avait longtemps soupiré après cela, exigeaient que l'on procédât à la consécration de la nouvelle église. Nous désirions ardemment que cette consécration, ainsi que la translation des saints, nos seigneurs, fussent célébrées de la façon la plus solennelle, en manière d'action de grâces et comme le fruit le plus heureux de notre labeur ; nous fixâmes donc, après délibération, la date de cette cérémonie avec l'approbation bienveillante de la majesté royale, le sérénissime roi de France Louis — car il désirait très ardemment voir les saints martyrs, ses protecteurs — au deuxième dimanche de juin[86], c'est-à-dire le troisième jour des ides, en la fête de l'apôtre Barnabé.

Nous fîmes donc porter des lettres d'invitation par de nombreux messagers, courriers et envoyés spéciaux à travers presque toutes les régions de la Gaule et priâmes instamment les archevêques et les évêques, de la part des saints et comme devoir envers leur apostolat, d'assister à une si grande solennité. [Nous en reçûmes] avec joie un grand nombre, venus de diverses régions, pour cette célébration, et nous les aurions reçus tous, si cela avait été

Ludovicus et regina conjux [36] ejus Aanor, et mater ejus, et regni optimates perendie adventarunt. De diversis nationum et regnorum proceribus, nobilibus, et gregariis militum et peditum turmis, nulla suppetit computatio. Archiepiscoporum vero et episcoporum assistentium hec intitulata sunt nomina : Samson Remensis archiepiscopus, Hugo Rotomagensis archiepiscopus, Guido [37] Senonum archiepiscopus, Gaufridus Burdigalensis archiepiscopus, Theobaldus Cantuariensis archiepiscopus, Gaufredus Carnoti episcopus, Joslenus Suessorum episcopus, Simon Noviomi episcopus, Elias Aurelianis episcopus, Odo Belvaci episcopus, Hugo Autisiodori episcopus, Alvisus Atrebati episcopus, Guido Catalaunis episcopus, Algarus [38] Constantiarum episcopus, Rotrocus Ebroicensis episcopus, Milo Teruanensis episcopus, Manasses Meldis episcopus, Petrus Silvanectis episcopus. Qui omnes cum gloriose ex altioribus ecclesie sue personis per [39] tanta et tam nobili actione tanto spectaculo accessissent, interiorem mentis et cordis intentionem cultus et habitus exterior designavit. Nos autem non tantum exterioribus — ea enim affluenter sine querela exhiberi preceperamus — die sabbati proxima, sanctorum corpora de suis assumentes oratoriis, ex consuetudine in palliatis tentoriis in exitu chori decentissime reponendo locavimus. Sacramentalia consecrationis instrumenta devote tantum gaudium prestolantes preparabamus, quo in tanta [40] tantarum

36. écrit *conjunx*.
37. *Guido* pour *Hugo*.
38. écrit *Algarum*, ici et dans le ms. Arsenal 1030.
39. *per* pour *pro*.
40. *in tanta* pour *intenta* ? le copiste du ms. Arsenal 1030 n'a pas compris le sens de ces mots et a transcrit quo_m^i *tanta*.

possible, avec plus de joie encore. Le surlendemain arrivèrent le seigneur roi Louis lui-même, son épouse la reine Aanor et sa mère, ainsi que les grands du royaume. On ne comptait plus les grands, les nobles, les troupes de chevaliers, les escadrons de soldats venus de divers pays et royaumes [87]. Quant aux archevêques et évêques présents, leurs noms sont inscrits ainsi : Samson, archevêque de Reims ; Hugues, archevêque de Rouen ; Gui, archevêque de Sens ; Geoffroy, archevêque de Bordeaux ; Thibaud, archevêque de Cantorbéry ; Geoffroy, évêque de Chartres ; Joscelin, évêque de Soissons ; Simon, évêque de Noyon, Elias, évêque d'Orléans ; Eudes, évêque de Beauvais ; Hugues, évêque d'Auxerre ; Alvise, évêque d'Arras ; Gui, évêque de Châlons ; Auger, évêque de Coutances ; Rotrou, évêque d'Evreux ; Milon, évêque de Thérouanne ; Manassés, évêque de Meaux ; Pierre, évêque de Senlis [88]. Bien que tous fussent venus à une telle et si noble cérémonie et une si grande manifestation dans tout le faste [de leur état] de plus hauts dignitaires de leur église, leurs manières et leur tenue extérieure exprimèrent les dispositions intérieures de leur esprit et de leur cœur. Nous cependant, nous étions peu [préoccupés] de choses extérieures car nous avions donné l'ordre d'y pourvoir sans réserve ni discussion et, la veille, samedi, nous enlevâmes les corps des saints de leurs oratoires et, suivant la coutume, nous les déposâmes avec le plus grand honneur sous des pavillons de drap à la sortie du chœur. Dans l'attente dévote d'une si grande joie nous préparions les instruments sacramentels de la consécration, nous organisions tout pour qu'une procession [si] recueillie, si nombreuse et si sainte pût aisément parcourir l'église à l'intérieur et à l'extérieur.

87. Voir plus haut la note 75.

personarum, tam sancta expedite ecclesiam intus et extra perlustrare posset processio, componebamus. Unde cum gloriosum et humillimum Francorum regem Ludovicum ut per optimates et nobiles suos ab ipsa processione obviantem arceret turbam humiliter rogassemus, humilius satis per seipsum et per suos hoc se libenter facturum respondit.

Pernoctantes itaque tota nocte vespertina matutinorum sinaxi in laudem Divinitatis, Jhesum Christum Dominum nostrum propiciationem pro peccatis nostris factum, quatinus pro suo honore et Sanctorum suorum amore sanctum locum misericorditer visitare, et sacris actionibus non tantum potentialiter sed etiam personaliter adesse dignaretur, devotissime flagitabamus. Igitur summo mane archiepiscopi, episcopi, de propriis hospiciis cum archidiaconis et abbatibus et aliis honestis personis ad ecclesiam accedentes, episcopaliter se componebant, et ad dolium pro consecratione aquarum superius, inter sanctorum martirum sepulturas et sancti Salvatoris altare, satis decenter, satis venerabiliter assistebant. Videres, et qui aderant non sine devotione magna videbant, tot tantorum choream pontificum vestibus albis decoram, mitris pontificalibus et circinatis aurifrisiis pretiosis admodum comatam, pastorales virgas manibus tenere, circumcirca dolium ambire, nomen Domini exorcizando invocare; tam gloriosos et admirabiles viros eterni sponsi nuptias tam pie celebrare, ut potius chorus celestis quam terrenus, opus divinum quam humanum, tam regi quam assistenti nobilitati videretur apparere. Populus enim pro intolerabili magnitudinis sue impetu foris agebatur, et dum chorus prefatus aquam benedictam extra, hysopo ecclesie parietes virtuose aspergendo, projiciebat, rex ipse ejusque

C'est pourquoi nous priâmes humblement le glorieux et très humble roi de France de faire écarter de la procession, par les grands et les nobles, la foule qui l'entravait [sur son passage], et il répondit encore plus humblement qu'il le ferait volontiers lui-même et avec ses hommes.

Passant toute la nuit au service de Dieu, depuis les vêpres jusqu'aux matines [89], à la louange de la Divinité, nous implorions très dévotement Jésus-Christ notre Seigneur [qui s'était] fait propitiation pour nos péchés de daigner, dans sa miséricorde, visiter ce saint lieu pour son honneur et pour l'amour des saints, et d'assister à ces cérémonies sacrées non seulement en puissance mais aussi en sa personne. Ainsi de grand matin, les archevêques et les évêques arrivaient avec les archidiacres, les abbés et d'autres personnes honorables, de leurs demeures respectives vers l'église ; ils se rangeaient suivant l'ordre épiscopal et prenaient place avec grande dignité et vénération près de la vasque pour la consécration avec l'eau bénite, en haut du chœur, entre les tombes des saints martyrs et l'autel du saint Sauveur [90]. Il fallait voir — et ce n'est pas sans une grande ferveur que les assistants le voyaient — le chœur de tant et de si grands pontifes dans la beauté de leurs vêtements blancs et la riche parure des mitres pontificales cerclées de précieux orfrois [91], tenant en leur main la crosse pastorale, tourner autour de la vasque et invoquer par des exorcismes le nom du Seigneur. [Il fallait voir] ces hommes si glorieux, si admirables, célébrer si pieusement les noces de l'Epoux éternel qu'ils semblaient aux yeux du roi et de la noblesse présente un chœur céleste plutôt que terrestre, une œuvre divine plutôt qu'humaine. Mais au dehors la foule immense était ébranlée par la pression intolérable de sa propre masse, et pendant que le susdit chœur projetait l'eau bénite à l'extérieur en aspergeant vigoureusement les murs de l'église avec le goupillon [92], le roi lui-même et ses officiers contenaient la poussée

---

89. A l'occasion des grands fêtes l'office de nuit (les Matines) pouvait durer toute la nuit *(pervigilium)*.

decuriones tumultuosum impetum arcebant, et virgis et baculis regredientes ad portas protegebant.

14. — Ut autem, peractis ordinarie sancte consecrationis misteriis, ventum est ad sanctarum reliquiarum repositionem, ad sanctorum dominorum nostrorum antiquos et venerandos tumulos accessimus : [n]eque [41] enim adhuc de loco suo mota erant. Prosternentes autem se tam ipsi pontifices quam dominus rex, et nos omnes, quantum pro loci angustia permittebamur, inspectis isto aperto [42] venerandis scriniis rege Dagoberto fabricatis, in quibus sanctissima et Deo cara eorum continebantur corpora, gaudio inestimabili psallebant et flebant, regemque tam devotum quam humilem accersientes : « Vade, inquiunt, et tu ipse manibus
« tuis dominum et apostolum et protectorem nostrum
« huc afferre adjuva, ut sacratissimos cineres veneremur,
« sacratissimas urnas amplectamur, toto tempore vite
« nostre eas suscepisse, eas tenuisse gratulemur. Hi sunt
« enim sancti viri, qui pro testamento Dei sua corpora
« tradiderunt, qui pro salute nostra, caritatis igne ac-
« censi, terram suam et cognationem exierunt, qui fidem
« Jhesu Christi apostolica auctoritate omnem Galliam
« edocuerunt, pro eo viriliter certaverunt, nudi virgas,
« ligati feroces et familicas bestias compescuerunt, equu-
« lei [43] extensionem, clibani succensionem illesi, de-
« mumque hebetatis securibus decapitationem felicem
« sustinuerunt. Age igitur, rex christiane, beatum sus-
« cipiamus susceptorem nostrum Dyonisium, supplici-

41. ms. Arsenal 1030 = *eque* corrigé en *neque* par suscription de la lettre *n* devant ce mot.
42. *aperto* pour *operto*.
43. ms. Arsenal 1030 = *eculei*.

tumultueuse et protégeaient à coups de verges et de bâtons les officiants qui revenaient vers les portes.

14. — [*Translation des reliques*].

Après la célébration, rituelle, des mystères de la sainte consécration, on en vint à la déposition des saintes reliques. Nous nous approchâmes des antiques et vénérables tombes des saints, nos seigneurs, qui jusque-là n'avaient pas été déplacées [93]. Les pontifes et le seigneur roi se prosternèrent, ainsi que nous tous dans la mesure où l'exiguïté du lieu nous le permettait, et contemplant par l'ouverture les vénérables reliquaires fabriqués du temps du roi Dagobert, qui contenaient leurs corps très saints et chers à Dieu [94], ils chantaient et pleuraient dans une joie immense ; et s'adressant à un roi aussi dévôt que humble : « Va, disent-ils, et aide-nous toi-même de tes propres mains à porter notre seigneur, apôtre et protecteur, afin que nous vénérions les cendres très sacrées, que nous embrassions les urnes très sacrées et que nous nous réjouissions toute notre vie de les avoir reçues et tenues [en nos mains] ; car ils sont vraiment les saints hommes qui, pour rendre témoignage à Dieu ont livré leur corps, qui pour notre salut, embrasés du feu de la charité, quittèrent leur terre et leur famille, qui par autorité apostolique enseignèrent à toute la Gaule la foi en Jésus-Christ, combattirent pour Lui fermement, qui, nus, ont arrêté les verges, liés ont maitrisé les bêtes féroces et affamées, qui ont supporté, indemnes, l'étirement du chevalet et le feu du bûcher et ont enfin subi la décapitation bienheureuse par des haches stupides. Allons donc, roi chrétien, accueillons celui qui nous accueille, le bienheureux Denis, en le suppliant instam-

---

94. Pour la description des châsses « de Dagobert » dont la confection était attribuée à saint Eloi ; cf. *Traité sur son Administration* (II, chap. 9-10) et note 206.

« ter flagitantes ut pro nobis petat ab eo qui fideliter
« promisit ; dilectio et benignitas quam habes semper
« pro quibuscumque petieris impetrabit. » Protinus lacerti moventur, brachia extenduntur, tot et tante manus
mittuntur [44], quod nec etiam septima manus ipsa sancta
scrinia attingere valeret. Eapropter ipse dominus rex se
medium eis ingerens, lecticam argenteam specialis
patroni de manu episcoporum, sicut videtur de manu
Remensis archiepiscopi, Senonensis, Carnotensis et aliorum assumens, tam devote quam honeste previus
egrediebatur. Mirabile visu ! Numquam talis [45], preter
illam que in antiqua consecratione celestis exercitus visa
est, processionem aliquis videre potuit, cum sanctorum
corpora martirum et confessorum de tentoriis palliatis,
humeris et collis episcoporum et comitum et baronum,
sanctissimo dyonisio sociisque ejus ad eburneum ostium
occurrerunt ; per claustrum cum candelabris et crucibus
et aliis festivis ornamentis, cum odis et laudibus multis
processerunt ; dominos suos tam familiariter quam pre
gaudio lacrimabiliter deportaverunt. Nullo unquam
majori in omnibus potuerunt gaudio sublimari.

15. — Revertentes igitur ad ecclesiam, et per gradus
ad altare superius quieti sanctorum destinatum ascendentes, super antiquum altare pignoribus sanctorum
repositis, de nova ante novam eorum sepulturam
consecranda agebatur principali ara, quam domino
Remensi archiepiscopo Samsoni imposuimus consecrandam. Agebatur etiam de aliis tam gloriose quam
solempniter aris viginti consecrandis : quarum illam que
in medio Salvatori nostro et sanctorum choro angelo-

---

44. ms. Arsenal 1030 = *initiuntur*.
45. *talis* pour *talem*.

ment de prier pour nous Celui qui est fidèle dans ses promesses. L'amour et la bonté dont tu fais preuve verront toujours exaucées toutes tes prières ». Aussitôt les épaules se meuvent, les bras s'allongent, les mains se tendent, si nombreuses et si importantes que la septième main elle-même n'aurait pu atteindre les saints reliquaires [95]. C'est pourquoi le seigneur roi lui-même, se portant au milieu d'eux, prit la châsse d'argent de [notre] patron particulier de la main des évêques, à savoir de la main des archevêques de Reims, de Sens, de l'évêque de Chartres et d'autres [96], et il sortit en tête avec grande dévotion et vénération. Chose merveilleuse ! Jamais personne ne put voir pareille procession si ce n'est celle de l'armée céleste que l'on vit lors de l'antique consécration : quand les corps des saints martyrs et confesseurs, sortis des pavillons de drap [et portés] sur les épaules et les cous des évêques, des comtes et des barons, vinrent rejoindre le très saint Denis et ses compagnons à la Porte d'Ivoire [97], quand [les officiants] défilèrent en procession à travers le cloître avec des candélabres, des croix et d'autres ornements de fête, chantant de nombreux cantiques et hymnes, quand ils rapportèrent leurs seigneurs avec familiarité et pleurant de joie. Jamais plus ils ne purent, en aucune circonstance, être transportés d'une plus grande allégresse.

15. — [*La consécration des autels*].

Revenant donc à l'église ils montèrent par les degrés à l'autel supérieur destiné au repos des saints, les reliques ayant été déposées sur l'ancien autel [98]. Il s'agissait alors de consacrer le nouvel autel principal, face à leur nouvelle sépulture [99] : ce dont nous avions chargé l'archevêque de Reims Samson. Il s'agissait aussi de consacrer les vingt autres autels avec splendeur et solennité : la consécration de celui du milieu, dédié à Notre Sauveur, au chœur des saints anges et à la sainte croix [100], nous la confiâmes au

rum et sancte Cruci assignatur [46], domino Cantuariensi archiepiscopo Theobaldo ; beate semperque virginis Dei Genitricis Marie, domino Hugoni Rothomagensi archiepiscopo ; sancti Peregrini, domino Hugoni Autisiodorensi episcopo ; sancti Eustachii, domino Widoni [47] Catalaunensi episcopo ; sancte Osmanne, domino Petro Silvanectensi episcopo ; sancti Innocentii, domino Simoni Noviomensi episcopo ; sancti Cucufatis, domino Alviso Atrebatensi episcopo ; sancti Eugenii, domino Algaro Constantiarum episcopo ; sancti Hilari, domino Rotroco Ebroicensi episcopo ; sancti johannis Baptiste et sancti Johannis Evangeliste, domino Nicolao Cameracensi episcopo sacrandam imposuimus. In cripta vero inferius, majus altare in honore beate Dei Genetricis Marie virginis, domino Gauffredo Burdegalensi archiepiscopo ; in dextra parte, altare sancti Christofori martiris, domino Helie Aurelianensi episcopo ; sancti Stephani prothomartiris, domino Gaufredo Carnotensi episcopo ; sancti Eadmundi regis, domino Widoni [48] Senonensi archiepiscopo ; sancti Benedicti, domino Josleno Suessionensi episcopo. In sinistra parte, sanctorum Sixti, Felicissimi et Agapiti, domino Miloni Taruanensi episcopo ; sancti Barnabe apostoli, domino Manasse Meldensi episcopo ; item et sancti Georgii martiris et Gauburgis virginis, eidem episcopo ; sancti Luce evangeliste, domino Odoni Belvacensi episcopo consecrandam assignavimus.

46. le ms. Vat. Reg. lat. 571 s'arrête ici. A partir de ce mot et jusqu'à la fin, le texte a été édité d'après le ms. Arsenal 1030, ff. 81^v-82.
47. le *w* initial de ce mot est barré = il faut lire *widoni* (pour *Guidoni*) comme plus haut, chap. 13.
48. cf. supra. Rappelons que le nom de l'archevêque de Sens était *Hugo* et non *Guido*.

seigneur Thibaud archevêque de Cantorbéry, celui de la bienheureuse et toujours vierge Marie Mère de Dieu [101] au seigneur Hugues archevêque de Rouen, celui de saint Pérégrin [102] au seigneur Hugues évêque d'Auxerre, celui de saint Eustache au seigneur Gui évêque de Châlons, celui de sainte Osmanne au seigneur Pierre évêque de Senlis, celui de saint Innocent au seigneur Simon évêque de Noyon, celui de saint Cucuphas [103] au seigneur Alvise évêque d'Arras, celui de saint Eugène au seigneur Auger évêque de Coutances, celui de saint Hilaire au seigneur Rotrou évêque d'Evreux, celui de saint Jean le Baptiste et de saint Jean l'Evangeliste au seigneur Nicolas évêque de Cambrai. Mais au-dessous, dans la crypte [104], nous confiâmes la consécration de l'autel majeur, en l'honneur de la bienheureuse Vierge Marie, Mère de Dieu, au seigneur Geoffroy archevêque de Bordeaux, du côté droit l'autel de saint Christophe martyr au seigneur Helias évêque d'Orléans, celui de saint Étienne protomartyr au seigneur Geoffroy évêque de Chartres, celui de saint Edmond, roi, au seigneur Gui archevêque de Sens [105], celui de saint Benoit au seigneur Joscelin évêque de Soissons ; du côté gauche, celui des saints Sixte, Félicissime et Agapit au seigneur Milon évêque de Thérouanne, celui de saint Barnabé apôtre au seigneur Manassès évêque de Meaux, de même que celui de saint Georges martyr et de sainte Galburge vierge, au même évêque, celui de saint Luc l'Evangéliste au seigneur Eudes évêque de Beauvais.

---

101. L'autel de la Vierge était évidemment dans la chapelle dédiée à la Vierge, à l'extrémité est du chevet, au centre des chapelles rayonnantes.

102. Suger procède d'est en ouest et dans la moitié nord du chevet. La chapelle de saint Pérégrin (aujourd'hui de saint Philippe), la chapelle de saint Eustache (plus tard de saint Maurice, aujourd'hui de la Sainte Croix et de tous les saints), la chapelle de sainte Osmanne (aujourd'hui de saint Joseph), la chapelle de saint Innocent (plus tard de saint Firmin, aujourd'hui de saint Michel).

Qui omnes tam festive, tam sollempniter, tam diversi, tam concorditer, tam propinqui, tam hilariter ipsam altarium consecrationem, missarum sollempnem celebrationem superius inferiusque peragebant, ut ex ipsa sui consonantia et coherente harmonie grata melodia potius angelicus quam humanus concentus estimaretur, et ab omnibus corde et ore acclamaretur : « Benedicta « gloria Domini de loco suo ; benedictum est et lauda- « bile et superexaltatum nomen tuum, Domine Jhesu « Christe, quem summum Pontificem unxit Deus Pater « oleo exsultationis pre participibus tuis. Qui sacramen- « tali sanctissimi Crismatis delibutione et sacratissime « Eucharistie susceptione materialia immaterialibus, « corporalia spiritualibus, humana divinis uniformiter « concopulas, sacramentaliter reformas ad suum purio- « res principium ; his et hujusmodi benedictionibus « visibilibus invisibiliter restauras, ecclesiam presentem « in regnum celeste mirabiliter transformas, ut cum « tradideris regnum Deo et Patri, nos et angelicam « creaturam, celum et terram, unam rempublicam po- « tenter et misericorditer efficias ; qui vivis et regnas « Deus per omnia secula sæculorum. Amen. »

Tous accomplissaient, et dans le chœur supérieur et dans la crypte, la consécration des autels [et] la solennelle célébration des messes avec tant de festivité, tant de solennité, tant de diversité [et cependant] si concordants, si proches, si joyeux que par leur consonance et l'heureuse mélodie [créée] par la cohérence de l'harmonie on aurait dit un concert angélique plutôt qu'humain [106] et que tous s'exclamaient du cœur et de la voix : « Bénie soit la gloire du Seigneur de sa demeure, ton nom est béni, digne de louange et exalté par-dessus tout, Seigneur Jésus-Christ, [toi] que Dieu le père a créé pontife suprême par l'onction de l'huile d'exultation au-dessus de ceux qui participent de toi. Toi qui, par l'onction sacramentelle du très saint chrême [107] et par l'institution de l'Eucharistie très sacrée, unis harmonieusement les choses matérielles aux immatérielles, les corporelles aux spirituelles, les humaines aux divines, Toi qui, en les purifiant par les sacrements, les ramènes à leur principe, les restaures invisiblement par toutes ces bénédictions visibles et par d'autres semblables, Toi qui transformes miraculeusement l'Eglise présente en royaume céleste afin que, lorsque Tu remettras le royaume à Dieu le Père, dans ta toute-puissance et ta miséricorde, Tu fasse de nous une créature angélique, du ciel et de la terre une seule république, Toi qui, étant Dieu, vis et règnes dans tous les siècles des siècles. Amen [108].

---

106. Suger exprime ici le lien total de la *laus perennis* avec la *lux continua* des chapelles rayonnantes du nouveau chevet.

107. Suger fait ici allusion sans doute aux sacrements majeurs de la vie chrétienne : baptême, confirmation, extrême onction ; mais aussi à l'ordination sacerdotale, le sacre des évêques et probablement encore au sacre royal.

108. Cette prière est le point culminant du traité, l'union du visible à l'invisible, de l'humain au divin à travers la purification des sacrements et des bénédictions, le passage de la Jérusalem terrestre à la Jérusalem céleste, l'unité de tous les fidèles dans une nouvelle construction qui, de πολις devient *ecclesia*, un Temple saint, une seule *Respublica*, la demeure de Dieu (saint Paul, Ephes. II, 19).

GESTA SUGGERII ABBATIS [1]

I. — Anno administrationis nostre vicesimo tertio, cum in capitulo generali, quadam die, conferendo cum fratribus nostris tam de hominibus quam de privatis negotiis consederemus, idem karissimi fratres et filii obnixe in caritate supplicare ceperunt ne fructum tanti laboris nostri preteriri silentio sustinerem, quin potius ea que larga Dei omnipotentis munificentia contulerat huic ecclesiæ prelationis nostre tempore incrementa, tam in novarum acquisitione quam in amissarum recuperatione, emendatarum etiam possessionum multiplicatione, edificiorum constitutione, auri, argenti et pretiosissimarum gemmarum, necnon et optimorum palliorum repositione, calamo et atramento posteritati memoriæ reservare ; ex hoc uno nobis duo repromittentes : tali notitia fratrum succedentium omnium jugem orationum pro salute animæ nostræ mereri instantiam, et circa ecclesiæ Dei cultum hoc exemplo eorum excitare bene zelantem sollicitudinem. Nos igitur tam devote quam devotis et rationabilibus eorum petitionibus assensum exhibentes, nullo inanis gloriæ appetitu,

---

1. Titre du xive-xve s. dans la marge inférieure, et du xve-xvie s. dans la marge supérieure.

L'ŒUVRE [ADMINISTRATIVE] DE L'ABBÉ SUGER
[DE SAINT-DENIS] [1]

La vingt-troisième année de notre administration [2], alors qu'un jour, siégeant en chapitre général, nous nous entretenions avec nos frères de personnes et d'affaires privées, ces très chers frères et fils nous prièrent instamment, en toute charité, de ne pas laisser, par le silence, se perdre dans l'oubli le fruit de notre si grand labeur passé mais plutôt de confier au calame et à l'encre, pour la mémoire future, les enrichissements que la grande munificence de Dieu tout-puissant avait conférés à cette église au temps de notre prélature : acquisition de nouvelles propriétés, recouvrement de celles qui étaient perdues, rendement accru de celles qui ont été améliorées, construction d'édifices, réserve d'or, d'argent, de pierres très précieuses et d'étoffes du plus haut prix. En retour ils nous promettaient deux bienfaits : mériter par une telle publication les prières instantes et perpétuelles de tous nos frères à venir pour le salut de notre âme et susciter par cet exemple leur sollicitude empressée pour le culte de l'Église de Dieu.

C'est pourquoi, tant par piété que pour accéder à leurs demandes pieuses et raisonnables, sans aucun appetit de vaine gloire, n'exigeant aucune rétribution de louange

---

1. Les notes qui ne sont pas en bas de page sont renvoyées aux notes complémentaires.

nullam laudis humanæ aut retributionis transitoriæ exigendo retributionem, ne post decessum [2] nostrum quacumque aut cujuscumque defraudatione redditibus ecclesia minuatur, ne copiosa quæ tempore amministrationis nostræ larga Dei munificentia contulit silentio malis successoribus depereant incrementa, sicut a corpore æcclesiæ beatissimorum martyrum dyonisii, Rustici et Eleutherii, quæ nos quam dulcissime a mamilla usque in senectam fovit, de edificiorum institutione et thesaurorum augmentatione loco suo incipere dignum duximus, ita etiam a castello suo, videlicet prima ejus sede, et in vicinia circumquaque, de reddituum augmentatione tam præsentium quam futurorum notitiæ significare honestum et utile proposuimus.

I

1. — Erat itaque ministerium illud ejusdem castri quod vulgo dicitur theloneum et cambiatio, constans sexaginta solidorum unaquaque hebdomada. Sed Ursellus Judeus de Monte Maurenciaco in vadimonio de his decem habebat, cum villa illa quæ dicitur Molignum, pro quater viginti marcis argenti, et alia magna, sicut dicebat, denariorum pecunia. Nos autem et villam viginti libras aut plus valentem et ipsos decem solidos magno sumptu, videlicet tria milia solidorum reddendo Mathæo de Monte Maurentiaco, qui eam occupare libenter pro Judeo suo vellet, ipsius vero Judei uxori decem libras et decem modios frumenti reddentes, retraximus eos ; et de decem aliis in emendatione villæ

---

2. écrit *dicessum*.

humaine ou de récompense passagère, mais afin qu'après notre décès l'église ne soit amputée d'aucun de ses revenus par la fraude de quiconque et que les importants accroissements accordés par la grande munificence de Dieu du temps de notre administration ne disparaissent dans le silence par la faute de successeurs défaillants, nous avons jugé bon, concernant le corps même de l'église des très saints martyrs Denis, Rustique et Eleuthère, église qui nous a nourri si tendrement depuis l'enfance jusqu'à la vieillesse [3], de traiter de la construction des édifices et de l'augmentation des trésors, chacun en son lieu, mais nous avons aussi estimé convenable et utile, concernant son château [4], c'est-à-dire son siège primitif, et les lieux alentour, de faire connaitre aux hommes présents et à venir l'accroissement de ses revenus.

I. — [LES DOMAINES]

1. — [Saint-Denis et ses environs].

Il existait donc dans ce château un service appelé vulgairement tonlieu et change, représentant soixante sous par semaine. Mais Oursel, juif de Montmorency [5], en détenait dix en gage, avec le village appelé Montlignon [6], pour quatre-vingt marcs d'argent et, à ce qu'il disait, une autre importante somme d'argent. Nous avons cependant repris et le village valant vingt livres ou plus et les dix sous, à grands frais : c'est-à-dire en payant trois mille sous [7] à Mathieu de Montmorency [8] qui aurait bien voulu occuper ce village au nom de son Juif, et en restituant à l'épouse de ce Juif dix livres et dix muids de froment ; sans exaction nous avons fait augmenter ce service de dix autres sous par

---

5. Montmorency, Val d'Oise, ch. l. arr. (95160).
6. Montlignon, Val d'Oise, arr. Pontoise, cant. Saint-Leu-la-Forêt (95680).

ministerium illud sine exactione fecimus augmentari. Cum igitur constet factum de decem Judei et decem [3] noviter augmentatis uniuscujusque anni hebdomade, viginti solidorum augmentum, quinquaginta duas libras efficiunt, de villa vero viginti. Census autem ejusdem villæ in octabis sancti Dionisii duodecim libras, qui modo constat viginti et plus ; unde hujus rei incrementi libre octo, et octo de quadam domo quam constituens in macello, emptione cujusdam alterius domus usibus carnificum, fratrum infirmantium sustentationi contulimus. Sunt igitur quater viginti et decem. De pedagio [4] vero viginti libras, cum prius essent quadraginta librarum. Nos autem inde sepe habuimus sexaginta et decem, cum multo plus, nisi rapinam et rapine [fautores] [5] anathematizaremus, facile unoquoque anno habere possemus.

De Indicto vero, quod dominus Ludovicus pater beato Dionisio dedit, trecentos solidos quiete et pacifice, triginta quinque de censu stallorum pistorum in pantera, quos in festo beatorum apostolorum Petri et Pauli refectioni fratrum apposuimus ; decem solidos de Girardo nepote meo, quinque de domo sua, et quinque de theloneo garantiæ. De plateis domus Guillelmi Corneilensis quam ego emi quater viginti libras, censum quindecim solidorum de tribus mansionibus, reliquis duabus adhuc vacantibus. In curticula fratrum in vacuo, de novis hospitibus sexaginta et decem solidos de annuo censu. De [6] curia vero quæ extra villam est, cum nec

3. écrit .x.
4. écrit *pedagico*.
5. rétablir *fautores ?* le mot *rapinæ* est en bout de ligne, ce qui pourrait expliquer l'oubli éventuel, par le scribe, du mot suivant.
6. Ce mot est précédé d'un pied de mouche.

amélioration du village. Il apparait donc que les dix sous du Juif et les dix sous récemment ajoutés représentent une augmentation de vingt sous par semaine de l'année : cela fait cinquante deux livres, et vingt livres provenant du village. Le cens de ce village, de douze livres à percevoir dans l'Octave de la Saint Denis, vaut maintenant vingt livres et plus, d'où huit livres d'augmentation, et huit autres livres provenant d'une autre maison que nous avons établie dans le « masel »[9] par l'achat d'une autre maison[10] et affectée à l'usage des bouchers, huit livres que nous avons assignées à la nourriture des frères malades : cela fait donc quatre-vingt-dix[11]. Du péage, vingt livres alors qu'auparavant il en rapportait quarante. Cependant nous en avons souvent tiré soixante-dix ; nous aurions pu facilement en percevoir bien davantage chaque année si nous n'avions frappé d'anathème le vol et les [fauteurs] de vol[12].

Du Lendit[13], que le seigneur Louis, père [du roi][14], donna à Saint-Denis, [nous percevons] trois cents sous en toute paix et tranquillité, trente cinq du cens des étals des boulangers à la Panetière[15] que nous avons affectés à la pitance des frères en la fête des saints apôtres Pierre et Paul, dix sous de Girard mon neveu, cinq sur sa maison et cinq sur le tonlieu de la garance. Des places de la maison de Guillaume de Cornillon[16] que j'ai achetée pour quatre-vingt livres [nous percevons] un cens de quinze sous sur trois habitations, les deux autres étant encore vacantes. Dans la petite cour des frères, dans l'espace libre, soixante-dix sous de cens annuel sur les nouveaux hôtes. De la cour, située hors du village, où aucun hôte n'avait jamais

---

14. Louis VI, père de Louis VII alors régnant.
15. La place Panetière était située devant la façade principale de la basilique (façade ouest). Suger dit qu'on l'appelait Panetière *(Panteria)* parcequ'on y déballait toute sortes de marchandises à vendre ou à acheter *(Traité sur la consécration*, chap. 6 : consécration de l'avant-corps de la basilique).

unus hospes umquam ibi mansisset sed a servientibus expensis propriis servaretur, tam in ea quam in alia nova eidem adjacente, quater viginti et eo amplius novis hospitibus positis, viginti librarum constat singulis annis augmentatum. Ubi etiam, scilicet apud Sanctum Lucianum, magno sumptu, quia ecclesia his valde indigebat, clausum vinearum fere quater viginti arpennorum, ut aiunt, plantando excoli fecimus. Cui ad maximum ecclesiæ commodum ipsas viginti libras, ut inde bene excolatur, instituimus ; consulte quidem omnia pro defectu vini, quia sepius cruces et calices et pallia multis in locis, et etiam Latiniaci, in vadimonio ponebantur.

Molendinorum vero ejusdem castri talis est augmentatio quod, cum olim singulis diebus quinque minas frumenti fratrum refectorio reddere consuevissent, modo singulis diebus octo reddere non desistunt. Quorum incrementum de singulis ebdomadibus certa computatione deductum, quadraginta modios dimidio minus recipit. Denariorum vero incrementum septies viginti et sex libras et decem solidos constat. Domum quæ superest portæ Parisiensi versus Sanctum Medericum emimus mille solidis, quoniam, cum frequenter interessemus negociis regni, nos et equos nostros, sed et successores nostros ibidem honestius hospitari dignum duximus. De porta vero parisiensi, que solebat reddere duodecim libras, quinquaginta nobis reddit : ubi incrementum est triginta et octo librarum.

2. — *De Trembliaco*.

Cum eadem villa multis angariis a comite Domni Martini, videlicet exactione talliæ, frumenti scilicet quinque modiorum quos ei pro pace concesseram, cum

résidé mais qui était gardée par des sergents à leurs propres frais, ainsi que d'une autre cour contiguë, récemment organisée [17], grâce à l'installation de quatre-vingt hôtes et plus, l'augmentation est de vingt livres par an. En outre dans cette même région, à savoir à Saint-Lucien [18], parceque [notre] église en avait grand besoin, nous avons fait planter et cultiver à grands frais un clos de vigne de près de quatre-vingt arpents, dit-on, auquel nous avons attribué pour le plus grand profit de l'église ces mêmes vingt livres afin qu'il soit bien exploité : dispositions mûrement réfléchies, car trop souvent en beaucoup d'endroits, et même à Lagny [19], en raison du manque de vin, les croix, les calices et les vêtements étaient mis en gage. Le rendement des moulins de ce château s'est accru à tel point que leur production, jadis habituelle, de cinq mines par jour pour le réfectoire des frères a été portée aujourd'hui à huit, fournies régulièrement chaque jour. Cet accroissement, calculé pour chaque semaine suivant une comptabilité précise, représente trente neuf muids et demi [20]. Quant à l'augmentation en argent qui en résulte, elle se chiffre à cent-quarante six livres dix sous [21]. Nous avons acheté pour mille sous une maison sise au-delà de la porte de Paris [22] vers Saint-Merry car, participant souvant aux affaires du royaume, nous avons estimé que ce serait un logis plus convenable pour nous et nos chevaux, ainsi que pour nos successeurs. La porte de Paris, d'un rendement jadis habituel de douze livres, nous en rapporte cinquante : ici l'augmentation est de trente-huit livres.

2. — *Tremblay* [23].

Le comte de Dammartin [24] accablait ce village de nombreuses servitudes sous prétexte d'une taille de cinq muids de froment que je lui avais concédés pour avoir la

---

20. Suivant notre calcul nous devrions obtenir 45,6 muids, un muid valant 24 mines.

ipse talliam pro voluntate sua facere consuevisset, exactione arietum et hospitandi in villa multis vicibus in anno de rusticorum sumptibus [premeretur], hanc pacem pro his omnibus cum comite fecimus, ut tota villa in pace nobis remaneret absque exactione et consuetudine aliqua, et nos pro ejus hominio decem libras singulis annis de marsupio nostro in octabis sancti Dyonisii ei daremus. Nos autem eandem villam ob hoc libentius edificavimus, et in introitu villæ novam curiam cum granchia nova erigi fecimus ; et ut in ea campipars universalis et quatuor carrucarum, in altera vero, quæ in municipio est, decimæ terrarum reponerentur, et in utraque usibus nostris stramina reservarentur. Et cum [de] eadem villa aut vix aut nunquam quater viginti et decem modios annonarum olim habere possemus, ad hoc ipsum rem deduximus quod ducentos modios decem minus inde a majore nostro habemus, extra hoc quod seminant [7], et quod bubulcis et bubus quicquid necesse fuerit amministrant, et carrucis boves et necessaria omnia suppeditant, propter quod furni redditum habent.

Nos vero censum nostrum et tensamentum, et mortuas manus, et forisfacta, et talliam pro voluntate nostra habemus. Ubi incrementum annonæ quater viginti et decem modiorum consistit. Curiam autem antiquam muro cinximus, domum ecclesiæ inherentem pene defensabilem ibidem ereximus. Qua munitione successores nostri et suos et sua, si placet, contra omnem hostem defendere poterunt.

---

7. Le sujet de ce verbe est sous-entendu.

paix, et il avait pris l'habitude de lever la taille à sa guise : prélèvement sur les béliers et droit de gîte exercé plusieurs fois par an dans le village aux frais des paysans. Pour toutes ces raisons nous avons conclu avec le comte un accord nous réservant tout le village, en paix, sans imposition ni coutume, moyennant dix livres payées annuellement de notre bourse dans l'octave de la Saint Denis pour prix de son hommage. Nous avons d'autant plus volontiers redressé ce village et avons fait bâtir, en son entrée, une cour avec une grange neuve : dans celle-ci seraient déposés le champart général et le produit de quatre charrues [25] et dans une autre, sise dans l'agglomération, les dîmes des terres, dans l'une comme dans l'autre la paille étant réservée à notre usage. Alors que jadis nous ne parvenions qu'à peine, voire jamais, à obtenir de ce village quatre-vingt-dix muids de céréales, nous avons réussi le tour de force d'en recevoir de notre maire cent quatre-vingt dix sans compter la semence ni les fournitures nécessaires aux bouviers et aux bœufs, les bœufs eux-mêmes et tous les équipements pour les charrues ; en échange de quoi les paysans possèdent le revenu du four. Quant à nous, nous tenons notre cens, le tensement, les mainmortes, les fortaits et la taille à notre volonté : ici le revenu en céréales est augmenté de quatre-vingt-dix muids [26]. Nous avons fait ceindre d'un mur l'ancienne cour et avons érigé en ce lieu une bonne maison de défense attenante à l'église. Grâce à ces fortifications nos successeurs pourront, s'il leur plait, défendre les leurs et leurs biens contre tout ennemi.

26. Suivant les renseignements donnés ici par Suger lui-même, l'augmentation du revenu devrait être de 100 muids.

3. — *De recuperatione Argentoilensis abbatiæ.*

Cum etate docibili adolescentiæ meæ antiquas armarii possessionum revolverem cartas, et immunitatum biblos propter multorum calumniatorum improbitates frequentarem, crebro manibus occurrebat de cenobio Argentoilensi fundationis carta ab Hermenrico et conjuge ejus Numma, in qua continebatur quod a tempore Pipini regis beati Dyonisii abbatia extiterat. Sed quadam occasione contractus incommodi, in tempore Karoli Magni filii ejus, alienata fuerat. Prefatus enim imperator, ut quandam filiam suam matrimonium humanum recusantem ibidem abbatissam sanctimonialium constitueret, eo pacto ut post mortem ejus in usum ecclesiæ reverteretur, ab abbate et fratribus obtinuerat. Sed turbatione regni filiorum filii ejus, videlicet Ludovici Pii, altercatione, quoadusque supervixerat, perfici non potuit.

Unde, cum antecessores nostri sepius super hoc laborantes parum profecissent, communicato cum fratribus nostris consilio, nuncios nostros et cartas antiquas fundationis et donationis et confirmationum privilegia bonæ memoriæ papæ Honorio Romam delegavimus, postulantes ut justitiam nostram canonico investigaret et restitueret scrutinio. Qui, ut erat vir consilii et justitiæ tutor, tam pro nostra justitia quam pro enormitate monacharum [8] ibidem male viventium, eundem nobis locum cum appendiciis suis, ut reformaretur ibi religionis ordo, restituit. Rex vero Ludovicus

---

8. Ce mot est récrit, d'une main contemporaine, sur le mot *monachorum*.

3. — *Récupération de l'abbaye d'Argenteuil* [27].

Tandis que dans l'âge studieux de mon adolescence je compulsais les anciennes chartes de possession [conservées dans le] dépôt d'archives et que j'étudiais les registres d'immunités, en raison des manœuvres malhonnêtes de nombreux fraudeurs, il me tombait souvent entre les mains la charte de fondation du monastère d'Argenteuil par Hermenric et son épouse Numma [28] : il y était écrit que dès le temps du roi Pépin l'abbaye avait appartenu à Saint-Denis [29] ; mais à l'occasion d'un convention désavantageuse, au temps de Charlemagne son fils, elle avait été aliénée. Cet empereur avait en effet obtenu de l'abbé et des frères d'y établir, comme abbesse des moniales, une de ses filles, qui refusait le mariage humain, à condition qu'à sa mort l'abbaye retournerait à [notre] église [30] ; mais à cause des troubles du royaume dûs aux querelles des enfants de son fils Louis le Pieux, jusqu'où elle avait survécu, ce contrat ne put être rempli [31]. Or nos prédécesseurs qui avaient bien souvent étudié la question n'avaient pas beaucoup progressé. C'est pourquoi, conseil tenu avec nos frères, nous avons envoyé à Rome nos messagers avec les anciennes chartes de fondation et de donation [32], et les privilèges de confirmation auprès du pape Honorius de bonne mémoire [33], lui demandant d'enquêter sur notre droit et de le rétablir canoniquement. Homme de bon conseil et gardien de la justice, il nous rendit ce lieu avec ses dépendances, tant pour notre bon droit qu'à cause du scandale qu'offraient les moniales par leur mauvaise vie, afin qu'y soit réformé l'état religieux [34]. De plus le roi

---

30. Bien qu'aucun document original ne l'atteste, Charlemagne aurait établi sa fille Théodrade abbesse d'Argenteuil, laquelle aurait demandé à son frère Louis le Pieux de faire restituer le prieuré à l'abbaye de Saint-Denis après sa mort (qui ne survint qu'en 850).

Philippi, carissimus dominus et amicus noster, eandem restitutionem confirmavit, et quecumque regalia ibidem habebat, auctoritate regiæ majestatis ecclesiæ precepto firmavit. Cujus quidem recuperationis tenorem si quis plenius nosse voluerit, in cartis regum et privilegiis apostolicorum enucleatius poterit reperire. Cujus scilicet abbatiæ et appendiciorum ejus, quæ sunt Trappe, Herencurtis, Chaveniacus, Burdeniacus, Cerisiacus, et terra de Monte Meliano et Bunziaco, sive de Mosteriolo quod est prope Milidunum, et aliorum incrementum quanti constet, qui sapienter illa tractabunt pro magno prelati cognoscere poterunt.

De antiquo censu Argentoili, qui ad abbatiam non pertinet, incrementum est viginti librarum : quia, cum olim non haberemus nisi viginti libras, modo XL redduntur. De annona prius sex modios, modo XV recipimus.

4. — *De Vilcassino.*

Vilcassini siquidem, quod est inter [9] Isaram [10] et Ettam, nobilem comitatum, quem perhibent immunitates ecclesiæ proprium beati Dyonisii feodum, quem etiam rex Francorum Ludovicus Philippi, accelerans contra imperatorem romanum insurgentem in regnum Francorum, in pleno capitulo beati Dyonisii professus est se ab eo habere et jure signiferi, si rex non esset, hominium ei debere, hoc insequente incremento [11] dominicaturam, Deo auxiliante, augmentari eleboravi-

---

9. Ce mot est suscrit d'une main contemporaine.
10. Le *i* initial de ce mot est inscrit sur un grattage.
11. Les deux lettres *re* de ce mot, suscrites, d'une main contemporaine.

Louis, fils de Philippe, notre très cher seigneur et ami, confirma cette restitution et, par autorité de la majesté royale, assura à l'église, par un précepte, toutes les régales qu'il y possédait [35]. Quiconque voudrait mieux connaitre la teneur de cette récupération la trouverait plus en détail dans les chartes des rois et les privilèges apostoliques. Ceux qui traiteront avec compétence de ces affaires pourront mesurer l'importance de l'accroissement apporté par cette abbaye et ses dépendances : Trappes [36], Elancourt [37], Chavenay [38], Bourdonné [39], Chérisy [40], la terre de Montmélian [41], de Bondy [42], de Montereau [43] près de Melun [44] et autres terres [45]. L'ancien cens d'Argenteuil, qui n'appartient pas à l'abbaye, s'est accru de vingt livres car autrefois il ne rapportait pas plus de vingt livres et maintenant il en rend quarante. Quant aux céréales, [nous en obtenions] jadis six muids, aujourd'hui quinze.

4. — *Le Vexin.*

L'illustre comté du Vexin, sis entre Oise et Epte, est, suivant les immunités de l'église, un fief propre de Saint-Denis [46]. Tandis que le roi de France Louis [fils] de Philippe se portait en hâte contre l'empereur romain qui faisait irruption dans le royaume de France, il reconnut en effet en plein chapitre de Saint-Denis le tenir de lui et, s'il n'avait été roi, lui devoir l'hommage au titre de porte-étendard [47]. Nous nous sommes appliqués, avec l'aide de Dieu, à agrandir la seigneurie grâce aux acquisitions suivantes : nous avons obtenu du même roi Louis l'église

---

36. Trappes, Yvelines, arr. Versailles, ch. l. cant. (78190).
37. Elancourt, Yvelines, arr. Rambouillet, cant. Chevreuse (78310).
38. Chavenay, Yvelines, arr. Saint-Germain-en-Laye, cant. Saint-Nom-La-Bretèche (78450).
39. Bourdonné, Yvelines, arr. Mantes, cant. Houdan (78113).
40. Chérisy, Eure-et-Loir, arr. et cant. Dreux (28500).
41. Montmélian, Val d'Oise, arr. Montmorency, cant. Luzarches, comm. Saint-Witz (95470).

mus. Ecclesiam de Cergiaco et curiæ libertatem ab eodem rege Ludovico obtinuimus. A filio vero ejus Ludovico viaturam ejusdem villæ et omnes redditus ejus, preter vinum et avenam, in dedicatione ecclesiæ regia liberalitate pro remedio animæ ejus, personæ et regni protectione obtinuimus. Nec minus et quod in Cormeliis habebat et apud Œnitum, et quicquid Trappis habebat, preter hospitium, sanctis Martyribus devotissime contulit. Nos autem et de his et multis aliis incrementis, presertim continua sollicitudine et jugi providentia, terræ cultus et vinearum, majorum et servientium reprimendo rapacitatem, advocatorum etiam pravorum importunam refellendo infestationem, pro quo multa in novitate nostra militiæ usibus expendimus, illuc usque Deo annuente perduximus ut, cum temporibus antecessorum nostrorum fratres nostri ad opus coquinæ cotidie quinque solidos habere contenti fuissent, de superabundante incremento omni die alios quinque, et feria quinta atque sabbato quatuordecim pro toto, irrefragabiliter refectioni fratrum recipiant. Et quod adhuc his superest de incremento centum modios annonæ large consuevit excedere. Quod nos post Pascha usibus nostris, ecclesiis et pauperibus vel quibuscumque opportunitatibus erogandum censuimus. Extremis enim mensibus anni, aliquando carior annona congregationum improvidentiam punire solet. Incrementum denariorum centum et quatuordecim librarum et duodecim solidorum singulis annis consistit.

5. — *De Cormeliis Parisiensibus.*

De Cormeliis in pago Parisiensi, incrementum census octo librarum : cum prius haberemus duodecim libras,

de Cergy [48] et la franchise de la cour [49]. A la dédicace de l'église nous avons reçu en outre de son fils Louis la voirie dans ce village et tous ses revenus sauf le vin et l'avoine, par libéralité royale, pour le salut de son âme, la protection de sa personne et du royaume. Il offrit aussi très pieusement aux saints martyrs ses biens sis à Cormeilles [50] et Osny [51] et tout ce qu'il possédait à Trappes [52], sauf le droit de gîte. Quant à nous, pour toutes ces acquisitions et pour d'autres, nous avons fait preuve avant tout d'une attention continuelle et d'une inépuisable prévoyance, réprimant la rapacité des maires et des sergents, repoussant les agissements déplorables d'avoués malhonnêtes, ce pourquoi nous avons, à nos débuts, beaucoup dépensé à cause de l'intervention de l'armée : nous avons ainsi poussé, avec l'aide de Dieu, la culture de la terre et des vignes au point que si, du temps de nos prédécesseurs, nos frères s'étaient contentés de percevoir cinq sous par jour à l'usage de la cuisine, ils en reçoivent, grâce à cet accroissement surabondant, cinq autres par jour et quatorze en tout le cinquième jour de la semaine et le samedi [53], indéfectiblement, pour leur pitance. En outre le surplus de cette augmentation dépasse en général de loin les cent muids de céréales : nous avons décidé de les affecter, après Pâques, à nos besoins, aux églises, aux pauvres ou à tout autre usage, car aux derniers mois de l'année il arrive parfois que l'augmentation du prix du blé mette en difficulté les communautés imprévoyantes. L'augmentation en argent représente cent quatorze livres douze sous par an.

5. — *Cormeilles-en-Parisis* [54].

A Cormeilles, au pays de Paris, l'augmentation du cens est de huit livres : nous en avions autrefois douze livres,

---

52. Trappes : cf. note 36 ; Arch. nat. K 23 n° 10 (Luchaire, *Etudes sur les actes de Louis VII* n° 137 : 1144-1145). Il s'agit de Cormeilles-en-Vexin, Val-d'Oise, ch. l. arr. (95830).

modo viginti. De annona decem aut duodecim modios habebamus, nunc decem et octo.

6. — Apud Centinodium quatuor libras de incremento novi census, et de veteri centum solidos.

7. — Apud Francorum Villam quadraginta solidos de novo incremento et quadraginta de veteri preter feodum. Decimam de feodo nostro, quam emimus a Pagano de Gisortio, et dedimus clericis matriculariis pro amore Dei, excepta decima clausi nostri quam nobis retinuimus.

8. — *De Montiniaco.*

Apud Montiniacum, quinquaginta solidos de novo et sexaginta et decem de veteri.

9. — *De Cergiaco.*

Apud Cergiacum, de bosco quadraginta solidos de censu et hominium militis Theobaldi de Puteolis, et quadraginta saumas asinorum.

10. — *De Lovecenis.*

Apud Lovecenas, cum quicquid ibidem habebamus, tam censum quam annonam et vinum, pro quindecim libris tam nos quam antecessores nostri per annum dare consuevimus ; post quædam placita de mansis antiquis, quibus rusticos vinearum cultores de retentione reddituum intercepimus, salvo annuo censu denariorum et annona, centum fere modios vini adquisivimus.

aujourd'hui vingt. Nous recevions dix ou douze muids de céréales, maintenant dix-huit.

6. — A Sannois [55] [nous touchons] quatre livres d'augmentation du nouveau cens et cent sous de l'ancien.

7. — A Franconville [56] [nous recevons] quarante sous de nouvelle augmentation et quarante de l'ancienne, outre le fief. Quand à la dîme de notre fief, que nous avons achetée à Payen de Gisors, nous l'avons donnée aux clercs marguilliers pour l'amour de Dieu, sauf la dîme de notre clos que nous avons gardée pour nous.

8. — *Montigny* [57].

A Montigny, cinquante sous de nouveau cens et soixante-dix de l'ancien.

9. — *Cergy* [58]

A Cergy, quarante sous de cens sur le bois, l'hommage du chevalier Thibaud de Puiseux [59] et quarante charges d'ânes.

10. — *Louveciennes* [60].

A Louveciennes nous avions coutume, comme nos prédécesseurs, d'affermer tous nos revenus, tant en cens qu'en céréales et en vin, moyennant quinze livres par an ; or, après certains jugements sur les manses anciens, grâce auxquels nous avons pris sur le fait des cultivateurs qui confisquaient les revenus de la culture de la vigne, nous avons acquis environ cent muids de vin sans compter le cens annuel en argent et des céréales.

---

57. Montigny-les-Cormeilles, Val-d'Oise, arr. Argenteuil, cant. Franconville (95370).

11. — De Vernullello.

De Vernullello, quod quadraginta annis sub vadimonio fuerat, decem libras data redemptione recipimus, cum non nisi sexaginta solidos ante haberemus. Cujus loci redditus ad nos pertinentes fratribus infirmis ex integro contulimus.

12. — De Valle Crisonis.

Apud Vallem Crisonis villam edificavimus, ecclesiam et domum constituimus, et carruca terram incultam dirumpi fecimus. Quæ quanti debeat constare, potius cognoscent qui eam edificare innitentur, cum jam ibidem sint fere sexaginta hospites, et adhuc multi venire eligant, si sit qui provideat. Erat enim locus ille quasi spelunca latronum, habens ultra duo miliaria deserti, omnino ecclesiæ nostræ infructuosus, raptoribus et satellitibus propter affinitatem nemorum aptus. Eapropter ibidem fratres nostros Deo deservire disposuimus, ut in cubilibus, in quibus prius dracones habitabant, oriatur viror calami et junci.

13. — Possessionem beati Dyonisii in qua continetur Mesnile Sancti Dyonisii et Domna Petra, et ceteræ villæ in valle castri quod dicitur Cabrosa, a multis retro temporibus tribus talliis expositam, videlicet domino castri Cabrosæ et domino castri Nielphe, et Simoni de Villa Aten, eorum rapacitate omnino fere destitutam, non sine magnis expensis ab hujusmodi oppressionibus emancipavimus ; ea sola quæ ad eorum advocationem jure pertinent remittentes. Nec minus etiam venationem

14. — *Vernouillet* [61]

Sur Vernouillet qui était mis en gage depuis quarante ans nous percevons dix livres après rachat alors qu'auparavant nous n'en tirions pas plus de soixante sous. Les revenus que nous possédons en ce lieu, nous les avons attribués en totalité aux frères malades.

12. — *Vaucresson* [62].

A Vaucresson nous avons fondé un village, nous avons construit une église et une maison et fait rompre à la charrue la terre inculte [63]. Ceux qui prendront la peine de construire ce village sauront mieux quel en sera le rapport étant donné qu'il s'y trouve déjà soixante hôtes environ et que beaucoup d'autres y viendraient encore volontiers s'il y avait quelqu'un pour y pouvoir. Ce lieu était en effet comme une caverne de brigands, étendu sur plus de deux milles de désert, tout-à-fait stérile pour notre église, propice aux voleurs et à leurs complices en raison de la proximité des bois. C'est pourquoi nous avons décidé que certains de nos frères y serviraient Dieu afin « que dans les repaires où jadis habitaient les dragons apparaisse la verdure du roseau et du jonc ». (Isaïe XXXV, 7).

13. — [*Les Yvelines*].

La possession de Saint-Denis qui comprend Le Mesnil-Saint-Denis [64], Dampierre [65] et d'autres villages sis dans la vallée du château appelé Chevreuse [66] [était] soumise depuis longtemps à trois tailles, à savoir au seigneur du château de Chevreuse, au seigneur du château de Neauphle [67] et à Simon de Viltain [68], [et elle était] presque complètement ruinée par leur rapacité ; nous l'avons affranchie à grands frais de ces sortes d'oppressions, ne cédant à ces seigneurs que ce qui appartient de droit à leur

Ivelinæ, infra metas terræ quam beato Dyonisio multis temporibus abstulerant, recuperavimus. Et ne in posterum oblivioni traderetur, illuc exeuntes per continuam septimanam, ascitis nobis approbatis amicis et hominibus nostris, videlicet comite Ebroicensi Amalrico de Monte Forti, Symone de Nielpha, Ebrardo de Villa Perosa, et aliis quam plurimis, in tentoriis demorantes, singulis diebus totius ebdomadæ cervorum copiam ad Sanctum Dyonisium, non levitate sed pro jure acclesiæ reparando transferri, et fratribus infirmis et hospitibus in domo hospitali necnon et militibus per villam, ne deinceps oblivioni traderetur, distribui fecimus. Domino vero Cabrosæ preter antiquum feodum, videlicet advocationem terræ nostræ et meditatem silvæ, de proprio singulis annis centum solidos damus tanquam feodato nostro, ne reducat manum ad talliam vel terræ oppressionem. Quos quidem centum solidos in eadem terra pro voluntate nostra absque contradictione recolligere valemus.

14. — Ne igitur laboris nostri fructus ex oblivione in irritum deducatur, illa etiam quæ in Belsa auxiliante Deo augmentari eleboravimus, scripto commendare curavimus.

Prima [12] villa beati Dyonisii, quæ vocatur Guillelvalis prope Sarclidas, in catalogo Dagoberti regis beato Dyonisio ab eodem rege traditas [13], usque adeo a multis retro temporibus aut semper ita incomposita extiterat, ut nec domus ubi etiam abbas caput reclinaret, nec granchia aliqua, nec quicquam dominicum in tota villa

---

12. Ce mot est précédé d'un pied de mouche.
13. Ce participe passé, au pluriel, se rapporte à *Guillelvallis* et à *Sarclidas*.

avouerie. Nous avons également récupéré le [droit de] chasse dans la forêt d'Yveline [69], dans les limites de la terre qu'ils avaient depuis longtemps enlevée à Saint-Denis. Et pour qu'à l'avenir cela ne tombe pas dans l'oubli, nous nous sommes rendus sur les lieux pendant toute une semaine en compagnie d'amis éprouvés et d'hommes à nous, à savoir le comte d'Evreux Amauri [70] de Montfort [71], Simon de Neauphle [72], Evrard de Villepreux [73] et beaucoup d'autres. Vivant sous la tente, nous avons fait transporter chaque jour de la semaine une grande quantité de cerfs, non pour des raisons futiles mais pour rétablir le droit de l'église, et nous les avons fait distribuer aux frères malades, aux hôtes dans l'hôtellerie ainsi qu'aux chevaliers dans le village, afin que désormais cela ne tombe pas dans l'oubli. Nous donnons au seigneur de Chevreuse [74], en tant que notre vassal, outre l'ancien fief, à savoir l'avouerie de notre terre et la moitié de la forêt, cent sous par an de notre propre afin qu'il ne se rabatte pas sur la taille ou l'oppression exercée sur la terre. Ces cent sous nous pouvons les prélever sur cette même terre à notre volonté, sans contradiction.

14. — [*La Beauce — Guillerval*].

Ainsi, de crainte que le fruit de notre labeur ne fût réduit à néant par l'oubli, nous avons pris soin de confier aussi à l'écrit les accroissements qu'avec l'aide de Dieu nous avons pu réaliser en Beauce.

Le premier village de Saint-Denis, appelé Guillerval [75], près de Saclas [76], donné avec ce dernier à Saint-Denis par le roi Dagobert dans l'énumération [de son document] [77], était resté depuis longtemps ou même depuis toujours dans un tel état de désordre qu'il n'existait dans tout le village aucune demeure où même l'abbé eût pu poser sa tête,

---

75. Guillerval, Essonne, arr. Etampes, cant. Méréville (91690).
76. Saclas, Essonne, arr. Etampes, cant. Méréville (91690).

existeret. Viginti quinque modiolos tantum, qui non excedunt quatuor nostros modios, pro censu terrarum quas colebant, cum modico domorum suarum censu singulis annis persolvebant. Ad hanc igitur adaptandam ob amorem dominorum nostrorum sanctorum Martyrum accedentes, quandam terram videlicet trium carrucarum in eadem villa sitam, pro qua [a] quadraginta annis et ultra guerra maxima agitabatur inter Johannem Stampensem filium Pagani, virum nobilem et strenuum, et quendam alium militem Pigverensem, multo sumptu apud utrumque apposito, ecclesiæ comparavimus, et quod uterque quærebat ut neuter haberet, nobis eam retinendo et guerræ eorum finem sic imponendo, favore parentum et amicorum, videlicet Balduini de Corboilo et multorum aliorum, carta nobis firmari fecimus. In hac itaque nova terra, videlicet in medio villæ, loci oblectantes amœnitatem, vividorum fontium et rivorum decurrentium amplectentes affinitatem, curiam honestam muro cingi fecimus, domum fortem et defensabilem in curia, granchias et quæque necessaria ibidem construi multis expensis effecimus. Et ad superioris Belsæ relevandam ariditatem, vivario multitudine piscium copioso fere in circuitu perlustravimus. Duas carrucas in eadem terra, unam in nova, alteram in antiqua statuimus; et quæ tam parvi constabat, ut ad quinquaginta vel eo amplius annonarum modios singulis annis reddere valeat augmentavimus. Nam et illum priorem censum quem parvissimum reddebant remittentes, totius terræ campipartem, præter carrucam de feodo majoris, nobis retinuimus. Qui ex hoc ipso garrulitatem rusticorum et mutatæ consuetudinis molestias omnino se sedare spopondit.

aucune grange, aucune possession seigneuriale. [Les habitants] payaient seulement vingt-cinq petits muids par an, qui ne valent pas plus de quatre de nos muids, pour le cens des terres qu'ils cultivaient, avec le modique cens de leurs maisons. Décidant de le mettre en valeur pour l'amour de nos seigneurs les saints martyrs, nous avons donc acheté pour l'église une terre de trois « charrues », sise dans ce domaine, qui était l'enjeu depuis quarante ans et plus d'une guerre acharnée entre Jean d'Etampes [78] fils de Payen, homme noble et courageux, et un autre homme, chevalier de Pithiviers [79]. Moyennant un important dédommagement pour l'un et pour l'autre et afin qu'aucun des deux n'obtienne ce que l'un et l'autre réclamaient, nous avons retenu pour nous cette terre et imposé un terme à leur guerre avec l'appui de parents et amis, à savoir Baudouin de Corbeil [80] et beaucoup d'autres, et avons fait confirmer [cette décision] par une charte. Ainsi sur cette nouvelle terre, au milieu du village, bénéficiant de la douceur du lieu et profitant de la proximité de sources jaillissantes et de rivières abondantes, nous avons à grands frais fait ceindre d'un mur une cour convenable et fait construire une maison forte et défensive dans la cour, des granges et tout ce qui y est nécessaire. Et pour remédier à la sècheresse des hauteurs de la Beauce, nous l'avons presque entièrement entourée d'un vivier plein d'une multitude de poissons. Nous avons établi sur cette terre deux « charrues », l'une sur la partie ancienne, l'autre sur la nouvelle ; et elle qui rapportait si peu, nous l'avons accrue au point qu'elle rend annuellement jusqu'à cinquante muids de céréales et plus, car, remettant aux habitants le très faible cens ancien qu'ils payaient, nous nous sommes réservé le champart de toute la terre sauf la « charrue » du fief du maire ; en échange de quoi il s'engagea à faire taire complètement les murmures des paysans et les oppositions au changement de coutume.

78. Etampes, Essonne, ch. l. arr. (91150).
79. Pithiviers, Loiret, ch. l. arr. (45300).

15. — De Monarvilla.

Succedit et alia prope illam beati Dyonisii villa quæ dicitur Monarvilla, villa omnium facta miserrima, quæ sub jugo castri Merevillæ conculcata non minus quam Sarracenorum depressione mendicabat ; cum ejusdem castri dominus, quotienscumque vellet, in eadem hospicium cum quibuscumque vellet raperet, rusticorum bona pleno ore devoraret, talliam annone [14] tempore messis pro consuetudine asportaret, lignaria sua bis aut ter in anno carrucarum villæ dispendio aggregaret, porcorum, agnorum, anserum, gallinarum, importabiles quasque molestias pro consuetudine tolleret. Quæ cum tanta oppressione per multa tempora in solitudinem fere jam redigeretur, audacter resistere et molestias hujusmodi ab hereditate sancta constanter exterminare elegimus. Cumque eum in causam traheremus et ipse sibi jure hereditario patris et avi atque at(t)avi consuetudines illas excusaret, ad hoc, auxilio Dei et hominum atque amicorum nostrorum consilio, res processit quod Hugo castri dominus, favore conjugis et filiorum, assensu domini regis Ludovici a quo se habere dicebat, beato Dyonisio inperpetuum omnes omnino consuetudines injustitiam suam recognoscendo relaxavit, remisit, manu propria jurejurando abjuravit, sicut plenius in carta domini regis Ludovici invenitur. Nos autem, ad ejus hominium ecclesiæ nostræ retinendum, duos stampenses modios annonae, unum frumenti et alterum

---

14. *talliam annone*, corrigé erronément, par une main du XVe-XVIe s., en *talliam et annonam*.

15. — Monnerville [81].

Près de ce dernier se trouve un autre village de Saint-Denis appelé Monnerville, devenu le plus misérable de tous et réduit à la mendicité en raison de l'oppression du château de Méréville [82], comparable à une destruction de Sarrasins ; le seigneur de ce château abusait du droit de gîte sur ce village aussi souvent qu'il le voulait et avec qui il lui plaisait, il dévorait à pleine bouche les biens des paysans, faisait transporter à titre de droit coutumier la taille en céréales au temps de moissons, ramassait son bois deux ou trois fois par an aux dépens des « charrues » du village, prélevait, sous prétexte de coutume, toutes sortes de taxes insupportables sur les porcs, les agneaux, les oies et les poules. Comme ce village, subissant depuis longtemps une telle oppression, était presque retourné à l'état d'abandon, nous décidâmes de résister avec audace et de débarrasser, par la fermeté, ce saint héritage de ces sortes de vexations. Comme nous lui faisions un procès, il justifiait ces coutumes par le droit héréditaire qui lui venait de son père, de son grand-père et de son aïeul ; mais avec l'aide de Dieu, le conseil de nos hommes et de nos amis, l'affaire en vint à ce que Hugues, seigneur du château, encouragé par sa femme et ses fils, avec l'assentiment du seigneur roi Louis dont il disait les tenir, abandonna complètement et pour toujours toutes ces coutumes en faveur de Saint-Denis, reconnaissant son tort il les remit et prêtant serment de sa propre main y renonça, comme on peut le lire plus amplement dans la charte du seigneur roi Louis [83]. Quant à nous, pour conserver son hommage à notre église, nous lui avons concédé deux muids de céréales à la mesure d'Etampes, l'un de froment l'autre d'avoine, à

---

83. Hugues, seigneur de Méréville : Le roi Louis VII confirme en effet cette renonciation en faveur de Saint-Denis dans une charte de 1144 : Arch. nat. K 23 n° 9 (Luchaire n° 139).

avenæ, in curia nostra per manum monachi aut servientis nostri concessimus. Quo quidem predicta villa eruta tormento, cum prius vix nobis valeret decem aut quindecim libras, centum stampenses modios annonæ per singulos annos, qui sepius centum libras valent secundum precium annonæ, per manus ministrorum reddere nobis consuevit.

16. — Possessionem nichilominus quæ dicitur Rubridum, depressione angariarum castri Puteoli omnino destitutam, emendare elaborantes, cum quadam die Hugo dominus Puteoli post ruinam castri etiam nos super hoc convenisset ut incultam terram, depressione castri in solitudinem redactam, sub medietate lucri ego et ipse excoleremus, licet hoc quidam compendiosum approbarent recusavimus ; et quod cum eo noluimus, per nos efficere ad commodum ecclesiæ elaboravimus. Nec eum admiterre socium in restitutione terræ sustinuimus quem destructorem more antecessorum suorum gravissime persenseramus. Easdem enim consuetudines quas de Monarvilla enumeravimus, videlicet talliam annona [15], porcorum, ovium, agnorum, anserum, gallinarum, pullorum, lignorum, ab eadem terra more antecessorum suorum abripuerat, et ex hoc ipso tam nobis quam sibi infructuose jacentem omnino inutilem reddiderat. Nos igitur, miseriæ terræ et damno ecclesiæ nostræ condescendentes, in eadem sterili terra curtem ædificavimus, turrimque super portam ad repellendos raptores ereximus, tres carrucas ibidem posuimus.

---

15. *talliam annona* (pour *annone*), corrigé erronément, par une main du XVIe-XVIIe s., en *talliam et annonam*.

recevoir dans notre cour des mains d'un de nos moines ou de notre sergent ; grâce à quoi, libéré de ce tourment, ce domaine qui auparavant représentait pour nous dix ou quinze livres à peine nous rapporta en général, par les mains de nos agents, cent muids par an de céréales à la mesure d'Etampes, qui le plus souvent valent cent livres, suivant le prix des céréales.

16. — [Rouvray]

De même nous avons entrepris de restaurer la propriété appelée Rouvray [84] anéantie par l'oppression qu'y exerçaient les corvées du château du Puiset. Tandis qu'un jour, après la destruction du château, Hugues, seigneur du Puiset [85], nous proposait de cultiver, moi et lui, à part égale de fruit les terres en friche, devenues désertes par la ruine du château, nous refusâmes cette proposition malgré l'opinion de certains qui l'approuvaient comme avantageuse, et ce que nous n'avons pas voulu faire avec lui nous avons entrepris de le réaliser par nous-mêmes, pour le bien de l'église. Nous n'avons pas voulu admettre comme associé dans le relèvement de cette terre celui dont nous avions éprouvé très cruellement le caractère destructeur, comme le furent ses ancêtres ; car ces mêmes coutumes que nous avons énumérées pour Monnerville [86], à savoir la taille en céréales, en porcs, moutons, agneaux, oies, poules et poulets, ainsi qu'en bois, il les avait arrachées à cette terre, suivant l'habitude de ses ancêtres, et ce faisant il l'avait rendue infructueuse, totalement inutile tant pour nous que pour lui. Aussi, considérant le malheur de cette terre et le préjudice pour notre église, avons-nous édifié sur cette terre stérile une cour et érigé une tour au-dessus de la porte pour repousser les voleurs ; nous y avons affecté trois « charrues ».

---

84. Rouvray-Saint-Denis, Eure-et-Loir, arr. Chartres, cant. Janville (28310).

17. — Villam quæ Villana dicitur restituimus, incomposita terræ composuimus, usque adeo eam meliorando ut, cum vix consueverit viginti libras, singulis annis postea nobis centum libras sepius vero centum et viginti reddidit. Nos vero sanctis Martyribus pro tantis beneficiis jure devoti, de eodem fructu laboris nostri edificationi ecclesiæ eorum singulis annis quater viginti libras, usque ad operis expletionem, carta et sigillo assignavimus. Removimus etiam ab eadem terra quandam consuetudinem malam vice comitis stampensis quæ palagium vocatur.

18. — *de Tauriaco*.

Tauriacus igitur, famosa beati Dyonisii villa, caput quidem aliarum et propria ac specialis sedes beati Dyonisii, peregrinis et mercatoribus seu quibuscumque viatoribus alimenta cibariorum in media strata, lassis etiam quietem quiete ministrans, intolerabilibus dominorum prefati castri Puteoli angariis usque adeo miserabiliter premebatur ut, cum illuc temporibus antecessoris nostri bonæ memoriæ Adæ abbatis, ut præpositus terræ providerem, satis adhuc juvenis accessissem, jam colonis pene destituta langueret, rapacitati Puteolensium, data esca populis Ethiopum, omnino pateret. Nec enim ipsa domus propria beati Dyonisii seipsam aliquando tuebatur quin ipse dominus per satellites suos eam frangeret, quæcumque reperta sacrilego spiritu asportaret, adjacentes villas frequentibus hospiciis confunderet, annone talliam [16] sibi primum, deinde dapifero suo, deinde preposito suo, rusticorum vectiga-

---

16. *annone talliam*, corrigé erronément par une main du XVIe s. en *annonem et talliam*.

17. — [Villaines].

Nous avons redressé le village appelé Villaines [87] ; nous avons réorganisé les parties négligées du terroir, l'améliorant au point que, d'un rapport habituel de vingt livres à peine auparavant il en produisit ensuite cent par an et plus souvent cent vingt. Quant à nous, légitimement reconnaissants envers les saints martyrs pour tant de bienfaits, nous avons par charte scellée assigné sur ce fruit de notre labeur quatre-vingt livres par an à la construction de leur église jusqu'à l'achèvement de l'œuvre. Nous avons en outre supprimé de cette terre une mauvaise coutume du vicomte d'Etampes, appelée *palagium* [88].

18. — Toury [89].

Toury, célèbre village de Saint-Denis, à la tête de plusieurs autres, siège particulier et spécial de Saint-Denis, qui offrait aux pèlerins, aux marchands ainsi qu'à tout voyageur des vivres en plein milieu de la route [90], et aux personnes lasses le repos et la tranquilité, était si opprimé par les insupportables corvées des seigneurs du château du Puiset [91] que lorsque je m'y rendis, jeune encore, du temps de notre prédécesseur l'abbé Adam de bonne mémoire, afin d'administrer cette terre en qualité de prévôt [92], elle languissait déjà presque abandonnée par les colons, entièrement livrée à la rapacité des gens du Puiset, « donnée en pâture aux peuples des Ethiopiens » [93]. Même la propre maison de Saint-Denis ne pouvait parfois empêcher le seigneur lui-même de venir la violer, par la main de ses complices, d'emporter dans un esprit sacrilège tout ce qu'il y trouvait, de bouleverser les villages voisins par de fréquentes visites, de contraindre les paysans à transporter par corvées la taille en céréales [94] au château, d'abord pour

---

87. Villaines, Eure-et-Loir, arr. Chartres, cant. Janville, comm. Rouvray-sur-Seine. Cf. Suger, *Traité sur la consécration*, chap. 8.

libus [17] ad castrum deferri cogeret. Vix qui aderant sub tam nefandæ oppressionis mole vivebant. Cum ergo fere per biennium ibidem demorando his et aliis malis, et humanæ compassionis doloribus, et ecclesiæ nostræ dispendio defatigarer, nec [18] nos solum verum etiam omnes ecclesiæ quæ in partibus illis terram habentes eque premebantur, convenimus et ut jugum importabile et tyrannidem nequissimi castri evitare possemus, diligenti deliberatione contulimus. Hinc emersit quod labore nostro venerabilis episcopus Carnotensis Ivo pro parte sua, capitulum Beatæ Mariæ pro sua, abbas Sancti Petri pro sua, ecclesia Sancti Johannis de Valleta pro sua, episcopus Aurelianis pro sua, ecclesia Sancti Aniani pro sua, abbas Sancti Benedicti pro sua, archiepiscopus Senon[ens]is pro sua, et nos pro nostra gloriosum regem adivimus Ludovicum, ecclesiarum depopulationem, pauperum et orphanorum deplorationem, ecclesiarum eleemosinis antecessorum suorum et suis exheredationem lacrimabiliter exposuimus. Qui, ut erat vir nobilissimæ industriæ, plenus pietate, ecclesiarum illustris defensor, auxiliari spopondit, et quod ecclesias et ecclesiarum bona deinceps destrui a prefato nequam nullo modo pateretur, jurejurando firmavit. Quod quidem egregie factum, quo labore, quibus expensis, quam graviter expletum fuerit, in gestis prefati regis enucleatius invenitur.

Destructo siquidem radicitus pro merito suæ iniquitatis Puteolo castro, terra sanctorum, tam nostra quam aliæ, pristinam adeptæ libertatem, quæ bello aruerant,

---

17. écrit *vestigalibus* et corrigé, par une main du XVIe s., en *vectigalibus*.
18. *nec* écrit deux fois.

lui-même, puis pour son sénéchal, enfin pour son prévôt. Ceux qui résidaient là pouvaient à peine vivre sous le poids d'une oppression si criminelle. Résidant en ce lieu pendant presque deux ans j'étais accablé par ces maux et par d'autres, par une douloureuse compassion aux souffrances humaines et par les préjudices [ainsi portés] à notre église. Non seulement nous-mêmes mais aussi toutes les églises possédant une terre dans cette région étaient également opprimées. C'est pourquoi nous nous entendîmes et décidâmes par une diligente délibération de tout faire pour secouer le joug insupportable et la tyrannie de ce château si pernicieux. Il en résulta que, grâce à nos efforts, le vénérable évêque de Chartres [95], Yves, le chapître Notre-Dame [96], l'abbaye de Saint-Père [97], l'église de Saint-Jean-en-Vallée [98], l'évêque d'Orléans [99], l'église de Saint-Aignan [100], l'abbé de Saint-Benoit [101], l'archevêque de Sens [102], chacun pour sa part et nous pour la nôtre, nous nous rendîmes auprès du glorieux roi Louis et lui exposâmes en pleurant la dévastation des églises, la situation déplorable des pauvres et des orphelins, la perte par les églises des aumônes accordées par ses prédécesseurs et par lui-même [103]. Comme c'était un homme d'esprit très noble, plein de piété, illustre défenseur des églises, il promit de nous aider et confirma par serment qu'il ne souffrirait en aucune manière que les églises et les biens d'églises soient désormais détruits par ce vaurien. On trouvera exposé plus amplement dans l'histoire de ce roi au prix de quels efforts, quelles dépenses, avec quelle autorité cette œuvre remarquable fut accomplie [104]. Ainsi, une fois le château du Puiset détruit jusqu'à ses fondements en punition de ses iniquités, les terres des saints, tant la nôtre que les autres, recouvrèrent leur liberté première ; après s'être épuisées

---

98. L'abbaye Saint-Jean-en-Vallée : abbaye d'Augustins fondée par saint Yves en 1099. Le premier abbé en fut Albert : 1099-1112 puis Etienne : 1113-1128.
99. Jean II, évêque d'Orléans : 1096-1135.

pace floruerunt : sterilitate reposita fœcunditatem cultæ reddiderunt. Cum autem post decessum antecessoris nostri bonæ memoriæ Adæ abbatis ad hujus sanctæ amministrationis sedem tam immeritus quam absens assumptus essem, pristinæ virtutis et laboris non immemor quia diutius in illa demoratus fueram prepositura, devotius ad hanc amplificandam accessi. In curte quam palo et vimine firmaram, castrum bene muratum erexi, turris propugnaculum principali portæ supererigi feci ; domos aptas et propugnabiles constitui ; libertatem villæ immo totius terræ intemeratam conservavi. Unde mihi aliquando contigit quod, cum Aurelianum cum militari manu post dominum regem festinarem, et prepositum Puteoli priora mala reciprocantem reperissem, turpiter captum tenui et ad Sanctum Dyonisium vinctum cum dedecore transmisi. Verum quia ecclesiarum bona industria prelatorum pace concrescere et confoveri debent, culturas nostras quas ibidem habebamus dominicas, retentis earumdem decimis, colonis qui ibidem inhabitarent censuales fecimus, quarum censum, ne oblivioni tradatur, scripto mandari precepimus. Et ut quanti constet nostro labore incrementum possessionis hujus æstimetur, de prepositura quæ non plus quam viginti libras valere solebat, quater viginti libras singulis annis habemus. Cæterarum vero consuetudinum cotidianus usus multo melioratus rerum incrementum facillime disserere poterit. Antiquam vero ejusdem terræ advocationem ad Firmitatem Balduini antiquitus pertingentem, qua terra ipsa immaniter longevitate temporum premebatur, cum nulla alia refellendi succederet via, contigit advocationem illam ad quandam puellam, filiam filiæ Adæ Pigverensis, hereditario jure

dans la guerre elles prospérèrent dans la paix ; ensevelies dans la stérilité elles retrouvèrent la fécondité par la culture. Comme à la mort de notre prédécesseur l'abbé Adam de bonne mémoire j'avais été élevé au siège de cette sainte administration, bien qu'indigne et absent [105], me souvenant de l'énergie et des efforts déployés jadis puisque j'avais dirigé pendant assez longtemps cette prévôté, je me disposai avec d'autant plus d'ardeur à l'amplifier. Dans la cour, que j'avais renforcée de poteaux et de treillages, je fis construire un château bien fortifié de murs et ériger au-dessus de la porte principale une tour de défense. J'y établis des maisons de défense bien appropriées. Je préservai intacte la liberté de tout le village et même de toute la terre. Ainsi j'eus un jour l'occasion, alors que je me hâtais vers Orléans avec une troupe armée à la rencontre du roi et que j'avais appris que le seigneur du Puiset récidivait dans ses méfaits, de le tenir honteusement captif et de l'envoyer enchaîné et déshonoré à Saint-Denis. Cependant, parceque les biens des églises doivent s'accroître et prospérer dans la paix par le bon gouvernement des prélats, nous avons accensé aux colons qui y habitaient les cultures que nous possédions en ce lieu à titre seigneurial après en avoir retenu les dîmes, et avons ordonné de mettre leur cens par écrit de crainte que cela ne tombe dans l'oubli. Pour donner une estimation de l'accroissement que cette possession doit à nos efforts, nous retirons quatre-vingt livres par an de la prévôté qui d'ordinaire ne valait pas plus de vingt livres. En outre la pratique quotidienne des autres coutumes, grandement améliorée, pourra très facilement rendre compte de l'augmentation des biens.

De plus, l'ancienne avouerie de cette terre dépendait de toute ancienneté de La Ferté-Baudouin [106] qui l'opprimait cruellement depuis longtemps et il n'y avait aucun moyen d'y porter remède ; or il advint que cette avouerie échut en héritage à une jeune fille, fille de la fille d'Adam de

pertingere. Quo cognito, amicorum nostrorum consilio, multo sumptu eam pro voluntate nostra nuptui tradere quesivimus. Ad sedandas ergo terræ illius inquietudines, nolentes more solito indigenarum molestiis eam affligi, cuidam domestico nostro juveni puellam cum advocationibus dari fecimus ; centum libras denariorum beati Dyonisii tam matrimonio quam patri et matri puellæ, favore domini regis Ludovici, de cujus feodo advocatio constabat, tali pacto contulimus ut pro pecunia ista et alia, videlicet triginta librarum quas dominus rex inde habuit, tam ipsi quam successores eorum nobis et successoribus nostris hominium et servitium, et justiciam, ubi eos submoneremus, exequerentur. Quod si ad hoc deficerent, totum advocationis feodum ac si proprium nostrum esset, eorum et parentum ipsorum concessione ac domini regis favore, donec nobis satisfacerent in plenitudine retinere liceret.

Feodos [19] vero quos ex fisco proprio emimus ad faciendas stationes singulis annis per duos menses in eodem castro Tauriaco, subter intitulare curavimus.

19. — *De Poionis Villa.*

Similiter et Poionis Villam, quam habebat Gaufredus Ruffus a cognato suo Berardo de Essenvilla, ut a nobis idem Berardus tanquam homo noster in feodo haberet, conduximus.

20. — *De Feins et Vendrovillare.*

Aliam etiam possessionem quæ dicitur Feins et Vendrovillare, cum aliis pertinentibus villis, a Gale-

---

19. Ce mot est précédé d'un pied de mouche et d'un petit espace blanc.

Pithiviers [107]. A cette nouvelle, sur le conseil de nos amis, nous cherchâmes à la marier, à grands frais, à notre gré. Pour faire cesser les troubles sur cette terre et l'empêcher d'être exposée aux habituelles brutalités des gens du pays, nous avons fait donner cette jeune fille avec les avoueries à un jeune homme de notre maison. Nous offrimes sur les deniers de Saint-Denis cent livres aux époux ainsi qu'aux père et mère de la jeune fille, avec l'approbation du seigneur roi Louis dont l'avouerie relevait en fief, à cette condition que pour cet argent et pour d'autre, à savoir trente livres que le roi en reçut, eux et leurs successeurs s'acquitteraient envers nous et nos successeurs de l'hommage, du service et de la justice quand nous les leur réclamerions, et s'ils y faisaient défaut nous pourrions retenir tout le fief de l'avouerie, pleinement comme s'il nous appartenait en propre, de leur consentement et de celui de leurs parents ainsi que de l'approbation du seigneur roi Louis, jusqu'à ce qu'ils nous donnent satisfaction.

Quant aux fiefs que nous avons achetés sur notre propre argent pour faire deux mois de garde dans ce château de Toury, nous avons pris soin de les énumérer plus loin.

19. — *Poinville* [108].

De même nous avons acheté le village de Poinville que Geoffroy le Roux tenait de son parent Berard d'Ensonville [109] en sorte que le dit Berard le tint de nous en fief comme notre homme.

20. — *Fains* [110] *et Vergonville* [111].

Nous avons acheté à grand prix, environ cent cinquante marcs d'argent, une autre possession appelée Fains, avec

108. Poinville, Eure-et-Loir, arr. Chartres, cant. Janville (28310).
109. Ensonville, en Beauce, lieu-dit.
110. Fains-en-Dunois, Eure-et-Loir, arr. Chartres, cant. Voves (28150).

ranno de Bretoilo et uxore ejus Juditha, et strenuo viro filio ejus Ebrardo qui in expeditione Hierosolymitana occubuit, multo sumptu fere centum quinquaginta marcarum argenti comparatam, sive restitutam — dicebatur quippe quod beati Dyonisii antiquo tempore ex dono Huberti de Sancto Galarico extiterat — eleemosinæ beati Dyonisii contulimus, sperantes de Dei misericordia quod ea pauperibus at[t]ributa eleemosina divinæ retributionis beneficium nobis ab omnipotenti Deo misericorditer impetrabit. Dixit enim quod sicut aqua extinguit ignem, ita elemosina extinguit peccatum. Et ut in sempiternum necessitatibus pauperum firmius deserviat, precepto regis Ludovici, quod in archivis publicis repositum continetur, firmari fecimus.

21. — *De Belna.*

Sane inter alias una de melioribus beati Dyonisii possessionibus in pago Guastinensi Belna dinoscitur, quæ etiam spatiosa fere quatuor leugarum spatio, frumenti et vini opulentia ferax, quorumcumque fructuum mirabiliter capax, si non vexetur a servientibus domini regis seu nostris, omnibus bonis exuberat. Quæ, per incuriam procuratorum raro inculta habitatore, ad tantam declinaverat inopiam ut, cum ad cameram calciamentorum ecclesiæ hujus pertineret, nullomodo ea persolvere valeret. Inde erat quod, cum in manu abbatis pro defectu debiti remaneret, singulis annis servientibus ejusdem terræ pro triginta libris totaliter eam locabat. Quam, cum dissipatam et pene in solitudinem redactam in novitate prælationis nostræ reperissemus, karissimo domino nostro regi Francorum Ludovico, cujus nobili-

Vergonville et d'autres villages qui en dépendent, à Galeran de Breteuil [112], sa femme Judith et son fils Evrard, homme courageux qui mourut dans l'expédition de Jérusalem : achat ou recouvrement car on disait que cette possession avait appartenu dans l'ancien temps à Saint-Denis par un don d'Hubert de Saint-Gaury ; nous l'avons affectée à l'aumônerie de Saint-Denis espérant de la miséricorde de Dieu que cette aumône faite aux pauvres nous obtiendra de Dieu tout-puissant dans sa miséricorde la grâce d'une divine rétribution, car il est dit que « de même que l'eau éteint le feu de même l'aumône efface le péché »[113] et pour que [cette aumône] serve plus sûrement et pour toujours les besoins des pauvres nous l'avons fait confirmer par un précepte du roi Louis conservé dans les archives publiques [114].

21. — [Le Gâtinais] — Beaune [115].

L'une des meilleures possessions de Saint-Denis est certainement Beaune dans le pays de Gâtinais, d'une étendue de quatre lieues environ, très productive en froment et en vin, merveilleusement capable de donner toutes sortes de fruits, qui aurait regorgé de richesses à condition de ne pas être inquiétée par les sergents du seigneur roi ou par les nôtres. Cependant, rendue inculte par la désertion des habitants en raison de l'incurie des procureurs, elle était tombée dans une telle indigence qu'ayant en charge la chambre des chaussures de cette église elle était tout-à-fait incapable d'en assumer les frais. Ainsi, se trouvant dans la main de l'abbé à cause d'une dette non acquittée, celui-ci la louait en totalité aux sergents de cette terre pour trente livres par an. L'ayant trouvée, au début de notre abbatiat, détruite et presque réduite à l'abandon, nous exposâmes ce si grand dommage subi par l'église à notre cher seigneur le roi de France Louis dont nous nous efforçions de servir la grandeur avec

tati tam devote quam fideliter deservire satagebamus, tantum ecclesiæ detrimentum exposuimus. Qui etiam in hac terra intolerabiles et pene consumptivas consuetudines habebat, videlicet tres in anno procurationes, unam de collecta rusticorum, sufficientem tam sibi quam suis amministrantium [20], duas de propriis redditibus Sancti Dyonisii, qua calamitate terra penitus consumebatur. Qui, ut erat eximiæ liberalitatis, ecclesiæ tantum detrimentum et pauperum angarias miseratus, amoris et servicii nostri benivolus, procurationem illam de dominicatura ecclesiæ et nobis imperpetuum relaxavit. Illam vero quæ fiebat de collecta rusticorum, octo librarum debito singulis annis sub precepto regiæ majestatis firmavit. Cujus exhilarati beneficio, usurpatas et alienatas tam a majore quam ab aliis terras nobis retraximus ; clausos vinearum, videlicet apud Sanctum Lupum, a viginti annis aratris redditos replantari fecimus ; alias vineas juxta Belnam pene destructas restitui fecimus ; alias a quodam homine nostro viginti libris aurelianensis monetæ emimus ; villas omnino rapinis exhospitatas rehospitari fecimus.

22. — *De decima de Barvilla.*

Inter alia decimam quandam de Barvilla, quam milites quidam a centum annis, sicut dicebant, sub censu duorum solidorum habebant, quæ nobis quotannis viginti aut triginta annonæ modiis valet, sive quæque perdita prout melius potuimus ad opus ecclesiæ retraximus. Cumque dominicæ domus satis vilissime ex toto corruissent, hoc potissimum ad has quæ modo sunt facetæ et propugnabiles construendas excitavit : quod

20. Pour *amministrantibus* ou *amministratoribus* ?

autant de zèle que de fidélité. Celui-ci disposait en outre sur cette terre de coutumes intolérables et presque ruineuses, à savoir trois charges d'hébergement par an, l'une payée sur la récolte des paysans, suffisante pour lui et pour ses administrateurs, les deux [autres] sur les revenus propres de Saint-Denis, une calamité qui consummait presque entièrement la terre. Mais comme il était d'une éminente libéralité, compatissant au préjudice porté à l'église et aux sévices subis par les pauvres, reconnaissant [envers nous] pour notre amour et notre service, il affranchit à perpétuité la seigneurie de cette contribution en faveur de l'église et de nous-même. Quant à celle qui était prélevée sur la récolte des paysans, il la fixa par un précepte de la majesté royale au montant de huit livres par an [116]. Heureux de ce bienfait nous reprîmes pour nous les terres usurpées et aliénées tant par le maire que par d'autres ; nous fîmes replanter les clos de vigne sis à Saint-Loup [117] rendus aux charrues après vingt ans, nous fîmes relever les autres vignes près de Beaune qui étaient presque détruites, nous en achetâmes d'autres d'un de nos hommes pour vingt livres de monnaie d'Orléans, nous fîmes repeupler des villages presque entièrement désertés par les rapines.

22. — La dîme de Barville [118].

Entre autres nous avons récupéré pour l'œuvre de l'église [119], du mieux que nous avons pu malgré quelques pertes, une dîme à Barville que certains chevaliers possédaient depuis cent ans, disaient-ils, au cens de deux sous et qui nous rapporte chaque année vingt ou trente muids de céréales. Et comme les maisons seigneuriales sans grande valeur étaient complètement tombées en ruine, un événement surtout nous incita à construire celles que l'on voit maintenant, élégantes et fortifiées : j'avais en effet décidé

118. Barville-en-Gâtinais, Loiret, arr. Pithiviers, cant. Beaune-la-Rolande (45340).

cum constituissem determinare causas nostras in eadem domo, una dierum nutu divino me absente, tam miserabiliter corruit ut etiam lectum in quo jacerem si adessem, et plancatum solarii, et tonnas inferioris promtuarii, et vasa vinaria omnino confregerit, et sub tanta ruina, quod divina propiciatio michi pepercerit, omnibus fidem fecerit. Granchiam peroptimam ibidem extruximus et stagna duo, quæ multa piscium copia multo tempore illuc adventantibus sufficientiam, si bene serventur, ministrabunt. Quæ quidem terra quantum auxilio Dei sit meliorata et de quanta miseria fuerit suscitata, certum constat augmentum quod, cum prius triginta libras, nunc sepius plus quam ducentas [21] tantum persolvat.

23. — *De Axone burgo, qui nunc est Corboilus.*

Axonem burgum quidem Sancti Dyonisii super fluvium Issonam antiqua regum liberalitate sanctis martyribus collatum, sicut in antiquis eorum cartis continetur, atrocitas cujusdam tyranni in castrum Corboilum transtulit, et unde sanctos martyres in terra inde se de celo exheredare elaboravit.

24. — *De Cella constructa in loco qui dicitur Campis.*

Igitur post multa annorum curricula, fere ducentorum aut plus, cum mater ecclesia Axonæ, quæ parrochialis est Corboili, sola quasi statua eodem in loco remansisset, eam etiam episcopi parisienses ex emulatione ingenite monasterii libertatis beato Dyonisio abstulerunt, et ut hoc ipsum fortiter defenderetur, Cluniaco et Cluniaci membris, videlicet Sancto Martino de

21. *quam ducentas* écrit deux fois.

de définir nos droits sur cette maison et, m'en étant éloigné un jour, prévenu par un signe divin, elle s'effondra si misérablement qu'elle détruisit complètement le lit même dans lequel j'aurais reposé si j'avais été présent ainsi que le plancher du rez-de-chaussée, les tonnes du cellier au sous-sol et les tonneaux de vin ; devant une pareille ruine chacun avait la conviction que la Providence divine m'avait épargné. Nous avons construit en ce lieu une excellente grange et deux étangs qui fourniront en suffisance, à ceux qui y viendront, de grandes quantités de poissons, et pour longtemps si on les entretient bien. De combien cette terre a été valorisée avec l'aide de Dieu et de quelle misère elle s'est relevée, on en a la preuve certaine puisque, d'un revenu antérieur de trente livres, elle est passée aujourd'hui le plus souvent à plus de deux cents.

23. — *Le bourg d'Essonnes, aujourd'hui Corbeil* [120].

Le bourg d'Essonnes appartenant à Saint-Denis, situé sur la rivière d'Essonne, avait été donné aux saints martyrs par une ancienne libéralité des rois, comme il est écrit dans leurs chartes antiques ; or la cruauté d'un certain tyran le transféra au château de Corbeil, réussissant par là à priver les saints martyrs d'un héritage terrestre et donc lui-même de tout héritage céleste.

24. — *La Celle construite au lieu-dit Champs.*

Après de nombreuses années, environ deux cents ans ou plus, tandis que l'église mère d'Essonnes qui est la paroisse de Corbeil était restée seule en ce lieu, telle une statue, les évêques de Paris, jaloux eux aussi de la liberté originelle [121] du monastère, l'enlevèrent à Saint-Denis et pour renforcer cette usurpation ils l'attribuèrent à Cluny et à ses filiales, à savoir Saint-Martin-des-Champs et l'église de

---

120. Cf. note 80.

Campis et ecclesiæ de Gornaco contulerunt. Ipsi vero tyranni corboilensis castri in malitia sua congelati, tam miserabiliter omnia sibi subjugaverunt, ut vix quicquam reliqui preter vacuum terræ fundum dimiserint et in proprios usus, tanquam proprii essent juris, ausu sacrilego redegerint. Supererat et quædam capella in honore, ut ferebatur, beatæ Mariæ, qua nullam conspicatus sum minorem, semiruta, in loco qui dicitur Campis, in qua et antiquum altare, quod supra ex solitudine concretam herbam oves et capræ frequenter depascebant. Ubi testimonio multorum sepe in die sabbati, sanctitatem loci significantes, candelæ videbantur ardere. Quo facto excitati indigenæ infirmi, et post etiam alienigenæ multi illuc in spe sanitatis concurrebant, et sanabantur. Cum autem divino nutu locus ille a multis tam propinquis quam remotis frequentaretur, destinati sunt illuc fratres nostri venerabiles viri bonæ memoriæ Herveus prior et Odo Torcetensis, qui et Domino nostro et ejus beatæ Genitrici deservirent, locellumque illum divino cultui adaptare et exaltare operam darent. Ubi statim tanta miraculorum copia sub ammiratione omnium in brevi effloruit, ut et ab omnibus amaretur, ab omnibus predicaretur et a quibus [22] augmentaretur. Multitudo siquidem languentium, et qui vexabantur a spiritibus inmundis, nec non cecorum, claudorum et aridorum incommoditas ibidem deponebatur. Quorum miraculorum, cum innumera operante beata Dei Genitrice locum celebrem personarent, duo inpresentiarum quæ visu aut auditu cognovimus, paginæ præsenti ad honorem ejusdem loci accommodare curavimus.

22. *quibus* pour *quibusdam* ?

Gournay [122]. Mais les tyrans du château de Corbeil, endurcis dans leur méchanceté, s'emparèrent misérablement de tout au point de ne rien laisser d'autre qu'une terre déserte et par un audace sacrilège de ramener ces biens à leur propre usage comme s'ils leur avaient appartenu de droit. Il subsistait cependant une chapelle en l'honneur, disait-on, de Notre Dame, la plus petite que j'aie jamais vue : à moitié détruite, située dans un lieu appelé Champs [123], elle enfermait un autel ancien sur lequel, en raison de l'abandon, poussait une herbe drue que les moutons et les chèvres paissaient souvent. En ce lieu, selon de nombreux témoins, souvent le samedi, comme pour marquer la sainteté du lieu, on voyait des chandelles brûler. Attirés par ce fait, des malades de l'endroit puis aussi beaucoup de personnes venant d'ailleurs accouraient là dans l'espoir de recouvrer la santé et elles étaient guéries. Comme par providence ce lieu était fréquenté par beaucoup de gens venus de près et de loin, nos frères, Hervé prieur [124] et Eudes de Torcy [125], hommes vénérables de bonne mémoire, y furent envoyés pour servir Notre Seigneur et sa sainte Mère et s'efforcer d'adapter et d'élever cet humble oratoire au culte divin. Aussitôt, en peu de temps, un si grand nombre de miracles s'y produisit à l'admiration générale qu'il fut vénéré de tous, proclamé par tous et fut l'objet de la générosité de chacun. La foule des malades, ceux qui étaient travaillés par des esprits immondes ainsi que les aveugles, les boiteux et ceux qui souffraient de langueur y étaient libérés de leur infirmité. Comme d'innombrables miracles, par l'opération de la sainte mère de Dieu, rendirent ce lieu célèbre, nous avons pris soin, dans ces pages, d'en raconter deux en son honneur que nous avons vus ou entendu raconter.

122. Gournay-sur-Marne, Seine-Saint-Denis, arr. Le Raincy, cant. Noisy-le-Grand.
123. Notre-Dame-des-Champs, prieuré dionysien d'Essonnes. Cf. testament de Suger, 17 juin 1137 : Lecoy, charte n° VII, p. 339.

25. — *Miraculum de muta.*

Erat quedam nobilis matrona, multis annis viduata, videlicet mater venerabilis viri abbatis Corbeie Roberti monachi nostri ; quæ, cum loca sanctorum ob remedium animæ suæ frequentare consuevisset, cum quadam puella jam duodenne, quæ nunquam fuerat locuta, illuc devenit. Nocte vero sabbati in eadem ecclesiola cum ipsa muta pernoctans, dum pro se et pro suis divinas sollicitaret aures, ubi fratres inceperunt *Te Deum laudamus*, visum est, sicut referebat, eidem puellæ quasi in extasim raptæ quod quedam gloriosa regina pulchra ut luna, electa ut sol, cicladibus regiis vestita, auro gemmisque pretiosis coronata, a sinistro cornu altaris ad dextrum contendens, ante eam transibat. Quæ cum eam nomine proprio — Lancendis enim vocabatur — pie satis advocasset, audiente tam prefata matrona quam aliis multis, clara voce, lingua inusitata, « Domina » respondit. Nec deinceps minus loqui aut scivit aut potuit quam si toto tempore vitæ suæ locuta fuisset. Quod stupendum miraculum qui aderant summo preconio attollentes, per diversas regiones adjacentes reportaverunt. Qui vero prius eam per quinquennium mutam, et post per quinquennium loquacem cognovimus, locum ipsum sanctum et exaltare et diligere jure debuimus.

26. — *De ydropica.*

Secundare dignum duximus et aliud, sicut promisimus, miraculum. Ydropica quædam tumida more pre-

25. — Le miracle de la muette.

Il y avait une femme noble, veuve depuis de nombreuses années, [qui était] la mère de vénérable homme Robert abbé de Corbie [126], un moine de chez nous. Comme elle avait coutume de fréquenter, pour le salut de son âme, les lieux saints, elle vint là avec une fillette déjà âgée de douze ans qui n'avait jamais parlé. Tandis qu'elle veillait avec cette muette une nuit de samedi dans cette petite église, priant Dieu pour elle et les siens, au moment où les frères entonnèrent le *Te Deum laudamus* apparut, disait-on, à cette fillette comme ravie en extase une reine glorieuse, belle comme la lune, sublime comme le soleil, vêtue des habits royaux, couronnée d'or et de pierres précieuses, qui passait devant elle allant du coin gauche de l'autel vers le droit. Comme elle l'appelait affectueusement par son nom — elle s'appelait en effet *Lancendis* — la fillette, d'une voix claire, de prononciation mal assurée, répondit « Madame », ce qu'entendirent la femme susdite et beaucoup d'autres personnes. Et dès lors elle sut et put parler comme si elle avait parlé toute sa vie. Ceux qui assistèrent à cet étonnant miracle le proclamèrent hautement et le répandirent dans diverses régions voisines. Nous qui l'avons connue muette pendant cinq ans puis pouvant parler depuis cinq ans, nous devons justement célébrer et aimer ce lieu saint.

26. — L'hydropique.

Comme nous l'avons promis, nous avons jugé bon de raconter ensuite un autre miracle. Une hydropique, enflée comme une femme enceinte, criait très fort de douleur comme une folle, en proie à une souffrance intolérable

---

126. Robert, abbé de Corbie : 1127-1142, fut tout d'abord élève puis moine de Saint-Denis, présenté par Suger comme abbé de Corbie. Il offrit à l'abbaye un panneau d'argent doré pour l'autel de la Trinité : cf. plus loin, II, chap. 17. On lit le *signum* de Robert au bas de l'*Ordinatio* en 1140 : Lecoy, charte n° X, p. 360.

gnantis, nec minus pre dolore clamosa voce [23] insanientis — premebatur enim humore aquatico intolerabiliter — manibus amicorum ad sanctam Mariam prefato loco portata est. Quæ, cum per multos dies ante sanctum altare delituisset, ipso suæ putredinis et corrupti elementi fetore adventantes multos reiciebat. Cumque jam nulla spes succederet sanitatis — tumor enim et sanies ipsam etiam faciem jam fere in informitatem confuderat — murmurabant multi tam sani quam infirmi, suppliciter postulantes ut ab eadem ecclesiola exponeretur. Verum fratres nostri venerandi viri maluerunt sustinere misericordes ejus ingratam presentiam, quam inmisericordes absentiam. Contigit igitur quadam nocte dominica — in his enim potissimum divina manus operabatur — illam hydropicam, quod non consueverat, obdormisse ; cum subito gloriosa imperatrix Virgo Maria invisibiliter ad uterum humore refluo exhaustum, tam gracile quam nitidum cito restituit. Videres, et qui aderant tam fratres nostri quam alii multi viderunt tantam effusi humoris et decursi flegmatis in terra abundantiam, ut cum scutellis et situlis et ollis illa asportare statim oporteret. Quanto autem qui aderant ob rei magnitudinem stupuerunt, tanto devotius laudes omnipotenti Deo et ejus Genetrici reddiderunt. *Te Deum laudamus* deplorando cantaverunt, et ut Deus omnipotens sicut inceperat honorem Genitricis suæ ibidem continuaret suppliciter efflagitaverunt.

His igitur et aliis miraculorum et prodigiorum signis prefatum locum insignem, divina dispositione, ob amorem Dei Genitricis honorare et exaltare amplectentes, edificatum iri instanter incepimus ; et ut conventus

23. *voce* exponctué d'une main qui semble postérieure.

provoquée par une humeur aqueuse ; elle fut transportée par des mains amies à Notre-Dame, au dit lieu. Blottie pendant de longs jours devant le saint autel, elle en écartait grand nombre de visiteurs par la puanteur de sa pourriture et de sa chair corrompue. Dès lors, comme aucun espoir de guérison ne venait car l'enflure et l'humeur avaient presque complètement déformé même son visage, beaucoup de personnes tant saines que malades murmuraient et suppliaient qu'on la chassât de cette petite église. Mais nos frères, hommes vénérables, préférèrent supporter par miséricorde sa présence désagréable plutôt que de la chasser par manque de miséricorde. Or une nuit de dimanche, car c'est en ces moments surtout que la main de Dieu intervenait, l'hydropique s'endormit contrairement à son habitude quand tout à coup la glorieuse souveraine, la Vierge Marie, fit invisiblement refluer l'humeur de son ventre qu'elle fit redevenir aussi mince que sain. Il fallait voir et les témoins, tant nos frères que beaucoup d'autres le virent, une telle quantité d'humeur qui s'écoulait et de glaire qui se répandait à terre qu'il fallut les enlever tout de suite avec des coupes, des seaux et des pots. Les témoins furent si stupéfaits de la grandeur de l'événement qu'ils rendirent grâce avec d'autant plus de ferveur à Dieu tout-puissant et à sa mère. Ils chantèrent en pleurant le *Te Deum laudamus* et supplièrent instamment Dieu tout-puissant de continuer, comme il avait commencé à le faire, à honorer sa mère en ce lieu.

C'est pourquoi, décidant par la volonté divine, pour l'amour de la Mère de Dieu, d'honorer et d'exalter ce lieu remarquable par ces signes et par d'autres, miraculeux et prodigieux, nous entreprîmes sur le champ des construc-

fratrum ibidem Deo deserviret duodecim fratres cum priore suo constituimus, claustrum, refectorium, dormitorium ceterasque officinas regulares extruximus. Ecclesiam ornamentis, sacerdotalibus indumentis, palliis et palliorum cappis decenter adaptavimus. Textus duos, videlicet antiquum textum cotidianum et gradalem Karoli imperatoris, a matre ecclesia illuc defferi fecimus. Bibliothecam honestam tribus voluminibus posuimus. Nec minus circa victualia fratrum solliciti, duas carrucas in propria terra prope locum locavimus. Clausum vinearum aptum magnæ abbatiæ et bene valentem eis plantavimus, vinearum copiam multis modis adquisivimus. Torcularia quatuor penes se, in proprio fere quater viginti modios vini valentia, absque sumptu aliquo ipsi loco edificavimus, usque adeo de copia eis providentes ut quandoque ducentos quinquaginta, quandoque trecentos modios vini large recipiant. Prata etiam sufficienter in propriis cespitibus circumfodi fecimus ; hortos satis habiles pulmentorum seminibus satis fecimus.

Erat autem quædam altera beati Dyonisii a multis jam temporibus destituta et in solitudinem redacta, uno etiam carens cultore, quæ forsitan a vicinis villis alieno cultore annonæ modium aut minus reddere consueverant, aut duos aut tres de nucibus sextarios, in qua tres carrucas in curia nova et granchiam novam eis instituimus. Oves et vaccas, et nutrituram ad opus eorum propter pascuorum ubertatem et terrarum emendationem ibidem locavimus. Aliam etiam beati Dyonisii possessionem prope Brunetum ex qua sepe decem modios annonæ et vini fere decem, et fenum pabulo jumentorum recipiunt, de proprio obligavimus. De molendino etiam a saxaginta fere annis perdito, quic-

tions : afin qu'une communauté de frères y servît Dieu nous avons établi douze frères avec leur prieur et avons édifié un cloître, un réfectoire, un dortoir et autres bâtiments réguliers. Nous avons doté l'église, comme il convenait, d'ornements, de vêtements sacerdotaux, de tentures [127] et de chapes. Nous fîmes transporter de l'église mère en ce lieu deux livres, l'ancien office quotidien et le graduel de l'empereur Charles. Nous avons constitué avec trois volumes l'ensemble d'une Bible convenable [128]. Non moins soucieux de la nourriture des frères nous avons placé deux charrues sur une terre qui nous appartient près de ce lieu. Nous avons fait planter un clos de vigne suffisant pour une grande abbaye et de bon rapport pour eux et avons acquis par divers moyens un grand nombre de vignes ; auprès d'elles nous avons construit pour ce même lieu, sans frais excessif, en toute propriété, quatre pressoirs d'une capacité [chacun] de près de quatre-vingt muids de vin, les fournissant en telle abondance qu'ils reçoivent largement tantôt deux cent cinquante tantôt trois cents muids de vin. Sur nos propres domaines nous avons fait circonscrire des prés en surface suffisante ; nous avons aménagé des jardins aptes à recevoir la semence des légumes.

Saint-Denis possédait cependant une autre [terre], délaissée depuis longtemps déjà et réduite à l'abandon, sans le moindre cultivateur, qui rapportait grâce à quelque cultivateur étranger venu des villages voisins, un muid ou moins de céréales et deux ou trois setiers de noix : nous y avons affecté pour eux trois « charrues » dans la cour neuve et une grange neuve. Nous y avons placé des brebis et des vaches avec la nourriture nécessaire grâce à l'abondance des pâturages et la bonne exploitation des terres. Nous leur avons engagé sur nos propres biens une autre possession de Saint-Denis sise près de Brunoy [129] dont ils tirent souvent dix muids de céréales, presque dix de vin et le foin pour la mangeoire des bêtes. Nous leur avons donné ce que nous avons récupéré du moulin perdu depuis près de soixante

quid recuperavimus eis dimisimus, ea tamen conditione ut in sequenti die festi beati Dyonisii viginti solidos refectorio beati Dyonisii persolvant. In eadem etiam villa centum solidos inter censum et talliam habent. Corboilo vero in circuitu sui decem et septem libras de proprio censu, preter alios redditus et venditionum et nundinarum, et aliarum consuetudinum, nec non molendinum et furnum, et octo modios avenæ cum gallinis, et prebendam integram Sancti Exuperii.

27. — *De Marogilo.*

In pago Meldensi villa quæ dicitur Marogilum, occasione cujusdam viaturæ quam Ansoldus de Cornello fere usque ad ipsas villæ domus possidebat, gravissime infestabatur, cum nec agricolæ nec alii quilibet villam exire tuto auderent, quin occasionibus multis viaturæ a servientibus Ansoldi raperentur et ad curiam ejus intercepti ducerentur, nec minus de pecoribus villam exeuntibus redimerentur. Nos ergo mille solidos pro pace ejusdem villæ, ut eandem nobis dimitteret viaturam, ei in Hiero[so]limitanam expeditionem proficiscenti donavimus, et ut beati Dyonisii deinceps constaret, per manum episcopi Meldensis Manasse et ecclesiæ ejusdem, nec non et sigillo comitis Theobaldi, annuente ejus uxore et filio, nobis firmari fecimus. Eam enim, sicut confessus est, injuste occupaverat.

28. — Commutationis etiam cujusdam formam successoribus nostris innotescere cupientes, si forte Dei auxilio hoc ipsum in melius aliquando posset immutari, intitulare curavimus. Dum nobile regnum Francorum in statu monarchiæ consisteret, circumquaque sicut se regia potestas extendebat, per totam regni tetrarchiam,

ans, à condition qu'ils paient le lendemain de la fête de la Saint Denis vingt sous au réfectoire du monastère. Ils reçoivent en outre sur ce même village, entre le cens et la taille, cent sous. A Corbeil, dans leur voisinage, ils perçoivent dix sept livres de cens propre sans compter les autres revenus des ventes, foires et autres coutumes ainsi que le moulin, le four et huit muids d'avoine avec des poules et toute la prébende de Saint-Spire [130].

27. — [*Le Comté de Champagne*] — *Mareuil* [131].

Dans le pays de Meaux, le village appelé Mareuil subissait un grave préjudice du fait d'un droit de voirie que possédait Ansoud de Cornillon [132] presque jusque devant les maisons elles-mêmes [de ce village]. Ni les paysans ni les autres n'osaient sortir du village sans risque, sans se faire dépouiller par les sergents d'Ansoud exerçant le droit de voirie sous de nombreux prétextes, sans se faire arrêter, conduire à sa cour et payer néanmoins pour le bétail sortant du village. C'est pourquoi nous avons donné à Ansoud mille sous pour la paix de ce village, afin qu'il nous laissât ce droit de voirie alors qu'il partait pour l'expédition de Jérusalem, et pour que ce droit reste désormais [acquis] à Saint-Denis nous l'avons fait confirmer par la main de l'évêque de Meaux, Manassès, et de son église, ainsi que par le sceau du comte Thibaud avec l'accord de sa femme et de son fils [133]. Comme il le reconnut, il avait tenu ce droit injustement.

28. — [*La Lorraine*].

Désirant aussi faire connaitre à nos successeurs la teneur d'un certain échange, pour le cas où il pourrait un jour, avec l'aide de Dieu, être mieux exploité, nous avons pris le soin de le faire mettre par écrit. Alors que le noble royaume de France avait le statut de monarchie [134], l'église

videlicet in Italia, Lotharingia, Francia, Aquitania, ecclesia beati Dyonisii magnis multisque possessionibus liberalitate regum abundabat. Verum quod unitas illibatum conservabat, filialis divisio et corrumpere et diminuere elaboravit. Hinc est quod beatus Dyonisius Hecelingas, Herbertingas et Salonam, et quamplures alias possessiones amittens, villas etiam quæ in pago Metensi existunt, videlicet castrum Gomundas, Blistetot et Cochilingas, perdidit. Pro quarum reclamatione, cum sepius apostolico conspectui insisteremus, tum pro injustitia sua, tum pro incommoditate personarum suarum — qui enim eas auferebant male et pessime absque confessione moriebantur — quasi pro commutatione locum qui dicitur Cella, cum appendiciis suis in cartis Ludovici imperatoris denominatis, plena libertate beato Dyonisio contulit, ubi fratres nostros ad serviendum Deo, in spe augmentationis et succedentis recuperationis locavimus.

29. — *De Calvo Monte.*

Ecclesiam quoque Sancti Petri in castro Calvo Monte sitam, tam abbatiam quam ipsas canonicas, canonicis decedentibus tam a Rotomagensi archiepiscopo Hugone quam a domino rege Francorum Ludovico obtinere elaboravimus, necnon et duodecim fratres cum tredecimo priore, ad exaltationem ejusdem ecclesiæ et divini cultus propagatione[m], reverenter locavimus ; et eandem ecclesiam ab eodem reverendo archiepiscopo consecrari et ante eam cymiterium benedici, Deo annuente, obtinuimus. Quæ siquidem nova quasi nobile membrum capiti suo ecclesiæ beati Dyonisii copulata,

de Saint-Denis abondait, grâce à la libéralité des rois, en grandes et multiples possessions partout où la puissance royale s'étendait, sur toute la tétrarchie du royaume, à savoir en Italie, en Lorraine, en France et en Aquitaine [135]. Cependant, ce que l'unité maintenait intact, la division des fils entreprit de le corrompre et de l'entamer. C'est pourquoi Saint-Denis abandonna Arlange [136], Ebersing [137], Salonnes [138] et beaucoup d'autres possessions, et perdit aussi des domaines sis dans le pays de Metz, à savoir le château de Guemines [139], Blidestroff [140] et Cochelingen [141]. Pour les récupérer nous avons très souvent sollicité le jugement du pape, aussi bien en raison de l'injustice de ceux qui s'étaient emparés de ces possessions que pour le préjudice à leur propre personne car ils mouraient dans de très mauvaises conditions, sans confession. En manière d'échange [le comte de Marimont] [142] donna à Saint-Denis, en pleine liberté, le lieu appelé La Celle [143] avec ses dépendances énumérées dans les diplômes de l'empereur Louis, et là nous avons placé certains de nos frères pour servir Dieu, dans l'espoir d'un accroissement et d'une récupération ultérieure.

29. — *Chaumont* [144].

Nous avons travaillé aussi à obtenir l'église Saint-Pierre sise au château de Chaumont, aussi bien l'abbaye que les prébendes elles-mêmes à la mort des chanoines, grâce à la libéralité de l'archevêque de Rouen, Hugues, et du seigneur roi de France Louis [145]. Nous avons établi avec honneur douze frères avec un treizième, le prieur, pour exalter cette église et propager le culte divin, et nous avons obtenu grâce à Dieu que cette église soit consacrée et que le cimetière situé au devant soit béni par ce vénérable archevêque. Cette église nouvelle, attachée comme un membre noble à sa tête, l'église Saint-Denis, sera aussi utile

quanto transeuntibus successoribus nostris a Vilcassino ad Normanniam, vel etiam pro conservatione reliquarum possessionum in eodem pago demorantibus apta sive idonea existit, tanto de propriis ut de acquisitis eam locupletare tanquam novam plantam et confovere jure decertabit [24]. Fratribus vero ibidem Deo deservientibus, quia vineis egent, de decimis quas nobis dedit rex Ludovicus apud Cergiacum unoquoque anno viginti modios vini, et de decima quam nos acquisivimus apud Ablegiacum medietatem confirmavimus.

30. — *De Bernevalle.*

In ea autem quæ dicitur Bernevallis possessione, super Normannici littus maris, in qua etiam primam alicujus prepositurae ab antecessore meo suscepi obedientiam, quam etiam in tempore strenuissimi regis Henrici, adhuc satis juvenis, ab oppressione exactorum regiorum quos dicunt graffiones, multo labore multisque placitis emancipaveram, parrochiales ecclesias, quas Rogerius presbyter et frater ejus Gaufredus hereditario jure sibi vendicabant, ad dominicaturam ecclesiæ in novitate prelationis nostræ retraximus, easque et redditus earum thesaurario ad renovandas et augmentandas ecclesiæ hujus palliaturas, in sempiternum contulimus. Et quia fere nullos redditus ad hoc supplendum habebat, aliam quandam villam in partibus istis quæ dicitur Quadraria nuper ædificata, adjunximus. Et hæc quidem quatuor marcas, ecclesiæ vero septem libras, si tamen meliorari non poterit, persolvit. Redditus vero alios consuetudinarios prefatæ villæ Bernevallis, tam in censibus quam in aliis, fere usque ad quindecim libras, sicut credimus, augmentari fecimus. Consuetudinem

---

24. *decertabit*, pour *decertabitur* ou *decertabimus* ?

et propice à nos successeurs qui se rendront du Vexin en Normandie qu'à ceux qui resteront dans le pays pour la conservation des autres possessions. Aussi serons-nous d'autant plus déterminés, en toute justice, à l'enrichir tant de biens propres que d'acquets et à la soigner comme une plante nouvelle. Nous avons confirmé aux frères qui servent Dieu en ce lieu, parce qu'ils manquent de vignes, la dotation annuelle de vingt muids de vin sur les dîmes que nous donna le roi Louis à Cergy [146] et la moitié de la dîme que nous avons acquise à Ableiges [147].

30. — *Berneval* [148].

Dans la possession appelée Berneval, sur le littoral de la mer normande, j'avais également reçu de mon prédecesseur le premier gouvernement d'une prévôté [149]. Du temps du très vaillant roi Henri [150], alors que j'étais encore assez jeune, je l'avais libérée à grand peine et à coup de nombreux procès de l'oppression des officiers royaux appelés *graffiones* [151]. Au début de notre gouvernement nous avons retiré [pour les réunir] à la seigneurie de [notre] église les églises paroissiales que le prêtre Roger et son frère Geoffroy revendiquaient à titre héréditaire et nous les avons attribuées pour toujours, avec leurs revenus, au trésorier pour rénover et augmenter les ornements de l'église. Et parcequ'elle ne disposait d'aucun revenu, ou presque, pour cet usage, nous y avons ajouté un autre village récemment construit dans la même région, appelé Carrières [152] ; ce dernier paie quatre marcs et les églises sept livres, à moins qu'on puisse faire mieux. Les autres revenus coutumiers du susdit domaine de Berneval, cens ou autres, nous les avons fait accroitre jusqu'à presque quinze livres, du moins nous le croyons. Du temps de notre

149. Suger fut envoyé par son abbé Adam à Berneval, en qualité de prévôt, en 1107 : il avait alors 26 ans.
150. Il s'agit du roi d'Angleterre Henri Ier Beauclerc (1100-1135), fils de Guillaume le Conquérant, qui ne cessa d'inspirer à Suger une profonde admiration.

autem quam vulgo dicunt aquariam, quamque in tempore bonæ memoriæ antecessoris nostri a preposito nostro qui eam occupaverat, excutere adjuvimus, festivo piissimi regis Dagoberti anniversario refectioni fratrum assignavimus.

Villas etiam Moriniacum, Liliacum et Floriacum, cum non consuevissent reddere plus quam septem aut decem libras, ut triginta aut ad minus viginti quinque reddant elaboravimus. Idem et de Monte Fusceoli.

II

1. — *De ecclesiæ ornatu.*

His igitur reddituum incrementis taliter assignatis, ad edificiorum institutionem memorandam manum reduximus, ut et ex hoc ipso Deo omnipotenti tam a nobis quam a successoribus nostris grates referantur, et eorum affectus ad hoc ipsum prosequendum et, si necesse sit, peragendum bono exemplo animetur. Neque enim aut penuria aliqua, aut quodcumque impedimentum cujuscumque potestatis timendum erit, si ob amorem sanctorum Martyrum de suo sibi secure serviatur. Primum igitur quod Deo inspirante hujus ecclesiæ incepimus opus, propter antiquarum maceriarum vetustatem et aliquibus in locis minacem diruptionem, ascitis melioribus quos invenire potui de diversis partibus pictoribus, eos aptari et honeste depingi tam auro quam preciosis coloribus devote fecimus. Quod, quia etiam in scolis addiscens hoc facere si unquam possem appetebam, libentius complevi.

prédécesseur de bonne mémoire nous avons contribué à arracher la coutume appelée communément *aquaria* [153] des mains de notre prévôt qui l'avait détenue et nous l'avons affectée, pour la célébration de l'anniversaire du très pieux roi Dagobert [154], à la pitance des frères. En outre, les villages de Morgny [155], Lilly [156] et Fleury [157] qui ne rapportaient généralement que sept ou dix livres, nous avons réussi à ce qu'ils en rendent au moins vingt cinq ; de même pour Chateau-sur-Epte [158].

II. — [L'ÉGLISE].

1. — *La décoration de l'église.*

Donc, ces accroissements de revenus ainsi répartis, nous nous sommes consacrés à la glorieuse construction des édifices afin que par là aussi grâces soient rendues à Dieu tout-puissant tant par nous que par nos successeurs, que leur ardeur soit portée par le bon exemple à poursuivre cette œuvre et, si nécessaire, à l'achever, car aucune pénurie, aucun obstacle de quelque pouvoir que ce soit ne sera à craindre si c'est pour l'amour des saints martyrs que l'on donne du sien, en toute sécurité. Ainsi, le premier ouvrage que nous avons entrepris dans cette église, à l'inspiration de Dieu, en raison de la vétusté des anciens murs et de la ruine qui menaçait en certains endroits [159], fut de nous appliquer à les faire mettre en état et peindre convenablement avec de l'or et de précieuses couleurs, ayant réuni de différentes régions les meilleurs peintres que j'aie pu trouver ; ce que je fis d'autant plus volontiers que déjà au temps où je fréquentais les écoles j'éprouvais le désir de le faire si un jour je le pouvais.

157. Fleury-la-Forêt, Eure, arr. Les Andelys, cant. Lyons-la-Forêt (27480).
158. Chateau-sur-Epte, autrefois Fuscelmont, Eure, arr. Les Andelys, cant. Ecos.

2. — *De ecclesiæ primo augmento.*

Verum, cum jam hoc ipsum multo sumptu compleretur, inspirante divino nutu, propter eam quam sepe diebus festis, videlicet in festo beati Dyonisii et in Indicto, et in aliis quamplurimis, et videbamus et sentiebamus importunitatem — exigebat enim loci angustia ut mulieres super capita virorum, tanquam super pavimentum, ad altare dolore multo et clamoso tumultu currerent — ad augmentandum et amplificandum nobile manuque divina consecratum monasterium, virorum sapientum consilio, religiosorum multorum precibus, ne Deo sanctisque martyribus displiceret adjutus, hoc ipsum incipere aggrediebar, tam in capitulo nostro quam in ecclesia divinæ supplicans pietati, ut qui initium est et finis, id est Alpha et Omega [25], bono initio bonum finem salvo medio concopularet, ne virum sanguinum ab edificio templi refutaret, qui hoc ipsum toto animo magis quam Constantinopolitanas gazas obtinere preobtaret. Accessimus igitur ad priorem valvarum introitum et, deponentes augmentum quoddam, quod a Karolo Magno factum perhibebatur, honesta satis occasione — quia pater suus Pipinus imperator extra in introitu valvarum pro peccatis patris sui Karoli Martelli prostratum se sepeliri non supinum, fecerat — ibidem manum apposuimus, et quemadmodum apparet, et in amplificatione corporis ecclesiæ et introitus et valvarum triplicatione, turrium altarum et honestarum erectione instanter desudavimus.

---

25. Ces deux mots écrits deux fois = α et ω alpha et o

2. — *Le premier agrandissement de l'église.*

Cependant, tandis que ces travaux s'achevaient déjà, à grands frais, nous fûmes inspirés par la volonté de Dieu dans cette incommodité que nous constations et éprouvions souvent les jours de fête, à savoir la fête de saint Denis, le Lendit [160] et beaucoup d'autres solennités : en raison de l'étroitesse des lieux en effet, les femmes accouraient à grand'peine et dans un grand vacarme vers l'autel en passant sur la tête des hommes comme sur un pavement [161]. Pour augmenter et agrandir le noble monastère consacré par la main divine [162], sur le conseil d'hommes sages et les prières de nombreux religieux afin que cela ne déplaise ni à Dieu ni aux saints martyrs, j'entreprenais cette œuvre, suppliant la bonté divine, tant dans notre chapître qu'à l'église pour que Lui qui est le commencement et la fin, c'est-à-dire l'alpha et l'omega [163], joigne à un bon début une fin heureuse en épargnant l'œuvre médiane afin qu'il ne rejette pas de l'édifice du Temple l'homme de sang qui de toute son âme préférait accomplir cette [œuvre] plutôt que d'obtenir les trésors de Constantinople [164]. Nous avons donc commencé par l'entrée principale des portes [165] et, détruisant un certain prolongement construit, dit-on, par Charlemagne pour un motif tout-à-fait honorable — parceque son père, l'empereur Pépin, s'était fait ensevelir à l'extérieur au seuil des portes, prostré et non couché sur le dos à cause des péchés de son père Charles Martel [166] — c'est là que nous avons mis la main et, comme on le voit, nous avons travaillé sans relâche à l'agrandissement du corps de l'église, au triplement de l'entrée et des portes ainsi qu'à l'érection de tours hautes et dignes [167].

3. — *De dedicatione.*

Oratorium sancti Romani, ad famulandum Deo sanctisque ejus angelis, dedicari a venerabili viro Rothomagensi archiepiscopo Hugone et aliis quamplurimis episcopis obtinuimus. Qui locus quam secretalis, quam devotus, quam habilis divina celebrantibus, qui ibidem Deo deserviunt, ac si jam in parte dum sacrificant eorum in celis sit habitatio, cognorunt. Eadem etiam dedicationis celebritate, in inferiori testudine ecclesiæ dedicata sunt hinc et inde duo oratoria, ex una parte sancti Yppoliti sociorumque ejus, et ex altera sancti Nicholai, a venerabilibus viris Manasse Meldensi episcopo et Petro Silvanectensi. Quorum trium una et gloriosa processio, cum per hostium sancti Eustachii egrederetur, ante principales portas transiliens cum ingenti cleri decantantis et populi tripudiantis turba, episcopis preeuntibus et sancte insistentibus consecrationi, per singularem atrii portam de antiquo in novum opus transpositam tertio ingrediebantur. Et ad honorem omnipotentis Dei festivo [26] opere completo, cum in superiore parte elaborare accingeremur, aliquantulum fatigatos recreabant, et ne laboris aut penuriæ alicujus timore deprimeremur gratantissime sollicitabant.

4. — *De portis fusilibus et deauratis.*

Valvas siquidem principales, accitis fusoribus et electis sculptoribus, in quibus passio Salvatoris et resurrectio vel ascensio [27] continetur, multis expensis,

---

26. écrit *festino*.
27. le *a* initial de ce mot, suscrit de la même main.

3. — *La dédicace.*

Nous avons obtenu que l'oratoire de saint Romain soit dédié par vénérable homme l'archevêque de Rouen, Hugues [168], et par de nombreux autres évêques [169], au service de Dieu et de ses saints anges. Combien ce lieu est secret, combien il est apte au recueillement, propice à la célébration des offices divins, ceux qui y servent Dieu le savent, comme si, pendant qu'ils sacrifient, leur demeure était déjà en quelque sorte dans les cieux [170]. Au cours de cette célébration de la dédicace furent aussi consacrés, dans la partie inférieure de cet avant-corps voûté de l'église [171], par vénérables hommes Manassès, évêque de Meaux et Pierre, évêque de Senlis, deux oratoires situés de part et d'autre, d'un côté l'oratoire de saint Hippolyte et ses compagnons, de l'autre celui de saint Nicolas [172]. Une seule et glorieuse procession de ces trois prélats sortit par la porte saint-Eustache [173], passa devant les portes principales dans une immense foule de clercs qui chantaient et de peuple qui dansait, les évêques en tête, tout recueillis en vue de la sainte consécration, et dans un troisième temps rentra par l'unique porte du cimetière [174], réinsérée de l'ancien dans le nouveau bâtiment. Cette solennité accomplie en l'honneur de Dieu tout-puissant, tandis que nous nous disposions à travailler dans la partie orientale, ils soulageaient notre fatigue et nous exhortaient avec joie à ne pas nous laisser décourager par la crainte de l'effort ou de quelque pénurie.

4. — *Les portes de bronze [et] dorées.*

Ayant réuni les fondeurs et choisi les sculpteurs [175], nous avons érigé les portes principales sur lesquelles sont représentées la Passion, la Résurrection ou [plutôt] l'Ascension du Sauveur, à grands frais et moyennant de

multo sumptu in earum deauratione, ut nobili porticui [28] conveniebat, ereximus. Necnon et alias in dextera parte novas, in sinistra vero antiquas sub musivo, quod et novum contra usum hic fieri et in arcu portæ imprimi elaboravimus. Turrim etiam et superiora frontis propugnacula, tam ad ecclesiæ decorem quam et utilitatem, si op[p]ortunitas exigeret, variari condiximus ; litteris etiam cupro deauratis consecrationis annum intitulari, ne oblivioni traderetur, precepimus hoc modo :

> Ad decus ecclesiæ, quæ fovit et extulit illum,
> Suggerius studuit ad decus ecclesiæ.
> Deque tuo tibi participans martyr Dyonisi,
> Orat ut exores fore participem Paradisi.
> Annus millenus et centenus quadragenus
> Annus erat Verbi quando sacrata fuit.

Versus etiam portarum hii sunt :

> Portarum quisquis attollere queris honorem,
> Aurum nec sumptus, operis mirare laborem,
> Nobile claret opus, sed opus quod nobile claret
> Clarificet mentes, ut eant per lumina vera
> Ad verum lumen, ubi Christus janua vera.
> Quale sit intus in his determinat aurea porta.
> Mens hebes ad verum per materialia surgit,
> Et demersa prius, hac visa luce resurgit.

Et in superliminari :

> Suscipe vota tui, judex districte, Sugeri,
> Inter oves proprias fac me clementer haberi.

5. — *De augmento superioris partis*.

Eodem vero anno, tam sancto et tam fausto opere exhilarati, ad inchoandam in superiori parte divinæ

---

28. le *i* final de ce mot, suscrit de la même main.

grandes dépenses pour leur dorure, comme il convenait à un noble portique [176]. [Nous avons fait dresser] d'autres portes aussi, neuves sur la partie droite, anciennes à gauche [177] sous une mosaïque, nouveauté contraire à l'usage, que nous avons fait faire et insérer là, dans l'arc [du tympan] de la porte [178]. Nous avons en outre entrepris de modifier la tour et les éléments de défense supérieurs de la façade, tant pour l'ornementation de l'église que pour l'utilité [179], le cas échéant ; et pour que l'année de la consécration ne tombe pas dans l'oubli, nous avons ordonné de la faire inscrire en lettres de cuivre [et] dorées, en ces termes :

Pour la gloire de l'église qui l'a nourri et élevé
Suger s'est employé à l'ornement de l'église.
Participant avec toi de ce qui est à toi, martyr Denis,
il supplie que par tes prières il ait part au Paradis.
C'était l'année du Verbe mil cent quarante quand [cette église] fut
consacrée.

Tels sont aussi les vers inscrits sur les portes :

Qui que tu sois, si tu désires exalter la gloire des portes,
n'admire ni l'or ni la dépense mais le travail de l'œuvre.
L'œuvre noble resplendit, mais que cette œuvre qui brille dans sa
noblesse
illumine les esprits afin qu'ils aillent, à travers de vraies lumières,
vers la vraie lumière où le Christ est la vraie porte.

Quelle est cette lumière intérieure, la porte dorée la définit ainsi :

L'esprit engourdi s'élève vers le vrai à travers les choses matérielles
et, plongé d'abord dans l'abîme, à la vue de cette lumière il ressurgit.

Et sur le linteau:

Accueille les prières de ton Suger, Juge redoutable,
dans ta clémence, fais que je sois reçu parmi tes brebis [180].

5. — *L'agrandissement du chevet* [181].

La même année, réjoui par une œuvre si sainte et si heureuse nous nous empressâmes de commencer, dans la

propitiationis cameram, in qua jugis et frequens redemptionis nostræ hostia absque turbarum molestia secreto immolari debeat, acceleravimus. Et quemadmodum in scripto consecrationis ejusdem superioris operis invenitur, Deo cooperante et nos et nostra prosperante, cum fratribus et conservis nostris tam sanctum, tam gloriosum, tam famosum opus ad bonum perduci finem misericorditer obtinere meruimus ; tanto Deo sanctisque martyribus obnoxii quanto nostris temporibus et laboribus tam diu differendo agenda reservavit. Quis enim ego sum, aut quæ domus patris mei, qui tam nobile, tam gratum edificium vel inchoasse presumpserim vel perfecisse speraverim, nisi, divinæ misericordiæ et sanctorum auxilio martyrum fretus, totum me eidem operi et mente et corpore applicuissem ? Verum qui dedit velle dedit et posse : et quia bonum opus fuit in voluntate, ex Dei adjutorio stetit in perfectione. Quod quidem gloriosum opus quantum divina manus in talibus operosa protexerit, certum est etiam argumentum quod in tribus annis et tribus mensibus totum illud magnificum opus, et in inferiore cripta et in superiore voltarum sublimitate, tot arcuum et columnarum distinctione variatum, etiam operture integrum supplementum admiserit. Unde etiam epitaphium prioris consecrationis, una sola sublata dictione, hujus etiam annalem terminum concludit hoc modo :

> Annus millenus et centenus quadragenus
> Quartus erat Verbi, quando sacrata fuit.

partie en tête [de l'église], la chambre de la divine propitiation dans laquelle l'hostie perpétuelle et fréquente de notre rédemption doit être sacrifiée dans le secret, loin du harcèlement des foules ; et comme on le lit dans le mémoire sur la consécration de ce même chevet [182], Dieu nous aidant et faisant prospérer nos personnes et nos biens, avec nos frères et nos frères-serviteurs, nous obtinmes par miséricorde la grâce de mener à bonne fin une œuvre si sainte, si glorieuse, si célèbre, et [nous en sommes] d'autant plus redevables à Dieu et aux saints martyrs qu'il confia, après les avoir différées si longtemps, ces tâches à accomplir à notre temps et à nos soins. « Qui suis-je en effet, ou quelle est la maison de mon père » [183] pour avoir prétendu commencer un édifice si noble, si agréable, ou espéré l'achever si, poussé par l'aide de la divine miséricorde et des saints martyrs, je ne m'étais appliqué tout entier corps et âme à cette œuvre ? Car Celui qui a donné le vouloir a donné aussi le pouvoir et parceque ce fut un bon ouvrage dans la volonté, il le demeura, avec l'aide de Dieu, dans l'accomplissement. Combien la main divine, opérante en de telles choses, protégea cette œuvre glorieuse, la preuve certaine en est aussi qu'elle permit d'achever en trois ans et trois mois tout cet ouvrage magnifique [184], et dans la crypte inférieure et au-dessus dans la hauteur des voûtes, rythmé par la distribution de tant d'arcs et de colonnes, jusqu'à la construction complète de la couverture [185]. Ainsi l'inscription de la première consécration résume aussi, en y glissant un seul mot de plus, la date de celle-ci en ces termes :

C'était l'an mil cent quarante
quatre du Verbe quand cette église fut consacrée [186].

---

186. Seul le mot *quartus* a en effet été ajouté à l'inscription rappelant la date de la première consécration : cf. ci-dessus, chap. 4. *Una sola sublata dictione : sublata* vient du verbe *suffero* = placer sous, présenter, fournir) bien que la forme régulière du participe passé de ce verbe soit *suffertus*.

Quibus etiam epitaphii versibus hos adjungi delegimus :

> Pars nova posterior dum jungitur anteriori,
> Aula micat medio clarificata suo.
> Claret enim claris quod clare concopulatur,
> Et quod perfundit lux nova, claret opus
> Nobile quod constat auctum sub tempore nostro ;
> Qui Sugerus eram, me duce dum fieret.

6. — Promptus igitur urgere successus meos, cum nihil mallem sub celo quam prosequi matris ecclesiæ honorem quæ puerum materno affectu lactaverat, juvenem offendentem sustinuerat, etate integrum potenter roboraverat, inter Ecclesiæ et regni principes solemniter locaverat, ad executionem operis nos ipsos contulimus, et cruces collaterales ecclesiæ ad formam prioris et posterioris operis conjungendi attolli [29] et accumulari decertavimus.

7. — *De continuatione utriusque operis.*

Quo facto, cum quorumdam persuasione ad turrium anterioris partis prosecutionem studium nostrum contulissemus, jam in altera parte peracta, divina, sicut credimus, voluntas ad hoc ipsum nos retraxit ut mediam ecclesiæ testudinem, quam dicunt navim, innovare et utrique innovato operi conformare et coequare aggrederemur : reservata tamen quantacumque porcione de parietibus antiquis, quibus summus pontifex Dominus Jesus Christus testimonio antiquorum scriptorum manum apposuerat, ut et antiquæ consecra-

---

29. *attolendi*, corrigé au XVIe s. en *attoli*.

A ces vers de l'inscription nous avons voulu ajouter ceux-ci :

Tandis que la partie postérieure, nouvelle, est jointe à l'antérieure,
la basilique resplendit, illuminée en son milieu.
Car resplendit ce qui est brillamment uni aux choses lumineuses ;
et traversé d'une lumière nouvelle l'œuvre noble resplendit [187] ;
il fut amplifié de notre temps, et c'est moi, Suger, qui dirigeais tandis
que cet ouvrage était réalisé [188].

6. — [*Le transept*].

Ainsi, pressé d'avancer dans mes réalisations, comme rien ne m'était plus cher sous le ciel que de rechercher l'honneur de l'église mère qui m'avait nourri, enfant, d'une affection maternelle, qui m'avait soutenu dans ma jeunesse malheureuse [189], qui m'avait puissamment raffermi, avec l'âge, dans l'intégrité, qui m'avait placé solennellement parmi les princes de l'Eglise et du royaume, nous nous sommes appliqués à l'accomplissement de l'œuvre et avons lutté pour que les bras du transept de l'église soient élevés et agrandis de manière à s'adapter à la forme des constructions ancienne et nouvelle qui devaient être jointes [190].

7. — *La poursuite de l'un et l'autre ouvrage.*

Cela fait, comme nous avions, sous la pression de certains, porté nos efforts sur la construction des tours de la partie antérieure, déjà achevée sur un côté [191], la volonté divine, à ce que nous croyons, nous ramena à cet objectif : entreprendre de transformer le vaisseau central de l'église que l'on appelle nef [192], l'harmoniser et le conformer à l'un et l'autre corps de bâtiment déjà remodelés, en conservant cependant la plus grande partie possible des murs antiques sur lesquels le Pontife suprême, le seigneur Jésus-Christ, au témoignage d'anciens auteurs, avait posé la main, afin

tionis reverentia et moderno operi juxta tenorem ceptum congrua cohærentia servaretur. Cujus immutacionis summa hec fuit quod, si interpolatæ [30] in navi ecclesiæ occasione turrium ageretur, aut temporibus nostris aut successorum nostrorum, tardius aut nunquam quocumque infortunio, sicut dispositum est, perficeretur. Nulla enim rerum importunitas rerum auctores urgeret, quin novi et antiqui operis copula longam sustineret expectationem. Sed quia jam inceptum est in alarum extensione, aut per nos aut per quos Dominus elegerit, ipso auxiliante perficietur. Preteritorum enim recordatio futurorum est exhibitio. Qui enim inter alia majora etiam admirandarum vitrearum operarios, materiem saphirorum locupletem, promptissimos sumptus fere septingentarum librarum aut eo amplius administraverit, peragendorum supplementis liberalissimus Dominus deficere non sustinebit. Est etenim initium et finis.

8. — *De ornamentis ecclesiae.*

Ornamentorum etiam ecclesiæ descriptionem, quibus manus divina administrationis nostræ tempore ecclesiam suam sponsam vocatam exornavit, ne veritatis emula subrepat oblivio et exemplum auferat agendi, intitulare dignum duximus. Dominum nostrum ter beatum Dyonisium tam largum, tam benignum et confitemur et predicamus ut tot et tanta credamus apud Deum effecisse, tot et tanta impetrasse, ut centupliciter quam fecerimus ecclesiæ illius profecisse potuissemus si fragilitas humana, si varietas temporum, si mobilitas

---

30. Le passage qui suit est parsemé de corrections.

que soient préservées la révérence à l'antique consécration et la cohérence de conformité à l'œuvre moderne, suivant le plan entamé [193]. Le point capital de ce changement fut que si, à cause des tours, on mettait en question la transformation de l'église dans la nef, son achèvement suivant le plan établi serait retardé ou empéché par quelque malheur, soit de notre temps soit sous nos successeurs, dans l'avenir encore ou pour toujours ; car aucune difficulté dans les choses ne saurait exercer sa contrainte sur leurs auteurs sans que la liaison entre l'ancien et le nouvel œuvre ne subisse une longue attente. Cependant, parce qu'elle est déjà commencée dans l'extension des collatéraux [194], l'œuvre sera achevée, le Seigneur aidant, par nous ou par ceux qu'Il choisira [195]. La mémoire du passé est en effet un exemple pour l'avenir. Celui qui, entre autres bienfaits de première importance, aura aussi fourni des ouvriers pour les admirables vitraux, une grande quantité de verre de saphir [196], des sommes disponibles d'environ sept-cents livres ou davantage, Lui, le Seigneur très libéral ne souffrira pas de nous voir manquer du supplément nécessaire à l'accomplissement de l'œuvre. Car il est le commencement et la fin [197].

8. — *Les ornements de l'église.*

Nous avons en outre jugé digne de donner par écrit la description des ornements de l'église dont la main de Dieu, au temps de notre administration, décora son Eglise qui est appelée son Epouse, afin que l'oubli, rival de la vérité, ne s'insinue et ne fasse disparaitre l'exemple de l'action à mener. Nous confessons et proclamons que notre seigneur Denis trois fois saint est si généreux, si bienveillant qu'il a opéré et obtenu auprès de Dieu, nous le croyons, tant de choses et de si grandes que nous aurions pu faire pour son église cent fois plus que nous n'avons fait si la fragilité humaine, les vicissitudes des temps, la mobilité des usages

morum non restitisset. Que tamen ei, Deo donante, reservavimus, hec sunt.

9. — *De tabula aurea superiori.*

In tabula illa quæ ante sacratissimum corpus ejus assistit, circiter quadraginta duas marcas auri posuisse nos estimamus, gemmarum preciosarum multiplicem copiam, jacinctorum, rubetorum, saphirorum, smaragdinum, topaziorum necnon et opus discriminantium unionum quantam nos reperire nunquam presumpsimus. Videres reges et principes, multosque viros precelsos invitatione [31]nostra digitos manuum suarum exanulare, et anulorum aurum et gemmas, margaritasque preciosas, ob amorem sanctorum martyrum, eidem tabulæ infigi precipere. Nec minus etiam archiepiscopi et episcopi, ipsos suæ desponsationis anulos ibidem sub tuto reponentes, Deo et sanctis ejus devotissime offerebant. Venditorum etiam gemmariorum tanta de diversis regnis et nationibus ad nos turba confluebat, ut non plus emere quereremus quam illi vendere sub amministratione omnium festinarent. Versus etiam ejusdem tabulæ hi sunt :

> Magne Dyonisi, portas aperi Paradisi,
>   Suggeriumque piis protege præsidiis.
> Quique novam cameram per nos tibi constituisti,
>   In camera celi nos facias recipi,
> Et pro presenti, celi mensa satiari.
>   Significata magis significante placent.

10. — Quia igitur sacratissima dominorum nostrorum corpora in volta superiore quam nobilius potuimus

31. *invitatione* changé, d'une main beaucoup plus tardive, en *imitatione*, par grattage du *i* initial et transformation des deux lettres suivantes *n v* en *i m*.

ne s'y étaient opposées [198]. Telles sont cependant les œuvres que, par la grâce de Dieu, nous lui avons consacrées.

9. — *L'antependium* [199] *d'or du chevet* [200].

Dans cet *antependium* qui est placé devant son corps très sacré nous estimons avoir mis environ quarante deux marcs d'or, des pierres précieuses, hyacinthes, rubis, saphirs, émeraudes, topazes, ainsi que toute une gamme de grosses perles en si grande quantité que nous n'aurions jamais espéré en trouver. Il fallait voir les rois, les princes et beaucoup de grands personnages retirer à notre invitation [201] les anneaux des doigts de leurs mains et ordonner que l'or, les pierres et les perles précieuses de ces anneaux fussent insérés dans ce devant d'autel, pour l'amour des saints martyrs. De même les archevêques et les évêques, déposant là sous bonne garde les anneaux de leur consécration, les offraient très pieusement à Dieu et à ses saints. Une foule si nombreuse de marchands de pierres précieuses venant de divers royaumes et nations [202] accourait vers nous que nous ne cherchions pas à acheter plus que ce qu'ils voulaient nous vendre, grâce à la contribution de tous [203]. Voici donc les vers [inscrits] sur ce frontal :

Noble Denis, ouvre les portes du Paradis,
Protège Suger de tes pieux secours.
Toi qui t'es constitué par nos mains une nouvelle demeure,
Fais que nous soyons reçu dans la demeure du ciel
Et, au lieu de celle-ci, que nous soyons rassasié par la table du ciel.
Ce qui est signifié plait davantage que ce qui le signifie [204].

10. — [*Le tombeau des Corps Saints*].

Ainsi, parcequ'il convenait que les corps très sacrés de nos seigneurs fussent placés le plus noblement possible

---

199. Il s'agit du panneau frontal placé devant la face antérieure de l'autel.

locari oportuit, quædam de collateralibus tabulis sanctissimi eorum sarcofagi nescimus qua occasione erepta, quindecim marcas auri reponendo, ulteriorem frontem ejusdem et operturam superiorem undique inferius et superius deaurari quadraginta ferme unciis elaboravimus. Tabulis etiam cupreis fusilibus et deauratis, atque politis lapidibus inpactis propter interiores lapideas voltas, necnon et januis continuis ad arcendos populorum tumultus, ita tamen ut venerabiles personæ, sicut decuerit, ipsa sanctorum corporum continentia vase cum magna devotione et lacrymarum profusione videre valeant, circumcingi fecimus. Eorumdem vero sanctorum tumulorum hi sunt versus :

> Sanctorum cineres ubi celicus excubat ordo,
> Plebs rogat et plorat, clerus canit in decacordo,
> Spiritibus quorum referuntur vota piorum ;
> Cumque placent illis, mala condonantur eorum.
> Corpora sanctorum sunt hic in pace sepulta ;
> Qui post se rapiant nos orantes prece multa.
> Hic locus egregium venientibus extat asilum ;
> Hic fuga tuta reis, subjacet ultor eis.

11. — *De crucifixo aureo.*

Adorandam vivificam crucem, eternæ victoriæ Salvatoris nostri vexillum salutiferum, de quo dicit Apostolus : *Mihi autem absit gloriari nisi in cruce domini mei Jesu Christi,* quanto gloriosum non tantum hominibus quantum etiam ipsis angelis, filii hominis signum apparens in extremis in celo, tanto gloriosius ornatum iri tota mentis devocione si possemus inniteremur, jugiter eam cum apostolo Andrea salutantes : *Salve crux, que in corpore Christi dedicata es, et ex membris ejus tanquam margaritis ornata.*

sous la voûte supérieure [205] et que l'un des panneaux latéraux de leur très saint sarcophage avait été arraché, nous ne savons pas à quelle occasion, nous entreprîmes, moyennant quinze marcs d'or, de faire dorer la face arrière et toute la surface [de ce sarcophage], complètement, de haut en bas, en y mettant environ quarante onces. Nous le fîmes entourer de panneaux de cuivre dorés, de pierres façonnées appliquées contre les voûtes intérieures en pierre, ainsi que d'une succession de portes pour écarter le tumulte des foules, mais de telle manière que les personnes vénérables pussent voir, comme il convient, les reliquaires eux-mêmes contenant les corps saints avec grande dévotion et profusion de larmes [206]. Voici les vers [inscrits] sur leurs saintes tombes :

Les cendres des saints, là où l'ordre céleste veille,
Le peuple les implore et les pleure, le clergé les chante sur le décacorde.
A leurs esprits les hommes de piété adressent leurs prières,
Quand il les agréent leurs fautes sont pardonnées.
Les corps des saints reposent ici dans la paix.
Qu'ils nous entraînent après eux, nous qui les implorons d'une prière fervente.
Ce lieu est, pour ceux qui y viennent, un asile remarquable ;
Ici est le refuge des accusés, leur vengeur est placé dessous [207].

11. — *Le crucifix d'or.*

Pour adorer la croix vivifiante, étendard salutaire de la victoire éternelle de notre Sauveur, dont l'Apôtre dit : « que je n'aie pas lieu de me glorifier sinon en la croix de mon Seigneur Jésus-Christ »[208], nous appliquerions, si nous le pouvions, toute la dévotion de notre esprit à l'orner d'autant plus glorieusement qu'elle est dans la gloire, non tant aux yeux des hommes qu'aux yeux des anges eux-mêmes, signe du Fils de l'Homme apparaissant à la fin des temps dans le ciel [209], la saluant sans cesse avec l'apôtre André : « Salut, O Croix qui es consacrée dans le corps du Christ et ornée de ses membres comme de perles »[210]. Mais

Verum quia sicut voluimus non potuimus, quam melius potuimus voluimus et perficere Deo donante elaboravimus. Hinc est quod preciosarum margaritarum gemmarumque copiam circumquaque per nos et per nuncios nostros queritantes, quam preciosiorem in auro et gemmis tanto ornatui materiam invenire potuimus preparando, artifices periciores de diversis partibus convocavimus, qui et diligenter et morose fabricando crucem venerabilem ipsarum ammiratione gemmarum retro attollerent, et ante, videlicet in conspectu sacrificantis sacerdotis, adorandam Domini Salvatoris imaginem in recordatione passionis ejus tanquam et adhuc patientem in cruce ostentarent. Eodem sane loco beatus Dyonisius quingentis annis et eo amplius, videlicet a tempore Dagoberti usque ad nostra tempora, jacuerat. Unum jocosum, sed miraculum nobile quod super his ostendit nobis Dominus, sub silentio preterire nolumus. Cum enim hererem penuria gemmarum nec super hoc sufficienter mihi providere valerem — raritas enim eas cariores facit — ecce duorum ordinum trium abbatiarum, videlicet Cistellensis et alterius abbatiæ ejusdem ordinis et Fontis Ebraldi, camerulam nostram ecclesiæ inherentem intrantes, gemmarum copiam, videlicet jacinctorum, saphirorum, rubetorum, smaragdinum, topaziorum, quantam per decennium invenire minime sperabamus, emendam nobis obtulerunt. Qui autem eas habebant a comite Theobaldo sub elemosina obtinuerant, qui a thesauris avunculi sui regis Henrici defuncti, quas in mirabilibus cuppis toto tempore vitæ suæ congesserat, per manum Stephani fratris sui regis anglici receperat. Nos autem onere querendarum gem-

parceque nous n'avons pu ce que nous voulions, nous avons voulu au mieux ce que nous pouvions et, grâce à Dieu, nous avons fait en sorte de l'accomplir. C'est pourquoi, recherchant nous-mêmes de tous côtés et faisant rechercher par nos messagers quantité de perles et de gemmes, préparant la matière la plus précieuse que nous pûmes trouver en or et en gemmes pour un tel ornement, nous fîmes venir de diverses régions les artistes les plus habiles qui, travaillant avec soin et minutie, devaient élever une croix, vénérable par la merveille des gemmes elles-mêmes [insérées] au revers, et au devant, c'est-à-dire à la vue du prêtre célébrant, montrer l'image adorable du Seigneur Sauveur en mémoire de sa Passion, comme souffrant encore sur la croix. C'est en effet en ce lieu même que saint Denis avait reposé pendant cinq cents ans et plus, à savoir depuis le temps de Dagobert jusqu'à nos jours [211]. Nous ne voulons pas passer sous silence un événement amusant et néanmoins un miracle remarquable que le Seigneur mit sous nos yeux à ce sujet. Tandis que j'étais arrêté par le manque de pierres précieuses et que je ne parvenais pas à m'en procurer en suffisance, car leur rareté les rend plus chères [212], voici que les représentants de trois abbayes de deux ordres différents, à savoir Citeaux, une abbaye du même ordre et Fontevrault, entrèrent dans notre petite chambre attenante à l'église et nous apportèrent une si grande quantité de gemmes à vendre, hyacinthes, saphirs, rubis, émeraudes, topazes, qu'en dix ans nous n'aurions jamais pu espérer en trouver autant. Ceux qui les possédaient les avaient obtenues en aumône du comte Thibaud [213] qui les avait lui-même reçues, par la main de son frère Etienne roi d'Angleterre [214], des trésors de son oncle, le défunt roi Henri qui les avait rassemblées pendant toute sa vie dans de merveilleuses coupes [215]. Quant à nous, libérés du poids de la recherche de ces

---

214. Etienne de Blois, cité à la note précédente, était le neveu du défunt roi d'Angleterre Henri I Beauclerc (1100-1135).

marum exhonerati, gratias Deo referentes, quater centum libras, cum plus satis valerent pro eis dedimus.

Nec eas solum verum etiam [32]multam et sumptuosam aliarum gemmarum et unionum copiam ad perfectionem tam sancti ornamenti apposuimus. De auro vero obrizo, circiter quater viginti marcas nos posuisse, si bene recordor, meminimus. Pedem vero quatuor Evangelistis comptum et columnam cui sancta insidet imago, subtilissimo opere smaltitam, et Salvatoris historiam cum antiquæ legis allegoriarum testimoniis designatis, et capitello superiore mortem Domini cum suis imaginibus ammirante, per plures aurifabros lotharingos, quandoque quinque quandoque septem, vix duobus annis perfectam habere potuimus. Tanti igitur et tam sancti instrumenti ornatum altius honorare et exaltare misericordia Salvatoris nostri accelerans, domnum papam Eugenium ad celebrandum sanctum Pascha, sicut mos est Romanis pontificibus in Galliis demorantibus, ob honorem sancti apostolatus beati Dyonisii, quod etiam de Calixto et Innocentio illius predecessoribus vidimus, ad nos adduxit ; qui eundem crucifixum ea die solenniter consecravit. De titulo veræ crucis Domini, quæ omnem et universalem excedit margaritam, de capella sua portionem in eo assignavit ; publice coram omnibus, quicumque inde aliquid raperent, quicumque ausu temerario in eum manum inferrent, mucrone beati Petri et gladio Spiritus Sancti anathematizavit. Nos autem idem anathema inferius in cruce intitulari fecimus.

12. — Principale igitur beati Dyonisii altare cui tantum anterior tabula a Karolo Calvo imperatore tertio

32. *etiam* suscrit de la même main.

pierres et rendant grâces à Dieu, nous les payâmes quatre cents livres alors qu'elles valaient beaucoup plus. Nous avons consacré à l'achèvement d'un si saint ornement non seulement ces pierres précieuses mais quantité d'autres gemmes et grosses perles de grand prix. De l'or fin, nous pensons si ma mémoire est bonne, en avoir mis environ quatre-vingt marcs [216]. En deux ans à peine nous avons réussi à faire accomplir par plusieurs orfèvres de Lorraine — tantôt cinq tantôt sept — le pied orné des quatre évangélistes et la colonne sur laquelle figure la sainte image, très finement émaillée, [montrant] l'histoire du Sauveur avec les témoignages figurés des allégories de l'ancienne Loi et en haut, sur l'admirable chapiteau, la mort du seigneur avec ses figures, invitant à la contemplation [217]. Pressée d'honorer et exalter davantage l'embellissement d'un si grand et si saint instrument [liturgique], la miséricorde de notre Sauveur dirigea vers nous le seigneur pape Eugène pour célébrer la sainte Pâque suivant l'usage des Pontifes Romains résidant en Gaule [218], en l'honneur de l'apostolat sacré de saint Denis [219] — comme nous le vîmes faire aussi par Calixte et Innocent, ses prédécesseurs [220] — et ce jour-là il consacra solennellement ce crucifix ; il y plaça, provenant de sa chapelle, un fragment de l'inscription de la Vraie Croix du Seigneur qui dépasse la plus totale et universelle perle [221], et publiquement, devant tous, il lança l'anathème de l'épée de saint Pierre et du glaive de l'Esprit Saint contre quiconque en volerait une partie, quiconque, dans une audace téméraire, y porterait la main. Quant à nous, nous fîmes inscrire cet anathème au pied de la croix.

12. — [*Le maitre-autel*].

Le maitre-autel de Saint-Denis avait été doté par Charles le Chauve, troisième empereur, d'un seul frontal beau et

speciosa et preciosa habebatur, quia eidem ad monasticum propositum oblati fuimus, ornatum iri acceleravimus, et utrique lateri aureas apponendo tabulas, quartam etiam preciosiorem, ut totum circumquaque altare appareret aureum, attollendo circumcingi fecimus. Collateralibus quidem candelabra viginti marcarum auri regis Ludovici Philippi, ne quacumque occasione raperentur, ibidem deponentes, jacinctos, smaragdines, quascumque gemmas preciosas apposuimus, et apponendas diligenter queritare decrevimus. Quorum quidem versus hii sunt. In dextro latere :

> Has aræ tabulas posuit Sugerius abbas,
> Preter eam quam rex Karolus ante dedit.
> Indignos venia fac dignos, Virgo Maria.
> Regis et abbatis mala mundet fons pietatis.

In sinistro latere :

> Si quis preclaram spoliaverit impius aram,
> Æque damnatus pereat Jude sociatus.

Ulteriorem vero tabulam, miro opere sumptuque profuso, quoniam barbari et profusiores nostratibus erant artifices, tam forma quam materia mirabili anaglifo opere, ut a quibusdam dici possit : « materiam superabat opus », extulimus. Multa de acquisitis, plura de quibus ecclesiæ ornamentis quæ perdere timebamus, videlicet pede decurtatum calicem aureum et quedam alia ibidem configi fecimus. Et quoniam [ta]cita [33] visus cognitione materiei diversitas, auri, gemmarum, unionum, absque descriptione facile non cognoscitur, opus quod solis patet litteratis, quod allegoriarum jocunda-

---

33. écrit *cita*, corrigé d'une main du XVIe-XVIIe s. en *tacita* par suscription des deux premières lettres.

précieux [222]. Parceque c'est à cet autel même que nous fûmes offert à la vie monastique [223] nous nous sommes empressés de l'orner : nous l'avons fait revêtir en plaçant de chaque côté des panneaux d'or et en dressant un quatrième panneau plus précieux encore, de telle sorte que cet autel semblât entièrement en or sur toutes ses faces [224]. Nous y avons installé de chaque côté les candélabres du roi Louis [fils] de Philippe, pesant vingt marcs d'or [225], afin d'éviter tout risque de vol, nous avons ajouté des hyacinthes, des émeraudes et toutes sortes de pierres précieuses et avons donné l'ordre d'en rechercher d'autres pour les y adjoindre. Les vers inscrits sur ces panneaux sont les suivants.

Sur le côté droit:

Ces panneaux d'autel, c'est l'abbé Suger qui les posa,
Sauf celui que le roi Charles offrit jadis.
Nous qui sommes indignes, rend-nous dignes par le pardon, Vierge
Marie.
Que la fontaine de miséricorde lave de leurs péchés le roi et l'abbé.

Sur le côté gauche :

Si quelque impie dépouille cet illustre autel,
Qu'il périsse, dans une même damnation, avec Judas.

D'autre part, le panneau arrière, d'un art étonnant et d'une somptuosité débordante parce que les artistes étaient des « barbares », plus fastueux que les nôtres, nous le fîmes rehausser d'un travail de sculpture admirable tant par la forme que par la matière, de sorte que certains peuvent dire : « l'œuvre dépassait la matière » [226]. Nous fîmes remonter beaucoup de nos objets d'acquisition parmi lesquels plusieurs ornements d'église que nous craignions de perdre, à savoir un calice d'or amputé de son pied et certains autres objets. Et parceque la diversité des matières, or, gemmes et grosses perles, ne peut être facilement comprise par la seule connaissance muette de la vue sans description, nous avons confié aux traits de l'écriture cette œuvre qui n'est accessible qu'aux personnes instruites, qui

rum jubare resplendet, apicibus litterarum mandari fecimus. Versus etiam idipsum loquentes, ut enucleatius intelligantur, apposuimus :

> Voce sonans magna Christo plebs clamat : Osanna!
> Quæ datur in cena tulit omnes hostia vera.
> Ferre crucem properat qui cunctos in cruce salvat.
> Hoc quod Abram pro prole litat, Christi caro signat.
> Melchisedech libat quod Abram super hoste triumphat.
> Botrum vecte ferunt qui Christum cum cruce querunt.

13. — Hæc igitur tam nova quam antiqua ornamentorum discrimina ex ipsa matris ecclesiæ affectione crebro considerantes, dum illam ammirabilem sancti Eligii cum minoribus crucem, dum incomparabile ornamentum, quod vulgo crista vocatur, auree aræ superponi contueremur, corde tenus suspirando : Omnis, inquam, lapis preciosus operimentum tuum, sardius, topazius, jaspis, crisolitus, onix et berillus, saphirus, carbunculus et smaragdus. De quorum numero, preter solum carbunculum, nullum deesse im[m]o copiosissime abundare, gemmarum proprietatem cognoscentibus cum summa ammiratione claret. Unde, cum ex dilectione decoris domus Dei aliquando multicolor gemmarum speciositas ab exintrinsecis me curis devocaret, sanctarum etiam diversitatem virtutum, de materialibus ad inmaterialia transferendo, honesta meditatio insistere persuaderet, videor videre me quasi sub aliqua extranea orbis terrarum plaga, quæ nec tota sit in terrarum fece, nec tota in celi puritate demorari, ab hac etiam inferiori ad illam superiorem anagogico more Deo donante posse

resplendit de l'éclat de délicieuses allégories [227]. Nous avons donc fait inscrire des vers qui expliquent ces leçons afin qu'elles soient plus clairement comprises :

S'écriant d'une voix forte, le peuple acclame le Christ : « Osanna ».
L'hostie véritable offerte à la Cène a porté tous les hommes.
Il s'empresse de porter la Croix, Lui qui, sur la Croix, sauve tous les hommes.
Ce qu'Abraham, [par son sacrifice], obtient pour sa descendance, la chair du Christ le scelle.
Melchisedech offre une libation parce qu'Abraham l'emporte sur l'ennemi.
Ils portent la grappe de raisin sur la hampe, ceux qui cherchent le Christ en la Croix [228].

13. — [Les ornements].

Ainsi, par affection pour l'église mère, nous contemplions souvent tous ces ornements tant nouveaux qu'anciens, et tandis que nous considérions tantôt cette admirable croix de saint Eloi [229] avec d'autres croix plus petites, tantôt cet incomparable ornement appelé ordinairement *Crista* placés sur l'autel d'or [230], nous soupirions dans notre cœur : « toute pierre précieuse, me disais-je, est ton revêtement, sardoine, topaze, jaspe, chrysolithe, onyx et béryl, saphir, escarboucle et émeraude » [231]. Au nombre de ces pierres, ceux qui connaissent les propriétés des gemmes constatent avec le plus grand étonnement qu'aucune ne manque, hormis la seule escarboucle, mais qu'au contraire elles sont en surabondance. Ainsi lorsque, dans mon amour pour la beauté de la maison de Dieu, la splendeur multicolore des gemmes me distrait parfois de mes soucis extérieurs et qu'une digne méditation me pousse à réfléchir sur la diversité des saintes vertus, me transférant des choses matérielles aux immatérielles, j'ai l'impression de me trouver dans une région lointaine de la sphère terrestre, qui ne résiderait pas toute entière dans la fange de la terre ni toute entière dans la pureté du ciel et de pouvoir être transporté, par la grâce de Dieu, de ce [monde] inférieur vers le [monde] supérieur suivant le mode anagogique [232].

transferri. Conferre consuevi cum Hierosolimitanis, et gratantissime addiscere, quibus Constantinopolitanæ patuerant gazæ et Sanctæ Sophiæ ornamenta, utrum ad comparationem illorum hæc aliquid valere deberent. Qui cum hec majora faterentur, visum est nobis quod timore Francorum ammiranda quæ antea audieramus caute reposita essent, ne stultorum aliquorum impetuosa rapacitate, Græcorum et Latinorum ascita familiaritas in seditionem et bellorum scandala subito moveretur. Astucia enim precipue Græcorum est. Unde fieri potuit ut majora sint quæ hic sub tuto reposita apparent quam ea quæ non tuto propter scandala ibidem relicta apparuerunt. Ammiranda siquidem et fere incredibilia a viris veridicis quampluribus, et ab episcopo Laudunensi Hugone, in celebratione missæ, de Sanctæ Sophiæ ornamentorum prerogativa, nennon et aliarum ecclesiarum audieramus. Quæ si ita sunt, immo quia eorum testimonio ita esse [34] credimus, tam inestimabilia quam incomparabilia multorum judicio exponerentur. Habundet unusquisque in suo sensu ; michi fateor hoc potissimum placuisse, ut quæcumque cariora, quæcumque carissima, sacrosantæ Eucharistiæ amministrationi super omnia deservire debeant. Si libatoria aurea, si fialæ aureæ et si mortariola aurea ad collectam sanguinis hircorum aut vitulorum aut vaccæ ruffæ, ore Dei aut prophetæ jussu, deserviebant, quanto magis ad susceptionem sanguinis Jesu Christi vasa aurea, lapides preciosi, quæque inter omnes creaturas karissima, continuo famulatu, plena devotione exponi debent. Certe nec nos nec nostra his deservire sufficimus. Si de sanctorum cherubim et seraphim

34. *esse* écrit $\frac{ss}{ee}$.

J'avais coutume de converser avec des [voyageurs revenant] de Jérusalem, très curieux de savoir si, pour eux qui avaient pu contempler les trésors de Constantinople et les ornements de Sainte-Sophie, nos propres trésors, par comparaison, pouvaient avoir quelque valeur. Comme ils reconnaissaient que les nôtres leur étaient supérieurs il nous est apparu que par crainte des Francs ces merveilles dont nous avions entendu parler avaient été mises en sécurité de peur que par la rapacité violente de quelques fous la bonne entente établie entre Grecs et Latins ne se changeât aussitôt en sédition et en hostilité guerrière, car la malice est le propre des Grecs. Ainsi il peut se faire que les trésors qui sont exposés ici, conservés en toute sécurité, soient plus importants que ceux qui ont été exposés là-bas, laissés dans des conditions d'insécurité en raison des troubles. Nous avions entendu de la bouche de nombreuses personnes dignes de confiance, dont Hugues évêque de Laon [233], des propos étonnants et presque incroyables sur la supériorité des ornements de Sainte-Sophie et d'autres églises dans la célébration de la messe. S'il en est ainsi, ou plutôt parceque nous croyons, à leur témoignage, qu'il en est ainsi, des trésors si inestimables et incomparables devraient être exposés à l'appréciation d'un grand nombre. Que chacun abonde en son propre sens [234] ; quant à moi, je l'avoue, une chose me tient particulièrement à cœur : que les objets de plus grande valeur, les plus précieux, doivent avant tout servir à l'administration de la très sainte Eucharistie. Si des vases à libation en or, des fioles d'or, de petits mortiers en or servaient, suivant la parole de Dieu ou l'ordre du Prophète, à recueillir le sang des boucs, des veaux ou de la vache rousse, combien plus les vases d'or, les pierres précieuses et tout ce qu'il y a de plus cher parmi les choses créées doivent-ils servir à recueillir le sang de Jésus-Christ dans un service continuel et une totale dévotion [235]. Certes ni nous ni nos biens ne sont à la mesure d'un tel office. Si par une nouvelle création notre substance était changée en celle des saints Chérubins et

substantia nova creatione nostra muteretur, insufficientem tamen et indignum tantæ et tam ineffabili hostiæ exhiberet famulatum. Tantam tamen propiciationem pro peccatis nostris habemus. Opponunt etiam qui derogant debere sufficere huic amministracioni mentem sanctam, animum purum, intentionem fidelem. Et nos quidem hec interesse precipue, proprie, specialiter approbamus. In exterioribus etiam sacrorum vasorum ornamentis, nulli omnino eque ut sancti sacrificii servitio, in omni puritate interiori, in omni nobilitate exteriori, debere famulari profitemur. In omnibus enim universaliter decentissime nos oportet deservire Redemptori nostro, qui in omnibus universaliter absque exceptione aliqua nobis providere non recusavit ; qui nature suæ nostram sub uno et ammirabili individuo univit, qui nos in parte dexteræ suæ locans, regnum suum veraciter possidere promisit, Dominus noster qui vivit et regnat per omnia secula seculorum.

14. — Altare etiam quod testimonio antiquorum sanctum nominatur altare — sic enim consuevit dicere gloriosus rex Ludovicus Philippi ab infantia sua, dum hic nutriretur, se a senioribus loci didicisse — quia cum vetustate, tum defectu fidelis custodiæ, tum etiam propter frequentem motionem quæ fit nobilissimi apparatus occasione, qui diversi diversis, excellentes excellentioribus festis apponuntur, minus honeste comptum apparebat, ob reverentiam sanctarum reliquiarum renovare excepimus. Sacratus siquidem lapis porphireticus qui superest aræ, non minus qualitativo colore quam quantitativa magnitudine satis aptus, concavo ligno auro operto, ipsa vetustate interpolata admodum disrupto, cingebatur. Cujus concavi faceta compositione

Séraphins elle offrirait encore un service insuffisant et indigne d'une telle et si ineffable hostie [236], si grand est le pardon que nous recevons pour nos péchés. Les détracteurs objectent sans doute qu'une âme sainte, un esprit pur, une intention fidèle doivent suffire à ce ministère et nous, nous affirmons personnellement et spécialement que cela compte avant tout. Mais par les ornements extérieurs des vases sacrés aussi nous proclamons ne devoir nous mettre au service de rien au monde autant qu'à celui du Saint Sacrifice, dans toute la pureté intérieure, dans toute la noblesse extérieure, car il nous faut en tout, universellement, servir de la manière la plus convenable notre Rédempteur [237], Lui qui ne refusa pas de pourvoir en tout pour nous, universellement et sans aucune exception, Lui qui a uni à sa nature la nôtre, en un être unique et admirable, Lui qui, « nous plaçant à sa droite, promit que nous possederons son royaume en vérité » [238], Notre Seigneur qui « vit et règne dans tous les siècles des siècles » [239].

14. — [*L'autel Saint*].

En outre, par respect pour les saintes reliques nous entreprîmes de rénover l'autel qu'au témoignage des anciens on appelle l'« autel saint » — le glorieux roi Louis [fils] de Philippe avait coutume de dire qu'il l'avait appris des habitants les plus âgés de ce lieu depuis sa petite enfance, du temps où il y était élevé — car en raison de sa vétusté, du manque de soin attentif mais aussi à cause des fréquents déplacements occasionnés par le très noble cérémonial qui varie suivant les fêtes, solennel pour les fêtes les plus solennelles, il paraissait dans un état peu convenable [240]. La table de porphyre sacrée qui forme la partie supérieure de l'autel, bien adaptée tant par la qualité de sa couleur que par l'ampleur de ses dimensions, était insérée dans un encadrement creux de bois doré [241], totalement détruit par la vétusté. Dans la partie antérieure

in anteriori parte locatum brachium sancti Jacobi apostoli, idipsum litteris interius attestantibus, pervia candidissimi cristalli apercione credebatur. Nec minus in dextera parte uniformiter litterarum apparitione brachium prothomartyris Stephani recondi, in sinistra vero eque sancti Vincenti[i] levitæ et martyris brachium titulus interius perorabat.

15. — Nos igitur tantarum et tam sanctarum reliquiarum protectione muniri appetentes, eas videre, eas deosculari, si Deo displicere non timerem, gratantissime multo temporum processu rapiebar. Assumens igitur ex devotione audaciam, et antiquitati honorem veritatis conservans, modum et diem detegendi ipsas sanctas reliquias elegimus, sacratissima videlicet die martyrii beatorum martyrum dominorum nostrorum, octavo scilicet idus octobris. Aderant siquidem diversarum provinciarum archiepiscopi et episcopi qui gratantissime, quasi ex debito apostolatus Galliarum, ad tantæ solempnitatis celebrationem pia vota deferre accesserant : archiepiscopi scilicet Lugdunensis, Remensis, Turonensis, et Rothomagensis ; episcopi vero Suessionensis, Belvacensis, Silvanectensis, Meldensis, Redonensis, Aletensis et Venetensis ; abbatum etiam et monachorum, sive clericorum atque optimatum conventus, sed et populi promiscui sexus turba innumerabilis. Decantata igitur, eadem solemnitatis die, Tertia, cum jam in conspectu omnium assistentium celeberrima tantæ diei ordinaretur processio, tanta certæ rei veritatis fiducia, solo patrum testimonio et titulo referti ac si jam omnia

de cet encadrement creux était déposé, croyait-on, de manière élégante, un bras de L'apôtre saint Jacques, comme l'atteste un document [placé] à l'intérieur, [visible] à travers une fenêtre de cristal très pur. En outre, du côté droit était conservé, attesté par un semblable document, un bras du protomartyr Etienne et du côté gauche, de même, une inscription placée à l'intérieur rappelait à la mémoire la présence d'un bras de saint Vincent lévite et martyr [242].

15. — [*La consécration et l'ouverture des châsses*].

C'est pourquoi, pressé de bénéficier de la protection de si nombreuses et si saintes reliques, j'étais emporté par le désir ardent de les voir, après tant de temps, et de les embrasser si je n'avais craint de déplaire à Dieu. Prenant donc sur moi l'audace dûe à mon zèle et reconnaissant à l'antiquité l'honneur de la vérité, nous décidâmes des conditions et du jour où seraient découvertes ces saintes reliques, à savoir le jour très saint du supplice des bienheureux martyrs, nos seigneurs, le huit des ides d'octobre [243]. Etaient présents des archevêques et des évêques de diverses provinces qui, comme par devoir à l'égard de l'apostolat des Gaules [244], étaient venus très joyeusement apporter leurs prières ferventes à la célébration d'une telle solennité : à savoir les archevêques de Lyon, de Reims, de Tours et de Rouen, les évêques de Soissons, de Beauvais, de Senlis, de Meaux, de Rennes, d'Alet (Saint-Malo) et de Vannes [245], plus un grand rassemblement d'abbés, de moines, de clercs et de grands ainsi qu'une foule innombrable de peuple des deux sexes. Le jour de cette solennité, après le chant de Tierce, tandis que la procession, très nombreuse un tel jour, se formait déjà à la vue de tous, nous, si confiants dans l'authenticité de ces faits, forts du seul témoignage et de l'attestation écrite de nos pères comme si nous avions tout vu, nous

vidissemus, archiepiscopos et episcopos, abbates et autenticas assistentes personas ad efferendam aram ascivimus ; quod eam aperire, quod sanctissimarum reliquiarum thesaurum videre vellemus, exposuimus. Dicebant ergo quidam ex familiaribus nostris, consulte quidem, quod et personæ et ecclesiæ famæ tutius fuisset si secreto utrum ita esset ut litteræ loquebantur videretur. Quibus ilico, fidei fervore excitus, responsum reddidi magis mihi placere, si ita est ut legitur, ab omnibus contuentibus scire [35] quam, si secreto inspexissem, omnes non contuentes dubitare. Deferentes igitur in medium prefatam aram, ascitis aurifabris qui locellos illos, quibus sanctissima brachia continebantur, ubi supersedebant cristallini lapides titulos eorum offerentes, diligenter aperirent, sicut sperabamus, omnia plenarie, Deo annuente, videntibus cunctis, invenimus.

Causam etiam repositionis reliquiarum in eisdem locellis invenimus, videlicet quod Karolus imperator tertius, qui eidem altari subjacet gloriose sepultus, ad tuitionem animæ et corporis, de theca imperiali eas sibi assumi et penes se reponi imperiali edicto assignaverit. Argumentum etiam, anuli sui depressione signatum, quod valde omnibus placuit, ibidem reperimus. Nec enim sine causa ante sanctum illud altare septem lampades in vasis argenteis, quæ nos quidem dissoluta refecimus, incessanter tam die quam nocte in sempiternum ardere constituisset, nisi maximam spem et corporis et animæ in sanctarum reliquiarum repositione credidisset. Sumptibus enim illarum et anniversarii sui et suorum refectioni, possessionem suam quæ dicitur Ruoilum, cum appendiciis, sigillis aureis confirmavit.

35. *scire* pour *sciri* ?

réunîmes les archevêques et les évêques, les abbés et les assistants de qualité pour procéder à l'ouverture de l'autel. Nous leur exposâmes que nous voulions l'ouvrir, que nous désirions voir le trésor des très saintes reliques. Certains de nos familiers disaient, certes avec sérieux, qu'il eût été plus sûr pour la réputation de [notre] personne et de l'église de vérifier en secret s'il en était comme les documents l'attestaient ; aussitôt, poussé par la ferveur de la foi, je répondis que je préférais, si les choses étaient telles qu'on les lit, que tous sachent pour avoir vu plutôt que, ayant fait cet examen en secret, laisser tout le monde dans le doute pour n'avoir pas vu. Ayant donc transporté ledit autel au milieu [246] et réuni les orfèvres pour ouvrir avec soin les châsses contenant les très saints bras au-dessus desquels étaient placées des pierres de cristal laissant voir leurs inscriptions [247], nous trouvâmes tout, par la volonté de Dieu, au vu de tous, exactement comme nous l'espérions. Nous découvrîmes aussi la cause du dépôt des reliques dans ces châsses, à savoir que Charles troisième empereur qui, glorieusement enseveli, repose devant cet autel, avait ordonné par un édit impérial qu'on les fît sortir pour lui du coffre impérial [248] et qu'on les plaçât auprès de lui pour la protection de son âme et de son corps [249] ; là-même nous en trouvâmes la preuve scellée de l'empreinte de son intaille [250], ce qui réjouit grandement tout le monde. Bien sûr il n'aurait pas ordonné sans raison que devant ce saint autel sept lampes placées dans des vases d'argent, que nous fîmes restaurer car ils étaient cassés, brûleraient sans interruption jour et nuit et pour l'éternité s'il n'avait placé sa plus grande espérance pour son corps et pour son âme dans ce dépôt de saintes reliques [251]. Pour les frais ainsi occasionnés et pour le repas commemoratif de son anniversaire et de celui des siens [252] il [nous] confirma par des bulles d'or la possession de son domaine de Rueil avec ses

Hinc est etiam quod in solemnitatibus diversis fere sexaginta, magni et honesti cerei sex, quales alibi in ecclesia aut raro aut nunquam apponuntur, circa idem altare accenduntur. Hinc est etiam quod quotiens altare beati Dyonisii totiens et idem altare nobili apparatu adornatur.

16. — Crucem etiam mirabilem quantitatis suæ, quæ superposita est inter altare et tumulum ejusdem Karoli, in cujus medio fama retinuit confixum nobilissimum monile Nantildis reginæ, uxoris Dagoberti regis ecclesie fundatoris, aliud vero in frontem sancti Dyonisii — tamen huic minori nullum equipollere peritissimi artifices testantur — erigi fecimus, maxime ob reverentiam sanctissimæ boiæ ferreæ quæ, in carcere Glaucini sacratissimo col[l]o beati Dyonisii innexa, cultum et venerationem tam a nobis quam ab omnibus promeruit.

17. — Ea etiam parte, abbas venerabilis Corbeiæ bonæ memoriæ Robertus, hujus sanctæ ecclesiæ professus et ab infantia nutritus, quem eidem Corbeiensi monasterio abbatem preesse Deo donante exhibuimus, tabulam argenteam obtime deauratam, pro recognitione professionis suæ et multorum ecclesiæ beneficiorum gratiarum actione, fieri fecit.

Chorum etiam fratrum, quo valde gravabantur qui assidue ecclesiæ insistebant servitio, frigiditate marmoris et cupri aliquantisper infirmum, in hanc quæ nunc apparet formam, laboribus eorum compatientes, mutavimus, et propter conventus augmentationem, Deo auxiliante, augmentare elaboravimus.

dépendances [253]. C'est pourquoi, lors de diverses cérémonies, soixante environ, on allume autour de cet autel six cierges de cire grands et majestueux, tels que l'on en met rarement ou même jamais ailleurs dans l'église [254] ; c'est pourquoi aussi l'on orne cet autel d'un noble appareil chaque fois qu'on le fait pour l'autel de saint-Denis.

16. — [*La grande croix d'or*].

De plus nous avons fait ériger une croix d'une grandeur admirable entre l'autel et le tombeau dudit Charles [255], au milieu de laquelle est fixé, suivant la tradition, le très noble collier de la reine Nanthilde épouse du roi Dagobert, fondateur de l'église, et un autre face à saint Denis qui, bien que plus petit, surpasse tout aux dires des artistes les plus habiles [256] ; et cela nous l'avons fait avant tout par révérence envers le très saint carcan de fer qui, parcequ'il fut attaché au cou très sacré de saint Denis dans la prison de *Glaucinus*, a mérité de nous et de tous culte et vénération [257].

17. — [*Les stalles, l'ambon, le trône « de Dagobert » et l'aigle du chœur*].

En outre, de ce même côté, le vénérable abbé de Corbie, Robert de bonne mémoire [258], profès de cette église où il fut élevé depuis sa petite enfance et que nous avons, par la grâce de Dieu, présenté comme abbé de ce monastère de Corbie [259], fit faire un panneau d'argent très finement doré en reconnaissance de sa profession et en action de grâces pour les nombreux bienfaits [qu'il reçut] de l'église.

Nous avons aussi transformé dans l'état qu'il présente aujourd'hui, par compassion pour leurs épreuves, le chœur des frères, dont souffraient beaucoup ceux qui assistaient régulièrement aux offices de l'église, assez incommode à cause de la froideur du marbre et du cuivre, et en raison de l'accroissement de la communauté, avec l'aide de Dieu, nous avons fait en sorte de l'agrandir [260].

Pulpitum etiam antiquum, quod ammirabile tabularum eburnearum subtilissima nostrisque temporibus inreparabili sculptura, et antiquarum hystoriarum descriptione humanam estimationem excedebat, recollectis tabulis quæ in arcarum et sub arcarum repositione diutius fedebantur, refici, dextraque parte restitutis animalibus cupreis, ne tanta tamque mirabilis deperiret materia, ad proferendam superius sancti Evangelii lectionem, erigi fecimus. In novitate siquidem sessionis nostræ, impedimentum quoddam quo medium acclesiæ muro tenebroso secabatur, ne speciositas ecclesiæ magnitudinis talibus fuscaretur repagulis, de medio sustolli feceramus.

Nec minus nobilem gloriosi regis Dagoberti cathedram in qua, ut perhibere solet antiquitas, reges Francorum, suscepto regni imperio, ad suscipienda optimatum suorum hominia primum sedere consueverant, tum pro tanti excellentia officii, tum etiam pro operis ipsius precio, antiquatam [36] et disruptam refici fecimus.

Aquilam vero in medio chori ammirantium tactu frequenti dedeauratam reaurari fecimus.

18. — Vitrearum etiam novarum preclaram varietatem, ab ea prima quæ incipit a *Stirps Jesse* in capite ecclesie, usque ad eam quæ superest principali portæ in introitu ecclesiæ, tam superius quam inferius, magistrorum multorum de diversis nationibus manu exquisita, depingi fecimus. Una quarum de materialibus ad immaterialia excitans, Paulum apostolum molam vertere, prophetas saccos ad molam apportare representat. Sunt itaque ejus materiæ versus isi :

36. Les lettres *t a* suscrites de la même main.

De plus nous avons fait restaurer l'ancien ambon, admirable par la sculpture très subtile des plaques d'ivoire, irréparable à notre époque, qui par la représentation de scènes antiques dépassait le jugement humain ; nous en avons réuni les panneaux qui s'étaient dégradés trop longtemps dans et sous le dépôt du trésor, et ayant replacé sur la partie droite les animaux de cuivre afin qu'une telle et si admirable matière ne vienne à se perdre, nous l'avons fait redresser pour la proclamation du saint Evangile d'un lieu plus élevé [261]. Au début de notre administration nous avions fait enlever un certain obstacle qui faisait que l'église était coupée en son milieu par un mur obscur, afin que l'église dans sa grandeur ne fût assombrie par de telles clôtures [262]. Quant au trône non moins illustre du glorieux roi Dagobert sur lequel, comme l'atteste son antiquité, les rois des Francs, après avoir pris le gouvernement du royaume, avaient coutume de s'asseoir pour recevoir le premier hommage de leurs grands, de vieux et brisé qu'il était nous l'avons fait restaurer tant pour l'excellence d'une telle fonction que pour la valeur de l'œuvre elle-même [263].

Nous avons fait aussi redorer l'aigle du milieu du chœur dont la dorure était usée par le toucher fréquent des admirateurs [264].

18. — [*Les verrières*].

Nous avons fait peindre de la main exquise de nombreux maitres venus de différentes nations les nouvelles verrières, splendides dans leur variété, depuis la première qui commence par l'Arbre de Jessé au chevet de l'église [265] jusqu'à celle qui est placée au-dessus de la porte principale, à l'entrée [266], tant au niveau supérieur qu'inférieur [267]. L'une d'elles, [nous] élevant des choses matérielles aux immatérielles, représente l'apôtre Paul tournant la meule et les Prophètes y apportant les sacs. Voici donc quels sont les vers sur ce sujet :

> Tollis agendo molam de furfure, Paule, farinam.
> Mosaicæ legis intima nota facis.
> Fit de tot granis verus sine furfure panis,
> Perpetuusque cibus noster et angelicus.

Item [37] in eadem vitrea, ubi aufertur velamen de facie Moysi :

> Quod Moyses velat, Christi doctrina revelat.
> Denudant legem qui spoliant Moysen.

In eadem vitrea, super archam federis :

> Federis ex archa, Christi cruce sistitur ara ;
> Federe majori vult ibi vita mori.

Item [37] in eadem, ubi solvunt librum leo et agnus :

> Qui Deus est magnus, librum Leo solvit et Agnus ;
> Agnus sive Leo fit caro juncta Deo.

In [37] alia vitrea, ubi filia Pharaonis invenit Moysen in fiscella :

> Est in fiscella Moyses puer ille, puella
> Regia, mente pia quem fovet Ecclesia.

In [37] eadem vitrea, ubi Moysi Dominus apparuit in igne rubi :

> Sicut conspicitur rubus hic ardere, nec ardet,
> Sic divo plenus hoc ardet ab igne, nec ardet.

Item in eadem vitrea, ubi Pharao cum equitatu suo in mare demergitur :

> Quod baptisma bonis, hoc miliciæ Pharaonis ;
> Forma facit similis, causaque dissimilis.

Item in eadem, ubi Moyses exaltat serpentem eneum :

> Sicut serpentes serpens necat eneus omnes,
> Sic exaltatus hostes necat in cruce Christus.

---

37. L'initiale ornée, de couleur rouge ou bleue alternée, des phrases introduisant l'explication d'une nouvelle scène, est accompagnée d'un pied de mouche de couleur alternée bleue ou rouge.

L'ŒUVRE ADMINISTRATIVE   149

En tournant la meule, Paul, tu sépares la farine du son.
De la Loi de Moïse tu révèles la connaissance profonde.
De tant de grains est fait le vrai pain sans son,
Notre nourriture éternelle et angélique [268].

De même, dans la même verrière où le voile est enlevé de la face de Moïse :

Ce que Moïse voile, la doctrine du Christ le dévoile.
Ceux qui dépouillent Moïse révèlent la Loi [269].

Dans la même verrière, au-dessus de l'Arche d'Alliance:

Sur l'Arche d'Alliance est fondé l'autel par la Croix du Christ.
Dans une alliance plus grande, ici la Vie veut mourir [270].

Encore dans la même verrière, où le lion et l'agneau brisent le sceau du Livre :

Dieu est grand qui, lion et agneau, brise le sceau du Livre.
L'agneau ou le lion devient la chair unie à Dieu [271].

Dans une autre verrière, où la fille du Pharaon trouve moïse dans la corbeille :

Moïse dans la corbeille est cet enfant que la jeune fille
royale, l'Eglise, d'une âme pieuse réchauffe en son sein [272].

Dans la même verrière, où le Seigneur apparut à Moïse dans le buisson ardent :

De même que l'on voit ce buisson brûler mais il ne brûle pas,
Ainsi brûle celui qui est rempli de ce feu divin, mais il ne brûle pas [273].

Toujours dans la même verrière, où Pharaon avec sa cavalerie s'enfonce dans la mer :

Ce que le baptême fait aux justes, il le fait à l'armée de Pharaon :
Semblable est la forme, diverse est la cause [274].

Encore dans la même verrière, où Moïse élève le serpent d'airain :

De même que le serpent d'airain tue tous les serpents,
Ainsi le Christ élevé sur la Croix tue les Ennemis [275].

In eadem vitrea, ubi Moyses accipit legem in monte :

> Lege data Moysi, juvat illam gratia Christi.
> Gratia vivificat, littera mortificat.

Unde, quia magni constant mirifico opere sumptuque profuso vitri vestiti et saphirorum materia, tuitioni et refectioni earum ministerialem magistrum, sicut etiam ornamentis aureis et argenteis peritum aurifabrum constituimus, qui et prebendas suas et quod eis super hoc visum est, videlicet ab altari nummos et a communi fratrum horreo annonam suscipiant, et ab eorum providentia numquam se absentent.

19. — Septem [38] quoque candelabra, quoniam ea quæ Karolus imperator beato Dyonisio contulerat sua vetustate dissipata apparebant, opere smaltito et optime deaurato componi fecimus.

Vasa etiam tam de auro quam preciosis lapidibus, ad Dominicæ mensæ servicium, preter illa quæ reges Francorum et devoti ecclesiæ eidem officio deputa(ta)verunt, beato Dyonisio debita devotione adquisivimus : magnum videlicet calicem aureum septies viginti unciarum auri, gemmis preciosis, scilicet jacinthis et topaziis ornatum, pro alio qui tempore antecessoris nostri vadimonio perierat, restitui eleboravimus.

Aliud etiam vas preciosissimum de lapide prasio, ad formam navis exsculptum, quod rex Ludovicus Phylippi per decennium fere vadimonio amiserat, cum nobis ad videndum oblatum fuisset, ejusdem regis concessione sexaginta marcis argenti comparatum, cum quibusdam floribus coronæ imperatricis beato Dyonisio

---

38. l'initiale *s* de ce mot, de couleur rouge, est accompagnée d'un pied de mouche de couleur bleue.

Dans la même verrière, où Moïse reçoit la loi sur la montagne:

La Loi ayant été donnée à Moïse, la grâce du Christ la fortifie.
La grâce donne la vie, la lettre tue [276].

Ainsi, parceque ces verrières sont d'un grand prix en raison du merveilleux ouvrage, de la dépense somptueuse en verre peint et en matière de saphir, nous avons désigné un maitre dans cet art chargé de leur conservation et de leur restauration ainsi qu'un orfèvre expérimenté pour les ornements d'or et d'argent, lesquels percevront leur salaire et ce qui a été prévu pour eux à ce sujet sur l'argent provenant de l'autel et les céréales provenant de la grange commune des frères, et veilleront sans interruption sur ces [œuvres d'art].

19. — [*Les ornements d'autel*].

Nous avons fait faire également sept candélabres émaillés et parfaitement dorés parce que ceux que l'empereur Charles avait offerts à saint Denis étaient manifestement détruits par l'âge [277].

Par piété légitime envers le bienheureux Denis nous avons aussi acquis des vases en or et en pierres précieuses pour le service de la table du Seigneur, sans compter ceux que les rois de France et les fidèles de l'église avaient offerts pour ce même office. Nous avons réussi à obtenir un grand calice de cent quarante onces d'or, orné de pierres précieuses, hyacinthes et topazes, en remplacement d'un autre qui, mis en gage du temps de notre prédécesseur, avait disparu [278].

Un autre vase très précieux, de pierre prase, sculpté en forme de navette, avait été laissé en gage par le roi Louis [fils] de Philippe pendant presque dix ans ; comme il nous avait été confié pour expertise, nous l'avons acheté avec la permission de ce même roi pour soixante marcs d'argent et l'avons offert à saint Denis, avec quelques fleurons de la

obtulimus. Quod videlicet vas, tam pro preciosi lapidis qualitate quam integra sui quantitate mirificum, inclusorio sancti Eligii opere constat ornatum, quod omnium aurificum judicio preciosissimum estimatur.

Vas [39] quoque aliud, quod instar justæ berilli aut cristalli videtur, cum in primo itinere Aquitaniæ regina noviter desponsata domino regi Ludovico dedisset, pro magno amoris munere nobis eam, nos vero sanctis martyribus dominis nostris ad libandum divinæ mensæ affectuosissime contulimus. Cujus donationis seriem in eodem vase, gemmis auroque ornato, versiculis quibusdam intitulavimus :

> Hoc vas sponsa dedit Aanor regi Ludovico,
> Mitadolus avo, mihi rex [40], sanctisque Sugerus.

Comparavimus etiam prefati altaris officiis calicem preciosum, de uno et continuo sardonice, quod est de sardio et onice, quo uno usque adeo sardii rubor a nigredine onichini proprietatem variando discriminat, ut altera in alteram proprietatem usurpare inniti estimetur.

Vas quoque aliud, huic ipsi materia non forma persimile, ad instar amphoræ adjunximus, cujus versiculi sunt isti :

> Dum libare Deo gemmis debemus et auro,
> Hoc ego Sugerius offero vas Domino [41].

---

39. L'initiale *v* de ce mot, de couleur bleue, est accompagnée d'un pied de mouche de couleur rouge.

40. Le manuscrit ne donne pas *rex* mais *eam*, qui pourrait rappeler le mot *justæ*.

41. Ces deux vers sont inscrits dans un espace laissé en blanc à l'origine, par une main du XVIe s., la même sans doute qui a porté de nombreuses corrections dans le manuscrit et qui a inscrit au ff. I et II[r] la liste des abbés de Saint-Denis jusqu'au règne de Charles IX.

couronne de l'impératrice. Ce vase admirable par la qualité de la pierre précieuse comme par sa parfaite intégrité matérielle, est orné de l'œuvre cloisonnée de saint Eloi considérée comme très précieuse au jugement de tous les orfèvres [279].

Un autre vase également, sorte de carafon de béryl ou de cristal de la contenance d'une juste [280], que la reine nouvellement mariée avait offert lors du premier voyage d'Aquitaine au seigneur roi Louis et que le roi, en signe de grand amour, nous avait donné, nous l'avons à notre tour offert très affectueusement aux saints martyrs nos seigneurs pour le sacrifice à la Table Divine. Nous avons inscrit sur ce même vase orné de gemmes et d'or les épisodes de cette donation en ces quelques vers :

Ce vase, Aanor son épouse l'offrit au roi Louis,
Mitadolus à son aïeul, le roi à moi, et Suger aux Saints [281].

Nous avons en outre acheté pour les offices dudit autel un calice précieux, d'une seule et unique pierre de sardonyx, c'est-à-dire de sardoine et d'onyx, et de cette matière unique le rouge du sardoine tranche tellement, par le changement de ses propriétés, sur le noir de l'onyx qu'une propriété semble tendre à dominer sur l'autre [282].

Nous avons ajouté un autre vase, très semblable à ce dernier par la matière mais non par la forme, une sorte d'amphore dont l'inscription en vers est la suivante :

Puisque nous devons offrir des libations à Dieu avec des gemmes et
de l'or,
Moi, Suger, j'offre ce vase au Seigneur [283].

---

280. La juste était une mesure équivalant environ à une pinte, soit 0,93 litre.

Lagenam quoque preclaram, quam nobis comes Blesensis Theobaldus in eodem vase destinavit in quo ei rex Siciliæ illud transmiserat, et aliis in eodem officio gratanter apposuimus.

Vascula etiam cristallina, quæ in capella nostra quotidiano servitio altaris assignaveramus, ibidem reposuimus.

Nec minus porphiriticum vas sculptoris et politoris manu ammirabile factum, cum per multos annos in scrinio vacasset, de amphora in aquilæ formam transferendo auri argentique materia, altaris servicio adaptavimus, et versus hujusmodi eidem vasi inscribi fecimus :

> Includi gemmis lapis iste meretur et auro.
> Marmor erat, sed in his marmore carior est.

Pro quibus omnibus Deo omnipotenti et sanctis martyribus grates referimus, quod sanctissimo altari, cui sub preceptione sanctæ regulæ nos a puero offerri voluit, unde ei honorifice serviremus, copiose largiri non renuit.

Quia ergo divina beneficia non occultare sed predicare utile et honestum cognovimus, palliorum quod divina manus tempore amministrationis nostræ huic sanctæ ecclesiæ contulit augmentum designavimus, implorantes ut in anniversario, ad propiciandam divinæ majestatis excellentiam et fratrum devotionem ampliandam, et successorum abbatum exemplum, exponantur. Nec enim pro tot et tantis commissis, vel enormitate scelerum meorum, tam sera quam rara satisfacere penitentia sufficit, nisi universalis Ecclesiæ suffragiis innitamur.

La superbe aiguière que le comte de Blois Thibaud nous fit parvenir dans le même coffret dans lequel le roi de Sicile la lui avait envoyée, avec joie nous l'avons ajoutée aux autres pour le même office [284].

Nous déposâmes aussi en ce lieu des burettes de cristal que nous avions destinées au service quotidien dans notre chapelle [285].

Nous avons de plus transformé un vase de porphyre admirablement ouvré de la main du sculpteur et du polisseur, qui avait dormi pendant de nombreuses années dans le coffre, en lui donnant, d'amphore qu'il était, la forme d'un aigle par adjonction d'or et d'argent ; nous l'avons adapté au service de l'autel et y avons fait inscrire les vers suivants :

Cette pierre mérite d'être sertie de gemmes et d'or.
C'était du marbre mais ainsi rehaussée elle a plus de valeur que le marbre [286].

Pour toutes ces œuvres nous rendons grâces à Dieu tout-puissant et aux saints martyrs car il ne dédaigna pas de doter très largement ce très saint autel auquel Il a voulu que nous fussions offert dès l'enfance sous l'enseignement d'une sainte règle afin que nous Le servions avec honneur [287].

Et parce que, certes, nous savons qu'il est utile et digne de ne pas occulter les bienfaits divins mais de les proclamer, nous avons mentionné l'accroissement du nombre des étoffes que la main divine, du temps de notre administration, a conférées à notre sainte église,implorant que le jour de notre anniversaire elles soient exposées pour rendre propice l'excellence de la divine majesté, pour exalter la dévotion des frères et [servir d'] exemple aux abbés à venir. Une pénitence aussi tardive que légère ne peut en effet racheter de si nombreuses et si grandes fautes commises ni l'énormité de mes crimes si nous n'avons pas confiance dans les suffrages de l'Eglise Universelle [288].

DE GLORIOSO REGE LUDOVICO,
LUDOVICI FILIO [1]

[I.] Igitur gloriosus [2] gloriosi regis filius Ludovici Ludovicus, lugubri tanti patris demigratione [3] celerrimo [4] comperta nuntio, ducatu Aquitanie consulte tutoque locato, anticipare [5] festinans que regibus decedentibus [6] consueverunt emergere rapinas, scandala et motiones [7], celeriter [8] Aurelianensem regressus civitatem, cum ibidem comperisset occasione communie [9] quorundam stultorum insaniam contra regiam demoliri majestatem, compescuit audacter [10] non sine quorundam lesione, indeque Parisius tanquam ad propriam remeans sedem, ea enim, sicut in antiquis legitur gestis, reges Francorum [11] vitam degere [12] consueverunt, — de regni amministratione et æcclesiæ defensione pro etate, pro tempore gloriose disponebat. Felicem se fore (a) tota

1. Titre rubriqué. — G : ...*Ludovici Grossi filio.*
2. G : *gloriosus Ludovicus.*
3. D : *demonstratione.*
4. G : *celeberrimo.*
5. G : *anticipat.*
6. K : *ducentibus.*
7. G : *scandala, commotiones.*
8. Ce mot manque dans G.
9. H : *communionis.*
10. D : *audaciam.*
11. *reges Francorum* manquent dans G.
12. Ce mot n'existe que dans G.

HISTOIRE DE LOUIS VII

Ainsi le glorieux Louis, fils du glorieux roi Louis, ayant appris par un messager très rapide le décès malheureux d'un si illustre père [1], mit en sécurité le duché d'Aquitaine par des mesures de sagesse et s'empressa de prévenir les rapines, les scandales et les soulèvements qui surviennent généralement à la mort des rois ; ayant rapidement regagné la ville d'Orléans [2] il découvrit qu'à l'occasion de la commune certains fous s'attaquaient dans leur démence à la majesté royale : il les réprima avec fermeté [3], non sans dommage pour certains puis, retournant à Paris comme à sa résidence propre — c'est là en effet, comme on le lit dans les Gestes anciennes, que les rois des Francs avaient coutume de vivre — il conduisait avec éclat, suivant les temps, suivant les circonstances, l'administration du royaume et la défense de l'Eglise. La patrie toute entière

---

N.B. Les notes qui ne sont pas en bas de page sont renvoyées aux notes complémentaires.

1. Louis VI mourut à Paris le 1er août 1137, à presque soixante ans. Il fut enterré dans l'abbaye de Saint-Denis. Louis VII avait été sacré à Reims le 25 octobre 1131, après la mort accidentelle de son frère aîné, Philippe.

2. Vers la fin du mois d'août 1137.

3. Dès le début de l'année le roi accorda leur pardon aux coupables : cf. A. Luchaire, *Actes de Louis VII*, n° 15.

existimabat patria, eo quod tante sunt reliquiæ homini pacifico, nobilissimo patri, quæ ad robustissimam totius regni defensionem nobilissima proles succederet, pios foveret, impios abdicaret. Imperium siquidem Romanorum, regnum etiam Anglorum in defectu successivæ prolis multa incommoda fere usque ad status sui ruinam sustinuisse conspicantes, quanto eorum regnorum indigenas super his dolore audiebant, tanto regis et regni [13] successibus omnium et singulorum com[m]oditatibus applaudebant.

[II.] Defuncto etenim absque herede [14] imperatore Romanorum Henrico, in ea quæ maxima et generalis est habita Maguntie curia fere LX milium [15] militum, cui et nos interfuimus [16], tanta emersit hac occasione controversia, ut cum dux Alemanniæ Fredericus, eo quod defuncti imperatoris Henrici nepos esset, regnum obtinere niteretur in scandalo et divisione regni, Maguntinus et Coloniensis archiepiscopi et superior pars optimatum et procerum regni eum reicerent, et ad ducem Saxoniæ Lotharium se convertentes [17], regio diademate Aquisgrani cum summa cleri et populi exultatione coronarent. Quod etsi nobile factum, non sine lesione multorum constitit, cum ipse prefatus dux Fredericus solio regni repulsus, cum Conrado fratre qui tamen prefato Lothario decedenti [18] in regnum successit, cum parentibus et reliquis fautoribus suis multa dispendia,

13. C : *regni et regis.*
14. Ce mot manque dans D.
15. Ce mot n'existe que dans G. — Dans D le mot *millia* a été rajouté en marge, d'une main du XVIe s.
16. *cui et nos interfuimus* n'existe que dans D.
17. D : *convertens.*
18. G : *decedente.*

pensait qu'il serait heureux parce que l'héritage de son très noble père, homme pacifique, est si grand que devait lui succéder dans la défense indéfectible de tout le royaume une très noble descendance qui protégerait les bons, repousserait les méchants. Considérant en effet que l'empire romain [germanique] ainsi que le royaume des Anglais avaient subi, par défaut successif de descendance, de nombreux préjudices allant presque jusqu'à la ruine, plus les Francs entendaient les habitants de ces royaumes s'en plaindre plus ils se félicitaient de la bonne succession du roi et du royaume et de leurs avantages pour tous et pour chacun.

De fait, après la mort sans héritier de l'empereur des Romains Henri [4], une très vive discussion s'éleva à ce sujet dans la très grande assemblée générale — d'environ soixante-mille chevaliers — qui se tint à Mayence et à laquelle nous assistâmes [5] : tandis que le duc d'Allemagne, Frédéric, du fait qu'il était le neveu de l'empereur défunt, cherchait à obtenir la couronne dans le scandale et la division du royaume, les archevêques de Mayence et de Cologne [6], avec la partie la plus éminente des pairs et des grands du royaume, le rejetèrent et, se retournant vers le duc de Saxe Lothaire, le couronnèrent du diadème royal à Aix-le-Chapelle à la plus grande exultation du clergé et du peuple [7]. Cependant cette noble action ne se fit pas sans préjudice pour beaucoup lorsque le susdit duc Frédéric, repoussé du trône royal, avec son frère Conrad [8] — qui cependant succéda au pouvoir à Lothaire défunt — avec des parents et d'autres complices fit subir au royaume de

---

7. La Diète de Mayence se tint en août 1125. Suger y fut envoyé par le roi pour suivre les préparatifs de l'élection de l'empereur en dépit de la vive opposition du Souabe Frédéric de Hohenstaufen (neveu par sa mère Agnès de l'empereur Henri V et père de Frédéric Barberousse). C'est le duc de Saxe Lothaire de Supplinburg, âgé et plus docile, qui fut élu, bien qu'il n'eût aucun droit à la couronne, à la grande satisfaction de Suger et du légat pontifical, car il était dévoué au Saint-Siège ; il fut couronné le 13 septembre 1125 : cf. Suger, *Vie de Louis le Gros*, éd. Waquet X, p. 69. Suger fait aussi allusion à la Diète de Mayence dans son testament (Lecoy n° 7, p. 339).

bella, incendia, pauperum depredationes, ecclesiarum destructiones, dampna [19] innumera [20], similia perpessus ei intulerit. Qui prefatus Lotharius, cum multa egregie [egerit] [21], hoc suppremum et dignum laude atque ammiratione magnanimitati ejus assignatur, quod regnum Alemannorum nullo hereditatis jure sortitus, strenue amministravit, Italiam potestative subjugavit, romani coronam imperii ab Innocentio papa Rome repugnantibus Romanis assumpsit, Capuanam et Beneventanam pertransiens provinciam, Apuliam in ore gladii perdomuit, regem Siculum fugavit, Barensem [22] civitatem et circumjacentem patriam occupavit, plenoque potitus tropheo a partibus illis rediens, morte communi preventus, ad nativum solum et proprios ducatus Saxonie penates relatus, tantis laboribus finem egregium destinavit.

[III.] Nec minus infauste de regno Anglorum hac eadem occasione contigisse meminimus, cum defuncto strenuo et famosissimo rege Henrico, quia herede mare [23] carebat, Boloniensis comes Stephanus nepos ejus, frater junior palatini comitis Theobaldi, ex insperato regnum ingressus, non reputans quod comes Andegavensis filiam prefati regis [24] Henrici avunculi sui, quæ et imperatrix Romanorum fuerat, conjugem et ex ea filios habuerat [25], coronam ejus assumpsit. Que

19. G : *damna*.
20. J : *innumerata*.
21. *egerit* ajouté en marge, d'une main du XVIe s. dans A ; manque dans C, D, G, J, K ; H : *gesserit tum*.
22. G : *Barrensem*.
23. D : *matre*.
24. Ce mot manque dans G.
25. D : *habebat*.

nombreux dommages, guerres, incendies, pillages de pauvres, destructions d'églises et autres préjudices innombrables de même nature. Comme le susdit Lothaire avait accompli de nombreuses actions remarquables, on attribue aussi à sa magnanimité ce fait, éminent entre tous, digne de louange et d'admiration : ayant obtenu le royaume des Allemands sans aucun droit héréditaire, il l'administra avec fermeté, soumit l'Italie par la puissance, reçut la couronne de l'empire romain à Rome, des mains du pape Innocent malgré l'opposition des Romains [9]. Traversant les provinces de Capoue et du Bénévent il soumit l'Apulie de la pointe du glaive, il mis en fuite le roi de Sicile, occupa la ville de Bari et la région alentour puis, revenant de ces contrées couvert de trophées [10], surpris par la mort commune à tous, ramené sur le sol natal et à sa propre demeure du duché de Saxe, il mit à tant de labeurs un terme glorieux [11].

Nous nous souvenons qu'un malheur non moins grand frappa pour cette même raison le royaume des Anglais quand, après la mort du puissant et très illustre roi Henri [12], parcequ'il n'avait pas d'héritier mâle, le comte Etienne de Boulogne son neveu, frère cadet du comte palatin Thibaud [13], entra soudainement dans le royaume sans tenir compte de ce que le comte d'Anjou avait pour épouse la fille du susdit roi Henri son oncle, laquelle avait été aussi impératrice des Romains [14], et qu'il avait d'elle des fils [15], et il prit sa couronne [16]. Or cette faction,

---

14. Mathilde, fille d'Henri I Beauclerc, avait épousé l'empereur Henri V puis, devenue veuve, le comte d'Anjou Geoffroy Plantagenet.
15. Henri Plantagenet, comte d'Anjou et du Maine, qui épousa en 1152 Aliénor d'Aquitaine et devint duc d'Aquitaine, roi d'Angleterre sous le nom de Henri II (1154), duc-régent de Bretagne (1167-1181), † en 1189, et Geoffroy comte de Nantes, † en 1158.
16. La guerre entre Mathilde, fille d'Henri I Beauclerc, et Etienne de Blois pour la couronne d'Angleterre dura environ sept ans, jusqu'en 1142, mais un accord définitif entre eux n'intervint qu'en 1153. Etienne fut roi d'Angleterre de 1135 à 1154, date de sa mort.

perniciosa factio, zelo et diversitate baronum, comitum atque optimatum regni tanta [26] terram copiosam et fructiferam a malicia inhabitantium in ea calamitate extinxit, ut terram vastitate [27], predam rapinis, homines mortibus fere ad tertiam ut aiunt partem, circumquaque per totum regnum exterminaret. Que quidem [28] pericula Francorum solatia existebant, cum illi ex defectu hec sustinerent, Franci vero tante et tam egregiæ prolis successione congratularentur et congauderent.

[IV.] Sed ut ad propositum redeamus, Ludovici regis circiter quatuordecim aut quindecim [29] annorum ab adolescentia tam natura quam industria de die in diem proficiebat. Cui [30] cum rex [31] generosa nobilitatis affectione licet conjugato cum matre Adelaide una esset habitatio in palatio, expensarum et regie munificentie munerum aliquantisper interesset communio, sepe mater muliebri levitate animositatem ejus plus equo infestare satagebat. Quem etiam cum talium impatientem offenderet, tam ipsum quam nos et quoscumque palatinos ad propriam dotem redire et ea contentam, tam privatim quam pacifice, absque regni molestiis, supervivere intercederemus efflagitabat. Nec minus idipsum, videlicet ad propria remeare, comes Rodulfus affectabat. Unde quibusdam callentibus videbatur hoc solo et singulari timore avaricie eos [32] affectare, omnino despe-

26. C : *tantam*
27. D : *vastitatem.*
28. H : *quidam.*
29. Dans tous les manuscrits, à l'exception de A, ces deux chiffres sont inscrits en chiffres romains.
30. Ici commence le fragment publié par J. Lair (*Bibl. de l'Ec. des Ch.*, t. 34, 1873, p. 589-596), qui n'existe que dans le ms. D.
31. *rex* pour *ex* ?
32. *eos* corrigé sur *eorum*, de la même main.

malfaisante à cause de l'acharnement et de la diversité des barons, des comtes et des grands du royaume, consumma par la méchanceté de ses habitants cette terre riche et fertile dans une telle calamité qu'elle détruisit, jusqu'au tiers dit-on, la terre par la dévastation, les revenus par les rapines, les hommes par les morts, partout dans tout le royaume. Mais ces périls étaient des consolations pour les Francs : tandis que ceux-là souffraient [ces malheurs] par défaut [d'héritier], les Francs se félicitaient et se réjouissaient de la continuité d'une telle et si remarquable lignée.

Mais pour en revenir à notre propos, le roi Louis, alors adolescent de quatorze ou quinze ans environ [17], progressait de jour en jour tant en dispositions naturelles qu'en intelligence. Comme, en raison de l'inclination généreuse de sa noble âme, il partageait avec sa mère Adélaïde [18], bien que marié [19], la même demeure dans le palais et que, pendant un certain temps, il y eut [entre eux] communauté de dépenses et de charges liées à la munificence royale, sa mère, dans sa légèreté féminine, ne cessait d'attiser plus que de raison son animosité. Comme en outre elle lui en faisait des reproches et qu'il ne les supportait pas, elle le suppliait et [nous priait instamment] nous aussi, et tous les palatins, d'intercéder pour qu'elle pût reprendre son douaire [20] et en vivre heureuse, à l'écart et tranquillement, loin des tracas du royaume. Le comte Raoul avait le même désir [21] : à savoir retourner à ses propres affaires. Ainsi certaines personnes d'expérience étaient d'avis qu'ils n'agissaient que sous l'empire de l'avarice, désespérant

---

21. Raoul IV, comte de Vermandois, parent et ami de Louis VI (1111-1152) : il était en effet le fils d'Hugues le Grand, frère du roi Philippe I et d'Adèle de Vermandois, frère de Simon évêque de Noyon, cousin germain de Louis VI, sénéchal du roi (1131-1152) : peut-être n'avait-il pas réussi à prendre sur Louis VII une influence que lui disputait Suger. Le poste de sénéchal resta vacant pendant quelques temps.

rantes ne ejus liberalitati et amministrationis necessitati sufficientiam absque thesaurorum suorum proprietate supererogare valerent. Quibus tam pene desperantibus cum ego ipse, velud exprobrando, nunquam Franciam repudiatam vacasse respondissem, pusillanimitate nimia uterque dicessit.

[V.] Nos autem qui et regni debitores et beneficii paterni merito ipsius consilio indissolubiliter inherebamus, his proximis circumquaque regionibus comitibus et oppidanis fide et sacramento obligatis, ad superiores ducatus Burgundionum [33] marchias que regno Lotharingorum collimitant, videlicet Lingonensium civitatem, accedere festinanter eum persuadentes, comitem Theobald[um] Autisiodoro ei occurrere mandare curavimus. Erat enim intentio nostra ut virum [34] illum, quia cunctis in regno fide et sacramento et legitimis sanctionibus precellebat, domino viro (sic) [35] fideliter necteremus, et quia tenere etatis tarditate minus sufficere regni negociis prevalebat, eorum accurate suppletioni mancipare sollicitabamur. Qui usque adeo tam devote quam fideliter ejus se obsecuturum famulatui devovit, ut etiam obortis lacrimis, audientibus nobis, Deo grates referret quod et dominus rex servitium ejus tam familiariter gratificaret et solitam antecessorum suorum infestationem tam amicabiliter relaxaret. Festinantes itaque per pagum Eduensum [36], Lingonensi urbe tanquam propria sede susceptus honorifice, hominiis et fidelitatibus totius patrie susceptis, cum comite Theobaldo nobisque,

33. Ecrit *Burgudionum*.
34. Ce mot est de lecture incertaine.
35. On lit *viro* ou *juro* : A. Molinier propose *juramento* : on pourrait peut-être proposer *suo*.
36. Pour *Eduensium*.

tout-à-fait de pouvoir faire face à la libéralité [du roi] et aux nécessités du gouvernement sans puiser dans leurs propres trésors. Comme j'avais répondu en manière de reproche à ces grands désespérés, pour ainsi dire, que jamais la France ne s'était trouvée répudiée, ils s'en allèrent l'un et l'autre avec la plus grande lâcheté [22].

Quant à nous, débiteurs du royaume et en reconnaissance des bienfaits [reçus] de son père, nous restions indissolublement attachés à son conseil, le persuadant de gagner rapidement, à travers les régions alentour [où] comtes et châtelains [lui étaient] liés par la foi et le serment, les marches septentrionales du duché de Bourgogne, limitrophes du royaume de Lorraine, à savoir la cité de Langres ; nous prîmes le soin de mander le comte Thibaud à sa rencontre à Auxerre. Notre intention était en effet, parceque cet homme l'emportait sur tous dans le royaume par la fidélité, le serment et tous les devoirs légaux en dépendant, de l'unir fidèlement à son seigneur [23] ; et parceque le roi, en raison de son jeune âge, ne pouvait suffire aux affaires du royaume, nous étions soucieux de les confier [aux soins] d'un suppléant attentif. Quant à lui, il se dévoua à son service avec autant de zèle que de fidélité, au point qu'il rendait grâces à Dieu, tout en larmes devant nous, de ce que le seigneur roi lui faisait l'honneur de l'admettre avec tant de familiarité à son service et le déchargeait avec tant d'amitié de la traditionnelle hostilité de ses prédécesseurs. Ainsi après avoir traversé rapidement le pays d'Autun, accueilli avec grand honneur dans la ville de Langres comme en sa résidence propre, le roi reçut les hommages et fidélités de tout le pays en compagnie du comte Thibaud et en notre présen-

sibi [37] astantibus [38], precipiendo et imperando omnibus, Parisius remeavit, *siluitque terra in conspectu ejus.*

[VI] Sequenti vero anno, quoniam subito patris decessu ducatum Aquitanie minus plene subjugaverat, assunt qui referant Pictavorum cives communiam communicasse, vallo et glande urbem munisse, urbis municipium occupasse, eorum etiam auctoritate reliquas Pictavie urbes, oppida et firmitates idipsum cum eis confederasse. Quo comperto rumore, rex toto animi rancore in factionis tante ultione rapiebatur, comitemque Teobaldum mandare minime prestolatus, citissime eum expetiit, et ut super tanto Pictavorum fastu consilium et auxilium ultionis conferret, flagibatat : « Age, inquiens, obtime comes, quia me regnumque meum tue credidi [39] tuitioni [40], rebellantem Pictaviam nostre innitere restituere ditioni. Nostra enim in te omnino redundabit injuria, si te tanto regni periculo quantacunque intraverit [41] imperitia. » Qui, nulla tante inhonestatis compulsus angaria, nichil aliud quam quod cum baronibus suis consilium communicaret respondit. Rex autem, mallens remansisse, Parisius rediit nosque, quasi familiariores ejusdem comitis, statuto termino pro responso destinavit, cujus cum nec personam, que etiam cum paucis sufficeret, nec milites nec pecuniam obtinere prevaleremus, dominus rex, nostro et amicorum consilio, privatim ducentorum videlicet militum, sagittariorum et balistariorum colligens delectum, Pictaviam

37. Ecrit $\frac{i}{s.}$

38. *astantibus* cancellé et remplacé en marge par *sistere* ; la lecture d'A. Molinier *ibi asistentibus* est erronée.
39. *credidi* corrigé de la même main sur *credivi*.
40. Ecrit *tucioni*.
41. Ecrit *intraxerit*.

ce ; ayant donné à tous ordres et instructions, il rentra à Paris et « la terre se tut en sa présence »[24].

L'année suivante[25], parcequ'il n'avait pu soumettre entièrement le duché d'Aquitaine en raison de la mort subite de son père, certains rapportaient que les citoyens de Poitiers avaient constitué une commune, avaient fortifié la ville de fossés à palissades[26], occupé la Citadelle[27] et qu'en outre ils avaient confédéré sous leur autorité les autres villes, châteaux et places-fortes du Poitou dans une même alliance. Cette rumeur confirmée, le roi, le cœur plein d'amertume [et] emporté par le désir de se venger d'un tel complot, manda sans tarder le comte Thibaud, le fit venir sur le champ et devant l'arrogance des Poitevins, le pressait de lui prêter aide et conseil de vengeance : « fais en sorte, dit-il, excellent comte, puisque j'ai mis ma personne et mon royaume sous ta protection, de rétablir le Poitou rebelle sous notre domination. L'offense qui nous est faite rejaillira entièrement sur toi si, dans un si grand péril pour le royaume, tu fais preuve de la moindre inexpérience ». Mais lui, nullement ébranlé par le choc d'un tel affront, se contenta de répondre qu'il prendrait conseil de ses barons. Cependant le roi, préférant surseoir, revint à Paris et, comme nous étions en quelque sorte l'un des plus proches du comte, il nous envoya, au terme fixé, chercher sa réponse. Mais nous ne pûmes obtenir ni sa personne, qui avec quelques hommes aurait suffi, ni des soldats ni de l'argent[28]. Alors le roi, sur notre conseil et celui de quelques amis, leva, en prenant sur ses biens propres, une troupe de deux cents chevaliers, archers et arbalétriers, gagna le Poitou et, ayant requis les barons de

---

24. I Machab. I, 3.
25. A la cour de France, l'année commençait à la fête de Pâques : en 1138 Pâques tomba le 3 avril. La révolte de Poitiers dut commencer au printemps 1138.
26. Le mot *glande* signifie un mur ou une palissade érigé au-dessus d'un fossé ou retranchement : cf. Suger, *Vie de Louis le Gros*, éd. Waquet, XI, p. 72-73.

tetendit, accitisque terre baronibus, absque sanguinis effusione Pictavum populum ad deditionem coegit, communiam dissolvit, communie juramenta dejerare compulit, centum [42] a melioribus obsides, tam pueros quam puellas, per Franciam dispergendos extorsit [43]. Verum, cum Pictavis eum prosequeremur, neque enim cum eo pro beati Dionisii sollempnitate ire potueramus, cives turmatim nobis occurebant, et non tantum nostris sed etiam equorum nostrorum pedibus se ipsos prosternebant, lugubres elegos decantantes, et ut pro redemptione filiorum suorum apud dominum regem pie intercederemus, amarissime deplorantes. Matronarum vero, puerorum et puellarum alta suspiria, gemitus et clamores, ac si prolem suam in gremio suo mactari viderent, cum patienter ferre [44] minime [45] valerem, dominum regem de adventu nostro gaudentem, super hoc ipso tam secreto quam amicabiliter conveni, dolorum et miseriarum quas audieram causas summatim exposui. Qui, ut erat immense nobilitatis et mansuetudinis juvenis, docibilis etiam quod imperialis majestatis potentia de fonte nascitur pietatis, cum tante duritie, immo ut opinabatur crudelitatis, causas utiles patulasque reddidisset, totum tamen consilio et arbitrio nostro quicquid inde fieri approbarem remisit. Tercia vero die, cum miserorum civium cor non inpenitens comperissem, contigit summo mane, sicut imperatum fuerat, birotas, saumarios et carretulas atque asinos a parentibus preparatas, ut in eis per diversas et remotas

42. Ecrit .c.
43. La fin de ce mot est de lecture incertaine.
44. On lit *firme*.
45. Les trois jambages du deuxième *m* de ce mot sont surmontés d'un trait oblique ; en outre les deux dernières lettres *me* semblent avoir été lavées.

cette terre, sans effusion de sang contraignit la population poitevine à se rendre. Il dissout la commune, obligea ses membres à en abjurer les serments et prit, parmi les meilleurs, cent otages, tant garçons que filles, pour les disperser à travers la France. Mais quand nous le rejoignîmes à Poitiers, car en raison de la fête de saint Denis [29] nous n'avions pu partir avec lui, les habitants accoururent en foule à notre rencontre et se jetèrent non seulement à nos pieds mais sous les sabots de nos chevaux, poussant de lugubres lamentations et d'amers gémissements afin que nous intercédions miséricordieusement auprès du seigneur roi pour la délivrance de leurs enfants. Ne pouvant supporter sans broncher les profonds soupirs, les plaintes et les clameurs des mères de ces garçons et filles, comme si elles voyaient leur progéniture immolée dans leur giron, j'allai trouver à ce sujet, en secret et en toute amitié, le seigneur roi qui se réjouissait de notre arrivée et lui exposai brièvement les raisons des tourments et des misères que je venais de constater. Comme c'était un jeune homme d'une très grande noblesse et d'une immense bonté, capable de comprendre que la puissance de la majesté impériale nait de la source de piété [30], il m'exposa les raisons qu'il jugeait utiles et évidentes d'une telle dureté et même, avouait-il, d'une telle cruauté mais remit à notre conseil et à notre jugement tout ce que j'estimerais devoir faire. Le surlendemain, tandis que j'avais trouvé le cœur des malheureux habitants plein de repentir, on vit de grand matin, suivant l'ordre donné, les voitures, les bêtes de somme, les charrettes et les ânes préparés par les parents, se rassembler sur la place devant le palais pour emporter garçons et

29. Comme Suger laisse entendre que ces événements se déroulent dès le début de l'année, il faut admettre que l'expédition de soumission du Poitou eut lieu au mois d'avril 1138 ou peu de temps après. La fête de saint Denis dont parle Suger devrait donc être la célébration de l'invention des reliques de Denis, Rustique et Eleuthère, le 22 avril, et non la fête de saint Denis célébrée le 9 octobre, mais la chose demeure incertaine : A. Luchaire, dans la chronologie des actes de Louis VII, retient la date du 9 octobre.

terrarum regiones tam pueri quam puelle auferrentur, in platea ante palatium convenisse, ubi profecto mortuorum potius inferias conclamare quam aliquid aliud personare diu multumque auscultando audires. Cujus terribilis clamoris strepitus cum fere ad ethera usque conscenderet, nec regiis auribus nec nostris nec obtimatum pepercit, quin illico ad palatii fenestras concurrentes dolorem, fletus, genarum disruptionem, pectorum decussionem admirantes, gehennalem arbitramur miseriam. Rex itaque mansuetus, nos in partem reducens, queritabat anxius quid faceret. Angebatur enim utrobique, ne si eos dimitteret civitatis et patrie dampn[um], si eos sicut dispositum erat auferret, crudelitatem et regie majestatis offensam admitteret. Unde, cum omnes pariter ad hanc consilii discussionem hererent, nos audacter quod videbatur in medium proferebamus : « Domine inquam rex, rex et regum et dominus dominantium te regnumque tuum administrans, si tantarum miseriarum inopinatis condescenderis tormentis, et tuam misericorditer personam conservabit et hanc et alias Aquitanie civitates misericors et miserator Dominus subjugabit [46]. Esto securus. Quanto siquidem crudelitatis minus admiseris, tanto regie majestatis honorem divina potentia amplificabit. » Qui mox, instinctu divino edoctus : « Venite, inquit, mecum ad fenestras et ex dono regie liberalitatis communie forisfacti remissionem, puerorum suorum liberam et quietam redditionem omnibus exponite, et ne deinceps tale aliquid committant, ne deterius eis aliquid contingat, viriliter interminate. » Quo audito, mirabile dictu, immensa tristitia conversa est in gaudium, luctus in exultationem, dolor

46. Ecrit *subiux.iugabit*, puis corrigé par exponctuation des lettres *iux*.

filles à travers diverses régions lointaines de la terre ; alors, en écoutant bien et attentivement, on aurait cru entendre les hurlements de victimes sacrificielles plutôt que toute autre clameur. Le tumulte de cette terrible vocifération s'élevant presque jusqu'au ciel n'épargna ni les oreilles du roi ni les nôtres ni celles des grands ; accourant aussitôt aux fenêtres du palais, bouleversés par les gémissements pathétiques, l'éclat des sanglots, les soupirs désespérés, nous mesurons la profondeur abyssale du malheur. Aussi le roi dans sa bonté, nous prenant à part, s'interrogeait-il avec anxiété sur ce qu'il lui fallait faire, se demandant avec inquiétude s'il devait [risquer de] porter préjudice à la cité et à la patrie en libérant [les otages] ou, s'il les déportait suivant la décision prise, risquer de se rendre coupable de cruauté et d'offense à la majesté royale. Ainsi, comme tous étaient embarrassés par cette alternative, nous déclarions avec audace et devant tous le parti qu'il nous semblait bon de prendre : « Seigneur roi, dis-je, si tu daignes condescendre à des tourments si imprévus [et] de si grandes épreuves, le Roi des rois et le Seigneur des seigneurs, Lui qui te gouverne, toi et ton royaume, protégera dans sa clémence ta personne et, Seigneur compatissant et miséricordieux, soumettra cette cité et les autres cités d'Aquitaine, Sois sans crainte. Car moins tu feras preuve de cruauté plus la puissance divine augmentera l'honneur de la majesté royale. » Et lui, aussitôt guidé par une inspiration divine : « Venez, dit-il, avec moi aux fenêtres et par une grâce de la libéralité royale annoncez à tous le pardon du forfait de la commune et, dans la paix, la libération de leurs enfants et, pour qu'à l'avenir ils ne commettent plus un tel crime, pour qu'ils n'encourent pas un malheur plus grand, menacez-les sévèrement. » A cette nouvelle — chose merveilleuse à dire — cette immense tristesse se changea en joie, ce chagrin en liesse [31], cette douleur intolérable en

---

31. Expression fréquente dans la Bible: cf. Esther IX, 22 et passim.

intolerabilis in aromatum pretiosorum injectionem (sic) [47]. Que profecto succedit comparatio, cum dolor ad mortem, gaudium et exultatio [48] ad vitam ? Neque enim vivit qui misere vivit. Quo regie clementie tam pio quam nobilissimo facto usque adeo totam Pictaviam amori et servitio suo perstrinxit, ut nec deinceps communie aut conspirationis alicujus mentio personaret.

[VII.] Cum ergo civitatem tanto exonerata[m] honere paccatisque diversarum questionum multis occasionibus hilariter exissemus, festinantes versus Occeanum, ad castrum quoddam nobile, quod ex re nomen habens aut *Talus mundi* aut *Talis mundus* dicitur, quod his et hujusmodi credentibus tam loci amenitate quam frugum ubertate necnon et castri securitate fatatum estimaretur, cum proximus ejusdem castri vallo omni [die] [49] bis refluat Occeanus, multorumque tam piscium quam carnium aut diversorum mercatorum commercia navali subsidio bis omni die fluviorum dulcium alveis intus usque [50] ad turris portam referantur. Baronem quendam Guillelmum de Laziaco, virum factiosum et subdolum, qui idem castrum occasione custodie sibi usurpaverat, conspectui suo assistere mandavit. Quem cum super retentionem falconum alborum, qui dicuntur *girfaldi*, Guillelmi ducis gravissime cohercuisset, et ad redditionem eorum minis et terroribus coegisset, etiam de castri redditione eum gravissime exagitabat. Qui tam me quam episcopum Suessionensem vocans in partem,

---

47. La lecture de ce mot est incertaine : A. Molinier propose *injectionem*, J. Lair *incensionem* (écrit *incentionem*).
48. Ecrit *exuctatio*.
49. *die* ? ce mot n'existe pas dans le texte.
50. *usque* écrit après *atque* cancellé.

parfum d'aromates précieux. Et certes, la comparaison ne s'impose-t-elle pas, de la douleur à la mort, de la joie et de l'allégresse à la vie ? car il ne vit pas celui qui vit dans le malheur. Par ce geste de la clémence royale, plein de piété et de grande noblesse, [le roi] s'attacha tout le Poitou par [les liens] d'amour et de service, au point que par la suite l'on n'entendit plus parler de commune ni d'aucune conspiration [32].

Après avoir apaisé maintes situations de conflit, nous sortîmes joyeusement de la cité libérée d'une telle épreuve, et nous nous hâtâmes en direction de l'Océan, vers un château remarquable qui porte le nom, donné par la nature, soit de « Talon du monde » soit de « Tel monde » [33] parce qu'au jugement de ceux qui croient en ce genre de choses il aurait été désigné par le sort, tant pour la douceur du lieu que pour l'abondance des fruits [de la terre] et la sécurité du château puisque l'océan tout proche reflue deux fois par jour au pied de ses remparts et que deux fois par jour les produits de divers négoces, poissons, viandes et autres, arrivent par bateau à l'intérieur, suivant le cours de rivières agréables jusqu'à la porte de la tour. [Le roi] manda en sa présence un certain baron, nommé Guillaume de Lezay [34], homme intrigant et fourbe qui, à l'occasion d'une garde, avait usurpé le château. Comme il l'avait [déjà] très sévèrement puni à propos de la confiscation de faucons blancs — que l'on appelle gerfauts — appartenant au duc Guillaume [35] et l'avait contraint par la menace et la terreur à les restituer, il le poursuivait cette fois avec rigueur pour [obtenir] la reddition du château. Quant à lui, [Guillaume de Lezay] nous prenant à part, nous et l'évêque de Soissons [36], il insistait fortement pour que, par notre

---

35. Guillaume VIII comte de Poitiers, Guillaume X duc d'Aquitaine, père d'Aliénor.
36. Joscelin de Vierzy, surnommé « le Roux », évêque de Soissons (1126-1152), ami de Suger qui lui dédia sa Vie de Louis le Gros.

per nos dominum regem illuc ire castrumque suum recipere obnixe invitabat. Unde dominum regem illuc festinare et dum castrum ei offertur celeriter recipere ab ipso episcopo et a multis suadebat[ur] [51]. Nos vero et pauci nobiscum sentientes perfidie eorum discredebamus, periculosumque fore si absque turris inexpugnabilis receptione infra castri menia nos et dominum nostrum reciperemus ; quoddam etiam ad dissuadendum simile factum referentes : videlicet quod quondam rex Francorum Karolus, ab expeditione quadam Lotharingie rediens, a comite Veroma[n]densi Herberto quasi ab homine et amico suo gratanter receptus hospitio, tamquam a perfido hoste perpetuo carcere remansit [52] dampnatus ; presertim cum idipsum aut simile hunc eundem Guillelmum Guillelmo duci fecisse audissemus, videlicet quod, cum quadam nocte ibidem hospitatus fuisset et in mane [53] castrum exire vellet, vix portam que ei et suis claudebatur intempestive exire potuit [54], et de nobilioribus exercitus sui ibidem retentos coactus dimisit. Verum cum potius ire quam remanere quamplurimis placeret, stulte eorum audacie celere [55] sustinuimus. Qui servientes suos ad eligenda hospitia et placitam [56] victualium coemptionem premittentes, eos quasi jocando sequebantur. Nos autem, hujusmodi factum levitati reponentes, quod improvidi, quod inermes dextrarios suos et arma absque se premittebant, invehendo in eos vituperabamus. Nec mora, cum jam

51. On lit *suadebat* : la construction grammaticale de cette phrase est incorrecte.
52. Ecrit *remamansit*.
53. *in mane* écrit *immane*.
54. *potuit* écrit sur *voluit* cancellé.
55. *celere* pour *cedere*.
56. *placitam* corrigé sur *placitum*.

intermédiaire, le roi fût invité à se rendre sur les lieux et prendre possession de son château. Aussi l'évêque lui-même et beaucoup d'autres personnes engageaient-elles le seigneur roi à y aller sans tarder et, du moment que le château lui était offert, à le recevoir aussitôt. Mais nous, et quelques autres qui partageaient notre point de vue, nous refusions, certes, de croire qu'ils agissaient par perfidie mais [nous estimions] qu'il serait dangereux pour nous et notre seigneur de pénétrer à l'intérieur des remparts du château avant d'avoir pris possession de la tour inexpugnable. Pour l'en dissuader, nous rappelions un évènement analogue : jadis le roi des Francs, Charles [37], au retour d'une expédition en Lotharingie, fut reçu joyeusement par le comte de Vermandois Herbert, dans sa demeure, comme chez un vassal et ami, et il resta prisonnier à vie d'un perfide ennemi. Mais surtout nous avions entendu dire que ledit Guillaume avait usé du même stratagème, ou presque, envers le duc Guillaume : ayant été reçu pour une nuit dans ce redoutable château, quand il voulut en sortir il eut toutes les difficultés pour franchir la porte qui se refermait sur lui et les siens et fut contraint d'abandonner là, prisonniers, quelques-uns des plus nobles éléments de son armée. Cependant, tandis que beaucoup étaient d'avis d'y aller plutôt que de rester sur place, nous refusâmes de céder à leur audace folle. Mais eux envoyaient en avant leurs sergents pour choisir les gîtes et acheter d'alléchantes victuailles et ils les suivaient, en quelque sorte en plaisantant. Quant à nous, attribuant cette conduite à la légèreté, nous les réprimandions sévèrement pour envoyer en avant leurs destriers sans protection et leurs troupes sans eux. La

prefatus Guillelmus, proditionem suam celare non valens, quosdam de precedentibus qui jam intraverant quasi sub silentio capi fecisset, ipsemet portam amplexatus, quos meliores videbat capiendos recipiebat, et quos nolebat excludebat. Tumultuantes igitur et vociferantes interius capti, exterius fugam exclamabant. Quos proditores, apertis ilico portis, insectantes, quosdam capere, quosdam sauciare, quosdam vero spoliare instantissime satagebant, cum repente, licet tarde, dominus rex cum exercitu suo ad arma concurrens, lorica et galea ocreisque ferreis succinctus, fugantibus occur-[r]it, fugientibus subvenit, vicem cum Francis suis, pene enim soli erant, Pictavis rependit. Videres ibidem eumdem regem duos eorum milites pedibus detruncare [57], quos quanto tardius, — erat enim exigente etate adhuc debilis viribus, — sedebat [58], tanto angustius eos demorate cesionis angustia deprimebat. Refugans itaque eos et per portam, etiamsi sorderet [59], retrudens, divinitus adjutus, tanta et tam digna ultione sceleratorum punivit proditionem, ut eadem hora ex insperato castrum quod videbatur inexpugnabile in manu forti et brachio extento aggredi maturaret, immunitates prerumperet, armis perfoderet, totum castrum, abbatias etiam et ecclesias usque ad precinctum turris incendio conflagraret. Qui autem de factoribus supererant in turre se receperunt...

---

57. Ecrit *detr̄care*.
58. Pour *cedebat*.
59. Ecrit *forderet*.

suite ne se fit pas attendre : le susdit Guillaume, incapable de dissimuler sa perfidie, avait aussitôt fait saisir presque sans bruit certains de ceux qui, partis en tête, étaient déjà entrés et, se tenant lui-même à la porte, accueillait pour les y capturer ceux qui lui paraissaient les meilleurs et refoulait ceux dont il ne voulait pas. Ainsi, à l'intérieur, les prisonniers incitaient à fuir, par leur tumulte et leurs vociférations, ceux qui étaient à l'extérieur. Ouvrant aussitôt les portes, les traîtres les poursuivaient avec acharnement, en capturaient certains, en blessaient d'autres, en dépouillaient d'autres encore avec violence, quand tout à coup, bien que tard, le seigneur roi courant aux armes avec ses troupes, revêtu de la cuirasse, du casque et des jambières de fer, se jeta sur les poursuivants, vint au secours des fuyards avec ses Francs — ils étaient en effet presque seuls [avec lui] — prit sa revanche des Poitevins. Il fallait voir le roi, là, couper les pieds de deux de leurs chevaliers ; et comme il les frappait avec lenteur, car en raison de son âge il manquait encore de force, l'angoisse étreignait d'autant plus fortement [ces hommes] que l'amputation tardait. Les mettant donc en fuite et les refoulant par la porte au risque de se souiller, avec l'aide de Dieu il punit la trahison des scélérats d'une telle et si digne vengeance que, sur l'heure, de manière inattendue, il se hâta d'attaquer d'une main forte et le bras tendu, ce château qui semblait inexpugnable, il en rompit les défenses, il le transperça de part en part par les armes. Il anéantit par le feu tout le château avec les abbayes [38] et les églises, jusqu'au tablier de la tour. Ceux des coupables qui avaient survécu se réfugièrent dans la tour [39]

---

39. Ici s'arrête brusquement le texte attribué par J. Lair et A. Molinier à Suger, et publié d'après le ms. D (Bibl. nat. ms. lat. 12710, f° 51 v°, col. a, 7° ligne avant la fin). La suite du récit est l'*Historia gloriosi regis Ludovici* donnée par le ms. G (Bibl. nat. ms. lat. 6265) et la continuation d'Aimoin : cf. A. Molinier, *Vie de Louis le Gros par Suger, suivie de l'histoire de Louis VII*, préface. La tour de Talmont, contrairement au château, aux abbayes et aux églises, restera entre les mains du roi : cf. J. Lair, *op. cit.*, p. 596, note 2.

NOTES COMPLÉMENTAIRES

I. ÉCRIT SUR LA CONSÉCRATION

1. Cette seule phrase résume toute la pensée néoplatonicienne, synthèse probable de la philosophie du pseudo-Denis, de Maxime le Confesseur *(Mystagogia)*, de Jean Scot et de Hugues de Saint-Victor, et en même temps la motivation de toute son œuvre. Le sensible peut être symbole de l'Eternel et la diversité n'est pas un mal, mais en se dépassant elle s'achève par sa déification même. Dans l'homme, chair et esprit tendent au parfait achèvement parceque Dieu rassemble le divers, est le terme commun de toute perfection. Suivant l'Aréopagite, l'univers est créé, animé, unifié par la perpétuelle réalisation de la lumière « superessentielle » avec le Père des Lumières. Du sensible à l'intelligible il n'y a pas d'opposition mais une hiérarchie allant de la multiplicité à l'unité : ainsi l'homme, avec une âme immortelle et doté d'un corps, ne tourne pas le dos au monde physique mais le transcende en l'absorbant. Toutes les choses matérielles sont des lumières matérielles qui, devenant une grande lumière unifiée, reflètent la *Vera Lux*, Dieu lui-même. Cette ascension du matériel à l'unité immatérielle divine, cette expérience éminemment religieuse, *anagogico more*, a guidé l'action de Suger dans tous les domaines : comme théologien, poète, maître d'œuvre, patron des arts et artiste lui-même.

4. C'est dans cette perspective de participation active à la proclamation de la miséricorde et de la gloire de Dieu qu'il faut situer toute l'œuvre de l'abbé de Saint-Denis : œuvre offerte en holocauste, en rétribution du Salut miséricordieux.

5. Saint Luc, XVII 18 : guérison du lépreux samaritain.

6. Saint Paul, Épitre aux Romains V, 1. Comme au début du traité sur son administration, Suger insiste sur l'intention de son récit : mettre par écrit toutes les œuvres qu'il lui a été donné d'accomplir pour la gloire de son église afin de les sauver de l'oubli — le plus grand ennemi — de les transmettre à la postérité pour qu'elles servent d'exemple, mais surtout pour rendre grâce à Dieu et obtenir par

l'intercession des saints protecteurs, le pardon et le salut de son âme.

7. Dagobert, roi des Francs (629-639) était en effet le fils de Clotaire II, roi de Neustrie en 584 puis, ayant conquis l'Austrasie, roi des Francs (613-629).

8. Sur le bourg de *Catuliacum* et la basilique de sainte Geneviève : cf. S. M. Crosby, *The royal abbey...* 1987, chap. I, p. 13-27, et *Atlas Historique de Saint-Denis*, sous presse.

9. Cette légende provient des *Gesta Dagoberti* qui racontent comment, Dagobert s'étant endormi pendant sa prière, les saints martyrs lui apparurent en songe comme *tres viri et corporum liniamentis et vestium nitore conspicui (M. G. H. Script. rer. merov.* II, Hanovre, 1898, p. 403). Cette légende, cautionnée par Suger, prit un caractère authentique et fut insérée en 1233 dans les *Vita et actus beati Dionysii*, version en latin de la croyance officielle au sujet du saint martyr et de son église. Dès lors, cette légende fut répétée, traduite en français, abrégée et adaptée pour tous les publics.

10. Comme l'a relevé Panofsky *(Abbot Suger...* p. 224-225), tout ce passage : *quam cum mirifica marmorearum columnarum varietate... inæstimabili decore splendesceret* est une citation presque mot à mot de la description de l'église « de Dagobert » qui figure dans *les Gesta Dagoberti (M. G. H., Script. rer. merov.* II, Hanovre 1898, p. 406-407), à l'exception de la construction de colonnes dont les *Gesta* ne parlent pas, se limitant au décor somptueux en or, pierres précieuses, tentures ornées de perles accrochées aux murs et aux colonnes.

11. Suger tente de justifier l'exiguité de l'église construite, suivant la légende, par Dagobert, par les habitudes du temps et sans doute aussi le souci esthétique de ce roi de vouloir mettre en valeur et en relief l'éclat des matières brillantes en les présentant de près aux visiteurs.

12. Il s'agit évidemment des reliques de la Passion du Christ : un clou de la Croix et un fragment de la Couronne d'épines, ainsi que le bras de saint Siméon qui porta le Christ enfant. La présence de ces reliques, qui auraient été offertes à Saint-Denis par Charles le Chauve (suivant le récit du moine Haymon, du IXe s.) rehaussait le prestige de l'abbaye comme lieu de pèlerinage. Ces reliques étaient conservées dans la crypte d'Hilduin, du IXe s. que Suger, pour cette raison, s'efforça de respecter. Elles avaient subi les même vicissitudes que les reliques des saints martyrs : en 841, l'abbé Hilduin, en fuite devant les Normands, les emporta à Ferrières. En 859, devant ce même danger, elles furent transportées à Nogent-sur-Seine. En 876, pour ces mêmes raisons, les moines les emportent avec eux à Concevreux. Enfin, en 885, à l'occasion du grand siège de Paris, les moines se réfugient à Reims avec les reliques et le trésor. Le 9 juin 1053, pour répondre aux prétentions de l'abbaye de Saint-Emmeran de Ratisbonne qui

affirmait posséder les véritables reliques de saint Denis, les reliques de la Passion furent exposées, avec celles des saints martyrs.

13. On notera que le « pré des frères » où les femmes viennent rendre leur dernier soupir, est dit *claustrum*, cloître, dans l'*Ordinatio* (Lecoy n° X, p. 358).

14. C'est l'essor du culte de saint Denis et les foules sans cesse plus nombreuses de fidèles se pressant pour vénérer les saints martyrs, les dangers que cette compression représentait, que Suger présente comme argument pour reconstruire et agrandir l'abbatiale. Il raconte cette même scène dans deux autres de ses écrits : brièvement dans le *Traité sur son administration* (I, chap. 2) où il dit que cette situation se produisait surtout pour la fête de saint Denis et au Lendit, plus longuement dans l'*Ordinatio* (Lecoy n° X, p. 357-358). Ici la scène prend un tour particulièrement dramatique.

15. Il semble, à en juger par le récit de Suger, que ce soit surtout les reliques de la Passion qui ont attiré la foule, les jours de fête, à Saint-Denis. Ce sont ces reliques, et le bras de saint Siméon qui furent transportés en procession, en présence du roi, par les mains des évêques et des abbés, lors de la cérémonie de pose des fondations du chevet, le 14 juillet 1140 (*Ordinatio*, Lecoy X, p. 358). Il est généralement admis que les fenêtres dont parle ici Suger sont celles de la crypte carolingienne, sans doute celle d'Hilduin, qu'il recomposa et agrandit (cf. S. M. Crosby, *The royal abbey*... p. 234). L'auteur nous explique plus loin (chap. 7) et plus brièvement dans le *Traité sur son administration* (II, chap. 7) comment il réaménagea la crypte et le nouveau chœur dans un passage d'interprétation au reste difficile, utilisant la crypte d'Hilduin comme plateforme sur laquelle il érigea le chœur (cf. S. M. Crosby, *The royal abbey*... p. 234 et E. Panofsky, *Abbot Suger*... p. 225 et 238-239)

16. Le mot *extra* signifie soit que Suger s'affligeait des conséquences fâcheuses de l'étroitesse de l'église tandis qu'il n'était pas encore complètement impliqué dans les intérêts de l'abbaye, soit qu'il était alors (1104-1106) loin de l'abbaye, étudiant dans une école plus avancée, soit à Fontevrault (d'après Cartellieri, reg. 5) soit à Saint-Benoit-sur-Loire (d'après Molinier, *Vie de Louis VI*, p. VI, Panofsky, p. 225 et M. Bur, *Suger, abbé de Saint-Denis, régent de France*, Paris, 1991, p. 52-53) : cf. M. Aubert, *Suger* (Figures monastiques), Saint-Wandrille, 1950. Le mot *extra* peut également faire allusion à la période 1107-1112, quand il était prévôt de Berneval puis de Toury (Cartellieri, p. 126, n° 5, 9 et 10).

17. Saint Paul, Epitre aux Galates, I, 15.

18. Suger revient, ici encore, sur les erreurs et les péchés de sa jeunesse : cf. *Traité sur son Administration*, note 164 et 189.

19. Sur le vocabulaire utilisé par Suger, *pars anterior* pour désigner la partie occidentale de l'église ou entrée principale, *pars superior* pour désigner la partie orientale ou chevet, cf. *Traité sur son*

administration (II, chap. 5) et note 181. La chose, en revanche, est moins claire pour la signification de l'expression *ab aquilone* : voici en effet ce que dit Hugues de Saint-Victor sur les quatre orientations de l'Arche, se plaçant face à ses auditeurs et donc à l'envers du dessin tel que son auditoire le regarde, ce qui explique qu'il place le nord à droite et le sud à gauche : *superioris ejus lateri, id est orienti... inferiori autem lateri, id est occidenti... dextro lateri, id est aquiloni* (le nord)*...sinistro lateri, id est australi* (le sud) : cf. *Libellus de archa mystica*, ed. P. Sicard, CCCM 161, Turnhout 1994. — *Idem, Diagrammes médiévaux et exégèse visuelle... Bibliotheca Victorina* IV, Turnhout, 1993. On ne comprend pas bien pourquoi Suger désigne aussi la partie occidentale ou « antérieure » par l'expression *ab aquilone* (cf. les hypothèses de Crosby exposées par Panofsky : soit « du côté du [vent du] nord », du mauvais temps, soit le sens théologique du mot *aquilo* par référence au Mont Sion (cf. plus bas, chap. 9) : le terme *aquilo* désignerait une région opposée au Mont Sion, c'est-à-dire à la foi chrétienne, et donc habitée par ceux qui ne seront jamais convertis : *ab aquilone* ne signifierait donc pas « face au nord » mais face au monde séculier, c'est-à-dire le côté opposé à celui du chevet. Au reste l'ouest a aussi une connotation défavorable : c'est le côté du coucher du soleil, il symbolise l'Ancienne Loi opposée à la Nouvelle. En outre, les fouilles de S. M. Crosby (*The royal abbey...* p. 67-68) semblent indiquer que l'entrée principale de l'église carolingienne était du côté nord du porche, c'est-à-dire de l'avant-corps protégeant la sépulture de Pépin le Bref. Suger a donc pu utiliser ce terme dans un sens théologique et géographique à la fois (cf. Panofsky, *Abbot Suger...* p. 149 et 226-229).

20. Dans le *Traité sur son administration* Suger désigne l'entrée principale par les mots *valvarum introïtus* (II, chap. 2). L'expression *in parte inito directe testudinis* peut signifier que l'avant-nef de Suger est dans l'axe de la nef, ce qui n'était pas le cas de la nef carolingienne par rapport au chevet de même époque.

21. Pour la reconstruction des tours de la façade ouest, voir l'exposé de S. M. Crosby, *The royal abbey...* p. 161-165. — E. Panofsky, *Abbot Suger...* p. 225-229.

22. Saint Paul, I Corinth. III, 11.

23. Saint Paul, II Corinth. III, 5.

24. Il s'agit donc de trouver des colonnes pour construire la nef de raccordement entre le massif occidental et la nef carolingienne. Cette construction comportait trois travées, c'est-à-dire quatre colonnes de chaque côté. Il fallait donc trouver le matériau nécessaire pour tailler huit colonnes. Dans l'*Ordinatio* Suger explique plus clairement qu'il s'agit bien ici de la nef de raccordement : *cum novo operi in anteriori ecclesiæ parte libenter et fideliter desudassemus, ipsoque novo antiquo operi pulchra novarum columnarum et arcuum convenientia apte unito...* (Lecoy n° X, p. 356-357).

25. Sur l'utilisation de colonnes antiques et de matériaux anciens, il faut se souvenir que l'usage en fut courant pendant tout le Haut Moyen-Age. En Italie on ne cessa d'employer des colonnes romaines antiques jusqu'au VIIIe s. au moins. E. Panofsky signale qu'en 876 des moines d'Auxerre allèrent par bateau à Arles et Marseille chercher des marbres antiques précieux (cf. J. von Schlosser, *Schriftquellen zur Geschichte der karolingischen Kunst*, dans *Quellenschriften für Kunstgeschichte*, n. s. IV, Vienne, 1892, p. 193). En 1066, l'abbé du Mont-Cassin *Desiderius* (Didier) fit venir de Rome des colonnes, bases et chapiteaux, passant par Ostie et la tour de Garigliano (cf. Léon d'Ostie, *Chronicon monasterii Casinensis*, P. L. 173, col. 746. — J. von Schlosser *Quellenbuch zur Kunstgeschichte des abendländischen Mittelalters*, dans *Quellenschriften für Kunstgeschichte*, n. s. VII, Vienne, 1896, p. 202 et suiv. — E. Panofsky, *Abbot Suger...* p. 231). Entre 1001 et 1018 l'évêque Brun de Langres rassembla des matériaux de marbre de partout pour la construction de l'abbatiale Saint-Bénigne : *columnas marmoreas ac lapideas undecumque adducendo* (cf. W. Schlink, *Saint-Bénigne...*, Berlin, 1878, p. 172). Les sources nous apprennent à quel point les colonnes coûtaient cher pour la construction des églises et combien on déplorait leur perte lors des incendies : par exemple l'incendie du monastère d'Admont en 1152, dont l'abbé Irimbert dit : *ejusdem sumptibus pretiose columne monasterii eminebant* (cf. G. Binding, *Zum Architektur Verständnis bei Abt Suger*, dans *Mittelalterlisches Kunstleben nach Quellen des 11 bis 13 Jahrh.*, herausg. von G. Binding und Andreas Speer, 1993, p. 184-202). Après Suger encore, Hugues évêque de Durham (1153-1195) fait venir d'Italie des colonnes et des bases de marbre : *a transmarinis partibus deferebantur columpnæ et bases marmoreæ (ibidem)*. En fait ni Suger ni les constructeurs du Moyen-Age en général ne faisaient de grande différence entre les colonnes romaines et celles que l'on pouvait fabriquer neuves, dans la mesure où le matériau était le même ou très comparable.

26. Ce sont en effet les Sarrasins qui tenaient le détroit de Gibraltar et, sauf brève interruption au XIVe s., le conservèrent jusqu'en 1462.

27. La découverte miraculeuse d'une carrière par Suger n'est pas un thème nouveau : on lit en effet dans les *Gesta episcoporum Cameracensium* écrits entre 1141 et 1143 qu'en 1023 l'évêque de Cambrai, Gérard I, dans sa recherche anxieuse de matériau pour construire des colonnes, eut la révélation d'une carrière adaptée à Lesdain : *tandemque Deo opitulante... in vico quem dixit Lesden qui quarto miliario ab urbe secedit, aperta terra juxta votum lapides columnares invenit* (cf. G. Binding, op. cit., p. 197).

28. Ce témoignage de piété collective de la part des laïcs n'est pas non plus un fait nouveau. L'excellent exposé d'E. Panofsky *Abbot Suger...* p. 231-233) nous rappelle en effet qu'un phénomène analogue s'était produit lors de la construction de l'abbaye du Mont-Cassin par

l'abbé Didier en 1066 : *et ut magis fervorem fidelium obsequentium admireris, primam his columnam ab ipso montis exordio sola civium numerositas colli brachiique proprii virtute imposuit* (Léon d'Ostie, *Chronicon Casinense*, P. L. 173, col. 746). Cette forme de culte populaire, qui pourrait être apparu, en France, à Chartres puis en Normandie, est rapportée dans une lettre d'Hugues d'Amiens, archevêque de Rouen, à Thierry évêque d'Amiens, et par Haymon abbé de Saint-Pierre-sur-Dives, récits datés tous deux de 1145, c'est-à-dire après l'événement raconté en 1145 ou peu après par Suger, et qui dut avoir lieu avant 1140). Il semblerait qu'en bien des passages la *Narratio de consecratione et dedicatione ecclesiæ casinensis* (P. L. 173, col. 997 et suiv.) ait servi de modèle au *De Consecratione* de Suger. On ne saurait trop insister sur l'influence que put avoir l'œuvre de l'abbé Didier du Mont-Cassin sur les réalisations de Suger, dans tous les domaines.

29. Il s'agit de véritables brisures : les fouilles ont permis de retrouver ces chapiteaux cassés (information communiquée par A. Erlande-Brandenburg). Sur ces réparations, cf. M. Vieillard-Troïekouroff, *L'architecture en France du temps de Charlemagne*, dans *Karl der Grosse, Lebenswerk und Nachleben*, III, 3° éd. Düsseldorf 1966, p. 366 et suiv.

30. L'actuelle forêt de Rambouillet ne représente qu'une faible partie de l'ancienne forêt d'Yveline. Sur les possessions et droits de Saint-Denis dans cette forêt : cf. Suger, *Traité sur son Administration* (I chap. XII). Une grande partie de cette forêt avait été donnée à Saint-Denis par Pépin le Bref (J. Tardif, Monum. Hist., Paris, 1866, n° 62. — *M. G. H., Dipl. Karol.* I, éd. Tangl, Hanovre, 1906, p. 39 et suiv.). Mais les rois ultérieurs n'en distribuèrent pas moins droits et privilèges dans cette forêt à d'autres églises ou seigneurs (cf. A. Luchaire, *Etude sur les actes de Louis VII*, Paris 1885, n° 71, 93, 105, 227, 281, 426, 439, 453, 714. — *Idem, Hist. des Inst. monarch. de la France sous les premiers Capétiens*, 2° éd. Paris, 1, 1891, p. 105 et suiv.) et n'y réprimèrent pas les abus : Suger y mit bon ordre (cf. *Traité sur son administration* I, chap. 13).

32. Il doit s'agir de Milon II de Montlhéry, châtelain de Bray-sur-Seine et vicomte de Troyes, frère cadet de Gui Trousseau. Allié aux Garlande, il tente d'occuper le château de Montlhéry que le prince Louis lui enlève (H. Waquet, *Vie de Louis VI le Gros*, Paris, 1964, p. 41, 43). Ayant épousé le parti du roi, il récupère son château *ibid.* p. 127-129). Ayant ensuite épousé la sœur de Thibaud de Chartres, il trahit le roi en aidant ce dernier à prendre le château de Corbeil (*ibid.* p. 151) et à assiéger Toury *(ibid.* p. 163). Enfin châtié par le roi, son mariage fut rompu *(ibid.* p. 173) et il finit par être étranglé en 1118 par son cousin Hugues de Crécy.

33. Amaury III, seigneur de Montfort (vers 1101-1137), comte d'Evreux, oncle maternel de Philippe comte de Mantes ; frère de Bertrade de Montfort (deuxième épouse bigame du roi Philippe I), il

était l'oncle de Louis VI. Il repoussa le roi d'Angleterre dans le Vexin (H. Waquet, op. cit. p. 231), soutint le siège de Montferrand (ibid. p. 239) et fut mêlé au conflit entre Louis VI et Etienne de Garlande au sujet du sénéchalat (1128 : Waquet, op. cit., p. 255).

34. *Tristegum* (neutre singulier) ou *tristega* (féminin singulier) machine de guerre en forme de tour mobile de bois (à trois étages).

35. L'expression *superponi operturæ* est ambiguë. Suivant E. Panofsky *(Abbot Suger...* p. 235-236) les travaux de S. M. Crosby n'ont pas permis de savoir si la nef de raccordement était alors déjà voûtée ou bien provisoirement couverte d'un toit plat en bois afin qu'elle s'harmonise avec la couverture de la nef carolingienne. Le mot *opertura* peut donc signifier soit une série de voûtes soit l'ensemble formé par les voûtes du bloc occidental et la toiture plate de la nef de raccordement. Cette dernière hypothèse, suivant E. Panofsky, semblerait plus vraisemblable pour la raison que Suger aurait autrement parlé de *voltæ*. Le mot *opertura*, plus général, aurait été préféré pour indiquer à la fois la partie voûtée et la partie toiturée.

36. Dans le *Traité sur son administration* (II, chap. 3) et l'*Ordinatio* (Lecoy n° X, p. 356-357), Suger dit que Hugues d'Amiens, archevêque de Rouen, consacra l'oratoire de saint Romain, tandis que les oratoires inférieurs, ceux de saint Hippolyte et de saint Barthélemy, ainsi que ceux de saint Nicolas et d'autres saints, furent consacrés par Manassès évêque de Meaux et Pierre évêque de Senlis : Eudes évêque de Beauvais n'est pas mentionnés : voir *Le traité sur son administration*, notes 168 et 169.

37. Le mot *priorem*, contrairement à l'interprétation longuement exposée par E. Panofsky *(Abbot Suger...* p. 236) pourrait être pris tout simplement dans un sens adverbial, suivant une tournure grammaticale fréquente chez Suger : les trois prélats bénirent tout d'abord l'eau contenue dans une vasque, puis formèrent une procession... Quand à l'eau grégorienne de la consécration*(aqua exorcizata)*, c'était un mélange d'eau, de sel et de cendre (cf. H. P. Neuheuser, *Die Kirchweihbeschreibungen von Saint-Denis und ihre Aussage. Fähigkeit für das Schönheitsempfinden des Abtes Suger*, dans *Mittelalterliches Kunsterleben...*, 1993, p. 116 et suiv.

38. Voir le *Traité sur son administration* (II, chap. 3) et note 173 : dans ce traité Suger parle de la porte Saint-Eustache.

39. Il n'est pas certain qu'il faille rejeter complètement l'étymologie que donne Suger du nom Panteria (du mot grec παν = tout, de tout, et du verbe latin *tero, terere*, qui peut signifier : fouler, consummer, user, rendre commun) : dans ce cas il s'agirait non seulement d'un marché au pain *(platea paneteria)* mais plus généralement d'un « marché aux puces » : cf. *Atlas historique de Saint-Denis :* une documentation (Archéologie et grands travaux), sous presse, où la place est désignée sous le nom de Penthière : doc. 96 (Livre vert).

40. cf. *Traité sur son administration* (II, chap. 3) et note 174.

42. *quasi pro dote, sicut solet fieri* : dans l'*Ordinatio* (Lecoy n° X, p. 357) Suger utilise l'expression *pro dote catholica*. La *dos ecclesiæ*, offerte par le fondateur d'une institution ecclésiastique, était destinée à l'entretien de l'église et de ses clercs desservants. Aucune église ne pouvait être consacrée si elle n'avait reçu une dotation appropriée pour son entretien.

43. Suger parle à plusieurs reprises dans son œuvre de l'achat de cette place : cf. *Traité sur son administration* (I, chap. 1) où il cite plusieurs places achetées à Guillaume de Cornillon pour 80 livres et *Ordinatio* où l'achat est défini ainsi : *terram regiæ domus quam quater viginti libris a Willelmo Cornillonensi... locandam et hospitandam comparavimus* (Lecoy n° X, p. 357). Guillaume de Cornillon figure comme témoin, avec son fils Guillaume, dans la charte d'affranchissement délivrée par Suger en 1125 en faveur des habitants de la ville de Saint-Denis (Lecoy n° I, p. 322). Il y avait au nord du cimetière deux églises Saint-Michel : Saint-Michel du Charnier située entre l'église Saint-Barthélemy (et à l'est de celle-ci) et l'église Saint-Pierre (église mérovingienne à fonction funéraire : cf. *Atlas Historique de Saint-Denis...* op. cit., sous presse), et Saint-Michel de Degré qui, d'après les dernières fouilles semble avoir été édifiée en même temps que le massif occidental de l'abbatiale, vers 1137, mais cette église était dédiée jusqu'au XIIIe s. à saint Symphorien. C'est donc la première qui est désignée ici par Suger *(Atlas Historique...*, sous presse). Cette propriété aurait été située au sud-est de ce qui s'appellera, sur le plan levé par Dumesnil vers 1704 (Félibien, 1706, Gravure C. Inselin) rue du petit Piechet *(Atlas Historique...)*.

46. Ici le scribe a manifestement oublié un mot. La solution proposée par les Bénédictins (Lecoy p. 224 note 1) ne convient pas. Celle-ci est donnée par Suger lui-même dans l'*Ordinatio* (Lecoy n° X, p. 357) : *quoniam infra sancti sanctorum locus ille divinitati idoneus, sanctorum frequentationi angelorum gratissimus, tanta sui angustia artabatur...*

47. Citation libre de saint Luc, XXIV 32.

48. Sur la consécration légendaire, par le Christ lui-même, de la basilique « de Dagobert » : voir le *Traité sur son administration* (II, chap. 2) et note 162.

49. Tout ce passage est obscur. L'explication qu'en donne Panofsky ne nous paraît pas éclairante *(Abbot Suger...* p. 238) : il n'y a pas eu d'abside intermédiaire entre les constructions carolingiennes et celles de Suger : la voûte dont il est question ici pourrait être celle de la chapelle dite d'Hilduin, que Suger dut mettre au niveau de l'abside couvrant les corps des saints pour offrir un plancher égal au nouveau chevet projeté : cette hypothèse rejoint celle de S. M. Crosby (*The royal abbey...* chap. IV, p. 89).

50. Pour la description du tombeau des corps saints, voir le *Traité sur son administration* (II, chap. 10) et note 206.

51. La difficulté majeure que Suger eut à résoudre était l'alignement axial de l'ancienne nef avec le nouveau chevet puisque l'abside carolingienne était sensiblement déviée par rapport à l'axe de la nef. Il était en outre très difficile de superposer exactement les colonnes supérieures à celles de la crypte qu'on ne pouvait voir d'en haut. On ne sait exactement ce qu'étaient les instruments géométriques et arithmétiques dont parle Suger et qui intriguent les architectes d'aujourd'hui (cf. S. M. Crosby, *Abbot Suger's Saint-Denis. The new gothic*, dans *Studies in western art* (Acts of the 20th intern. congress of the hist. of art, New-York, 1941), Princeton, 1963, I, p. et suiv. — Panofsky, *Abbot Suger...* p. 238-239). Il ne faut pas oublier le sens du mot *instrumentum* non pas comme outil pour mesurer mais comme moyen pour rendre l'œuvre plus digne et glorieux, suivant un point de vue théologique et anagogique. Thierry de Chartres (professeur et chancelier de la cathédrale de Chartres : 1141-1150) désigne, dans son *de sex dierum operibus*, par le mot *instrumentum* les quatre méthodes de connaissance de la création, c'est-à-dire les quatre arts du *Quadrivium* par lesquels l'*artificium* du Créateur est visible dans les choses. On trouve un sens analogue dans la Règle de saint Benoît, chap. 73 et chez Boèce, *De musica*, V, 1. Suger, dans le *Traité sur son Administration*, utilise ce même concept par le même terme pour désigner la mobilier d'église : *tanti igitur et tam sancti instrumenti ornatum altius honorare et exaltare* (à propos du Crucifix d'or : II, chap. 11), et ci-dessous, pour désigner les objets liturgiques : *sacramentalia consecrationis instrumenta devote... preparabamus* (chap. 13). L'idée exprimée par Suger dans les termes *geometricis et arithmeticis instrumentis* pourrait être celle d'une élaboration « selon le poids et la mesure » par l'harmonie des proportions, longueur et largeur : *illam quæ tanta exigente necessitate novitas inchoaretur, longitudinis et latitudinis pulchritudine inniteremur nobilitare* (ci-dessus, chap. 7) : cf. Günter Binding, *Zum Architektur Verständnis bei Abt Suger*, dans *Mittelalterliches Kunsterleben nach Quellen des 11 bis 13 Jahrhunderts*, herausg. von Günter Binding und Andreas Speer, 1993, p. 184-202, surtout p. 185.

52. L'adéquation des dimensions des collatéraux carolingiens au nouvel œuvre par la jonction du transept était un point délicat qui ne fut résolu qu'en partie par Suger puisque, suivant les résultats des fouilles de S. M. Crosby il semblerait que les travaux ne furent jamais terminés dans cette partie du bâtiment comme il le désirait : cf. *Traité sur son administration* (II, chap. 7) et note 190. Ici le sens du mot *alæ* n'est pas douteux : il signifie les collatéraux ou bas côtés de la nef : cf. *Traité sur son Administration* (II, chap. 7) et note 194. Mais les travaux de Suger respectèrent au maximum les « pierres vénérables » carolingiennes et étaient déjà entrepris de chaque côté et bien avancés dans le transept sud : cf. S. M. Crosby, *The royal abbey...*, p. 235, 275-276. — E. Panofsky, *Abbot Suger...* p. 238-239. Le système de

construction, à cette époque, était en relation avec le système ptolémaïque. Le traité de Ptolémée Almageste (IIe s. ap. J. C.), *La composition mathématique*, avait été traduit en latin par Boèce mais il fut surtout repris sur des traductions arabes et répandu grâce aux travaux d'Adélard de Bath (1070-1150), de Gérard de Crémone († 1176), plus tard de *Jordanus* (XIIIe s.) et *Johannes Regiomontanus* (XVe s.). Thierry de Chartres cite certaines œuvres de Ptolémée Almageste dans son *Heptateuchon* comme textes de base pour l'étude de l'astronomie dans le *Quadrivium* qu'il enseignait à Chartres dans la première moitié du XIIe s. Avant lui, il est presque certain que Gerbert connut l'astrolabe de Ptolémée, de même que Rudolf de Liège et Hermann Contract au début XIe s. Le système ptolémaïque était donc très répandu en Europe du nord bien avant le milieu du XIIe s. ; il était donc très certainement connu à Saint-Denis du temps de Suger (cf. S. M. Crosby) *Crypt and Choir plans at Saint-Denis*, dans *Gesta* V (1966), p. 4 et suiv.).

55. Voir ci-dessus (chap. 2) et note 12. Le bras de saint Siméon aurait été, suivant un récit légendaire tardif (la *Descriptio qualiter Karolus Magnus clavum et coronam Domini a Constantinopoli...* éd. Castets, 1892, p. 407-474 : texte écrit avant 1095 et, selon L. Levillain vers 1079), donné à l'abbaye de Saint-Denis par Charles le Chauve, avec un fragment de la Vraie Croix et avec les reliques (un clou de la Croix et un fragment de la Couronne d'épines) que Charlemagne aurait rapportées de Constantinople lors de son voyage mythique à Jérusalem : en réalité le Clou et la Sainte Epine, au moins, n'arrivèrent pas à Saint-Denis avant la fin du XIe s., avec, probablement, le bras de saint Siméon : ce reliquaire d'or était en forme de bras dressé, rehaussé de pierres précieuses au poignet et au bord des manches ; au milieu de la paume de la main, un petit personnage couronné symbolisait sans doute le Christ enfant que le vieillard Siméon porta dans ses bras (Félibien pl. I G) : cf. B. de Montesquiou-Fezensac, *Inventaire de 1634*, Paris, 1973, I, n° 207, p. 235. — D. Gaborit-Chopin, *Le trésor...* p. 18.

56. Voir ci-dessus (chap. 6) note 37.

57. Le 9 juin 1140.

58. Psaume 87 (86) : *Fundamenta ejus in montibus sacris...*

59. La grande cérémonie de pose de la première pierre se déroulait dans l'ordre suivant : 1° rencontre des évêques, abbés et religieux avec le roi lui-même. 2° un ordre de procession : *ordinavimus ornamentis decoram personis celebrem processionem*. 3° procession des reliques de la Passion et des saints patrons. 4° descente dans les fosses des fondations : *ad defossa faciendis fundamentis preparata loca... descendimus*. 5° prière propitiatoire adressée à l'Esprit-Saint (pour obtenir la grâce d'un bon achèvement de l'œuvre) : *ut bonum Domus Dei principium bono fine concluderet*. 6° préparation du mortier avec l'eau qui avait été consacrée lors de la cérémonie du 9 juin précédent.

7° chant du cantique *Fundamenta ejus*. 8° pose de la première pierre par le roi, puis par l'abbé de Saint-Denis et les autres abbés et religieux. 9° chant de la cinquième antienne de la liturgie de consécration d'une église. Le rite liturgique de pose de la première pierre d'une église est réputé dater du XIIIe s. Pourtant la cérémonie organisée par Suger n'est pas une innovation : elle repose sur des éléments de la liturgie pontificale, de l'ancien rite de bénédiction de construction d'une église suivant le canon *De ædificanda ecclesia* selon le pontifical romain-germanique. L'invocation au Saint-Esprit anticipe déjà sur l'interprétation du pontifical de Guillaume Durand. L'hymne *lapides preciosi omnes muri tui* figure dans l'antiphonaire de Saint-Denis et il fait référence à saint Paul, Ephes. II, 20 : voir plus bas, note 68.

60. Le terme signifie en grec « palais du trésor » ou « trésor » lui-même (γαζοφυλαχιον : ici il s'agit du tronc, boite d'offrande en argent, qui était attaché sur le côté du grand autel.

61. Suger parle des foires de l'abbaye dans le *Traité sur son administration* (I, chap. 1), voir note 13, et plus loin dans le même traité (II, chap. 2), voir note 160. La foire du Lendit commençait le deuxième mercredi de juin, celle de Saint-Denis le 9 octobre.

62. cf. le *Traité sur son administration* (I, chap. 16).

63. L'expression *archam gazofilacii* est plus générale que le mot seul *gazofilacium* : ce pourrait être le coffre contenant tous les revenus de l'abbaye et non plus seulement le produit des offrandes des autels et des reliques.

64. C'est-à-dire le bloc ouest (façade et avant-nef) et la partie est de l'église (crypte et chœur) : cf. *Traité sur son administration* (II, chap. 5) et ci-dessus, note 19. On pourrait cependant être tenté de rapprocher les mots *superiora cum suis turribus* et comprendre « la partie supérieure [de la façade] avec ses tours : l'interprétation ici est ambiguë.

65. Psaume 139 (138) 16.
66. Psaume 48 (47) 3 : voir plus haut note 19.
67. Psaume 46 (45) 6.
68. C'est de nouveau ici une interprétation de saint Paul, Ephes. II, 20 où il est dit que les fondations (ici les colonnes) du Temple saint représentent les apôtres et les prophètes, précédant la citation (avec deux additions = 1° *qui utrumque conjungit parietem*. 2° *sive spiritualis sive materialis*) du passage de la lettre de saint Paul aux Éphésiens (II, 19-22) : *jam non estis... hospites et advenæ... in quo omnis ædificatio... crescit in Templum sanctum*. On trouve déjà une interprétation et une signification allégorique des colonnes chez Raban Maur, dans son commentaire de l'ordre des colonnes chez Isidore de Séville : *columnæ enim sunt Apostoli et doctores Evangelii (De universo* 14, 23 ; P. L. III, 403 D-404 A) : une interprétation *sive spiritualis, sive materialis*, signifiant par là aussi les deux natures du Christ. Une telle démarche spirituelle est définie par Hugues de

Saint-Victor : *Symbolum est collatio formarum visibilium ad invisibilium demonstrationem (Expositio in Hierarchiam cœlestem sancti Dionysii,* II, P. L. 175, 941 B et 949 A) : c'est l'identité de la *fabrica* et de la *ratiocinatio* sans cesse exprimée dans l'œuvre de Vitruve (G. Binding, *Zum Architektur Verständnis...* op. cit. p. 90 et suiv.).

69. C'est toute la signification spirituelle de l'œuvre matérielle accomplie par Suger, *anagogico more*, qui est résumée ici.

70. Le souci exprimé ici de faire éclater la gloire des saints martyrs par l'abondance et la qualité des pierres précieuses se rattache lui aussi à une tradition : outre la lecture des lapidaires, peut-être Suger connaissait-il l'hymne *De duodecim lapidibus* composé par Aimé du Mont-Cassin en 1071 pour la consécration de l'abbatiale du Mont-Cassin et dont chaque strophe s'applique à une pierre précieuse.

71. Une description plus précise du tombeau des Corps saints est donnée dans le *Traité sur son administration* (II, chap. 10) ; voir la note 206.

72. Cet autel était de porphyre gris, enchassant dans sa partie postérieure la partie antérieure des voûtes contenant les châsses des Corps saints : cf. E. Panofsky, *Abbot Suger...* p. 173.

73. Ce frontal d'or de l'autel des Corps saints était en effet merveilleux et très précieux puisque Suger y avait mis 42 marcs d'or et une très grande quantité de pierres précieuses : hyacinthes, rubis, saphirs, émeraudes, topazes et grosses perles : cf. *Traité sur son administration* (II, chap 9).

74. Dans le *Traité sur son administration* (II, chap. 9) Suger est moins explicite : il parle seulement des « rois, princes et nombreux grands personnages retirant les anneaux de leurs doigts, de même que des archevêques et évêques les anneaux de leur consécration pour les offrir aux frontal d'or »

75. *Venales ab omnibus pene terrarum partibus* : dans le *Traité sur son Administration* (II, chap. 9) et note 202, Suger parle de marchands de pierres précieuses venus *de diversis regnis et nationibus* : l'acception de ces deux mots est évidemment très générale.

76. On reconnaît ici les clauses comminatoires qui prenaient place, dans la rédaction des chartes, à la suite du dispositif et avant les formules de corroboration : ces clauses disparaissent au cours de la première moitié du XIIe s.

77. L'interprétation de ce passage est délicate. Le sens exact des expressions *arcubus superioribus* et *principales arcus* n'est pas clair. Suivant Panofsky c'est ici l'illustration de la méthode gothique de construction des voûtes : érection préalable du « squelette » entier, c'est-à-dire des arcs transversaux et des ogives comme un système indépendant, puis mise en place de la masse maçonnée des voûtes ou « compartiments des voûtes » (cf. M. Aubert, *les plus anciennes croisées d'ogives*, dans *Bull. Monum.*, 93 (1934), p. 216) joignant

entre eux tous les éléments du squelette, la toiture elle-même étant déjà achevée. L'expression *arcus principales* désignerait non pas les arcs transversaux par rapport aux ogives mais les arcs et les ogives du centre du chevet par opposition à ceux du déambulatoire et des chapelles rayonnantes ; mais Panofsky n'explique pas l'expression *arcubus superioribus* du début de la phrase (*Abbot Suger* p. 242-244). On a supposé que *arcus principales* désigneraient les arcs-boutants tandis que les *arcus superiores* seraient les ogives (cf. J. Fitchen, *The construction of gothic cathedral, a study of medieval vault erection*, *Oxford, 1961, p. 289 et suiv)* : cette hypothèse semble plus douteuse. Peut-être faut-il entendre simplement par *arcus superiores* les ogives, et par *arcus principales* les arcs transversaux.

78. Voir la note 34.

79. Le 19 janvier 1143 (ou 1144) : la pose des fondations du chevet eut lieu le 14 juillet 1140 et sa consécration le 11 juin 1144. Nous savons d'autre part par Suger lui-même que les travaux durèrent trois ans et trois mois, donc au moins jusqu'en octobre 1143 *(Traité sur son administration* (II, chap. 5) ; voir note 184. Si Suger dit vrai, le miracle de la tempête ne peut avoir eu lieu que le 19 janvier 1143 ; sinon la date du 19 janvier 1144 est aussi acceptable.

81. Il s'agit ici d'une grand'messe conventuelle, une messe d'action de grâces pour tous les bienfaits que le roi Dagobert accorda à l'abbaye de Saint-Denis. Félibien (p. 19) précise pourtant que la continuité de cette coutume était « la preuve de l'incertitude où l'on a toujours esté jusqu'à cette heure qu'il [Dagobert] soit dans un état à n'avoir plus besoin des suffrages de l'Eglise » : dans ce cas il s'agirait plutôt d'une messe de propitiation (cf. E. Panofsky, *Abbot Suger*, p. 244).

82. Le fait que les échaffaudages de pied et les étais aient été déjà enlevés semble plaider en faveur de l'hypothèse que les arcs transversaux et les ogives étaient en place. Sur les mots *podium* et *suffragia*, cf. P. Frankl, *The gothic literary sources and interpretations through eight centuries*, Princeton, 1960, p. 13 et suiv. et pl. 2.

83. Voir plus haut (chap. 7) et la note 55. — Voir aussi l'*Ordinatio* (Lecoy n° X, p. 355-356).

84. Lucain, *Pharsale* II, 13.

85. Un moine de l'ordre de Citeaux.

86. Le dimanche 11 juin 1144.

88. Reims : Samson de Mauvoisin, archevêque : 1140-1161.
Rouen : Hugues d'Amiens, archevêque : 1130-1164.
Sens : Hugues (et non Gui) de Toucy, archevêque : 1142-1168.
Bordeaux : Geoffroy III du Loroux, archevêque : 1136-1158.
Cantorbéry : Thibaud du Bec, archevêque : 1139-1161.
Chartres : Geoffroy II de Lèves, évêque : 1116-1149.
Soissons : Joscelin, évêque : 1126-1152.
Noyon : Simon de Vermandois, évêque 1123-1148.
Orléans : Elias, évêque : 1137-1146.

Beauvais : Eudes, évêque : 1133-1144.
Auxerre : Hugues de Mâcon, évêque : 1137-1151.
Arras : Alvise, évêque : 1131-1148.
Châlons : Gui de Montaigu, évêque : 1144-1147.
Coutances : Auger, évêque : 1132-1150 (1151).
Evreux : Rotrou de Beaumont-le-Roger, évêque : 1139-1165.
Thérouanne : Milon I, évêque : 1131-1158.
Meaux : Manassès II, évêque : 1134-1158.
Senlis : Pierre, évêque : 1134-1151.

Il y avait aussi Nicolas de Chièvres, évêque de Cambrai, qui consacra l'autel de saint Jean Baptiste et saint Jean l'Evangéliste : voir plus bas (chap. 15). L'absence de l'évêque de Paris pourrait résulter du fait que Thibaud ne fut élu qu'après la consécration de l'abbatiale.

90. Il s'agit du grand autel dédié au Saint Sauveur, aux saints anges et à la Sainte Croix, situé à l'ouest du nouveau tombeau des Corps saints et séparé de lui par le grand Crucifix d'or de Suger : cf. *Traité sur son administration* (II, chap. 12) et note 222.

91. Sur le style de ces vêtements liturgiques : cf. E. Panofsky, *Abbot Suger*, p. 246-247.

92. La procession en rond autour de la vasque contenant l'eau bénite et l'aspersion est le quatrième temps de la cérémonie de consécration, après le transport des reliques, la procession extérieure tout autour de l'église, la bénédiction du sel et de l'eau. Suger interromp ici le récit de la suite de la cérémonie, qui était fort longue et se divisait en vingt-sept épisodes, pour décrire la cérémonie de translation des reliques (cf. G. Binding, *Die Kirchweihbeschreibungen von Saint-Denis...* dans *Mittelalterlisches Kunsterleben... op. cit.*, p. 116 et suiv.).

93. Suger ne veut pas dire par là que les reliques ne furent jamais déplacées (car elles le furent par exemple lorsqu'elles furent exposées sur le grand autel, en 1124, quand Louis VI rassembla une armée pour aller contre une menace d'invasion de la part de l'empereur Henri V et vint lever l'oriflamme à Saint-Denis), mais qu'il n'y avait jamais eu, jusqu'à ce jour du 11 juin 1144, de translation véritable de ces reliques et qu'elles avaient depuis toujours reposé dans l'antique confession.

95. Ph. Verdier propose de lire *sceptrigera manus* (la main souveraine) au lieu de *septima manus* (*Some new readings of Suger's writings*, dans *Abbot Suger and Saint-Denis... a symposium*, p. 159-162). E. Panofsky préfère garder la lecture du manuscrit, le mot *septima* faisant référence aux termes juridiques médiévaux : *secunda, tertia etc... manus jurare*, relatifs à l'usage suivant lequel, dans les serments, les cojureurs *(conjuratores, consacramentales)* posaient leur main sur un objet sacré, reliques ou Evangiles : Suger signifierait par là que l'espace était si exigü qu'une septième main de co-jureur n'aurait pas pu se poser sur les châsses sacrées (Panofsky, *Abbot Suger*, p. 247-248).

96. Voir ci-dessus, la note 88.

97. Il y eut donc deux processions, l'une dirigée par le roi lui-même, portant les reliques de saint Denis et ses compagnons (la place prise par Louis VII est ici beaucoup plus grande que celle des autres souverains en pareille circonstance). L'autre procession était composée des évêques et des grands portant les reliques des autres martyrs et confesseurs conservées dans l'abbatiale. Les deux processions se rejoignirent à la Porte d'Ivoire : cette porte était certainement la porte Saint-Eustache, au transept sud, donnant sur le cloître (cf. *Atlas Historique de Saint-Denis*, op. cit., sous presse). Cette procession devait dessiner la forme d'une croix, faisant aussi intervenir le symbolisme de la longueur et de la largeur de l'édifice, expression de l'universelle compréhension du sentiment total de Dieu (saint Paul, Ephes. III, 18). Le point de rencontre de la *longitudo* et de la *latitudo* est le centre de la liturgie et commande la disposition des autels.

98. Pendant la consécration de ces vingt autels (et non vingt-et-un) les reliques furent provisoirement déposées sur le maitre-autel.

99. Il s'agit sans doute de l'autel du tombeau des Corps saints.

100. Voir ci-dessus, la note 90.

103. Ensuite Suger passe au côté sud du chevet, d'est en ouest : la chapelle de saint Cucuphas (aujourd'hui de saint Jean Baptiste) la chapelle de saint Eugène (aujourd'hui de sainte Geneviève), la chapelle de saint Hilaire (aujourd'hui de saint Benoit), la chapelle de saint Jean Baptiste et de saint Jean l'Evangéliste (plus tard de saint Romain, aujourd'hui de saint Louis).

104. Dans la crypte, l'autel central était aussi dédié à la Vierge, au-dessous de son correspondant dans le chevet. Du côté nord, l'autel de saint Christophe était situé au-dessous de celui de saint Pérégrin ; celui de saint Etienne sous celui de saint Eustache ; celui de saint Edmond sous celui de sainte Osmanne ; celui de saint Benoit sous celui de saint Innocent. Du côté sud, celui de saint Sixte, Felicissime et Agapit sous celui de saint Cucuphas ; celui de saint Barnabé sous celui de saint Eugène ; celui de saint Georges et sainte Galburge sous celui de saint Hilaire, et celui de saint Luc sous celui de saint Jean Baptiste et de saint Jean l'Evangéliste. Pour Suger, le côté droit est le côté nord, le côté gauche est le côté sud : sens opposé à celui qu'il adopte plus haut (chap. 6).

105. L'archevêque de Sens était alors Hugues de Toucy (1142-1168) et non Gui (voir note 88).

II. L'ŒUVRE ADMINISTRATIVE

1. Le manuscrit porte, au f° 1, deux inscriptions, l'une du XIVe-XVe s. dans la marge inférieure, l'autre du XVe-XVIe s. dans la

marge supérieure, donnant toutes deux le titre de l'ouvrage sous la forme *Gesta Suggerii abbatis*, les faits (les actions, les gestes) de l'abbé Suger : c'est donc ce titre qu'il conviendrait de retenir, pour un mémoire où, en effet, Suger raconte ses réalisations en tant qu'abbé. Duchesne, dans son édition de 1641 *(Hist. Franc. Script.* IV, 281) lui donna pour titre *Sugerii abbatis liber de rebus in administratione sua gestis* = c'est ce titre que Lecoy de la Marche reprit dans son édition.

2. 12 mars 1144-11 mars 1145 (quand il écrit ces lignes, Suger est donc âgé de 64-65 ans) : Suger fut élu abbé de Saint-Denis le 12 mars 1122, tandis qu'il effectuait en Italie, pour le compte du roi, une mission diplomatique auprès du pape Calixte II. Prévenu par un songe, il apprit sa nomination pendant son voyage de retour en France. Suger rappelle ce fait dans plusieurs de ses écrits et rappelle son indignité pour une telle charge (cf. plus loin, chap. 18 et *Traité sur la consécration*, chap. 2), dans son testament (Lecoy, charte n° VII, p. 334) et dans ses chartes : *Quia larga Dei omnipotentis propiciatione, contra spem meriti, morum et generis, parvitatem nostram, etiam absentem et in curia romana negociantem, ad sancte hujus ecclesie administrationem accessisse...* (Lecoy, charte n° IV, p. 326-331).

3. En réalité Suger ne fut offert à l'abbaye de Saint-Denis qu'à l'âge de dix ans (1091) par son père Hélinand dont le nom figure dans les anciens nécrologes de Saint-Denis et d'Argenteuil (Félibien, pr. 215).

4. *Castellum*, plus bas *castrum* : le mot signifie une fortification ou un bourg fortifié autour d'une abbaye ; quant au mot *sedes* il signifie le lieu où, depuis toujours, sont conservées les reliques du saint patron. Ici Suger donne le plan de son ouvrage : la première partie traitera de l'accroissement des revenus des possessions de l'abbaye, la deuxième partie traitera de l'église des saints martyrs : construction des édifices et accroissement des trésors.

7. Il semble que Suger parle ici d'une somme d'argent et non d'un poids. 1 marc valant 2 livres, 80 marcs valent 160 livres c'est-à-dire 3200 sous : le total présenté par Suger est inférieur de 200 sous à notre calcul. Plutôt qu'une erreur il faut probablement supposer ici une déduction faite mentalement par Suger sur ce montant total.

8. Mathieu de Montmorency, fils de Bouchard († 1134) figure parmi les témoins dans une charte de Suger en faveur de Saint-Martin des Champs (Lecoy, charte n° XII, p. 361-362). Il mourra lui-même en 1160.

9. C'est-à-dire le quartier de la boucherie.

10. Le sens de cette phrase est confus : s'agit-il d'une maison achetée puis échangée contre une autre maison située dans le masel ?

11. Suivant notre calcul cela devrait faire 100 livres.

12. Il faut probablement rétablir ici le mot *fautores* (ou *actores*).

13. L'abbaye de Saint-Denis jouissait de plusieurs foires : celle du Lendit avait lieu le deuxième mercredi de juin à la veille de la Saint

Jean d'été. Fondée suivant la tradition par Charles le Chauve, la foire du bourg fut en réalité accordée à l'abbaye vers le milieu du XIe s., celle de la plaine fut créée par Louis VI, à son propre profit, en 1111-1112. Les moines de Saint-Denis firent de nombreuses démarches pour obtenir cette foire. Le roi Louis VI, à la requête de Suger, la leur céda en 1124, en complément de la foire du bourg : Arch. nat. K 22 n° 4 ; cf. Dufour, Recueil I, n° 70 et 220 ; Suger, *Vie de Louis le Gros*, ed. Waquet, p. 229 ; L. Levillain, *Etudes sur l'abbaye de Saint-Denis à l'époque mérovingienne*, Bibl. de l'Ec. des Ch. t. 82 (1921), p. 5-116 ; t. 91 (1930), p. 1-65, et *Essai sur les origines du Lendit*, Rev. Hist. t. 155 (1927), p. 241-276.

16. Cornillon, Seine-et-Marne, arr., cant. et comm. Meaux. Guillaume de Cornillon est cité par Suger dans le *Traité sur la consécration* (chap. 6) et dans l'*Ordinatio* (Lecoy, charte n° X, p. 357) : l'abbé de Saint-Denis attribue aux trois oratoires situés dans le nouvel avant-corps de la basilique (oratoires de saint Romain, de saint Hippolyte et de saint Barthélemy), pour leur luminaires, la terre du domaine royal qu'il a achetée pour 80 livres à Guillaume de Cornillon.

17. Il s'agit vraisemblablement de La Courneuve, Seine-Saint-Denis, arr. Bobigny, ch. l. cant. (93120). Ce serait la plus ancienne citation de ce mot. Ce n'était alors qu'une dépendance de Saint-Lucien.

18. Lieu-dit jadis situé à l'est de Paris : nom primitif de La Courneuve.

19. Lagny, Seine-et-Marne, arr. Meaux, ch. l. cant. (77400). C'est dans le cadre de la foire qu'on devait mettre en gage des objets précieux.

21. Le prix du muid ne donne pas un chiffre rond.

22. La porte d'entrée dans Paris en venant du bourg Saint-Denis (voir la carte).

23. Tremblay-lès-Gonesse, Seine-Saint-Denis, arr. Le Raincy, ch. l. cant. (93290).

24. Dammartin-en-Goële, Seine-et-Marne, arr. Meaux, ch. l. cant. (77230).

25. Le mot *carruca* apparut dans les lois germaniques à partir du VIe s. ; il est présent dans le Capitulaire *De villis* et le Polyptyque d'Irminon pour désigner le nouvel outil oratoire à roues (1er sens). Au cours du temps il put prendre le même sens que *carrucata*, charruée : pièce de terre pouvant être labourée à l'aide d'une charrue (2e sens), ou encore pièce labourable faisant partie d'une réserve domaniale (3e sens). Le sens de ce mot est donc d'interprétation variable, surtout chez Suger dont le vocabulaire technique est souvent imprécis ou du moins allusif. Cf. Ch. Higounet, Note sur le mot *carruca* chez Suger, *Mél. Niermeyer*, 1967, p. 241-244.

27. Argenteuil, Val-d'Oise, ch. l. arr. (95100).

28. Le prieuré d'Argenteuil, fondé sans doute par Ermenric et sa femme du temps de Clovis II (639-657) et donné à l'abbaye de Saint-Denis : cette donation fut confirmée par un diplôme du roi Clotaire (657-673) et par un diplôme de Childebert III (695-711) : dès lors le prieuré semble être devenu autonome : cf. Th. Waldmann, *Abbot Suger and the nuns of Argenteuil*, Traditio t. 41 (1985), p. 239-272.

29. Si le prieuré d'Argenteuil est devenu autonome dès avant 711, il ne pourrait s'agir ici que de Pépin II d'Héristal (maire du Palais : 687-714) et non de Pépin III le Bref ; cf. Th. Waldmann, op. cit. Il reste que Suger semble ici s'être trompé de roi et avoir confondu Charlemagne avec son frère Carloman (Carolomanus) : cf. diplôme de 769, qui parle de son prédécesseur [Pépin III] et nomme l'abbesse Ailina (*M. G. H., Dipl. Karol.* n° 49. Pour Pépin III : ibid. n° 28).

31. Le recouvrement du prieuré d'Argenteuil par l'abbaye de Saint-Denis n'eut jamais lieu : il continua d'être occupé par des religieuses bénédictines. Il resta entre les mains des Carolingiens puis des Capétiens. Robert le Pieux le dota généreusement et lui concéda un privilège d'immunité (28 mars 1003) ; cf. W. M. Newman, *Catal. des actes de Robert II...* Paris, 1937, n° 19.

32. Parmi les « anciennes chartes », Suger présenta au pape ainsi qu'au concile de Saint-Germain-des-Prés (début 1129) un diplôme de l'empereur Louis le Pieux et de son fils Lothaire, décidant la restitution du prieuré d'Argenteuil. Sur l'authenticité de ce document, voir Th. Waldmann, *op. cit.* et M. Groten, *Die Urkunde Karls des Grossen für Saint-Denis von 813... Eine Falschung Abt Sugers ?* (Auftrag der Görres-Gesellschaft), Munich, 1988, p. 1-36, ici, p. 5 et suiv.

33. Honorius II (Lambert Scannabecchi) pape : 1124-1130.

34. Du temps de Suger le prieuré d'Argenteuil était encore occupé par des religieuses bénédictines et dirigé par Héloïse qui y avait été élevée et qui y fut ramenée par la volonté d'Abélard. Elle en fut nommée prieure en 1120. Suger profita de la suspicion dont faisait l'objet, en général, les monastères féminins depuis la fin du XIe s., sur la régularité de la vie qu'on y menait. L'évêque de Paris avait adressé au pape une lettre contre la conduite irrégulière des religieuses d'Argenteuil. Suger, qui venait de réformer son propre monastère, fut aidé dans son œuvre de récupération par Mathieu d'Albano, légat, ancien prieur de Saint-Martin-des-Champs et donc bien informé de l'état des églises parisiennes. Un concile se tint donc en avril 1129 à Saint-Germain-des-Prés, en présence du roi, au cours duquel fut décidée la restitution du prieuré à l'abbaye de Saint-Denis. Les religieuses furent transférées aux monastères de la Malnoue en Brie et du Paraclet en Champagne, un oratoire fondé par Pierre Abélard après 1122, et qu'il donna à Héloïse précisément en 1129 (donation confirmée par le pape Innocent II en 1130).

35. Cette restitution fut confirmée par le roi Louis VI (14 avril

1129, Luchaire n° 431 et J. Dufour, n° 281) et par les papes Honorius II (23 avril 1129) et Innocent II (2 novembre 1130).

42. La conjonction *sive* pourrait indiquer soit une coordination, et dans ce cas le nom *Bunziaco* désignerait Bondy (Seine-Saint-Denis, arr. Bobigny, ch. l. cant. (93140), soit, plus correctement une identification du nom *Bunziaco* avec le nom *Mosterolio* : dans ce cas la traduction de *Bunziaco* est délicate car on ne connait pas d'appellation plus ancienne pour Montereau.

43. Montereau-sur-le-Jard, Seine-et-Marne, arr. Melun, ch. l. cant. (77950)

44. Melun, Seine-et-Marne, ch. l. dép. (77000).

45. Le prieuré d'Argenteuil était en effet très riche ; de plus il permit à l'abbaye de Saint-Denis d'accéder aux terres contiguës à celles des Montmorency, en conflit avec l'abbaye, et au roi d'établir une zone de protection de Paris et de l'Ile-de-France.

46. Le Vexin français. Les comtes du Vexin étaient avoués et vassaux de l'abbaye de Saint-Denis. Le comté de Vexin fut réuni à la couronne par Philippe I en 1077 et conféré par lui à son fils, le prince Louis en 1092 (Luchaire, *Louis VI...* n° 4).

47. A partir de 1077 le roi de France était donc feudataire de Saint-Denis pour l'avouerie puis le comté de Vexin. Au concile de Reims de 1119 l'anathème avait été lancé contre l'empereur Henri V, allié de l'Angleterre et du compte de Champagne, et il s'apprêtait à envahir le royaume de France. Avant de se porter contre lui, Louis VI se rendit à Saint-Denis peu après le 3 août 1124, fit lever les reliques des saints sur le maitre-autel et prit l'étendard des comtes du Vexin. En prenant l'étendard (l'oriflamme) sur l'autel des saints en présence de Suger, le roi se reconnait vassal de l'abbaye et lui fait, en échange de cette protection, une importante donation : Arch. nat. K 22 n° 4, 1124 ; Tardif, Mon. Hist. n° 391 ; J. Dufour n° 220 et Lecoy, p. 417.

48. Cergy, Val-d'Oise, arr. Pontoise (95000).

49. Privilège par lequel Louis VI restitue aussi à Saint-Denis la couronne de son père : Dufour n° 163, année 1120. Le mot *curia*, employé ici comme équivalent de *curtis* peut s'appliquer soit au bourg abbatial de Saint-Denis soit au village de Cergy.

50. Cormeilles-en-Vexin, Val-d'Oise, arr. Pontoise, comm. Marines (95830).

51. Osny, Val-d'Oise, arr. Pontoise, cant. cergy. Nord (95520).

53. Le jeudi en l'honneur de saint Denis, le samedi en l'honneur de la Vierge Marie.

54. Cormeilles-en-Parisis, Val-d'Oise, arr. Argenteuil, ch. l. cant. (95240).

55. Sannois, Val-d'Oise, arr. Argenteuil, ch. l. cant. (95110).

56. Franconville, Val-d'Oise, arr. Pontoise, ch. l. cant. (95130).

58. Cergy, Val-d'Oise, arr. et com. Pontoise (95000).

59. Puiseux-Pontoise, Val-d'Oise, arr. Pontoise, cant. Cergy-Nord (95650).

60. Louveciennes, Yvelines, arr. Saint-Germain-en-Laye, cant. Marly-le-Roy (78430).

61. Vernouillet, Yvelines, arr. Saint-Germain-en-Laye, cant. Triel-sur-Seine (78540).

62. Vaucresson, Hauts-de-Seine, arr. Nanterre, cant. Chaville (92420).

63. *Concessimus ut quicumque in quadam villa nova quam edificavimus, que Valcresson appellatur, manere voluerit mensuram terre... pro duodecim denariis census habeant et ab omni tallia et exactoria consuetudine immunes existant* : Lecoy, charte n° XI, p. 360-361 : 31 mars 1146.

64. Le Mesnil-Saint-Denis, Yvelines, arr. Rambouillet, cant. Chevreuse (78320).

65. Dampierre, Yvelines, arr. Rambouillet, cant. Chevreuse (78720).

66. Chevreuse, Yvelines, arr. Rambouillet, ch. l. cant. (78460).

67. Neauphle-le-Chateau, ou Neauphle-le-Vieux, Yvelines, arr. Rambouillet, cant. Montfort-L'Amaury (78640).

68. Viltain, Yvelines, arr. cant. et comm. Versailles (78000).

69. L'actuelle forêt de Rambouillet, Yvelines (78120).

70. Evreux, Eure, ch. l. départ. (27000).

71. Monfort-L'Amaury, Yvelines, arr. Rambouillet, ch. l. cant. (78490). Amaury IV, seigneur de Montfort et comte d'Evreux (1101-1137) beau-père d'Hugues et Crécy, lui-même fils de Gui le Rouge. Seigneur illustre, puissant et ardent au combat, il repoussa l'armée anglaise d'Henri I dans le Vexin en mars-avril 1124, s'illustra aux côtés du roi dans le siège du château de Montferrand (1126) et fut mêlé au conflit entre le roi et Etienne de Garlande au sujet du sénéchalat (Suger, *Vie de Louis le Gros*, ed. Waquet, p. 123, 127, 231-239, 255).

72. On trouve un Simon de Neauphle dans l'entourage de Philippe I et il apparait comme souscripteur dans plusieurs actes de ce roi (cf. un acte en faveur de l'église Saint-Magloire, de 1094 : Prou, 132, p. 333).

73. Villepreux, Yvelines, arr. Saint-Germain-en-Laye, cant. Saint-Nom-La-Bretèche (78450).

74. cf. note 66.

77. Dagobert I, roi d'Austrasie en 628, roi des Francs de 631 à 638. Cette donation fut confirmée par Louis le Pieux le 1° décembre 815 : Tardif. *Mon. Hist.* n° 107.

80. Corbeil-Essonnes, Essonne, arr. Evry, ch. l. cant. (91100).

81. Monnerville, Essonne, arr. Etampes, cant. Méréville (91630).

82. Méréville, Essonne, arr. Etampes, ch. l. cant. (91660).

85. Le Puiset, Eure-et-Loir, arr. Chartres, cant. Janville (28310).

Hugues III du Puiset : petit-fils d'Hugues I seigneur rebelle qui mit en déroute Philippe I en 1079 et captura Yves de Chartres en 1092. Hugues III succéda dans la seigneurie du Puiset à son oncle Gui (son père Evrard III étant mort devant Antioche le 21 août 1097) : seigneur tyrannique comme ses ancêtres, en guerre contre Thibaud de Chartres et d'autres seigneurs voisins, il fut condamné par la cour royale (1111 : cf. Suger, *Vie de Louis le Gros*, ed. Waquet p. 137), assiégé par Louis VI une première fois dans son château et capturé à Château-Landon (Waquet p. 137-143) ; libéré, il conspire de nouveau contre le roi avec Henri I° d'Angleterre et Thibaud de Chartres : assiégé par Louis VI (Waquet p. 153-161) il se soumet en 1112 et reprend possession de son château ; mais il dut subir un troisième siège en 1118. Il partit pour la Terre Sainte et mourut en 1132 (Waquet p. 169-171).

86. cf. note 81.

88. L'interprétation de ce mot est délicate : il semble n'être attesté sous cette forme que chez Suger. Il faut sans doute y voir l'équivalent de *paleagium* = fourniture de paille (Ducange).

89. Toury, Eure-et-Loir, arr. Chartres, cant. Janville (28390).

90. La route qui va de Paris à Orléans.

91. cf. note 85.

92. Suger fut envoyé à Toury comme prévôt par l'abbé Adam en 1109, à l'âge de 28/29 ans et administra cette prévôté pendant près de deux ans : il y apprit l'administration très efficace du roi d'Angleterre en Normandie ; il y apprit aussi à connaitre la « factieuse tyrannie » des barons avides : il s'engagea donc avec d'autant plus de conviction, aux côtés du roi en 1111-1112, dans la guerre contre Hugues du Puiset et Thibaud de Chartres ; une guerre sanglante dont Suger semble avoir gardé le remord pendant toute sa vie (il se qualifiera lui-même plus tard d' « homme de sang » : cf. note 164).

93. Psaume LXXIII, 14.

94. Le texte original du manuscrit donne *annone talliam*, corrigé à tort au XVIe s. en *annonem et talliam*.

95. Yves, évêque de Chartres : 1091-1116.

96. Le chapitre cathédral de Chartres et non de Paris.

97. L'abbaye Saint-Père-en-Vallée, à Chartres : abbaye bénédictine, dont l'abbé était alors Guillaume I : 1102-1129.

100. L'abbaye Saint-Aignan d'Orléans : abbaye bénédictine détruite par les Normands puis restaurée et consacrée en 1029 par le roi Robert le Pieux. A partir du Xe s. les rois de France en sont eux-mêmes abbés. A partir de 1093 le doyen en est Helias, puis Etienne de Garlande en 1111 et en 1114.

101. L'abbaye de Saint-Benoit-sur-Loire (Fleury-sur-Loire) : abbaye bénédictine dont l'abbé était Simon : 1103-1107 puis Boson : 1108-1137.

102. Daimbert, archevêque de Sens : 1098-1122.

103. Cf. Suger, *Vie de Louis le Gros*, ed. Waquet, chap. XIX, p. 134-135. Il s'agit de l'assemblée de Melun, 12 mars 1111 (Luchaire n° 110).

104. Dufour, n° 59 (peu après le 3 août 1111) et n° 135 (1° mai ? 1118) Suger, *Vie de Louis le Gros*, ed. Waquet, chap. XIX à XXI.

105. Voir note 2.

106. Le Ferté-Baudouin = La Ferté-Alais, Essonne, arr. Etampes, ch. l. cant. (91590).

107. Cf. note 79.

111. Vergonville, Eure-et-Loir, arr. Chartres, cant. Voves, (lieudit).

112. Breteuil, Eure, arr. Evreux, ch. l. cant. Galeran de Breteuil et son fils Evrard font savoir au roi, en 1124, qu'ils ont rendu à l'abbé Suger une terre sise dans l'Orléanais, qu'ils reconnaissent avoir appartenu à l'abbaye de Saint-Denis : Lecoy, p. 366 ; Luchaire n° 356 ; Dufour II, append. II n° 18 (1122-1131). Sur les donations de Galeran de Breteuil, cf. Luchaire, n° 279, 280, 345 (1119 à 1124).

113. Eccli. III, 30.

114. *Quod in archivis publicis repositum continetur* : cette phrase exprime l'idée que les archives émanant de la royauté ne sont pas la propriété personnelle du roi et de son entourage mais sont la propriété de tout le royaume.

115. Beaune-la-Rolande, Loiret, arr. Pithiviers, ch. l. cant. (45340).

116. Dufour, n° 189 (12 mars-fin mars 1122) ; Luchaire, n° 315.

117. Saint-Loup-des-Vignes, Loiret, arr. Pithiviers, cant. Beaune-la-Rolande (45340).

119. Suger entend-il *opus ecclesie* dans un sens général (fabrique de l'église) ou dans le sens plus restreint de reconstruction de l'église abbatiale ?

121. Suger fut engagé dès sa jeunesse, par son abbé, à réclamer la liberté de l'abbaye à l'égard de l'évêque de Paris. Au milieu du VIIe s. l'évêque Landri avait délivré en faveur de Saint-Denis un privilége d'immunité, connu par une confirmation du roi Clovis II (654 : Doublet, p. 682 ; *M. G. H.*, *Dipl.* I, p. 19 ; Lauer et Samaran, n° 6), et par un autre diplôme de Thierry IV, puis de Pépin (768). C'était essentiellement le droit des moines d'élire leur abbé. Il existe une autre confirmation de ce document, de l'an 1049 (Doublet, p. 443 ; Tardif, p. 8 n° 10) mais cet acte est un faux, probablement lié à la visite en France du pape Léon IX vers 1060-1070. Il y eut un procès devant la curie entre l'abbaye de Saint-Denis et l'évêque de Paris: Philippe I et Alexandre II approuvent les documents (faux pour la plupart) présentés par Saint-Denis. Quand Suger entra dans la vie politique, l'évêque Galon réclamait ses *jura episcopalia* et faisait appel au pape Pascal II (1106 : P. L. 163, 180). L'année suivante, quand Pascal II vint en France, l'abbé Adam envoya Suger à sa rencontre à La Charité-sur-Loire pour négocier (9 mars 1107) : cf. H. Glaser, *Beati*

Dionysii qualiscumque abbas..., thèse présentée à l'université de Munich, 27 février 1957 (inédite). Suger suivit le pape à Tours, Marmoutiers, Chartres puis Saint-Denis (30 avril) : le pape y rencontra Philippe I et le prince Louis. Sur les biens de l'église de Gournay, cf. Dufour n° 191 (12 mars-fin mars 1122) ; Luchaire n° 319.

124. Hervé prieur de Saint-Denis est cité à la fin de la Vie de Louis le Gros: Waquet, chap. XXXIV, p. 285. Il choisit avec Suger un emplacement pour la sépulture du roi défunt. Voir aussi son *signum* au bas du testament de Suger (17 juin 1137 : Lecoy, charte n° VII, p. 340), au bas de la donation par Suger au trésor de l'abbaye du village de Carrières (1137 : Lecoy,charte n° VIII, p. 343), au bas de la charte de donation à l'église Saint-Paul de Saint-Denis (1138 : Lecoy, charte n° IX, p. 348) et le passage de la vie de Suger où le moine Guillaume nous apprend que Suger, souvent absent en raison de ses obligations auprès de la cour, confiait la communauté des moines au prieur Hervé, bien que peu instruit, sans considération de naissance ou d'origine : Lecoy, p. 386.

125. Torcy, Seine-et-Marne, arr. Meaux, cant. Lagny (77200).

127. Le mot *pallium* peut signifier, entre autres, étoffe précieuse ou bien tenture : dans le premier cas il faut traduire : « étoffes précieuses et chapes faites d'étoffes précieuses ».

128. Trois volumes contenant probablement l'essentiel du texte biblique.

129. Brunoy, Essonne, ch. l. cant.

130. L'église Saint-Spire de Corbeil. Philippe, frère du roi, en était abbé : cf. Luchaire, n° 148, 1145-1146 : charte par laquelle Louis VII confirme la concession par son frère Philippe à Saint-Denis et à Notre-Dame-des-Champs d'une prébende dans l'église Saint-Spire de Corbeil.

131. Mareuil-lès-Meaux, Seine-et-Marne, arr. Meaux, cant. Meaux sud (77100).

132. Cornillon, Seine-et-Marne, arr. et cant. Meaux (77100).

133. Ansoud de Cornillon cèdera en effet le droit de voirie et les dîmes de Mareuil à l'abbaye de Saint-Denis. Cette donation fut confirmée en 1140 par Thibaud de Blois : Lecoy, chartes, p. 371).

134. Le terme de monarchie fait allusion à l'unité de l'empire, gouverné par un seul souverain, Louis le Pieux, et que ses fils se partagèrent en 843.

135. Les quatre pays évoqués ici dessinent en revanche, approximativement, la partie franque de l'empire. Sur les biens acquis par Saint-Denis en Lorraine par l'abbé Fulrad († 784), cf. M. Tangl, *Das Testament Fulrads von St. Denis*, dans *Neues Archiv* 32 (1907), p. 208-209 ; A. Stoclet, *Autour de Fulrad de Saint-Denis*, Genève, 1993. Les quatre groupes de ces possessions sont : 1° le groupe de Saint-Mihiel. 2° le groupe centré sur le prieuré de Salonnes-sur-Seilles. 3° le confluent de la Sarre et de la Blies autour de Grossbliettersdorf

(*Blithario villa*) et Kleinbliettersdorf. 4° le monastère de Saint-Dié. Dans le testament de Fulrad les donateurs nommés sont *Theudericus, Haribertus* et *Ermelindis* (*Ch. lat. ant.* XVI, 623, I, 6-7), carolingiens parents de Guillaume, fondateur de Gellone. Les motifs de ces donations, mal connues, sont probablement liés à la victoire de Pépin sur les Austrasiens, dont Fulrad a su tirer parti grâce à sa position de médiateur : Fulrad, de haute naissance, sans doute élevé à Saint-Denis, était allé à Rome plaider en faveur des aspirations dynastiques de Pépin en 750. Les droits d'avouerie des possessions de Saint-Denis en Lorraine étaient en effet détenus par les ducs de la maison de Bar et ceux de la maison d'Alsace.

136. Arlange, lieu-dit disparu, situé près de Forbach, Moselle, ch. l. arr. (57600).

137. Ebersing, Moselle, arr. Sarreguemines, comm. Blies-Ebersing (57200).

138. Salonnes, Moselle, arr. Chateau-Salins (57170).

139. Guemines : Sarreguemines, Moselle, ch. l. arr. (57200).

140. Blidestroff : Kleinblittersdorf, Allemagne, Sarre (Sarrebruck).

141. Cochelingen : Kochelingen, Allemagne (Sarre, Sarrebruck), près Auersmacher.

142. Marimont-lès-Benestroff (Moersberg), Moselle, arr. Château-Salins, cant. Alberstroff (57670). Suger absout le comte de Marimont, Albert, de l'excommunication dont il était frappé depuis longtemps pour avoir possédé du fait de son épouse, dame de Montbéliard, plusieurs domaines appartenant à l'abbaye de Saint-Denis, moyennant cinq onces d'or fin annuels: Arch. nat. K 22 n° 4^3, vers 1125 ; Lecoy, charte n° II, p. 323-324. Le gendre d'Albert, Mainard de Spanheim restitue à Saint-Denis certains biens usurpés, moyennant la levée de l'excommunication et conclue un accord définitif avec Suger : Mayence, 24 août 1125 : Arch. nat. K 22^A n° 4^4 ; Tardif, Mon. Hist. n° 397, p. 221. Lecoy, p. 367.

143. Le prieuré de la Celle dans le diocèse de Metz.

144. Chaumont-en-Vexin, Oise, arr. Beauvais, ch. l. cant. (60240).

145. Hugues d'Amiens, archevêque de Reims : 1130-1164. Le roi de France Louis VII : Luchaire n° 167 et 168 (1146). L'abbaye Saint-Pierre (et Saint-Paul) de Chaumont, abbaye bénédictine, jadis dans le diocèse de Rouen, aujourd'hui de Beauvais.

146. Cergy : cf. note 58. Dufour, n° 163 (18 avril-2 août 1120) : luchaire n° 289.

147. Ableiges, Val-d'Oise, arr. Pontoise, cant. Vigny (95450).

148. Berneval-le-Grand, Seine-Maritime, arr. Dieppe, cant. Dieppe-est (76370).

151. Terme de la langue normande désignant soit le comte, soit le percepteur des taxes au service du comte.

152. Carrières (en Normandie, près de Berneval) à ne pas confondre avec Carrières-Saint-Denis (Yvelines, arr. Saint-Germain-en-Laye,

cant. Houilles) fondé par Suger et donné par lui, avec la couture sise entre Carrières et Bezons, au trésor de l'abbaye : charte du 17 juin 1137 : Lecoy, n° VIII, p. 342.

153. Ce terme doit signifier le droit de pêche.

154. Le 19 janvier. Le roi Dagobert I était considéré comme le principal bienfaiteur de l'abbaye de Saint-Denis et le constructeur de la basilique telle qu'elle existait avant les agrandissements de Suger, qui était en réalité celle de l'abbé Fulrad († 784). Le roi Dagobert, dont le palais était situé à quelques kilomètres à peine de l'abbaye (Clichy) amplifia la basilique dont, suivant la légende, les nouveaux murs furent consacrés par le Christ, et fit tant de dons à l'abbaye (et surtout la foire de saint Denis, entre 635 et 636) que les générations suivantes le considérèrent comme son fondateur. Sa réputation fut ensuite amplifiée par la légende littéraire des *Gesta Dagoberti* rédigée entre 800 et 835 par l'*anonymus fabulator* souvent identifié avec Hincmar, sur la base du Pseudo-Frédégaire. Sur cette consécration par le Christ, cf. A. L. Jourdan, *Bull. monum.*, t. 143 (1985), p. 237 et suiv ; L. Levillain, *Bibl. de l'Ec. des Ch.*, t. 82 (1921), p. 5-116 et t. 91 (1930), p. 1-65. Sur les constructions de Dagobert dans la basilique, cf. S. M. Crosby, *The royal abbey of St-Denis, from its beginnings to the death of Suger*, 475-1151, ed. 1987, chap. II, p. 29-50.

155. Morgny, Eure, arr. Les Andelys, cant. Etrepagny (27150).

156. Lilly, Eure, arr. Les Andelys, cant. Lyons-la-Forêt (27480).

159. Il s'agit des murs de l'église construite entre 754 et février 775 par l'abbé Fulrad. Leur vétusté devait être réelle car aucune construction ni rénovation ne semble avoir été entreprise ensuite, en dehors de la crypte dite d'Hilduin, d'une hypothétique tour au transept nord qui aurait été construite par Guillaume le Conquérant (Crosby, *The royal abbey of St-Denis, from its beginnings to the death of Suger* : 475-1151, ed. 1987, p. 96) suivant Guibert de Nogent (*Autobiographie*, ed. E. R. Labande, 1981, p. 466-469).

160. A savoir respectivement le 9 octobre et le deuxième mercredi de juin (Crosby, p. 47 et suiv. : foire de Saint-Denis, et p. 114 : foire du Lendit). Suger mentionne encore ces deux foires dans le *Traité sur la consécration*, chap. 8.

161. Cette scène dramatique et l'idée de l'exiguïté des lieux (chevet et crypte) avaient frappé Suger dès son enfance, et dès lors il résolut d'y porter remède si un jour il le pouvait : *Quod cum scholaris puer inter fratres erudirer audiebam, extra juvenis dolebam, maturus corrigi affectuose appetebam* (*Traité sur la consécration*, chap. 2 ; cf. aussi *Ordinatio*, Lecoy n° X, p. 357-358).

162. Il s'agit de la légende de la consécration de la basilique, en 636, par les mains mêmes du Christ. Cette légende n'apparait pas encore dans les *Gesta Dagoberti* et ne peut donc pas être imputée à son auteur ; elle a pu, selon Léon Levillain, être inventée à la fin du XIe s. dans le mouvement de littérature populaire qui accompagna

celui de la première croisade. Suger en reparle plus loin (II chap. 7, et dans le *Traité sur la consécration*, chap. 7). Sur le rôle de Dagobert à Saint-Denis : cf. Crosby *The royal abbey*..., chap. II, p. 29-50, et plus spécialement p. 43. Le mot *monasterium* signifie ici, comme dans d'autres passages de l'œuvre de Suger, l'église abbatiale et non le monastère.

163. Apocalypse XXII, 13.

164. L'identification que fait Suger de sa propre personne au roi David comme « homme de sang » (II Samuel 16, 7-8 ; Ps. XXVI (XXV) 9, LV (LIV) 24, LIX (LVIII) 3, CXXXIX (CXXXVIII) 19) n'est pas seulement une référence de style. Le sentiment de culpabilité, du péché et du remord apparait souvent dans l'œuvre de Suger qui, comme David, a eu à prendre les armes dans sa jeunesse pour défendre le royaume, mais, contrairement au roi David à qui ce privilège ne sera pas accordé (mais à sa descendance : II Samuel VII, 5-15), Suger aura la joie de bâtir lui-même un « Temple au Seigneur ». Sur les trésors de Constantinople, voir la note 234.

165. Il s'agit évidemment de l'entrée principale de la façade ouest.

166. Pépin le Bref ne fut jamais empereur mais sacré roi des Francs et désigné « patrice des Romains » par le pape Etienne II à Saint-Denis en l'an 754. Cet avant-corps contenant le corps de Pépin le Bref, construction ajoutée à l'édifice de Fulrad, se trouvait donc contre l'abside occidentale de l'église carolingienne. Sur l'aspect de cette abside on ne sait rien de précis ; il pourrait y avoir eu un narthex : les fouilles de S. M. Crosby semblent indiquer une abside de forme polygonale (p. 53-56). Suger décrit cette entrée comme un porche étroit, rétréci par les tours jumelles *(Traité sur la consécration*, chap. 3). L'équipe de l'unité archéologique de la ville de Saint-Denis estime nécessaire un réexamen des vestiges mis à jour par S. M. Crosby et encore visibles, avant toute tentative de reconstitution, et n'exclut pas une extension ouest plus grande de la basilique carolingienne (cf. Atlas Historique de l'abbaye de Saint-Denis, sous presse). Sur le vœu de Pépin de se faire enterrer à Saint-Denis, nous possédons un diplôme daté de septembre 768 (*M. G. H., Dipl. Karol.* I, n° 28, éd. Mühlbacher, p. 38-40). Une lettre de l'empereur Louis le Pieux à l'abbé Hilduin (835) mentionne une inscription établissant que Pépin ordonna d'être enterré en grande humilité sous le seuil de l'église (*M. G. H., Epist.* 5, *Karoli ævi* 3, p. 326). La mention de Suger repose donc sur une accumulation de traditions. Cette attitude d'humiliation semble avoir été courante au IXe s.

167. Dès 1125 Suger délivre une charte en faveur des habitants de Saint-Denis moyennant le paiement de 200 l. qu'il consacre à la rénovation de l'entrée de l'église *(introïtum monasterii)* (Lecoy n° I, p. 320). On ne sait s'il avait déjà établi le plan d'ensemble d'agrandissement de l'abbatiale et l'on ne sait pourquoi il commença par l'ouest alors que c'était à l'est que la pression de la foule se faisait

le plus sentir : probablement pour imposer dès l'abord la nécessité d'agrandir aussi le reste de l'église car, dans le chevet, le culte ne devait pas cesser. On ne sait rien de précis sur la date à laquelle commencèrent les travaux : dans son testament (17 juin 1137) Suger confie au cellerier le soin d'assurer les fonds pour *novi et magni ædificii ecclesiæ augmentatione*, qui comportait aussi la construction d'une grande hôtellerie, la restauration du dortoir et du réfectoire (Lecoy, n° VII, p. 336) : les travaux de reconstruction ont donc commencé avant cette date, probablement en 1135. *In amplificatione corporis ecclesiæ* : cet agrandissement de la partie ouest par Suger fut faite dans le souci d'accorder le nouvel œuvre à l'ancien, et reflète le respect de la foi populaire pour la consécration par le Christ lui-même de la vieille église « de Dagobert ». La jonction s'est faite par une structure monumentale à cinq travées (cinq suivant M. Crosby, mais le plan de l'équipe archéologique n'en montre que quatre) continuant et répétant fidèlement l'alignement et les proportions de la colonnade du VIIIe s. Ces travées étaient jointes à l'avant-corps, constitué lui-même de deux travées flanquées de deux collatéraux nord et sud et muni d'une façade à deux grandes tours. La travée est de l'avant corps devait s'adapter parfaitement aux travées de jonction : il s'agit donc bien d'un très important agrandissement (Crosby, *The royal abbey...*, p. 121-132 et surtout p. 127).

168. L'attribution de la consécration de l'oratoire de Saint Romain à l'archevêque de Rouen est peut-être dûe au fait que saint Romain a été vénéré à Rouen pour en avoir été l'un des premiers évêques. Hugues d'Amiens fut archevêque de Rouen (1130-1164). L'oratoire était dédié non seulement a saint Romain mais aussi à la Vierge, à saint Michel Archange, à d'autres saints et aux saints anges (cf. *Traité sur la consécration*, chap. 6). Le mot *oratorium* signifie ici, comme plus bas, une véritable chapelle. Ce sont trois prélats, Hugues archevêque de Rouen, Manassès évêque de Meaux (1134-1158) et Pierre évêque de Senlis (1134-1151), qui consacrent trois oratoires : on reconnait ici aussi l'expression du culte de la Sainte Trinité.

169. Dans le *Traité sur la consécration* (chap. 6) cependant, Suger mentionne l'évêque Eudes de Beauvais (1133-1144) au lieu de Manasses de Meaux.

170. Sur les liens entre la mystique, la liturgie et l'architecture chez Suger, comme expression de la relation cultuelle de l'homme à Dieu, du visible à l'invisible : cf. H. P. Neuheuser, *Die Kirchweihbeschreibungen von Saint-Denis und ihre Aussage. Fähigkeit für das Schönheitsempfinden des Abtes Suger...* 1993, p. 116 et suiv. — G. Binding, *Zum Architektur Verständnis bei Abt Suger, ibid.*, p. 184 et suiv.

171. Le mot *testudo* signifie, littéralement (parmi d'autres sens) la coquille de l'œuf, la carapace, une sorte de bouclier oblong. On peut donc interpréter ce mot chez Suger, non pas précisément comme étant

la nef (comme le fait Panofsky, p. 151) mais plus généralement un corps de bâtiment formant bloc voûté et fermé, faisant partie du bâtiment central (cf. *Traité sur la consécration*, chap. 3) où Suger parle de l'entrée étroite = *porticus artus... angebatur ea in parte inito directe testudinis...* — pour désigner proprement la nef, Suger précise « *mediam ecclesiæ testudinem quam dicunt navim* » : cf. plus loin, II, chap. 7.

172. Cf. note 168. Au niveau inférieur, la chapelle de droite était dédiée non seulement à saint Nicolas mais aussi à saint Barthélémy et beaucoup d'autres saints, celle de gauche non seulement à saint Hippolyte mais aussi aux saints Laurent, Sixte, Felicissime, Agapit et beaucoup d'autres saints : cf. *Traité sur la consécration* (chap. 6), où Suger dit *sanctus requiescere perhibetur Hippolitus*. Les reliques de saint Hippolyte, ainsi que celles de saint Cucuphas, auraient été rapportées de Rome par l'abbé Fulrad, sous le règne de Pépin le Bref. Ici Suger semble hésiter sur la présence des reliques de saint Hippolyte en ce lieu et admettre plutôt qu'elle y était traditionnellement admise : à savoir à l'intérieur de l'église carolingienne, dans la travée située sous l'ancienne tour nord. Suivant le *Chronicon sancti Dionysii ad cyclos pascales* et le traité des reliques de saint Denis (1215) incorporé dans la *Vita et actus sancti Dionysii*, ces reliques auraient été situées non pas dans un *oratorium* mais dans la nef centrale, devant le grand crucifix où l'abbé Fulrad, qui les aurait fait rapporter d'Alsace, les avait placées : cf. *Bibl. de l'Ec. des Ch.*, XI (1879), p. 281-290. — Ch. J. Liebman, *Etude sur la vie en prose de saint Denis*, Genève-New-york 1942, p. XVI-XIX, 204. — E. Panofsky, *Abbot Suger...* p. 152-154. — S. M. Crosby suggère que les reliques de saint Hippolyte étaient vénérées dans un oratoire situé au transept nord, ensuite englobé dans la tour construite, suivant Guibert de Nogent, par Guillaume le Conquérant, cette tour s'étant écroulée peu de temps après : l'oratoire était enseveli sous ses décombres au temps de Suger : cf. Crosby, *The royal abbey...*, p. 97 et Panofsky, *Abbot Suger...*, p. 154. La consécration de l'avant-corps avec ses trois chapelles eut lieu le 9 juin 1140.

173. La porte Saint-Eustache était la porte ouvrant sur le sud. Dans le *Traité sur la consécration* (chap. 6) Suger précise *per oratorium sancti Eustachii cum processione exeuntes* : l'oratoire Saint-Eustache était dans le transept sud, auprès de la porte donnant sur le sud et sur le cloître.

174. La porte d'airain ouvrant au nord sur le cimetière de l'abbaye. Dans le *Traité sur la consécration* Suger précise : *per aliam quæ in sacro cimiterio aperitur æream portam revertentes* (chap. 6) : il n'y a donc aucun doute sur l'interprétation du mot *atrium* = aitre, en ancien français, cimetière. C'était un très grand cimetière situé au nord et à l'ouest de la basilique, remontant à l'époque païenne (Crosby, p. 5, 14, 15). M. Fleury publia un plan de ces tombes très anciennes : *Fouilles de la basilique depuis Viollet-le-Duc, Dossiers de*

l'Archéologie 32 (1979), p. 20-22, plans 2-4. — Panofsky, *Abbot Suger...*, p. 154-157. Le contexte semble signifier que cette porte était l'unique accès au cimetière : c'était une porte de bronze prélevée sur l'église carolingienne et réutilisée par Suger.

175. Sur les nuances possibles de sens des deux verbes *accitis* et *electis*, cf. Panofsky, *Abbot Suger...*, p. 158 : les fondeurs, simples artisans, auraient été réunis alors que les sculpteurs, véritables artistes, auraient été choisis.

176. Sur les trois portes de bronze érigées par Suger dans la façade ouest de la basilique de Saint-Denis, les études sont très nombreuses (voir la bibliographie). Pour une vue d'ensemble, on consultera P. L. Gerson, *The central portal of the west façade of Saint-Denis*, dans *Abbot Suger and Saint-Denis, a symposium*, New-York, The Metropolitan Musem of Art, 1986, p. 183-198, et P. Blum, *The lateral portals of the west façade...*, ibid. p. 199-227. Pour l'analyse archéologique du portail central, voir S. M. Crosby et P. Z. Blum, dans *Bull. Monum.* t. 131 (1973), p. 209-266. Le programme iconographique du portail central dans son assemblage est une innovation : combinaison de la Passion et de la Résurrection du Christ (sur les portes), des Vierges sages et Vierges folles préparant le jugement dernier (aux pieds-droits), le Jugement dernier (au tympan, avec le portrait de Suger lui-même, à genoux aux pieds du Christ), la Trinité entourée des vingt-quatre patriarches dans les trois dernières archivoltes). Les scènes vont de bas en haut, du Salut par le Christ jusqu'à la fin des temps et au Paradis : c'est donc la porte du Salut proposé aux fidèles entrant dans l'église. Suger ne parle que de la façade et non de la structure intérieure de l'avant-nef telle qu'il l'a réalisée et qui pose encore bien des problèmes aux archéologues. Sur quelques découvertes archéologiques provenant peut-être des premières travées de Suger dans la partie occidentale, cf. M. Wyss et R. Favreau, dans *Bull. Monum.*, t. 150-IV (1992), p. 309-354.

177. Le portail sud représentait, aux pieds-droits, les travaux des mois dans des médaillons, et pour le tympan, grâce aux reconstitutions de S. M. Crosby et P. Blum on peut savoir qu'il figurait la célébration de l'Eucharistie la veille du martyr de saint Denis et ses compagnons : le Christ lui-même avec des anges, descend dans la prison pour administrer le sacrement ; dehors, cachés derrière les murs de la prison, les bourreaux attendent, de même que Larcia (à gauche) qui dénonça Denis au préfet romain. Les archivoltes font elles aussi allusion au martyr de saint Denis et ses compagnons, avec les figures des exécuteurs tenant les instruments du supplice et les anges portant la couronne du martyre. Le portail nord illustrait aussi la royauté par la prépondérance des figures royales parmi les statues-colonnes. Dans l'archivolte extérieure était représenté Dieu donnant les tablettes de la Loi à Moïse, à droite, et à gauche Aaron présentant un sceptre à fleuron, préfiguration de l'arbre de Jessé et donc de la

descendance royale du Christ. On pourrait voir dans cette composition le symbole du *regnum* et du *sacerdotium*. Aux pieds-droits étaient figurés les signes du zodiaque. Quant au tympan, il contenait une mosaïque que Suger, contrairement à l'usage y fit placer. Nous n'en possédons aucune description et elle avait déjà disparu dans la deuxième moitié du XVIIIe s : on peut supposer, étant donnée l'idée de royauté qui semble diriger l'iconographie de ce portail et les préfigurations vétéro-testamentaires, que cette mosaïque représentait le couronnement de la Vierge : ce thème ne serait pas surprenant à une époque où le culte de la Vierge commençait à s'imposer. Suger était ami d'Hugues d'Amiens qui fut abbé de Reading (1123-1129) puis archevêque de Rouen et qui institua la fête de l'Immaculée Conception. Nous savons aussi que Suger offrit à la cathédrale de Paris un vitrail représentant « une espèce de triomphe de la Vierge » (description de Pierre le Vieil, peintre de vitrail du XVIIIe s.). Le portail nord semble donc illustrer le rôle de l'Eglise en relation avec la congrégation du Temple et la Loi de Moïse : le chemin vers la vraie lumière, et, avec les signes du zodiaque des pieds-droits, la *politheia* terrestre et cosmique, l'ordre cosmique de l'univers pseudo-dionysien. Les portes elles-mêmes étaient anciennes : elles portaient l'inscription d'une donation à Saint-Denis par un certain *Airardus*, peut-être le même Airardus qui figure dans les *Miracula sancti Dionysii* : cf. B. de Montesquiou-Fézensac, dans *Bull. de la Soc. Nat. des Ant. de Fr.* 1945-1947, p. 128-137. — E. Panofsky, *Abbot Suger...*, p. 159-160 et S. M. Crosby, Le portail ouest et le style de Saint-Denis, dans *Gesta*, IX, 2 (1970), p. 1 et suiv.. On trouvera une étude d'ensemble des portails latéraux dans P. Z. Blum, *The lateral portals...*, dans *Abbot Suger... A symposium*, op. cit. p. 199-227.

178. L'usage de la mosaïque comme élément décoratif d'un portail n'était plus pratiqué. On fait alors volontiers référence au goût de Suger pour l'antiquité et surtout l'Antiquité tardive et le Haut moyen-âge. On se réfère aussi à ce qu'il put observer pendant son long séjour en Italie du sud et au renouveau paléochrétien en Italie à son époque, ou encore à l'influence de l'art ottonien : cf. H. Toubert, *Le renouveau paléochrétien à Rome au début du XIIe s.*, dans *Cah. Archéol.* t. 20 (1970), p. 99-154. Suger a vu au porche de l'abbatiale du Mont-Cassin trois tympans à mosaïques : cf. Kenneth J. Conant, dans *Gesta* XV, 1/2 (1976), p. 127-129. Il ne faut pas oublier non plus qu'au temps de Suger plusieurs églises paléochrétiennes et carolingiennes subsistaient en France et à Paris, comme par exemple la cathédrale Saint-Etienne dans la Cité, avec mosaïques, pavements décorés et peintures murales. L'église Saint-Geneviève que Suger réforma en 1148 comportait trois portails à mosaïques : cf. *Bull. Soc. Nat. Ant. de Fr.*, t. I, p. 133 et 144-145.

179. Suger n'a terminé qu'une tour, la tour sud, toujours en place : cf. Crosby, *The royal abbey...*, p. 172-179. On note que Suger emploie

le mot *turris* au singulier : *turrim* : il s'agit peut-être d'une erreur du scribe car plus loin (II, début du chapitre 7) on lit bien *turrium*. La présence de créneaux au sommet de la façade, habitude très antique, connue depuis les premières images du Temple de Salomon, semble symboliser le fait que saint Denis était le protecteur de la royauté et que son église conservait les *regalia* et l'oriflamme.

180. Les poèmes de Suger inscrits sur les portes centrales et sur le linteau sont une paraphrase du premier chapitre de la *Hiérarchie céleste* du Pseudo-Denis et des allusions aux Évangiles de saint Jean (X, 7-9 et X, 2-3 : le bon pasteur) et de saint Mathieu (XXV, 31-45 : le Jugement dernier). Sur la mystique néoplatonicienne de Suger et l'influence de l'Areopagite, cf. Panofsky, *Abbot Suger...*, p. 165 ; sur les idées philosophiques de Suger et son goût pour les *tituli*, il faut prendre en compte le rôle qu'a dû jouer Hugues de Saint-Victor, contemporain de l'abbé de Saint-Denis, commentateur du Pseudo-Denis *(De Hierarchia Cœlesti*, œuvre qu'il dédia au roi Louis VII : P. L. CLXXV col. 955) et auteur du *De Arca Nœ mystica* (éd. P. Sicard, CCCM 161, Turnhout 1994, et idem, *Diagrammes médiévaux et exégèse visuelle...*, Bibliotheca victorina IV, Turnhout 1993). Hugues de Saint-Victor dut être en relation avec Suger : C. Rudolph, *Artistic change at Saint-Denis...* Princeton-New Jersey, [1990]. — H. P. Neuheuser, *Die Kirchweihbeschreibungen von Saint-Denis...* 1993, op. cit. — G. Binding, *Zum Architektur Verständnis bei Abt Suger...* 1993, op. cit. Sur la tradition des *tituli* à Saint-Denis : cf. Ph. Verdier, *Saint-Denis et la tradition carolingienne des tituli*, dans *Mél. René Louis* I, 1982, p. 341-359. Quant à l'adresse au fidèle passant devant les portes, ce pourrait être une réminiscence des inscriptions que Suger a pu lire en Italie du sud et en particulier celles qui figuraient sur les portes de bronze de l'église de Monte-Sant'Angelo, exécutées à Constantinople en 1076 : *Rogo vos omnes qui hic venitis causa orationis, ut prius inspiciatis tam pulchrum laborem...* cf. Panofsky, *Abbot Suger...* p. 164.

181. Suger désigne la partie orientale de l'église, ou chevet, par les termes *pars superior* par opposition à la *pars anterior*, partie occidentale ou façade et avant-nef : cf. *Traité sur la consécration* (chap. 3). On notera que l'expression *superioris lateris* est aussi employée par Hugues de Saint-Victor pour désigner la partie orientale de l'arche dans le *De Archa Nœ mystica* (éd. P. Sicard, CCCM 161, Turnhout 1993, II, 38-42).

182. Cf. Suger, *Traité sur la consécration*, chap. 7-9 et chap. 13-15. Les fondations du chevet furent en effet posées la même année que la consécration de l'avant-nef (14 juillet 1140) : cf. Suger, *Traité sur la consécration*, chap. 7 et *Ordinatio*, Lecoy n° X, p. 358.

183. I Samuel, XVIII, 18.

184. Cette précision sur la durée de trois ans trois mois est ici certainement un symbole trinitaire : la consécration du chevet eut lieu

le 11 juin 1144, soit trois ans et environ onze mois après la pose des fondations: cf. M. Aubert, *La construction au Moyen-Age*, dans *Bull. Monum.* t. 119 (1961), p. 181 et suiv.

185. Les douze colonnes du centre du chevet représentaient les douze apôtres, celles du déambulatoire les douze prophètes : cf. Suger, *Traité sur la consécration*, chap. 9.

187. Cf. note 99. Ici Suger désigne la partie orientale de l'église (chevet) par les termes *pars posterior*. Les mots *aula* et *micat* (probablement aussi une réminiscence de la description par Ovide du palais d'Helios : *clara micante auro, flammasque imitante pyropo* : Métamorphoses II, 1.I) se trouvent justement dans le *titulus* de la mosaïque de l'église Saint-Cosme-et-Damien à Rome. Cf. J. Wilpert, *Die römischen Mosaïken und Malereien der kirchlichen Bauten* I, 2° partie, Fribourg 1916, p. 1072. — E. Steinmann, *Die Tituli und die kirchliche Wandmalerei im Abendland...*, Leipzig, 1892. En dehors des modèles italiens, Suger a pu s'inspirer des inscriptions carolingiennes qu'il voyait dans certaines églises anciennes de Paris et sur les murs de Saint-Denis même qu'il fit restaurer au début de son œuvre de construction. Ces modèles carolingiens expliqueraient le style des *tituli* de Suger, en vers léonins rythmés et rimés, riches en allitérations et rimes internes.

188. *Qui Sugerus eram me duce dum fieret* : on a souvent beaucoup trop insisté sur la tendance ostentatoire de Suger ; il faut cependant faire la part de ses réminiscences littéraires, et modèles antiques et chrétiens qui l'autorisaient à user d'une telle évocation de sa propre personne : l'inscription de l'Arc de Constantin, inspiré d'un vers d'Horace *(Te duce Cœsar* : Carmina I, 2) :

Quo duce te mundus surrexit in astra triumphans,
Hanc Constantinus tibi condidit aulam.

Sur ce modèle fut construite l'inscription sur l'arc triomphal de la basilique du Mont-Cassin que Suger a vu, au moins une fois, lors de son séjour en Italie du sud en 1123 :

Ut duce te patria justis potiatur adepta,
Hinc Desiderius pater hanc tibi condidit aulam.

Quant au passage de la troisième à la première personne, il fut peut-être inspiré à Suger par l'inscription que l'abbé Fardulf de Saint-Denis (787-env. 807) fit porter sur le palais de Charlemagne à Saint-Denis :

Culmina cernenti lectori littera prome
Fardulfus Carolo condidit ista suo.

Et sur le ciborium de l'abbatiale :

Hoc opus egregium Fardulfus fecerat abbas,
Hoc quoque ciborium Fardulfus fecerat abbas

(*M. G. H., Poet. lat. ævi carol.* I, *Fardulfi carm.* I et IV. — Cf. Ph. Verdier, *Saint-Denis et la tradition carol. des tituli...*, p. 345.

189. Suger fait allusion ici, une fois de plus, à ses péchés de jeunesse : peut-être une certaine inconduite pendant le temps de ses études à l'école de Saint-Denis de l'Estrée, mais plus sûrement son passé d'homme de guerre : cf. ci-dessus, note 164.

190. On pourrait aussi traduire les deux mots *prioris* et *posterioris* par « antérieure » et « postérieure ». Suger désirait achever son œuvre par la construction d'une partie médiane (nef et transepts) agrandie et lumineuse, joignant la partie ouest à la partie est (chevet). Les fouilles archéologiques ont démontré que les travaux furent commencés mais que rien de ce que l'abbé avait prévu ne fut achevé, bien que les deux premiers mots du paragraphe suivant *(quo facto)* laissent entendre que, lorsqu'il écrit son traité, il avait réalisé la transformation du transept. L'interprétation de ce début de paragraphe par Crosby *(The royal abbey)* est erronée : l'auteur n'ayant pas vu le manuscrit original (Paris, Bibl. nat. lat. 13835) mais seulement une reproduction photostatique où la couleur rouge des rubriques n'apparait pas, a intégré le titre rubriqué de ce paragraphe dans le texte, entre les mots *quo* et *facto*. Quoi qu'il en soit les fouilles de S. M. Crosby depuis 1946 n'ont mis en lumière que trois fragments de l'œuvre du XIIe s. dans le transept : ils concernent l'embrasure sud-ouest et le trumeau du portail du transept sud ouvrant sur le cloître, la portion intérieure ouest du portail du transept nord et une portion de pilier du XIIe s., du côté nord de l'hémicycle du chœur. L'œuvre de Suger dans le transept pourrait avoir été plus importante que l'on ne pense, et peut-être même achevée, ce qui confirmerait son assertion ; le verbe *decertavimus* pourrait indiquer des difficultés rencontrées lors de ces travaux. Les fouilles n'ont pas été menées à terme, du moins sur ces parties : cf. Crosby, *The royal abbey...*, chap. X, p. 267-274. Les transformations opérées au XIIIe s., surtout dans le chevet, le transept et la nef (successivement par les abbés Eudes Clément (1230) puis Guillaume de Massouris avec le maitre d'œuvre Pierre de Montreuil) compliquent l'investigation. On trouvera une analyse des problèmes posés et des travaux postérieurs à ceux de Suger dans l'ouvrage réalisé, à la lumière d'un relevé photogrammétrique effectué en 1969 par l'I. G. N., par l'équipe archéologique de la ville de Saint-Denis : *Atlas historique de Saint-Denis, sous presse.*

191. Suger confirme bien qu'au moment où il écrit, seule est achevée une des deux tours (la tour sud), l'autre étant en cours de construction : cf. note 179.

192. Sur la signification du mot *testudo*, cf. note 171. L'emploi, ici de l'adjectif *media* pour préciser qu'il s'agit de la nef confirme bien le sens plus général de ce mot.

193. Ce passage sur la transformation de la nef, dans le but de l'harmoniser au nouvel œuvre, et en même temps sur l'effort pour

« conserver la plus grande partie des murs antiques » n'est pas clair. Il est difficile d'en déduire l'intervention concrète de Suger sur cette partie du bâtiment : les fouilles de S. M. Crosby éclairées par la photogrammétrie permettent aujourd'hui de dire que les travaux de l'abbé de Saint-Denis étaient déjà avancés : les fondations ont été dégagées, proches des murs du VIIIe s. mais les englobant. Cette méthode d'enveloppement de l'ancienne structure par une nouvelle est rare : elle permettait la continuation des offices pendant les travaux. La nouvelle structure devait être un élargissement de l'ancienne, maintenant la largeur de la nef centrale : elle se situait au niveau des murs gouttereaux de la nef actuelle (du XIIIe s.). La campagne de travaux fut interrompue après la pose des fondations. On a beaucoup parlé des scrupules qu'aurait éprouvés Suger à toucher aux murs de la nef sur lesquels le Christ lui-même aurait posé les mains lors de la consécration légendaire de la basilique du temps du roi Dagobert, en 636 : cf. Suger, *Traité sur la consécration*, chap. 7. — Panofsky, *Abbot Suger...*, p. 148-149. L'abbé Suger envisageait la nouvelle nef comme une réplique de celle de Saint-Pierre de Rome, comme formant un lien des deux royaumes, terrestre (façade et avant-nef) et céleste (chevet), suivant des proportions dont la signification mystique est donnée par Hugues de Saint-Victor dans le *De arca Nœ mystica* : l'orientation en longueur d'une église est le symbole de la durée des temps, l'espace du chœur représente le point culminant d'où la *specula mentis* peut être élargie aux dimensions en largeur de l'église (voir aussi le *De arca morali* du même auteur) : cf. H. P. Neuheuser, *Die Kirchweihbeschreibungen von Saint-Denis...* op. cit. Les proportions des collatéraux, la présence du déambulatoire et des chapelles rayonnantes dans le chœur montrent que Suger avait prévu des doubles collatéraux de chaque côté de la nef. L'interruption des travaux, peut-être dûe à la prise de régence par l'abbé ou à sa propre mort, nous prive de toute trace de consécration ou inscription pouvant informer sur ses intentions. Le *titulus* donné plus bas dans ce texte (II, chap. 5) comme inscription du nouveau chœur, se réfère aussi à la nef : cf. S. M. Crosby, *The royal abbey...* p. 287-289. — W. Clark, *Suger's church at Saint-Denis, the state of research*, dans *Abbot Suger... A symposium*, op. cit. p. 105-130.

194. Il s'agit probablement des collatéraux de la nef, dont Suger posa les fondations, plutôt que des collatéraux du chevet comme le propose Panofsky, *Abbot Suger...*, p. 171. Une troisième hypothèse est avancée par L. Levillain, qui traduit ici le mot *alarum* par transept = cf. *L'église carol. de St-Denis*, dans *Bull. Monum.*, t. 72 (1907), p. 228-229. — Idem, *les plus anciennes églises abbatiales de St-Denis*, dans *Mém. de la soc. de l'hist. de Paris et de l'Ile-de-France*, t. 36 (1909), p. 206, n° 4. L'auteur relève en effet une ambiguïté du sens des mots *cruces* (collaterales) et *alæ* : le premier signifiant habituellement les bras du transept, le second, les collatéraux. Suger

a parfois employé l'un ou l'autre de ces deux termes dans un sens ou dans l'autre — la synonymie des deux termes existait, à en juger par la description symbolique de l'abbatiale de St-Trond, à l'image de la structure du corps humain «... *crucem ad utraque latera ipsuis chori duabus manicis seu alis protensam pro brachiis et manibus...* » (le chroniqueur Rudolf, *Gesta abbatum Trudonensium*) = cf. V. Mortet, *Lexicographie archéologique, origine du mot transept* dans *Bull. Monum.*, t. 77 (1913), p. 5-8.

195. L'interprétation de tout ce passage est délicate. Celle que propose Panofsky (Abbot Suger... p. 170-171) nous semble inexacte : le mot *interpolatæ* n'est pas un adverbe mais un participe passé du verbe *interpolo* se rapportant à *ecclesiæ* : Suger craint que si l'on négligeait les transformations dans la nef sous prétexte d'achever les tours, des difficultés surgiraient dans l'avenir qui rendraient cette entreprise impossible. Il semble pressentir qu'il n'achèvera pas lui-même cette œuvre centrale et que la nef de son église devra attendre encore un siècle pour être agrandie et transformée.

196. Ces vitraux furent exécutés au cours de la campagne de construction du nouveau chœur : 1140-1144. Il est difficile aujourd'hui de se faire une idée d'ensemble de ce que furent les vitraux réalisés par Suger étant donnée l'importance des pertes. Certains fragments subsistants sont dispersés en France, en Italie, en Angleterre, aux U. S. A., certains sont dans la basilique : fragments réemployés dans la chapelle de saint Cucuphas (aujourd'hui chapelle de sainte Geneviève), dans la chapelle de saint Pérégrin (aujourd'hui chapelle de saint Benoit), vitrail de l'Arbre de Jessé et de l'enfance du Christ, avec le portrait de Suger, dans la chapelle de la Vierge au centre du chevet, dont le bleu rappelle la *saphirorum materia* : cf. L. Grodecki, *Les vitraux de Saint-Denis*, I, Paris, 1976. — idem, *Les vitraux allégoriques de Saint-Denis*, dans *Art de France*, 1961, p. 16-46. — M. Harrisson Caviness, *Le vitrail de Suger à Saint-Denis : état de la recherche*, dans *Abbot Suger... A symposium*, op. cit. p. 257-272. — L. Grodecki, *The style of the stained glass windows of Saint-Denis*, ibid. p. 273-282.

197. Apocalypse, I, 8 et XXI, 6.

198. Nous ne pensons pas, comme le propose M. Bur *(La Geste de Louis VI*, Paris, 1994, note 39 p. 272) que Suger évoque ici, par les mots *mobilitas morum* la réforme de l'abbaye qui eut lieu en 1127 et qui, de toute façon n'entraîna aucun changement profond dans la vie des moines. Au reste, dans ce cas, Suger n'aurait pas usé d'une telle formule à connotation négative. Il s'agit plutôt, comme pour les précédentes expressions, d'une allusion aux changements politiques et aux incertitudes de la situation, consécutifs au changement de règne, peut-être au projet de croisade que formait le roi Louis VII.

200. Le mot *superiori* peut signifier soit que cet autel se trouvait dans le chevet surélevé (suivant l'interprétation de Panofsky, *Abbot*

Suger..., p. 172 et 258) soit plus simplement qu'il se trouvait, par rapport aux autres autels, dans la partie orientale de l'église, ou chevet, que Suger désigne par l'expression *pars superior*, par opposition à la partie occidentale de l'église qu'il désigne par les mots *pars anterior* : cf. note 181, II, chap. 3. Le mot *superior* se rapporte, à la ressemblance du corps humain, à ce qui se rapproche de l'extrémité orientale du chevet considérée comme la tête de l'église : *caput ecclesiæ*. Après avoir exposé les transformations architecturales de la basilique, Suger aborde ici la description du mobilier : autels, croix, vitraux, vaisselle liturgique, et il procède d'est en ouest. Le mot *tabula* désigne le panneau antérieur de l'autel des corps saints, ou *antependium*.

201. Soulignons ici l'importance de la correction qui a été portée sur le manuscrit, à une époque beaucoup plus tardive, au mot *invitatione* : le *i* initial a été gratté, le premier jambage du *n* suivant a été pointé (ainsi que les deux autres *i* du mot) et donc transformé en *i*, le deuxième jambage de ce même *n* relié aux deux jambages du *v* formant un *m* : le mot *invitatione* est ainsi devenu *imitatione* : la démarche réelle de Suger apparait donc moins généreuse que ne voulait le faire croire la correction du manuscrit : au lieu de donner l'exemple en offrant son propre anneau au frontal de l'autel, l'abbé de Saint-Denis a simplement invité les grands et les prélats à faire ce geste par amour pour les saints patrons de son abbaye.

202. La traduction de ces deux mots est délicate : ces deux notions ne correspondent pas à leur acception moderne : cf. le passage du *Traité sur la consécration* (chap. 13) dans lequel Suger décrit le rassemblement qui eut lieu à l'occasion de la consécration du chevet : après avoir dit qu'il a envoyé des lettres d'invitation *per universas Galliarum regiones* il décrit la composition du rassemblement (autour du roi, de son épouse, de sa mère et des princes du royaume) de grands, de nobles, de chevaliers et piétons de diverses *nationum et regnorum*. Nous gardons ici la traduction littérale, qu'il faut peut-être interpréter dans le sens de « principautés et régions ».

203. Il s'agit d'une contribution financière : cf. Suger, *Traité sur la consécration*, chap. 10.

204. Nous ne connaissons malheureusement pas la décoration de ce frontal puisqu'il avait disparu dès avant la rédaction du plus ancien inventaire : il ne nous reste ici que ce *titulus*. La *camera* est ici la représentation matérielle, terrestre, de la *camera divinæ propitiationis* (voir ci-dessus, II, chap. 5) : c'est évidemment l'espace voûté du chevet nouvellement construit, situé au-dessus du tombeau des Corps Saints, de même que la *tabula* (l'autel) des Corps Saints est la représentation matérielle, terrestre, de la table céleste. Nous ne souscrivons pas à l'opinion de Ph. Verdier *(Saint-Denis et la tradition carol. des tituli...* op. cit.) dans son interprétation de l'expression *pro presenti* = « en récompense de celle-ci », qui indi-

querait de la part de l'abbé une espérance de rétribution pour sa présente munificence. En traduisant l'expression par « au lieu de celle-ci » on indiquerait au contraire que Suger montre son insatisfaction à l'égard des *materialia* et son espoir d'atteindre les *immaterialia* de la table céleste *anagogico more* suivant l'allusion du dernier vers.

205. C'est-à-dire dans le chevet surélevé, ou abside de l'église.

206. A s'en tenir à cette description et à celle que donne Suger dans le *Traité sur la consécration* (chap. 10) il est impossible de se faire une idée précise de ce que fut le tombeau des Corps Saints tels qu'il fut réalisé par l'abbé de Saint-Denis. Ravagé par les Huguenots en 1567 et complètement détruit en 1628, il ne nous reste que l'inventaire du trésor de 1634 (cf. B. de Montesquiou-Fezensac, *Le trésor de Saint-Denis*, Paris, 1973, I, p. 199-202, 220 et suiv.) et la description de Doublet *(Hist. de l'abb. de Saint-Denis*, Paris, 1625, p. 248-249, 289-290, 292-293, 295-297) ainsi que les notes de Peiresc (1580-1637 : Carpentras, Bibl. Inguimbertine, ms. 1791). Ce tombeau des Corps Saints se composait de trois parties : 1° l'autel, 2° le « sarcophage » ou tombeau proprement dit et 3° au-dessus, un tabernacle de charpenterie en forme d'église à trois nefs. L'autel, surmonté d'une table de porphyre gris était adossé au tombeau. Le tombeau lui-même inséré dans un revêtement de marbre noir *(politis lapidibus impactis)* appliqué sur des voûtes intérieures de pierres, c'est-à-dire le caveau lui-même *(interiores lapideas voltas)* : trois voûtes abritant chacune un Corps Saint dans trois châsses d'argent suspendues à ces voûtes par des chaînes d'argent datant du VIIIe s. (lesquelles servaient aussi à transporter les reliques quand on devait les exhiber). Ces voûtes se prolongeaient sous l'autel lui-même. Le tombeau était flanqué de huit piliers, un à chaque coin et un sur chaque face, entre lesquels des panneaux en treillis de bronze doré recouvraient le marbre *tabulis cupreis fusilibus et deauratis*). La tranche et le rebord de la dalle de couverture étaient ornés de treillis de feuillages de cuivre doré. Le tout était entouré par une série de portes formant clôture *(januis continuis* : cf. Doublet, p. 248). On pouvait se glisser à l'intérieur du caveau par le panneau de gauche du côté est qui servait de guichet. Peut-être faut-il accepter en partie l'hypothèse de Panofsky *(Abbot Suger...* p. 178) identifiant le *sanctissimus sarcophagus dominorum nostrorum* avec l'ancien tombeau reliquaire carolingien : un réceptacle de protection ayant auparavant contenu les trois châsses d'argent renfermant les trois corps, et que Suger réutilisa pour en faire la châsse de Saint Denis qu'il plaça dans la nef centrale du tabernacle de charpenterie surmontant le tombeau. Ce tabernacle représentait donc une basilique avec une nef centrale surélevée et deux bas-côtés : chacune de ces trois nefs contenait une châsse vide ou « forme de cercueil » où l'on plaçait, dans les grandes occasions, les véritables châsses des Corps Saints. Les faces antérieures de ces trois châsses

étaient très richement ornées, surmontées chacune d'une croix et munies de petits guichets grâce auxquels les fidèles pouvaient voir les reliques lorsqu'elles y étaient exposées. La châsse centrale, celle de saint Denis, était ornée d'émaux, pierreries, fragments d'orfèvrerie, dont certains bien antérieurs à l'abbé Suger, et de camées dont un, le grand camée d'Auguste, est aujourd'hui conservé au Cabinet des Médailles de la Bibliothèque Nationale. Le guichet de cette châsse portait une croix au centre de laquelle était insérée une améthyste antique représentant Apollon (Cabinet des Médailles). Les faces postérieures de ces « formes de cercueil » étaient ornées plus simplement : sur celle de saint Denis était inscrit en lettres d'or le *titulus* : *fecit utrumque latus tectumque Suggerus*. Le tabernacle lui-même était couvert d'un revêtement d'or, d'argent et de cuivre très décoré, rehaussé de toutes sortes d'ornements, parmi lesquels on notera un camée à tête de méduse et le fameux cristal de roche carolingien entaillé d'une crucifixion (aujourd'hui conservé au British Museum). Au pignon de la nef, contre les piliers de cinq petites fenêtres, étaient accrochés deux éléments hautement symboliques du trésor de l'abbaye : le bâton de saint Denis et l'oriflamme (cf. B. de Montesquiou-Fezensac, *Le tombeau des Corps Saints à l'abbaye de Saint-Denis* dans *Cahiers Archéol.*, t. XXIII (1974), p. 81-95, — Panofsky, *Abbot Suger...*, p. 171-180. — Ph. Verdier, *Saint-Denis et la tradition... op. cit.*, p. 346-348. — Idem. *Peut-on reconstituer le tombeau des Corps Saints de Saint-Denis ?*, dans Mél. Stiennon, Liège, 1982, p. 633-661. — B. de Montesquiou-Fezensac, *Camées et intailles du trésor de Saint-Denis*, dans *Cah. Archéol.* t. XXIV (1975), p. 137-157. — D. Gaborit-Chopin, *Le trésor de Saint-Denis*, Paris, 1991, p. 16-22.

207. L'emplacement de ce *titulus* est inconnu. Les deux premiers vers du texte sont un mélange des idées du Pseudo-Denis *(La Hiérarchie céleste*, éd. et trad. M. de Gandillac, 205^A-209^C, p. 206-212), de la liturgie de saint Jean Chrysostome en usage alors à Saint-Denis et dont des manuscrits existaient dans la bibliothèque de l'abbaye, et du Ps. XCII, 4 (voir note 236). La liturgie orientale en usage à Saint-Denis est à mettre en rapport avec l'identification par Hilduin, dans ses *Areopagitica*, de Denis évêque de Paris avec celui qui fut converti par saint Paul après son discours sur l'Aréopage d'Athènes et l'attribution à ce Denis l'« Aréopagite » des écrits mystiques d'un autre Denis, philosophe grec du ve s. : cf. H. Omont, *La messe grecque de saint Denis au moyen-âge*, dans *Etudes d'hist. du M. A. dédiés à Gabriel Monod*, 1896, p. 177-185. — R. Weiss, *Lo studio del greco all'abbazia di San Dionigi durante il medio evo* dans *Rivista delle chiese in Italia* t. 6 (1952), p. 426-438. Les deux derniers vers du *titulus* se réfèrent au droit d'asile dont l'abbaye prétendait jouir depuis Dagobert en faveur des fugitifs et criminels: cf. le faux précepte *De fugitivis* de Dagobert : H. Omont, *Bibl. de l'Ec. des Ch.*, t. 61 (1900), p. 75-82. La confirmation de ce diplôme par Charles le

Chauve est aussi un faux : L. Levillain, *Bibl. de l'Ec. des Ch.*, t. 87 (1926), p. 88-89.
208. Saint Paul, Epitre aux Galates VI, 14.
209. Saint Mathieu, XXIV, 30-31 (discours eschatologique).
210. Cf. *Passio sancti Andreæ* X : *Acta Apostolorum Apocrypha*, éd. R. A. Lipsius et M. Bonnet II, I, Leipzig 1898, p. 24.
211. Pour la description détaillée de cet ouvrage d'orfèvrerie, cf. Inventaire de 1634, p. 217 n°195-198. — J. Labarte, *Hist. des arts industriels*, 1864, II, p. 253-263. — D. Gaborit-Chopin, *Le trésor de Saint-Denis*, op. cit., p. 124-125. Cette croix était en effet placée derrière le maitre-autel, à l'extrémité occidentale du nouveau chevet, très précisément au-dessus de la confession où les Corps Saints avaient toujours reposé avant leur translation dans le chevet par Suger en 1144. Elle se présentait donc au regard du prêtre officiant au maitre-autel et son revers était tourné vers l'autel et le tombeau des Corps Saints.
212. Cette remarque sur la valeur des pierres précieuses en fonction de leur rareté est sans doute une réminiscence de la définition d'Isidore de Séville : *preciosi lapides ideo dicti sunt quia care valent... omne quod rarum est magnum et pretiosum vocatur (Etymol.* XVI, 6).
213. Thibaud IV, comte Palatin, comte de Blois, Chartres, Chateaudun, Sancerre et Meaux (1107), comte de Troyes et de Champagne (1125), frère aîné d'Etienne, comte de Mortain, qui fut roi d'Angleterre (1135-1154).
215. Ph. Verdier *(La grande croix de l'abbé Suger*, dans *Cah. de civ. med.*, t. 13 (1970), p. 1-30) suggère que ces *mirabiles cuppæ* où Henri I d'Angleterre gardait les pierres précieuses utilisées par Suger faisaient peut-être partie de ces *cuppæ Constantini* en verre ou gemme ciselées à ornements ajourés, dont il est question dans les inventaires pontificaux des XIIIe et XIVe s. (p. 27).
216. La face de la Croix représentait le Crucifix : les clous des mains et des pieds étaient de gros saphirs, le sang coulant de la plaie du côté était fait de six grenats, le revêtement *(perizonium)* composé de plus de deux cents pierres et perles ; au-dessus de la tête du Christ, les quatre lettres du *titulus*, en émail gris entourées de pierreries et d'émaux. Quant au revers de la Croix, il était lui aussi très richement décoré de trente-huit gros saphirs, quatre topazes et deux aigues-marines, garni d'écussons d'émail et de perles. Une grosse topaze placée au centre était entourée de l'inscription *tradetur fortis qui fregit vincula mortis.* Au pied de la Croix Suger s'était fait représenter à genoux, d'un côté, avec, en regard de l'autre côté, l'inscription *Rex bone Sugeri dignare pius misereri, de Cruce protege me, pro Cruce dirige me* : cf. B. de Montesquiou-Fézensac, *Les derniers jours du crucifix d'or de Suger*, dans *Et. et doc. sur l'Art fr. du XIIe au XIXe s.* (Hommage à Gaston Brière), *Arch. de l'art fr.*, n. s. XXII (1959),

p. 150-158. — Panofsky, *Abbot Suger...*, p. 180. — Ph. Verdier, *La grande croix...*, p. 1-30.

217. La grande croix d'or de Suger mesurait dans son ensemble près de cinq mètres ; la croix elle-même deux mètres. Le piédestal se divisait en trois parties : 1°le pied lui-même de forme carrée, orné des figures des quatre Evangélistes avec, à leurs pieds, leurs symboles : l'aigle, le lion, l'ange et le bœuf. 2° le pilier, de section carrée, racontait l'histoire du Christ avec ses références allégoriques de l'ancienne Loi réparties sur chaque face en dix-sept émaux de cuivre doré alternant avec des carrés ornés de pierres précieuses. 3° enfin un chapiteau dont l'iconographie a été très étudiée car elle présente des difficultés d'interprétation. Longtemps on a cru que les quatre figures « contemplant » la mort du Christ (notons cependant que le mot *ammirante* au singulier se rapporte à *capitello* et non à *imaginibus*) représentaient les quatre éléments, et l'on a rapproché le pied de croix de Suger à celui de Saint-Bertin (conservé au musée de Saint-Omer) dont deux figures sont désignées par les mots gravés : *terra* et *mare*, la troisième lève la main droite et tient de la gauche un phylactère sans légende, et la quatrième tient une salamandre. Cette œuvre est attribuée à l'atelier mosan de Godefroid de Claire (de Huy) à Stavelot ; or Suger précise que les orfèvres étaient « lotharingiens » (diocèse de Liège ou de Verdun). La thèse des quatre éléments, accréditée par E. Mâle *(La part de Suger dans l'iconographie du M. A.*, dans *Rev. de l'art ancien et moderne*, t. 35 (1914), p. 91-102, 161-168) fut longtemps adoptée jusqu'à Panofsky qui la reprend à regret, puis contestée pour la première fois par B. de Montesquiou-Fézenzac *(Le chapiteau de pied de croix de Suger...*, dans *L'art mosan*, Paris, 1953, p. 147-154) : l'auteur rapproche la présence de la terre et de la mer du thème antique repris par les Carolingiens pour exprimer les troubles cosmiques qui accompagnèrent la mort du Christ ; il relève la description de l'inventaire de 1634 (éd. B. de Montesquiou-Fézensac, Le trésor de Saint-Denis, invent. de 1634, Paris, 1973, n° 195) précisant que le phylactère tenu de la main gauche du personnage qui lève la main droite porte l'inscription *Vere filius Dei erat iste*, paroles prononcées par le centurion lors de la mort du Christ (saint Mathieu XXVII, 54) et identifie enfin le dernier personnage tenant une bête fabuleuse avec Moïse élevant le serpent d'airain (on trouve la même scène sur un fragment de vitrail miraculeusement conservé, représentant la Croix s'élevant au-dessus du serpent d'airain). Les quatre figures représentent donc la terre, la mer, Moïse ou l'ancienne Loi, le centurion ou la Loi nouvelle. Cette interprétation est aujourd'hui généralement acceptée. Cf. Ph. Verdier, *La grande croix de l'abbé Suger*, dans *Cah. de Civ. Med*, t. 13 (1970), p. 1-30. — Idem, *Que savons-nous de la grande croix de Saint-Denis*, dans *Gesta*, IX, 2 (1970), p. 12 et suiv.. D. Kötzsche, *Zum Stand der Forschung der Goldschmiedkunst des 12 Jahrhunderts im Rhein-Maas-Gebiet*, dans

Rhein und Maas II, Cologne 1973, p. 191 et suiv. — N. Morgan, *The iconography of 12th century mosan enamels*, *ibid.*, p. 263. — Inv. de 1634 (éd. de 1973) n° 195-198. — Panofsky, *Abbot Suger...*, p. 180-183.

218. Le pape Eugène III (Bernardo Pignatelli : 1145-1154) était en effet présent à Saint-Denis pour la fête de Pâques (20 avril 1147). La visite du pape en France correspond à un resserrement des liens du Saint-Siège avec l'abbaye et avec la royauté. Cette visite venait aussi après que le roi Louis VII eût décidé de prendre la Croix (Pâques 1146 : 31 mars). Le pape arriva le 31 mars 1147 à Dijon où il rencontra le roi, pour la consécration de l'abbatiale Saint-Bénigne. Dès son arrivée à Saint-Denis, le 20 avril 1147, Eugène III confia à Suger le gouvernement du royaume, faisant de lui, en même temps, un vicaire apostolique.

219. Suger réaffirme ici l'apostolat de saint Denis en Gaule, comme il le fait ailleurs dans son œuvre : cf. *Traité sur la consécration* (chap. 13) où Suger envoie aux prélats des lettres d'invitation pour la consécration du chevet de l'abbatiale, « de la part des saints et par devoir envers leur apostolat » ; cf. aussi la *Vie de Louis le Gros* où, à propos de la visite du pape Pascal II à Saint-Denis (Pâques 1107) Suger raconte que le pape demanda à l'abbaye quelques reliques du saint martyr que le Saint-Siège a « envoyé pour être l'apôtre de la Gaule » (éd. Waquet X, p. 55).

220. Calixte II (Guy, fils de Guillaume Tête-Hardie comte de Bourgogne, oncle maternel d'Adélaïde épouse de Louis VI) était venu en France et à Saint-Denis en 1119. Il fut pape de 1119 à 1124. Il était à Saint-Denis le 11 octobre et le 27 novembre 1119. Innocent II (Gregorio Papareschi dei Guidoni) pape de 1130 à 1143 : face à l'antipape Anaclet il se réfugia en France et obtint l'appui de saint Bernard. Il était à Saint-Denis pour la fête de Pâques 1131 (le 19 avril). Suger nous donne la description de sa visite à Saint-Denis dans la *Vie de Louis le Gros* (éd. Waquet XXXI, p. 257-261).

221. Contrairement à Ph. Verdier qui interprète cette phrase littéralement, comme nous le faisons ici, Panofsky*(Abbot Suger...*, p. 183) attribue au mot *portio* le sens d'oblation (Ph. Verdier, *La grande croix...* op. cit., p. 28).

222. Charles le Chauve était bien le troisième empereur ayant régné en France (Lothaire et Louis II n'étant pas considérés comme dans la sphère française), après Charlemagne son grand-père et Louis le Pieux son père. Il fut abbé laïque de Saint-Denis à partir de 867. Le maitre-autel se trouvait devant la grande Croix à l'ouest de l'autel des Corps Saints, devant le chevet surélevé : dédié au Sauveur, au chœur des anges et à la Croix, il était très ancien et de dimensions relativement modestes (1 m 65 de long × 0 m 80 de profondeur). Il fut déplacé en 1610 à l'occasion du couronnement de Marie de Médicis, et remplacé par l'« autel matutinal » (J. Doublet, *Hist. de*

l'abb. de Saint-Denis, Paris 1625, p. 287-288). Suivant la tradition il avait été consacré par le pape Etienne II en 754 quand il sacra Pépin et ses deux fils, Charles et Carloman. Charles le Chauve le fit orner en effet d'un magnifique frontal d'or. Il fut démoli au XVIIe s. et son marbre utilisé pour ériger le « bel autel des Corps Saints » au fond du chevet. La table était de marbre noir et les piliers de marbre blanc dont l'un portait l'inscription d'une borne miliaire : M. P. V. IIII. Or les très anciens textes sur la Passion de saint Denis sont d'accord pour placer son tombeau *in sexto lapide*, vers la sixième borne en venant de Paris (en convertissant les milles romains en milles gaulois), ce qui donnerait à cette borne une valeur particulière pour une meilleure évaluation de la distance entre Paris et le tombeau de saint Denis. On pourrait supposer que cette borne était déjà dans la basilique mérovingienne, auprès du tombeau du saint, comme monument commémoratif, puis incorporée dans l'autel carolingien, devenant ainsi une relique : on a signalé un tel fait à Saint-Germain d'Auxerre (cf. B. de Montesquiou-Fézensac, *« In sexto lapide », l'ancien autel de Saint-Denis et son inscription*, dans *Cah. archéol.* VII, 1954, p. 51-62). Le somptueux frontal offert par Charles le Chauve, pesant sept kg d'or est bien connu grâce à la minutieuse description des inventaires. Il dessinait trois arcs en plein cintre : sous celui du milieu était figuré le Christ tenant le Livre et la Croix, entouré de deux chérubins. Les deux autres arcs étaient subdivisées en trois arcatures dans chacune desquelles se trouvait une figure nimbée. Chacun de ces trois groupes était surmonté de deux anges soutenant une couronne, rehaussée de bordures d'émaux cloisonnés sur or, parsemées de pierres précieuses : cf. D. Gaborit-Chopin, *Le trésor de Saint-Denis*, 1991, p. 49-50. — Inv. de 1634 (éd. 1973), n° 188, p. 207-212. Ce frontal nous est connu aussi par le fameux tableau flamand de la fin du XVe s. si souvent reproduit, représentant la célébration de la messe de saint Gilles, et où l'on voit le frontal utilisé comme retable (on lui avait donné cette fonction depuis le XIIIe s.). Ce tableau est conservé aujourd'hui à la National Gallery de Londres : cf. *London National Gall. Catalogues. Early Netherlandisch School* (Martin Davies) 3° éd. Londres, 1968. — Fl. Mütherich, *Denkmale der deutschen Könige und Kaiser. Ein Beitrag zur Herrschergeschichte von Karl dem Grossen bis Friedrich II*, 768-1250, Munich 1962, p. 132, n° 48.

223. C'est devant cet autel que Suger fut offert à l'abbaye de Saint-Denis en 1091, à l'âge de dix ans : c'est sur cet autel qu'il posa alors sa main droite tenant le document d'oblation.

224. Les inventaires du trésor indiquent que les panneaux latéraux placés par Suger, comme le frontal de Charles le Chauve, formaient une arcature à trois arcades surmontées de médaillons représentant : sur celui de droite, l'Annonciation, la Visitation et la Nativité ; sur celui de gauche l'*Agnus Dei* avec cet inscription *Dignus est agnus accipere librum et aperire signacula ejus* (Apocalypse V, 9) entouré de

deux anges portant des encensoirs (Inv. de 1634 n° 187, p. 204-206.
— D. Gaborit-Chopin, *Le trésor de Saint-Denis...*, p. 123-124). Le panneau de droite représentait, dans les arcades, la Vierge en Trône de Sagesse tenant son enfant devant elle, entre deux prophètes : Isaïe portant un phylactère sur lequel était écrit *Egredietur virga de radice Jesse* (Isaïe XI, 1) et Ezechiel tenant un phylactère sur lequel était écrit *Porta hæc clausa est et non aperitur* (Ezéchiel XLIV, 2). Le panneau gauche figurait, sous les arcades, saint Denis accompagné d'un personnage royal (Dagobert ou, plus probablement Louis VI ou Louis VII) et de chaque côté Rustique et Eleuthère. Pour le quatrième panneau, ou panneau arrière, voir plus bas, note 228. La dévotion mariale de Suger apparait également dans le vitrail central du chevet, *caput ecclesiæ*, représentant l'Arbre de Jessé, dans l'iconographie du vitrail offert par Suger à Notre-Dame de Paris, représentant le Triomphe de la Vierge, dans une charte de Suger instituant tous les samedis une messe votive en l'honneur de la Vierge (vers 1130, Lecoy n° 4, p. 326). Quand le frontal de Charles le Chauve fut transformé en retable, on rapprocha les deux panneaux latéraux de Suger pour en faire un *antependium*. Nous ne souscrivons pas à l'interprétation de Ph. Verdier *(Saint-Denis et la tradition carol. des tituli*, p. 350) qui voit dans ce quatrième panneau un retable, en raison du sens du verbe *attollere* qui signifie élever, dresser ; mais ce sens est tout aussi acceptable pour un panneau placé verticalement contre une face de l'autel : ce verbe est ici employé dans un sens proche de *apponere*. Le contexte indique en effet que Suger orna l'autel sur toutes ses faces : *ut totum circumquaque altare appareret aureum*.

225. Suger mentionne aussi ces candélabres d'or dans la *Vie de Louis le Gros* (Waquet XXXIII, p. 277) où Louis, sur le point de mourir, distribue son mobilier précieux, offrant à Saint-Denis sa chapelle, sa Bible précieuse, son encensoir d'or de quarante onces, ses candélabres de cent soixante onces d'or, son calice, ses chappes d'étoffes précieuses et une hyacinthe héritée de son aïeule Anne de Kiev : cf. D. Gaborit-Chopin, *Le trésor...*, p. 124.

226. Réminiscence d'Ovide, *Métamorphoses* II, 5. L'allusion aux « artistes barbares » signifie sans doute que cette œuvre était très ancienne, probablement mérovingienne (peut-être l'*antependium* de Dagobert), d'une époque où précisément l'art était plus lourd, plus exubérant qu'à l'époque de Suger. Cette interprétation (conforme à celle de Ph. Verdier, *La grande croix...*, p. 17) expliquerait alors l'emploi du verbe à l'imparfait *erant* et indiquerait l'idée, chez Suger, d'une opposition entre cet art, considéré comme très différent de celui du XIIe s. et même de celui des temps carolingiens, et l'art des sculpteurs de l'atelier mosan auquel Suger s'est adressé et dont l'œuvre est qualifiée par lui de *mirabili anaglifo opere* (cf. note 228). Cette œuvre ancienne aurait donc été réemployée par l'abbé de Saint-Denis, avec des pièces du trésor dont il craignait la perte (voir

ci-dessus, II, chap. 12), ce qui donnerait au verbe *extulimus* (de *effero*) un sens tout particulier (cf. Ph. Verdier, *La politique financière de Suger...* dans *Artistes, artisans et produc. artist. au M. A.*, Colloque C. N. R. S., 2-6 mai 1983, Paris 1983, p. 179).

227. Ici apparaissent les préoccupations pédagogiques de Suger dont l'iconographie devait sembler parfois d'interprétation difficile à ses contemporains eux-mêmes. Ce souci d'enseigner explique peut-être l'abondance des *tituli* dans son œuvre architecturale. Peut-être faut-il y voir aussi l'influence d'Hugues de Saint-Victor, surtout dans deux de ses œuvres : le *De archa morali* et le *Libellus de archa mystica* : cf. P. Sicard, *Diagrammes médiévaux et exégèse visuelle, le Libellus de formatione archae d'Hugues de Saint-Victor*, Turnhout, Brepols, 1993 (Bibliotheca victorina IV), où est exposé le rôle des *tituli* pour le passage de la description de l'histoire d'un texte à celle de son essence = *titulus scripture apponitur, quia rerum incognitarum imagines, sine scripture vel sermonis magisterio aut nullatenus aut difficile intelliguntur* (p. 156). Les *libri carolini* avaient déjà signalé l'importance du *titulus* pour définir et expliquer le dessin ou le peinture. Mais il s'agit aussi ici d'une introduction à la connaissance des vertus mystiques des pierres.

228. Le panneau arrière de l'autel majeur a dû disparaitre avant la rédaction des inventaires du trésor. On ne peut l'appréhender que par le contenu de ce *titulus* : dans les médaillons étaient représentées, en antitypes, les scènes de la vie publique et de la Passion du Christ : entrée à Jérusalem le jour des Rameaux, la Cène, le Portement de Croix ; sous les arcades, les types vétérotestamentaires correspondants : le sacrifice d'Isaac (Genèse XXII, 11-18), Abraham (Genèse XII, 1) et Melchisedech offrant le pain et le vin à Abraham (Genèse XIV, 17-19), et les messagers portant la grappe de la Terre promise (Nombres XIII, 23-24) : cf. Ph. Verdier *Saint-Denis et la tradit...*, p. 350-351, et Panofsky, p. 186-188.

229. Le plus ancien texte qui nous informe sur la croix de saint Eloi se trouve dans les *Gesta Dagoberti*, œuvre écrite environ deux cents ans après les événements qu'elle relate. Il y est dit que Dagobert fit exécuter cette croix par Eloi, le premier orfèvre du royaume, pour être placée derrière l'autel d'or, et que cette technique « du lapidaire et du sertisseur » désormais hors d'usage, ne trouverait plus aucun artiste capable de la maîtriser. Les différents textes concernant cette croix nous permettent de penser qu'elle ne cessa, tout au long du moyen-âge, d'orner les maitres-autels successifs de l'église abbatiale, au moins jusqu'au couronnement de Marie de Médicis (1610). A l'époque où le panneau de Charles le Chauve était devenu retable, il était surmonté de la croix de saint Eloi (suivant le tableau du Maitre de saint Gilles : voir note 222). En 1625 elle est placée sur une poutre au travers du chœur *(J. Doublet*, 1625). Au début du XVIIIe s. *(Félibien,* 1706) elle est posée sur la grille du chœur dont elle fut

arrachée le 21 Brumaire An II (11 nov. 1793) pour être transportée à la Convention. La croix de saint Eloi mesurait près de 2 m, au centre était une grande gemme entourée d'une couronne de pierres précieuses ; à l'avers une agate « en face d'homme », au revers « un béricle en fonds de cuve ». Les montants et les bras de la croix étaient couverts, sur trois rangs, de saphirs, émeraudes, nacres et verroteries de couleurs rouge, orangé et vert, incrustées dans les cloisons d'or sur un champ à feuilles d'argent blanc, suivant la technique de l'orfèvrerie cloisonnée, l'« *opus inclusorium* ». Ce réseau d'or, de pierres et de verroteries couvrait toute la croix sur ses deux faces et fut entouré, à l'époque gothique, par une large bordure d'argent doré. Le 4 avril 1794 on commença à en arracher les pierreries (ce que les procès-verbaux révolutionnaires appelèrent l'« extraction des corps étrangers ») et à en fondre le métal. Un extrait des procès-verbaux du 27 Germinal An II nous parle cependant d'un échantillon conservé pour la Commission des Arts : de sa description on peut induire qu'il s'agissait d'un fragment de la croix de saint Eloi. Le procès-verbal du 21 décembre 1796, plus explicite, nous apprend que ce fragment fut envoyé par l'administration de la Monnaie au Museum de la Bibliothèque Nationale où il est toujours conservé, au Cabinet des Médailles. Ce fragment nous ramène bien, en effet, au VIIe s. La description qu'a donné E. Babelon de l'orfèvrerie cloisonnée *(Le tombeau du roi Chilpéric et les origines de l'orfèvrerie cloisonnée*, dans *Mém. de la Soc. des Ant. de France*, 8e s., t. VI, 1919-1923, p. 81) et la description détaillée de cette pièce donnée par l'inventaire de 1634 (n° 189, p. 213-215), par D. Gaborit-Chopin, *Le trésor*..., n° 1, p. 56-59) ainsi que dans les catalogues de l'exposition *La Neustrie*, 1985, n° 23 et *Un village du temps de Charlemagne*, 1988, n° 23 permettent de l'identifier avec la croix de saint Eloi : cf. B. de Montesquiou-Fézensac, *Un épave du trésor de Saint-Denis, fragment retrouvé de la croix de saint Eloi*, dans *Mél. Fr. Martroye*, publiés par la Soc. Nat. des Ant. de Fr., 1940, p. I-IX. — *Idem, Nouvelles observations sur la croix de saint Eloi...* dans *Bull. de la Soc. Nat. des Ant. de Fr.*, 1967, p. 229.

230. L'« escrain de Charlemagne » était en effet un objet splendide et original. On le connait par quelques descriptions médiévales, depuis le Xe s., et surtout par une planche de Félibien (IV C) et le dessin qu'en fit E. E. Labarre, sur l'ordre de la Commission temporaire des Arts, avant qu'il ne soit complètement détruit, dépecé et fondu, pendant la terreur, en 1794 (Cab. des Estampes, Le, 38 C). Haut de 1 m 10 et large de 0 m 80, il reposait sur une base rectangulaire à sommet pentu : sur celle-ci étaient posés quatre arcs en plein cintre (auxquels étaient pendues quatre couronnes votives) divisés chacun en trois petits arcs supportant des pendeloques. L'étage du dessus se composait de trois arcs subdivisés en deux petits arcs et en trois petits arcs pour celui du milieu. Au sommet, un grand arc

subdivisé en trois était cantonné de deux grands médaillons circulaires entourés de grenats et d'émeraudes. L'ossature était constituée de barres verticales, de pilastres et de rampants, couverts de perles, pierres et filigranes, terminée par de gros saphirs, seuls sur champ ou groupés en bouquets avec des grenats. Pour l'époque de Suger il faut faire abstraction de la base datant des années 1400. Le texte du xe s. qui le décrit (dernier folio du ms. Bibl. nat. lat. 7230 provenant de Saint-Denis) l'appelle *gipsa* (mauvaise lecture pour *capsa* ?). La forme de ce monument évoque la figuration en coupe soit d'une *capella* à plan central (chapelle palatine impériale), soit d'un *ciborium* d'autel ou de tombe sainte. Cet « écrin » fut donné à l'abbaye par Charles le Chauve (cf. *Les Grandes Chroniques de France*, ed. J. Viard, 1927, IV, p. 257 qui l'appelle l'« escrain Kalle »). Son décor rappelle en outre le frontal d'or offert par ce prince à Saint-Denis pour décorer le grand autel (voir note 222). Suger l'appelle ici *crista*, comme le fera plus tard Rigord : *cristam auream cum gemmis preciosissimis* (Rigord, éd. H. F. Delaborde, 1882, p. 60). Doublet identifie bien clairement la *crista* avec le *scrinium* (en français « écran ») attribué à Charlemagne (Doublet, 1625, p. 243). Or le mot *crista* est attesté au moyen-âge pour désigner un ornement (une crête) d'orfèvrerie couronnant le *tugurium* d'un tombeau. La *vita Eligii* (I, 32) du viie s. et remaniée à l'époque carolingienne nous apprend qu'Eloi fabriqua au-dessus du mausolée de Saint-Denis un *tugurium* d'or et de gemmes, ainsi qu'une magnifique *crista* et les images du fronton (*M. G. H.*, *Scrip. Rer. merov.* , t. IV, éd. B. Krusch, p. 688). Si l'on voit dans l'« écrin » deux parties, le *scrinium* et la *crista*, il faut admettre que le *scrinium*, la partie inférieure était le reliquaire et la crista l'élément décoratif ; or c'est seulement de cette partie que parle Suger. Le *scrinium* avait sans doute déjà disparu ou n'avait jamais existé, et fut ajouté par l'abbé Philippe de Villette (1398-1418) (cf. Peiresc, Bibl. de Carpentras, ms. 1791, f° 512). C'était peut-être un de ces édicules funéraires dits *aristaton* ou *staplum* qui accompagnaient les tombeaux jusqu'à la fin de l'époque carolingienne : ensemble de petits *ponticuli* superposés, couverts de quantités de joyaux (B. de Montesquiou-Fézensac, *l'« escrain de Charlemagne »*, dans *Bull. d'Archéol. Fr.*, 1945-1947, p. 119-129). D. Gaborit-Chopin a en tout cas démontré que cette œuvre peut être attribuée aux ateliers de Charles le Chauve, peut-être aux orfèvres de Saint-Denis. Il ne reste plus, de l'« escrain » de Charles le Chauve, que la partie terminale déposée en 1791 au Cabinet des Médailles de la Bibliothèque Nationale (n° 13 b, c). Grâce aux notes et croquis de Peiresc nous savons que cet élément est formé de l'intaille de béryl de Julie, fille de Titus (79-81), montée sur or, entourée de neuf saphirs : sur celui du sommet est gravée une inscription en grec dédiée à la Mère de Dieu le Christ, *Agia Meter Theou Christou* (Inv. de 1634, n° 4, p. 89-110 et D. Gaborit-Chopin, *Le Trésor*, n° 13, p. 92-99. La phrase de Suger *dum illam... crucem*, *dum... crista superponi...* semble indiquer non seulement que ces objets n'étaient exposés qu'occationnellement sur l'autel d'or mais que l'on exposait tantôt l'un tantôt l'autre de ces deux ornements.

231. Ezéchiel XXVIII, 13 : ce texte cite en plus le diamant mais ne cite pas le béryl : ce sont les pierres précieuses ornant le pectoral d'Aaron (Exode XXVIII, 17) où chaque pierre représente une tribu d'Israël. Chez Suger sont évoquées aussi les vertus physiques (médicales) et mystiques des pierres, idées du Pseudo-Denis. L'escarboucle était le nom donné en ces temps-là à une variété de grenat rouge foncé, d'un vif éclat.

232. L'expérience esthétique de Suger ouvre la voie de l'expérience mystique. La contemplation de pierres précieuses, de verres multicolores et de l'or, qui scintillaient sur les ornements de l'autel : la croix de saint Eloi, avec d'autres plus petites, et l'écrin de Charlemagne le transportent par la vertu matérielle de leur éclat et de leurs couleurs translucides et changeantes, vers la contemplation de leurs vertus sacrées, vers le monde d'en haut, immatériel, le monde du Père des Lumières. C'est ici l'expérience d'une illumination spirituelle suscitée par la beauté des objets physiques. Il faut revenir, ici aussi, comme dans les *tituli* de Suger, aux écrits néo-platoniciens ainsi qu'aux inscriptions paléochrétiennes encore abondantes du temps de Suger aussi bien en Italie qu'en France et à Paris même.

233. Hugues, doyen du chapitre d'Orléans, fut évêque de Laon d'août 1112 à mars 1113, c'est-à-dire bien longtemps avant que Suger devienne abbé de Saint-Denis ; mais on connait l'affection qu'il portait dès son jeune âge à son abbaye : il a donc pu s'intéresser dès cette époque à la place que pouvait tenir son trésor au regard de ceux qui étaient tenus pour les plus fastueux de l'Eglise chrétienne. Il est peu vraisemblable, comme le suggère Panofsky (p. 193) que Suger ait nommé par erreur Hugues au lieu de Barthélemy de Vir (évêque de Laon de 1113 à 1151) qui fut donc son exact contemporain et qu'il connaissait très bien.

234. Suger, en interrogeant les voyageurs revenant de Jérusalem sur la supériorité ou non des trésors de Constantinople par rapport à celui de Saint-Denis, semble connaitre à l'avance la réalité : les trésors de Constantinople étaient manifestement supérieurs, et Suger en avait reçu des témoignages, mais il dit qu'une partie de ces trésors avait dû être cachée par les autorités religieuses de Constantinople, par mesure de sécurité pour éviter tout trouble entre Grecs et Latins. Les témoins, qui donc n'avaient pu voir qu'une partie de ces trésors, pouvaient bien avoir raison en affirmant la supériorité du Trésor de Saint-Denis, mais ceux qui affirmaient le contraire, se rapportant à la totalité des trésors de Constantinople, disaient aussi la vérité. Suger élude finalement la question en renvoyant à Saint Paul : il ne faut pas discuter des opinions des autres : que chacun s'en tienne à son propre jugement : *Abundet unusquisque in suo sensu* (Rom. XIV, 5).

235. Suger, se référant à saint Paul (Hébr. IX, 13) dit combien les trésors les plus précieux doivent servir à la célébration du Saint Sacrifice, pour recueillir le sang du Christ « qui purifia notre conscience des œuvres mortes » puisque déjà des vases précieux servaient à recueillir le sang des victimes sacrificielles de l'ancienne Loi qui procurait seulement la « pureté de la chair ». Par cette paraphrase de l'Apôtre, Suger justifie l'attachement qu'il porte aux matières précieuses, aux objets et ornements richement décorés. Mais il y a là plus qu'une justification : Suger exprime aussi l'idée que la contemplation de la beauté matérielle conduit à celle des choses divines dont les matières précieuses sont le reflet sur cette terre.

236. Voir note 207. C'est ici aussi une référence au Pseudo-Denis *(La Hiérarchie céleste*, trad. M. de Gandillac, 205^A-209^C, p. 206-212), à la liturgie de saint Jean Chrysostome alors en usage à Saint-Denis, plus précisément à l'hymne du *Cherubikon* chanté pendant la procession de la grande entrée de la messe dans cette liturgie (cf. M. Huglo, *Les chants de la missa græca de Saint-Denis, Essays presented to Egon Wellesz*, éd. J. Westrup, Oxford, 1956, p. 74-83. — H. Omont, *La messe grecque à Saint-Denis au moyen-âge, Etudes d'histoire du moyen-âge dédiées à G. Monod*, Paris, 1896, p. 177-185).

237. Peut-être faut-il voir ici une discrète allusion aux critiques de saint Bernard et à la spiritualité cistercienne devant laquelle Suger s'incline, certes, tout en affirmant qu'à l'âme pure, à l'intention fidèle et à la pureté intérieure il est nécessaire d'ajouter la noblesse extérieure, expression matérielle de la grandeur de Dieu : c'est, de la part de Suger, une manière de réponse, une fois pour toutes. La « conversion » de l'abbé de Saint-Denis et sa réforme ne dépassaient pas cette limite, qui était celle de la spiritualité clunisienne. Cf. Y. Christe, *A propos de l'Apologia de saint Bernard : dans quelle mesure Suger a-t-il tenu compte de la réforme cistercienne ?* dans *Genava*, n. s., t. 14 (1966), p. 5-11.

238. Mathieu XXV, 33-34.

239. Apocalypse I, 18 ; XI, 15 ; XV, 7.

240. On note ici le souci qu'a Suger de donner une forte autorité historique à la désignation traditionnelle de cet autel. Celui-ci avait été fondé par l'abbé Hilduin (814-841) et dédié à la Sainte Trinité. Plus tard il fut appelé l'« autel matutinal » car on y célébrait la messe aussitôt après l'office de Prime. On a beaucoup discuté sur son emplacement, tout d'abord situé tout-à-fait à l'est dans l'abside. S. M. Crosby *(The royal abbey...* op. cit.) a fait remarquer qu'il devait au contraire être placé à l'ouest du chœur des moines. Panofsky semble être dans le vrai (p. 194-195) en le situant à l'ouest du grand autel mais à l'est du chœur des moines qui occupait environ jusqu'à la troisième travée de la nef. Il était tout près, à l'est, du tombeau de Charles le Chauve : voir plus bas dans ce même chapitre *Karolus*

imperator tertius qui eidem altari subjacet gloriose sepultus (II, chap. 15 et II, chap. 16), *crucem etiam mirabilem* (« croix de Charlemagne ») *que superposita est inter altare et tumulum ejusdem Karoli*, et l'*Ordinatio : ut prope altare sepultus, circumquaque sanctorum pignoribus circumseptus* (Lecoy, n° X, p. 354). Or il apparait d'après Félibien (pl. p. 551 et 528) que la dalle du XIIIe s. qui marquait l'emplacement exact de la tombe de Charles le Chauve était située au centre de la première travée de la nef, à l'ouest de la croisée actuelle. Donc, aussi bien l'« autel saint » que la tombe de Charles le Chauve, séparés l'un de l'autre par la « croix de Charlemagne », se trouvaient à l'intérieur de la clôture du chœur des moines (cf. Panofsky, p. 194-195. — B. de Montesquiou-Fézensac, *Le tombeau de Charles le Chauve à Saint-Denis*, dans *Bull. Soc. Ant. de Fr.*, 1963, p. 84 et suiv. Il apparait en outre, suivant la précision que donne Suger lui-même dans ce texte : *tum etiam propter frequentem motionem quæ fit nobilissimi apparatus occasione... minus honeste comptum apparebat*, qu'il s'agissait d'un autel déplaçable. C'est aussi auprès de cet autel que furent inhumés Carloman, Hugues Capet, Robert I, Henri I, Louis VI et son fils Philippe, Philippe Auguste, Louis VIII et saint Louis : c'était le « cimetière des rois » (cf. A. Erlande-Brandenburg, *Le roi est mort...*, 1975. — Invent. de 1634, n° 157, p. 194 pour l'autel, et n° 161, p. 195 pour le tombeau de Charles le Chauve.

241. La restauration entreprise par Suger de l'« autel saint » portait sur cette charpente en bois doré seulement et non sur le corps lui-même de l'autel de pierre, comme on l'a cru autrefois. Ce passage, ainsi que celui de l'*Ordinatio*, l'attestent clairement : *et reparato altari eodem auro precioso et opere approbato* (Lecoy n° X, p. 354).

242. Les verbes *credebatur* et *perorabatur* indiquent que les reliques de saint Jacques l'apôtre dit « le mineur » (fils de Cléophas, suivant la tradition, frère du Seigneur, comme Suger le rappelle lui-même dans l'*Ordinatio* (Lecoy n° X, p. 354)), celles de saint Etienne protomartyr et de saint Vincent martyr, qui avaient été offertes à l'abbaye par Charles le Chauve pour la protection de sa propre sépulture contre l'autel saint *(Ordinatio*, Lecoy, p. 354 : *qui eidem altari subjacet*) étaient toujours restées conservées dans la partie antérieure de l'« autel saint », invisibles de l'extérieur, et qu'on ne pouvait s'assurer de leur présence que par celle de petites bandes de parchemin portant une brève description de ces reliques, que l'on pouvait lire à travers de petites fenêtres de cristal, suivant un usage courant dans les reliquaires médiévaux ou même anciens.

243. Le jour de la Saint Denis, le 9 octobre : étant donné que cet événement est relaté également dans l'*Ordinatio* (charte établie entre le 14 juillet 1140 et le 22 janvier 1142), cette cérémonie ne peut avoir eu lieu que le 9 octobre 1141 ou plus tard ; le siège de Reims étant resté vacant pendant deux ans (1138-1140) on ne peut placer cette

cérémonie qu'avant 1138, en 1140 ou 1141 : Panofsky opte à juste titre, nous semble-t-il, pour l'une de ces dernières années ; l'archevêque de Reims était alors Samson de Mauvoisin (2 juin 1140-22 sept. 1161) : il fait partie de la liste des prélats qui confirmèrent le document sanctionnant cette cérémonie d'inspection des reliques (*Ordinatio*, Lecoy n° X, p. 359).

244. Voir note 219.

245. archevêque de Lyon : Faucon de Bothéon (1139-1142).
archevêque de Tours : Hugues de la Ferté (1133-1147).
évêque de Soissons : Joscelin de Vierzy (1126-1152).
évêque de Rennes : Hamelin (1127 - 2 février 1141) ou Alain (1141-1156).
évêque d'Alet (de Saint-Malo) : Donaldus (1120-1144).
évêque de Vannes : Ives ? (Evenus, 1137-1143).
archevêque de Rouen : Hugues d'Amiens (1130-1164).
évêque de Beauvais : Eudes II (1133-1144).
évêque de Senlis : Pierre (1134-1151).
évêque de Meaux : Manassès II (1134-1158).

246. Ce détail matériel indique bien, comme nous l'avons dit plus haut, que l'« autel saint » était un autel déplaçable : voit note 240 (fin).

247. Voir la note 242.

248. *De theca imperiali eas assumi et penes se reponi* : on trouve une indication plus précise dans l'*Ordinatio* où il est dit que les reliques provenaient du dépôt de la chapelle de l'empereur : *de theca imperialis capellœ sibi retinens*. Au devant était déposé l'os du bras de saint Jacques apôtre et frère du seigneur, à droite le bras de saint Etienne et à gauche celui de saint Vincent (Lecoy X, p. 354). Quant au tombeau de l'empereur, qui suivant son vœu devait être placé auprès de celui de saint Denis, c'était peut-être, à l'origine et encore au temps de Suger (le nouveau tombeau de Charles le Chauve n'est que de peu antérieur à 1223), la célèbre baignoire de porphyre qui, suivant la légende des Grandes Chroniques de France aurait été offerte à Saint-Denis par Dagobert et provenait de Saint-Hilaire de Poitiers. On croit la reconnaître dans le tableau représentant le baptême de Clovis par le Maitre de saint Gilles (Washington, National Gallery). Cette baignoire, aujourd'hui au musée du Louvre, aurait servi de cuve pour le baptême des Enfants de France. La seule chose certaine est qu'on y préparait, du XVIIe s. et jusqu'à la Révolution, l'eau bénite le Samedi Saint et à la Pentecôte (Inventaire de 1634, n° 221, p. 245. — D. Gaborit-Chopin, *Le trésor...*, p. 50-51 et n° 6. — B. de Montesquiou-Fézensac, *Le tombeau de Charles le Chauve*, dans *Bull. Soc. ant. de Fr.*, 1963, p. 84-88. — A. Erlande-Brandenburg, *Le roi est mort...* 1975). Les restes de Charles le Chauve furent déposés peu avant 1223 dans un tombeau de bronze (cf. G. Corrozet, *Fastes, antiquités et choses plus remarquables de Paris*, 1605. — Invent. de 1634, n° 161, p. 195.

249. Voir note 242, et ci-dessous : *crucem etiam mirabilem... quæ superposita est inter altare et tumulum ejusdem Karoli* (II, chap. 16 : cf. Inv. de 1634, n° 161, p. 195).

250. *anuli sui depressione signatum* : le sceau de cire, en forme de galette, recevait l'empreinte de l'intaille, c'est-à-dire de la pierre gravée en creux constituant l'anneau royal ou impérial. Ainsi le mot *anulus* pourra signifier peu à peu le sceau lui-même. Il était plaqué au bas du document au moyen d'une incision cruciforme pratiquée dans le parchemin, permettant à la cire de déborder au revers et de maintenir ainsi le sceau en place.

251. On ne sait rien aujourd'hui sur ces sept lampes d'argent que Charles le Chauve avait offertes pour qu'elles brûlent jour et nuit et pour toujours devant l'« autel saint ».

252. Ici encore le texte que Suger donne dans l'*Ordinatio* est plus explicite : *ipse suum [anniversarium] sibi singulis mensibus pridie nonas mensis fieri decrevit, in capitulo pronunciari, in monasterio celebrari, in refectorio de prefatæ villæ redditibus fratribus honestam refectionem adaptari* (Lecoy, n° X, p. 354). Cette célébration et ce repas solennel offert à la communauté de Saint-Denis devaient avoir lieu chaque mois, la veille des nones, c'est-à-dire le 6e jour de mars, mai, juillet, octobre et le 4e jour des autres mois. Cette solennité, longtemps oubliée, fut rétablie par Suger.

253. L'usage du scellement des actes par des bulles métalliques (plomb ou or)aurait été inauguré par la chancellerie des Carolingiens italiens (Louis II fils de Lothaire I, dans la deuxième moitié du IXe s. : cf. Th. Sickel, *Acta regum et imperatorum Karolinorum*, 58 ; *Beiträge zur Diplomatik*, I-IV, 58 ; *diplomatum imperii*, t. I. besprochen 5. — Sybel et Sickel, *Kaiserurkunden in Abbildungen* 60. — E. Mühlbacher, *Die Urkunden Pippins, Karlmanns und Karls des Grossen*, 59 ; *Unediete Diplomen*, 66. Charles le Chauve aurait adopté cet usage à la fin de son règne, puis les chancelleries des Carolingiens germaniques. En fait Charlemagne utilisait déjà des sceaux métalliques, mais probablement en plomb seulement, dont deux spécimens sont conservés (cf. P. E. Schramm, *Die Metalbullen der Karolinger*... dans *Beiträge zur Kulturgeschichte des Mittelalters und der Renaissance*, herausgeg. von W. Gœtz, Band 29 (1928), p. 60-70). La chancellerie de Louis le Pieux a connu la bulle d'or : aucun original n'est conservé mais elle est signalée par un dessin de Mabillon (*Supplementum*, p. 48) et par Baluze. Charles le Chauve possédait deux types de bulle d'or, l'un royal, l'autre impérial (cf. G. Tessier, *Diplomatique royale française*, Paris, 1962, p. 683 et suiv.). Le diplôme de donation de Rueil à Saint-Denis est daté du 27 mars 875 (cf. G. Tessier, *Rec. des actes de Charles le Chauve*, t. II, Paris, 1952, n° 379). — A. Giry, *La donation de Rueil à l'abbaye de Saint-Denis*, dans *Mél. J. Havet*, Paris, 1895, p. 683 et suiv.

254. On apprend cependant par Suger lui-même, dans l'*Ordinatio*

(Lecoy, n° X, p. 355) qu'au cours de ces cérémonies un cierge brûlait aussi en mémoire de Charles le Chauve devant l'autel de saint Denis, auquel Suger en ajouta un deuxième : *illi [cereo] qui solus ante altare beati Dionysii ardebat, ut indeficienter duo ardeant concopulavimus.*

255. La croix dite « de Charlemagne » était en réalité un peu plus récente. Elle faisait partie de ces objets extrêmement luxueux dont Charles le Chauve combla l'abbaye. Des pièces d'orfèvrerie offertes par ce souverain il ne reste presque rien : la grande croix d'orfèvrerie cloisonnée disparut après 1610. Suivant les descriptions qui nous restent (Félibien et l'Inventaire de 1634) elle faisait partie d'un ensemble issu, semble-t-il, des ateliers d'orfèvrerie sandionysiens ou ceux de la cour. Les bras de la croix, de forme latine, portaient un rang de saphirs entourés de verres verts et de grenats et étaient bordés de grosses perles. Les saphirs des extrêmités étaient montés sur des fermillets réceptacles dans lesquels avaient été placées des reliques, suivant un usage qui devient courant sur les croix romanes et gothiques. A la croisée, au centre de la croix, était fixée une grande améthyste qui, suivant la tradition *(fama retinuit)* provenait du collier de la reine Nanthilde, l'une des épouses de Dagobert (cf. Félibien, pl. IV B. — Inv. de 1634, n° 15, p. 120. — D. Gaborit-Chopin, *L'orfèvrerie cloisonnée à l'époque carolingienne*, dans *Cah. archéol.*, t. 29 (1980-1981), p. 5-26. — et *Le trésor...*, p. 48-49). Cette croix fut enlevée en même temps que fut démantelé l'autel de la Sainte Trinité, en 1610, et disparut ensuite.

256. Suger parle donc de deux colliers ayant appartenu à la reine Nanthilde. Désignant le tout pour la partie, comme il le fait souvent, il nous dit que le premier collier était fixé au centre de la « croix de Charlemagne » : en réalité seulement la grande améthyste provenant peut-être de ce collier. Quant au deuxième collier, il était plus petit mais de facture très raffinée. L'un comme l'autre, avec la croix « de Charlemagne » disparurent avant la rédaction de l'inventaire de 1634. L'emplacement de ce deuxième collier est assez vague : *in frontem sancti Dionysii* ne peut en aucun cas signifier que ce collier aurait été posé sur le front du chef-reliquaire supposé contenir la tête de saint Denis (comme le pense Panofsky, 198-199) puisque l'ostension du chef du saint martyr n'eut lieu qu'en 1190 et cette relique mise ensuite dans un reliquaire à part (Félibien, 1706, p. 209). Il faut entendre l'expression *in frontem* dans le sens de « face à », « contre », devant la châsse du saint, située dans la nef centrale du tabernacle surmontant le tombeau des Corps Saints.

257. On note ici l'interprétation symbolique du collier de la reine Nanthilde comme étant le rappel du carcan que l'on mit au cou du saint martyr tandis qu'il était dans la prison de *Glaucinus.* C'est aussi un rappel de l'épisode de la Passion de Denis illustré au tympan du portail sud de la façade occidentale de la basilique (cf. P. Blum, *The lateral portals... A symposium*, op. cit., p. 199-227 et surtout 202-209).

258. Cf. note 126.

259. Robert, dont la mère est citée plus haut par Suger (voir plus haut, le miracle de la muette, I, chap. 25) fut *puer* de l'abbaye de Saint-Denis et élu abbé de Corbie, grâce à la recommandation de Suger, en 1127 ; il mourut le 22 janvier 1142. C'est sans doute à l'occasion de son intervention comme co-signataire de l'*Ordinatio*, en 1140 ou 1141 (Lecoy, n° X, p. 360) qu'il offrit ce panneau d'autel — probablement un frontal — d'argent finement doré. Que Suger l'ait orné de pierre précieuses est attesté par Doublet (p. 245) et non par Suger lui-même. Mais on sait que Doublet est, à bien des égards, sujet à caution.

260. On sait malheureusement peu de choses sur la transformation des stalles du chœur des moines réalisée par l'abbé Suger. On peut supposer que des sièges en bois furent substitués au marbre et au cuivre. On sait seulement que le chœur était très important, agrandi encore par Suger, et occupait environ la moitié de la longueur de la nef.

261. Cet ambon, ou tribune surélevée, était placé à l'entrée du chœur. Or les fouilles de S. M. Crosby ainsi que les derniers travaux de l'Unité archéologique de Saint-Denis situent la clôture du chœur existant du temps de Suger entre la troisième et la quatrième travée de la nef carolingienne, c'est-à-dire au même niveau que le jubé construit au XIIIe s. (cf. S. M. Crosby, *A carolingian pavement at Saint-Denis*, dans *Gesta* IX, fasc. 1 (1970), p. 42-45. — *Atlas historique de Saint-Denis*, sous presse). C'est d'ailleurs sur la galerie du jubé du XIIIe s. qui séparait le chœur des moines du reste de la nef que fut placé cet ambon (cf. W. M. Conway, *The abbey of Saint-Denis and its ancient treasures, Miscellaneous tracts relating to Antiquity*, LXVI (2° série XVI) (1915), p. 103-158. L'ambon fut détruit par les Huguenots. Il est donc impossible de nous en faire une idée. Conway (op. cit., p. 106) suggère qu'il aurait pu être inspiré de l'ambon que l'empereur Henri II le Saint (1002-1024) offrit à la cathédrale d'Aix-la-Chapelle, composé de plaques d'ivoires antiques et paléochrétiennes (cf. S. Beissel, *Die Kunstdenkmäler der Rheinprovinz*, X *(Die Kunstdenkmäler der Stadt Aachen I)*, Düsseldorf, 1916, p. 114 et suiv.). Etant donné que Suger décrit les plaques d'ivoire qu'il récupéra dans le dépôt du trésor pour restaurer cet ambon comme étant anciennes et décorées de scènes antiques, il ne semble pas nécessaire de faire procéder ces objets de l'œuvre soit-disant ottonienne, mais composée elle aussi d'éléments bien plus anciens, offerte par l'empereur Henri II, malgré le séjour que fit Suger dans la région du Rhin en 1125.

262. Cet obstacle dont parle Suger, qui coupait la nef carolingienne de l'abbatiale est certainement la clôture antique du chœur des moines. Ce devait être un mur continu et sans ouvertures laissant passer la lumière d'une partie à l'autre de la nef (cf. J. Formigé,

L'abbaye royale de Saint-Denis, Recherches nouvelles, Paris, 1960, p. 62, 101. — M. Vieillard-Troïekouroff, *L'architecture en France du temps de Charlemagne*, dans *Karl der Grosse : Lebenswerk und Nachleben*, III, 3° éd. Düsseldorf, 1966, p. 351 et suiv. — S. M. Crosby, *A carolingian pavement at Saint-Denis...*, op. cit. p. 43 et suiv.).

263. Suger est le premier à mentionner cet objet du trésor : il le fit restaurer au moins autant pour la noblesse de sa fonction que pour la valeur de l'œuvre elle-même. En fait il y voyait un symbole du pouvoir royal et de ses relations avec l'abbaye dépositaire des *regalia* ; c'est sans doute pourquoi il l'attribue à Dagobert, fondateur légendaire de l'abbaye. Ce trône fut restauré à la fin du XIII° s., puis de nouveau en 1587. L'Inventaire de 1634 (n° 362, p. 291) parle d'« une chaire de cuivre fort ancienne que lesdits religieux ont dict estre la chaire du roy Dagobert », placée derrière le maitre-autel. En 1729, B. de Montfaucon reconnait qu'elle ne servait plus. Elle avait été posée au-dessus d'une armoire du trésor. Son destin fut inégal puisqu'il fut transporté au camp de Boulogne en août 1804 pour servir de trône à Napoléon I. Il est aujourd'hui conservé au Cabinet des Médailles de la Bibliothèque Nationale de France. Le trône de bronze se compose de deux parties : le siège lui-même et l'ensemble dossier et accoudoirs. Le siège est constitué comme un pliant dont les quatre pieds sont en forme de panthères montées sur une seule patte griffue, leurs yeux ont pu recevoir une incrustation, leur gueule est ouverte ; dans le pelage on distingue encore quelques traces de dorure. Les accoudoirs et le dossier sont très ajourés et décorés de rosettes et de rinceaux. Aux extrémités du dossier, les tringles qui les relient aux accoudoirs sont surmontées de têtes d'hommes et l'extrémité antérieure des accoudoirs est ornée d'une pomme dont l'une est restaurée. Le siège ayant été conçu comme un pliant, est manifestement indépendant de la partie supérieure et beaucoup plus ancien. Situé par les historiens à des époques diverses du Moyen-Âge, il est aujourd'hui considéré, soit comme mérovingien, conformément à la tradition sandionisienne, soit comme une imitation carolingienne d'un modèle antique (cf. J. Hubert, *Le « fauteuil de Dagobert »*, dans *Demareteion*, I, 1935, p. 17-25. — *Idem* et J. Porcher et W. F. Wolbach, *L'empire carolingien*, Paris, 1968). Le dossier et les accoudoirs ne semblent pas être l'œuvre de Suger mais plutôt d'époque carolingienne. Seuls pourraient être attribués à Suger le blocage du pliant, la restauration de la jambe arrière droite, le croisillon postérieur, une partie de l'encadrement du dossier et l'ensemble de la dorure ainsi que les deux têtes d'hommes du dossier (cf. H. Staude, *Untersuchungen zur Mechanik und technischen Geschichte des Dagobert-Thrones*, dans *Jahrbuch des römische-germanischen zentral Museum*, Mayence, 1976-77, p. 261-266. — K. Weidemann, *Zur Geschichte der Erforschung des Dagobert-Thrones, Untersuchung zur Ornamentik und*

Datierung des Dagobert-Thrones, ibid., p. 257-60 et 267-274. — D. Gaborit-Chopin, *Le trésor...*, n° 5, p. 63-68. — Conway, *The abbey...*, op. cit., p. 120 et pl. V, 2).

264. L'aigle qui se trouvait au milieu du chœur était un lutrin en forme d'aigle (Invent. de 1634, n° 160, p. 195 : « cet aigle était en cuivre servant de pulpitre, à quatre petitz pulpitres tournans aux images des quatre Évangélistes, et au dessus quatre angels tenans les enseignes de la Passion Notre Seigneur et ung pellican sur la poincte d'en haut »). Il était placé à l'entrée ouest du chœur, derrière l'ambon (cf. *Atlas Hit. de Saint-Denis*, sous presse. — S. M. Crosby, *The abbey of S. D...* New Haven, 1942, p. 162. — W. M. Conway, *The abbey of S. D...*, p. 106).

265. Pour l'expression anthropomorphique *in capite ecclesiæ*, cf. J. Sauer, *Symbolik des Kirchengebaüdes*, 2° éd. Fribourg, 1924, p. 111-128. — G. Binding, *Zum Architektur Verständnis bei Abt Suger...*, op. cit. Au pied de l'Arbre de Jessé était figuré Suger en habit religieux, crosse en main, prosterné, avec l'inscription *Suggerius abbas* (Doublet, p. 247). Or ce portrait est exactement celui que l'on voit aujourd'hui aux pieds de la Vierge de l'Annonciation, dans le vitrail de la Vie de la Vierge. Félibien, parlant de la chapelle du milieu, décrit le même portrait avec la même légende, prosterné aux pieds de la Mère de Dieu, comme dans l'illustration de Montfaucon (pl. XXIV). Dans les *Annales ordinis sancti Benedicti* de Mabillon (VI, éd. Martène, Paris, 1739, p. 493) une gravure montre la même image de Suger aux pieds d'une statue de la Vierge. On se trouve donc devant trois hypothèses : ou bien il existait deux portraits identiques de Suger, l'un au pied de l'Arbre de Jessé, l'autre, comme on le voit aujourd'hui, aux pieds de la Vierge de l'Annonciation, ou bien Doublet a confondu la verrière de l'Arbre de Jessé avec une autre, ou bien encore, quand la verrière de la Vie de la Vierge fut démantelée au XIIIe s., le médaillon de l'Annonciation fut transféré de la verrière de la Vie de la Vierge à celle de l'Arbre de Jessé : la troisième hypothèse semble la plus acceptable.

266. On trouvera un bon exposé général sur les vitraux de Suger, leur iconographie, leurs destructions, disparitions, déplacements et remontages au cours des siècles dans Panofsky, p. 201-208. On y trouvera aussi une abondante bibliographie. Les études qui font autorité sur les vitraux de Saint-Denis sont celles de L. Grodecki dont nous signalons les principales dans la bibliographie. Les vitraux exécutés par Suger entre 1140 et 1144 décoraient non seulement les chapelles du chevet mais aussi celles de la crypte et le centre de la façade, au-dessus de l'entrée : en tout 52 ou 54 verrières qui coûtèrent à l'abbé sept cents livres. Nous savons en outre, par le biographe de Suger, le moine Guillaume, qu'il offrit à la cathédrale de Paris un vitrail dédié à la Vierge. On a coutume de diviser les vitraux de Suger en quatre cycles : narratif, symbolique, anagogique, allégorique.

Rappelons que le chevet distribuait sept chapelles rayonnantes contenant chacune un dyptique de vitraux et deux chapelles ouest, au nord et au sud, de plan carré, avec chacune un seul vitrail. Ces verrières sont faites de compartiments circulaires, semi-circulaires ou rectangulaires avec ornements végétaux, en grisaille, à décors de griffons, de filets et bordures. Il reste aujourd'hui peu de choses des vitraux de Saint-Denis : un panneau (vision d'Ezechiel sur le *signum* T) réemployé dans la chapelle de saint Cucuphas (aujourd'hui Sainte-Geneviève), Moïse allégorisé, allégories de saint Paul et Arche d'Alliance dans la chapelle de saint Pérégrin (aujourd'hui Saint-Benoit) et surtout l'Arbre de Jessé et l'Annonciation avec, en bas, le portrait et l'inscription de Suger, dans la chapelle de la Vierge qui était le centre du chevet : *in capite ecclesiæ*. D'autres fragments ont été retrouvés, aujourd'hui dispersés dans différents musées, tant en France qu'en Angleterre et aux Etats-Unis : on trouvera leur recensement dans L. Grodecki, *Les vitraux de Saint-Denis*, I, 1976 et *Études sur les vitraux de Suger à Saint-Denis (XIIe siècle)*, Paris 1995. Suger ne décrit en tout que neuf scènes. On peut y ajouter avec quelque certitude la verrière de l'Enfance du Christ, qui faisait le pendant de l'Arbre de Jessé, des vestiges d'une Passion à commentaire symbolique, des verrières hagiographiques de la vie de saint Benoit et du martyr de saint Vincent (tous sans doute dans la crypte), un vitrail illustrant la vie et le « Pélerinage de Charlemagne » (cf. Montfaucon) et un autre vitrail, sorte d'« affiche de propagande » rappelant les faits victorieux de la première Croisade (cf. E. Brown et M. W. Cothren, *The 12th century crusading window of the abbey of Saint-Denis*, dans *Journal of Warburg and Courtauld Institute*, 49 (1986), p. 1-40) (pour les vitraux, cf. B. de Montfaucon, *Monuments de la Monarchie française*, I, Paris, 1729). L. Grodecki distingue, dans la confection de ces vitraux, trois ateliers : 1° l'atelier responsable de la plupart des vitraux conservés, Arbre de Jessé, Cycle de l'Enfance, sciences anagogiques. 2° l'atelier auteur du cycle de saint Benoit (cf. P. Blum, *Le cycle de saint Benoit sur les chapiteaux de la crypte de Saint-Denis*, dans *Gesta*, XX[1] (1981), p. 73 et suiv.). 3° celui du cycle de la Passion typologique et vision du *signum* T. Il semblerait que Suger se soit inspiré de *moduli* mosans dans le choix des motifs, pour les scènes du martyre de saint Vincent, pour le panneau du *signum* T aussi (cf. le style des fonds baptismaux de l'église Saint-Barthélémy de Liège attribués à René de Huy : 1107-1118) : ce sont peut-être là les nombreux maitres venant de « diverses nations » qui ont peint ces vitraux « d'une main exquise ». On trouvera un bon exposé de l'état de la question dans l'étude de M. Harrisson Caviness, *Suger's glass at Saint-Denis, the state of research*, dans *Abbot Suger... A symposium...*, p. 257-272 et une étude du style des vitraux dans l'exposé de L. Grodecki, *ibid.*, p. 273-281.

267. L'expression *tam superius quam inferius* peut être interprétée

de deux façons : soit la verrière au-dessus de la porte principale occupait les niveaux inférieur et supérieur de la façade occidentale, soit Suger désigne par le mot *inferius* la partie occidentale de l'église et par le mot *superius*, suivant son habitude (et conformément au vocabulaire employé aussi par Hugues de Saint-Victor : cf. P. Sicard, *diagrammes médiévaux et exégèse visuelle, Le libellus de formatione arche...*, Bibliotheca Victorina, IV, Turnhout, 1993, p. 52-53, note 85) la partie orientale du chevet et de la crypte : cette deuxième interprétation nous semble la plus plausible.

268. La lecture que faisait Suger des scènes des verrières semble procéder du bas vers le haut : on peut donc supposer que la scène du moulin de saint Paul formait le panneau initial, inférieur, de la fenêtre allégorique, située dans la chapelle de saint Pérégrin. L'inscription qu'en donne Suger nous donne la clef de lecture: saint Paul écrasant à la meule les grains apportés par les Prophètes pour en extraire la farine, transforme l'Ancien Testament en Loi nouvelle qui l'épure et en fait le pain qui signifie l'Eglise. E. Mâle a rapproché le quatrain de Suger de l'inscription portée par le phylactère que tient saint Paul au grand portail de Saint-Trophime d'Arles : *Lex Moÿsi celat quod Pauli sermo revelat, nunc data grana Sinaï per eum sunt facta farina* (Isaïe, XLVII, 2 : *tolle molam et mole farinam*, et Mathieu XXIV, 41 : *due molentes in mola* : (cf. E. Mâle, *L'art religieux du XIIe s.*, p. 167-168). Ce texte se rapproche de la légende d'un autre panneau de la verrière anagogique de Saint-Denis qui suit immédiatement celle-ci *Quod Moïses velat, Christi doctrina revelat*. Le médaillon représentant Paul faisant tourner la meule est perdu mais nous en conservons un dessin relevé par Percier, à la fin de la Convention, conservé au musée de Compiègne (cf. L. Grodecki, *Les vitraux allégoriques...*, dans *Art de France*, 1961, p. 16-46 et surtout p. 22 à 34 et note 27).

269. Voir note 268. Exode XXXIV, 33-35. On note le choc successif des verbes *velat/revelat, denudant/spoliant*. La Loi nouvelle révèle ce que cache la Loi de Moïse. Ce médaillon, aujourd'hui perdu, était à l'origine le deuxième à partir du bas de la verrière (Grodecki, *Les vitraux allégoriques...*, p. 24-26) Il y a là aussi une allusion à la leçon de saint Paul dans la deuxième Epitre aux Corinthiens III, 13-18 et la formule de saint Augustin : *In veteri Testamento est occultatio Novi et in Novo Testamento est manifestatio Veteris (De catechizandis rudibus*, éd. Combes-Fares, p. 548-550). Le thème est aussi évoqué par Rupert de Deutz dont la pensée a pu marquer celle de Suger, comme elle marqua les milieux mosans.

270. Le médaillon de l'Arche d'Alliance ou quadrige d'Aminadab est le seul de cette verrière à être conservé. Son interprétation est extrêmement complexe. Il occupait à l'origine la troisième place à partir du bas de la verrière. L'inscription du vitrail est identique à celle du texte du manuscrit, mais il existe au bas du panneau une autre inscription : *Quadrige Aminadab*, non insérée par Suger dans

son texte. La scène représente le Christ sur une Croix ornée d'arabesques ; derrière, Dieu le Père le soutient de ses deux bras (cf. E. Mâle, *L'art religieux*..., p. 182). L'Arche est une caisse jaune portée par quatre roues ; autour, les symboles des Evangélistes à mi-corps, sortant de nuages blancs. En haut, l'ange et l'aigle, en bas le lion et le bœuf. On voyait encore au siècle dernier, à droite du Crucifix, les Tables de la Loi et la Verge d'Aaron. On a souvent interprété cette image suivant la même idée que celle du Moïse dévoilé : les symboles de l'ancienne Alliance dominés par celui de la nouvelle Alliance : la Croix du Christ (cf. E. Beitz, *Rupertus von Deutz ; seine Werk und die bildende Kunst*, Cologne, 1930, p. 66-68). Grâce à la remarquable explication donnée par L. Grodecki *(Les vitraux allégoriques*..., p. 26 et suiv.) nous pouvons suivre la source théologique textuelle de cette iconographie : il s'agit avant tout des chap. IX et X de la deuxième Epitre de saint Paul aux Hébreux : la première Alliance comportait un tabernacle appelé Saint des Saints renfermant l'autel d'or contenant les parfums et l'Arche d'Alliance recouverte d'or. Dans cette Arche se trouvaient un vase contenant la manne, la verge d'Aaron et les Tables de la Loi. Au-dessus de l'Arche, les Chérubins de la gloire couvrent de leur ombre l'autel propitiatoire aspergé par le prêtre du sang de la victime (Lévitique XVI, 15-17). Saint Paul explique que cet autel caché figure les sacrifices antérieurs à notre Rédemption, mais le Christ s'est introduit dans le Saint des Saints et a obtenu par son propre sang la Rédemption éternelle, médiateur de la nouvelle Alliance *morte intercedente*. Ainsi l'image du vitrail figure une arche d'or avec le vase d'or, la Verge d'Aaron et les Tables : c'est-à-dire l'autel propitiatoire devenant l'autel du Christ par le sacrifice sanglant de la Croix. D'autres commentateurs que Rupert de Deutz ou Hugues de St-Victor ont pu inspirer Suger : Anselme de Laon, Pierre Abélard, Pierre Damien, Achard et peut-être Richard de Saint-Victor, Robert de Melun. Quant au quadrige d'Aminadab, il est cité une fois dans la Bible, dans le Cantique des Cantiques VI, 12, rapproché de II Samuel VI, 3-11. Allégoriquement c'est le char de l'Eglise chrétienne, et Aminadab, chargé de le transporter à Jérusalem (Paralip. XV, 10-13) est le Christ ; les quatre roues du char représentent les Evangiles (cf. Pierre Damien).

271. Le médaillon représentant l'Ouverture du Livre est perdu. Il occupait peut-être à l'origine la deuxième place à partir du haut de la verrière. Il est difficile de se représenter la scène de ce médaillon à partir des *versiculi* de Suger qui, comme pour les autres, ne souligne que l'idée principale. Il s'agit évidemment de l'interprétation de l'Apocalypse V, 6. Panofsky souligne à juste titre que le texte biblique ne parle que de l'Agneau, assimilé par l'Ange au « lion de la tribu de Juda, le rejeton de David », et non de deux animaux séparés (Panofsky, p.213). C'est cette unité des deux sujets que Suger exprime par la conjonction *vel* et les verbes *solvit* et *fit* au singulier, et qui

devint la chair unique jointe à Dieu. L'Agneau est donc le Christ (saint Jean I, 29) et l'Agneau immolé le Christ en Croix. Le lion est le signe de son immortalité. Il faudrait sans doute rechercher dans les écrits patristiques le lien entre l'Ouverture du Livre de l'Apocalypse et les leçons allégoriques sur saint Paul pour comprendre totalement l'unité de cette verrière dite « anagogique ». Au sommet de cette verrière se trouvait un médaillon, aujourd'hui conservé, que Suger ne mentionne pas, et qui représente, au centre, le Christ couronné et nimbé, vêtu d'un manteau, la poitrine ornée de sept petits cercles contenant des oiseaux : les colombes des sept dons du Saint Esprit. De chaque côté se trouve une figure : à sa droite, l'Eglise couronnée, tenant dans une main un calice, dans l'autre une tige ; à sa gauche la synagogue, tenant dans une main une lance tordue, dans l'autre les Tables de la Loi. Les deux figures sont accompagnées des légendes *Ecclesia* et *Synagoga*. Le Christ couronne et enlève un voile du visage de la synagogue. Sous les pieds des personnages, un bandeau portait une inscription tronquée dont un seul mot est assuré : *revelat*. C'est ici encore une illustration de la deuxième Epitre de saint Paul aux Corinthiens (III, 14-17) : « c'est quand on se convertit au Seigneur que le voile est enlevé » (III, 16). La synagogue ici ne s'oppose pas au Christ mais elle est dévoilée par Lui. Elle représente l'Ancien Testament et est intégrée dans l'enseignement de l'Eglise. Quant au couronnement de l'Eglise, elle signifie à la fois le couronnement de l'Epouse du Cantique, c'est-à-dire symboliquement de l'Epouse du Christ, et en même temps la glorification de la Vierge Marie, figure elle aussi de l'Eglise. Les sept dons du Saint Esprit que porte ici le Christ rappellent l'attribut de l'Agneau de l'Apocalypse (V, 6) dont les sept cornes et les sept yeux sont les esprits de Dieu envoyés sur la terre. Ainsi la lecture complète de la verrière anagogique procède par étapes de bas en haut, depuis la transformation de la matière brute de l'Ancien Testament en nourriture spirituelle chrétienne jusqu'à la révélation du mystère de la nouvelle Alliance et l'institution de l'Eglise, instrument de l'Alliance, intégrant l'ancienne Alliance à la nouvelle. Tout le mystère est dévoilé par le geste du Christ. Ainsi les images présentées dans les vitraux sont là pour transporter l'esprit des choses matérielles aux réalités immatérielles, et cela par l'intermédiaire de saint Paul qui convertit Denis sur l'Aréopage. Peut-être faut-il voir, ici aussi, une intention politique de la part de Suger.

272. Ici commence la description de l'autre verrière allégorique de la chapelle de saint Pérégrin, dont les cinq panneaux sont conservés mais très restaurés. Le premier, représentant la fille du Pharaon découvrant Moïse dans la corbeille, était assorti, lui aussi, de *versiculi* léonins dont ne subsistent que deux syllabes. Le texte biblique auquel il se rapporte est Exode II, 5-11 et symbolise, dans l'iconographie de Suger, la réception du Christ par l'Eglise qui est sa protectrice. Plus

tard la fille du Pharaon signifiera la Vierge Marie prenant le Christ dans ses bras (voir les Bibles moralisées du XIIIe s.).

273. L'inscription en vers de ce médaillon est assez bien conservée. Le texte provient du texte biblique Exode III, 2-5 et le médaillon représente le buisson ardent, Dieu apparaissant en buste, des animaux autour, attirés par le feu, et à droite Moïse retirant ses chaussures pourpres, paraissant effrayé (suivant la théologie de l'époque de Suger, telle celle d'*Honorius Augustudunensis*). Le buisson qui ne brûle pas est surtout le symbole de la conception virginale du Christ, mais aussi celui de la toute puissance de Dieu (Rupert de Deutz) ou encore la foi des Chrétiens et surtout celle des moines que seul consumme l'Amour de Dieu : le feu de la foi et de la Grâce.

274. C'est ici l'illustration d'Exode XIV, 22-23. L'iconographie est classique. Moïse conduit l'Exode, bâton en main. Dieu apparait dans une image de feu. Une ligne ondulée dirige la marche des Juifs. Dans la mer on voit des morceaux de chars et des membres des soldats noyés. Le Pharaon est le mal et le péché, et la traversée de la mer rouge est le baptême (saint Paul, I Corinth. X, 1-13). Les vers léonins de Suger qui commentent cette scène sont assez plats : une forme semblable, l'immersion, a des significations ou « causes » opposées : la destruction pour la cavalerie de Pharaon, le salut pour ceux qui sont baptisés.

275. Le quatrième médaillon de la verrière représente Moïse élevant le serpent d'airain (Nombres XXI, 6-9). Il occupait à l'origine la quatrième position en partant du bas, soit l'avant-dernière. Aujourd'hui il est en position culminante. La scène représente un serpent en forme de griffon ailé, surmonté par le Crucifix. De part et d'autre les Juifs lèvent la tête et les mains vers le serpent. A gauche Moïse, les Tables à la main, le montre du doigt. La comparaison entre le serpent élevé pour sauver les Juifs de la morsure et le Christ élevé sur la Croix pour sauver l'humanité a été exprimée par le Christ lui-même (Jean III, 14-15 : entretien avec Nicodème) : « Comme Moïse éleva le serpent dans le désert, ainsi faut-il que soit élevé le fils de l'Homme afin que quiconque croit ait par Lui la vie éternelle ». Suger y ajoute l'allégorie du Bien et du Mal, des sacrements et de l'Eglise.

276. Enfin le médaillon qui figurait au sommet de la verrière fut en partie remanié en 1848-1849. Son commentaire versifié par Suger est une paraphrase de saint Paul (II Corinth. III, 5-6). Moïse sur une montagne entre deux arbres, tend les bras vers le haut et reçoit les Tables (Exode XXXI, 18 et XXXIV, 27-28). A gauche un petit personnage semble représenter Aaron. A droite des Juifs attablés festoient (Exode XXXII, 4-6), au-dessous un grand bœuf. C'est donc sur l'exégèse paulinienne que se terminent les commentaires versifiés de Suger sur un certain nombre de ses vitraux : la lettre tue, l'Esprit vivifie. Cette espérance rejoint les leçons de saint Paul de la verrière anagogique. Ce sont ces allégories pauliniennes sur la révélation du sens des Ecritures et le dévoilement des mystères de l'Ancien

Testament vivifiés par la doctrine chrétienne, que Suger a choisi de décrire dans son texte. Sur tous les vitraux décrits par Suger, cf. l'étude la plus exaustive de L. Grodecki, *Les vitraux allégoriques de Saint-Denis*, dans *Arts de France*, 1961, p. 19-46 et Panofsky, *Abbot Suger...*, p. 201-216.

277. L'expression *componi fecimus* indique bien que Suger fit fabriquer sept nouveaux candélabres, ceux qui furent offerts par Charles le Chauve étant véritablement hors d'usage et probablement irréparables. Cela parait surprenant car, si l'on en croit Doublet (p. 1259) ces candélabres étaient en argent. Nous n'avons malheureusement aucune autre information sur ces candélabres, pas plus que sur ceux que Suger fit faire et dont il parle ici.

278. Ce grand calice, apparemment en or massif, ne peut être identifié avec le calice de sardonyx appelé « coupe des Ptolémées », donné à Saint-Denis par Charles le Chauve (datant du Ier siècle av. ou ap. J. C. ; aujourd'hui au Cab. des Médailles de la Bibliothèque Nationale. Invent. de 1634, n° 69, p. 163-164. — D. Gaborit-Chopin, *Le trésor...*, n° 11, p. 83), ni avec le « calice de Suger » (Nat. Gall. of Art, Washington. — Invent. de 1634, n° 71, p. 164-165. — D. Gaborit-Chopin... n° 28, p. 173. Alexandrie, IIe s. av. J. C. ?) de sardonix, orné d'une monture en argent doré, de pierres précieuses, perles et verroteries, ni non plus avec le calice de Saint-Denis en cristal de roche d'art fatimide, du Xe-XIe s., avec monture d'argent doré également, pierres précieuses et perles (vendu en 1798. Invent. de 1634, n° 62, p. 161. — D. Gaborit-Chopin... n° 25, p. 160). Le grand calice d'or massif disparut assez tôt, sans doute en raison de sa valeur, et il n'y en a aucune trace dans les inventaires du trésor de Saint-Denis. L'expression *restitui elaboravimus* n'est pas claire : Suger veut-il dire simplement qu'il s'est fait donner ce calice en remplacement d'un autre ou bien qu'il a « réussi à faire fabriquer » (ou encore restaurer ?) un calice ?

279. Ce vase de pierre prase en forme de gondole, que Louis VI mit en gage et que Suger acheta au roi, nous est connu par une planche de Félibien (pl. IV, CC. — Invent. de 1634, n° 74, p. 165-166. — D. Gaborit-Chopin... n° 23, p. 152-155). Il fut volé au Cab. des Médailles en 1804 et disparut ensuite, puis fut retrouvé dépouillé de sa monture (aujourd'hui au Cab. des Médailles). Ce vase *de lapide prasio* était fait d'une pierre appelée aujourd'hui aventurine : variété de quartz avec inclusion de mica. La monture « d'orfèvrerie cloisonnée de saint Eloi » remontait probablement au VIe ou VIIe s. Panofsky (p. 218) distingue cette navette citée par Suger représentée dans Félibien (pl. IV CC) de celle qui se trouve aujourd'hui au Cab. des Médailles, inventoriée comme « navette de saint Eloi » (Babelon n° 374, p. 211), sous prétexte que cette dernière ne ressemble pas à la gravure de Félibien et qu'elle ne porte aucune trace d'orfèvrerie cloisonnée. L'impératrice dont parle Suger est probablement Ma-

thilde, née en 1102, fille et héritière d'Henri Ier Beauclerc roi d'Angleterre (lui-même fils de Guillaume le Conquérant). Elle épousa l'empereur germanique Henri V en 1114. Devenue veuve en 1125, elle épousa Geoffroy d'Anjou en 1127. Elle fit valoir ses droits contre Etienne de Blois, frère de Thibaud IV, comte de Champagne, et roi d'Angleterre de 1135 à 1154. Elle vécut le plus souvent en France où elle mourut en 1167.

281. Ce vase de cristal offert par la reine Aliénor à son époux Louis VII aussitôt après son mariage (1137) est gravé d'un réseau de « nid d'abeilles » formé de petits hexagones concaves. Il est considéré comme une œuvre d'art sassanide du VIe ou VIIe s. (Invent. de 1634, n° 75, p. 166. — D. Gaborit-Chopin... n° 27, p. 168-172). Il fut déposé au Museum le 5 décembre 1793, aujourd'hui conservé au musée du Louvre. La monture installée par l'abbé Suger est faite d'argent doré : base et col composés de bandes alternées, filigranées ou gemmées, de décor peut-être inspiré de modèles orientaux. L'histoire de ce vase nous est donnée par l'inscription que Suger fit graver en lettres onciales et enclavées sur la bande inférieure de la base et qu'il restitue dans son texte : il fut offert au grand'père d'Aliénor, Guillaume IX d'Aquitaine, par un certain *Mitadolus*. Aliénor l'offrit à Louis VII qui l'offrit à son tour à Suger. On a beaucoup écrit sur la personnalité de Mitadolus : considéré tout d'abord comme un émir arabe (cf. W. M. Conway, *The abbey of Saint-Denis...*, dans *Archeologia*, 66 (1915), p. 103 et suiv.) ou païen (Molinier), puis identifié avec Mathilde, épouse de Guillaume IX dont le nom se prononçait en poitevin « Matheode » (cf. Ph. Verdier, *Saint-Denis et la tradition carol. des tituli...*, op. cit.,p. 353-354), il est de nouveau aujourd'hui identifié, d'après des arguments solidement fondés, avec un prince musulman, le roi de Saragosse Imad Al Dawla Abd al Malik Ibn Hud, qui régna de 1110 à 1130 : Mitadolus serait la forme latinisée du nom arabe Imad al Dawla. Ce personnage fit plusieurs fois des cadeaux à des princes chrétiens, recherchant leur alliance pour s'assurer sa survie dans une phase critique de la reconquête (cf. T. Beech, *The Eleanor of Aquitaine vase, William IX of Aquitaine and muslim Spain*, dans *Gesta* XXXII[1] (1993), p. 3-10). Il est intéressant de noter que dans l'unique manuscrit de ce traité de Suger (Bibl. nat., ms. lat. 13835, f° 64^v) le nom *Mitadolus* est rehaussé à l'encre bleue. Sur le patronage d'Aliénor d'Aquitaine sur Saint-Denis, cf. Greenhill, *Eleanor, abbot Suger and Saint-Denis*, dans *Eleanor of Aquitaine, patron and politician*, éd. W. W. Kibler, Austin-Londres, 1976, p. 81 et suiv.

282. Longtemps considéré comme perdu, car volé en 1804 au Cabinet des Antiques, le « calice de Suger » n'était connu que par la planche de Félibien (III, R 1) et un dessin du *Cabinet* de Peiresc (Bibl. nat. Estampes AA 53, folio 92). Il fut redécouvert en 1920 dans une collection particulière à Philadelphie et donné plus tard à la Nat.

Gall. of Art à Washington (Invent. de 1634, n° 71. — D. Gaborit-Chopin, n° 28, p. 173-176). La coupe elle-même, achetée par Suger, datait du IIe s. av. J. C. ? et d'origine peut-être égyptienne (Alexandrie ?) ou byzantine. Sa monture fut exécutée par les orfèvres qui réalisèrent aussi celle du vase d'Aliénor (Gaborit-Chopin n° 27) et celle de l'aiguière de sardoine (Gaborit-Chopin n° 29) : d'argent doré rehaussé de gros cabochons, de perles et de bandes filigranées. Des cinq médaillons en repoussé qui ornaient le pied du calice et représentaient le buste de personnages, un seul subsiste aujourd'hui, le Christ Pantocrator entre l'α et l'ω. Les quatre autres devaient représenter les quatre Évangélistes. Suger s'est probablement inspiré, pour la forme et le décor, de la monture de modèles byzantins des Xe et XIe s.

283. C'est l'« aiguière de sardoine de Suger ». Vase de sardoine ou d'agate d'origine byzantine ou peut-être sassanide, du VIIe s., sa qualité de fabrication, assez maladroite, apparaît comme inférieure à celle des aiguières en sardoine antiques des Ier s. av. et ap. J. C.. Suger fit placer sur le vase une monture d'argent doré semblable à celle du vase d'Aliénor. La forme et les éléments du décor, sont inspirés de modèles byzantins ou arabes des Xe-XIe s. Cette aiguière a donc été montée par les mêmes orfèvres que le calice et le vase d'Aliénor. L'inscription, en revanche, est d'un tout autre type de caractères que celle du vase d'Aliénor et de l'aigle (voir plus bas). Ce sont ici plutôt des lettres capitales plus classiques. Cette inscription est à nouveau une discrète réponse aux critiques de saint Bernard, faisant suite aux observations que fait Suger plus haut dans ce texte (II, chap. 13) : Voir notes 235 et 237. C'est aussi un résumé de sa doctrine basée sur saint Paul (Hébr. IX, 11-15) affirmant que la richesse extérieure des vases liturgiques proclame le Salut éternel obtenu grâce au sacrifice du Christ dont le sang a remplacé celui des victimes propitiatoires de l'Ancien Testament.

284. Cet objet, désigné par Suger sous le nom de *lagena* est vraisemblablement perdu. On a jadis proposé de l'identifier (cf. J. Babelon, *Histoire de la gravure sur gemmes en France des origines à l'époque contemporaine*, Paris, 1902. — W. M. Conway... *op. cit.*, p. 142) avec la superbe aiguière de cristal de roche ciselé d'art fatimide du Xe-XIe s. (Invent. de 1634, n° 33, p. 153. — D. Gaborit-Chopin.. n° 26, p. 163-167). La recherche actuelle réfute cependant cette identification du fait que Suger ne précise pas de quelle matière est faite cette *lagena præclara*, et qu'en outre le mot *lagena* évoque un objet de grandes dimensions, ce qui n'est pas le cas de cette aiguière.

285. Il s'agit des deux burettes de cristal, l'une ciselée de feuillages et à monture d'argent doré,œuvre peut-être fatimide du Xe s. (Invent. de 1634, n° 65, p. 162. — Félibien pl. II, L), l'autre, plus précieuse, taillée en pointes de diamant à monture d'or ornée de grenats (Invent. de 1634, n° 64, p. 161-162. — Félibien pl. II, L). Leurs montures

étaient de même facture que celle de l'aiguière de sardoine de Suger (voir note 283). Emportées par l'abbé Jean de Bourbon en 1424, elles revinrent à l'abbaye de Saint-Denis dix ans plus tard. Déposées au Museum le 5 décembre 1793, elles furent vendues en 1798 et disparurent depuis (cf. D. Gaborit-Chopin... n° 30, p. 182).

286. Le vase de porphyre transformé en aigle est le plus fameux des objets antiques adaptés par l'abbé Suger à l'usage liturgique. Provenant probablement d'Italie et datant du début de l'époque impériale, ce vase était de porphyre rouge et d'une exécution parfaite, d'un poli admirable. Suger exprime sa fierté d'avoir transformé ce vase en oiseau grâce à l'adjonction d'une tête d'aigle montée sur un long cou portant à sa base le *titulus* donné ici par Suger, de deux ailes déployées fixées aux deux anneaux et au socle par un rivet, et du socle lui-même qui repose sur trois points : l'extrémité de la queue de l'aigle et ses deux pattes dont les serres enferment un poisson. Cet aigle de Suger, qui devait servir aux ablutions des doigts du prêtre à la fin de la messe, semble aujourd'hui un objet unique. Une aquarelle du Cabinet de Peiresc (Bibl. nat. Estampes Aa 53, f° 98) nous révèle l'existence, à Saint-Denis même, d'un vase transformé en aigle, de même facture que l'aigle, peut-être réalisé par le même orfèvre et qui apporte un témoignage complémentaire à l'activité de l'atelier qui travailla pour Suger. Pour tous les objets décrits dans ce chapitre par l'abbé Suger, cf. aussi Panofsky, p. 216-223. — D. Gaborit-Chopin, *Suger's liturgical vessels*, dans *Abbot Suger and Saint-Denis. A symposium*, p. 283-294. — W. D. Wixom, *Traditional forms in Suger's contributions to the treasury of Saint-Denis*, ibid. p. 295-304. — Pour les objets portant des inscriptions : cf. Ph. Verdier, *Saint-Denis et la tradition... des tituli...* op. cit.

287. Il s'agit du maitre-autel devant lequel Suger fut offert, enfant, à l'abbaye (cf. plus haut, II, chap. 12) et sur lequel devaient se trouver la plupart des objets liturgiques que l'auteur vient d'énumérer.

288. Suger semble, le plus souvent, utiliser le mot *pallium* dans le sens général d'« étoffe précieuse », ou parfois de « tenture ». Dans son testament il demande à ses frères d'exposer, le jour de son anniversaire, les objets que la munificence de Dieu a conférés à l'abbaye du temps de son administration : *sive palliorum sive auri aut argenti ornamenta exponantur* (Lecoy, charte n° VII, p. 338), non pour flatter sa propre vanité ou soigner sa mémoire mais plutôt pour que son œuvre rende gloire à Dieu, qu'elle entretienne la piété dans la communauté et encourage les abbés à venir à persévérer dans le service de l'église Saint-Denis, gloire du royaume et, en même temps, siège et symbole de la royauté française que l'abbé Suger a tellement contribué à servir, redresser et exalter. Suger termine son œuvre en termes sévères, par un retour sans complaisance sur son passé d'homme de péché, qui ne cessa de le tourmenter, et, dans l'espérance du pardon, il s'en remet à l'intercession de l'Eglise Universelle.

III. HISTOIRE DE LOUIS VII

4. Henri V, né en 1081, fils de l'empereur Henri IV de la dynastie franconienne (salienne) : mourut à Utrecht le 23 mai 1125.

5. La précision que donne Suger sur sa présence à la Diète de Mayence a permis à A. Molinier de lui attribuer toute la première partie de ce texte, précédant ainsi le fragment identifié et publié par J. Lair (on pourrait ajouter à cet argument d'identification celui de la similitude stylistique) : cf. A. Molinier, *Vie de Louis le Gros par Suger, suivie de l'Histoire du roi Louis VII*, Paris, 1887, p. XXXIII-XXXIV. — J. Lair, *Fragment inédit de la vie de Louis VII préparée par Suger*, dans *Bibl. de l'Ec. des Ch.*, t. 34, 1873), p. 583-596. — Idem, *Mémoire sur deux chroniques latines composées au XIIe s. à l'abbaye de Saint-Denis*, dans *Bibl. de l'Ec. des Ch.*, t. 35 (1874), p. 543-580. — P. Viollet, *Une grande chronique latine de Saint-Denis : observations pour servir à l'histoire critique des œuvres de Suger*, dans *Bibl. de l'Ec. des Ch.*, t. 34 (1873), p. 241-254. — S. Luce, *La continuation d'Aimoin : le ms. 12711 de la Bibl. nat. Notices et docum. publiés par la soc. de l'Hist. de France*, Paris, 1884, p. 57-70. — A. Molinier, *Suger, auteur d'une partie de la chronique dite Historia Ludovici VII*, dans *Bibl. de l'Ec. des Ch.*, t. 48 (1887), p. 286-288.

6. Adalbert de Sarrebruck, chancelier d'Henri V, archevêque de Mayence : (août 1111-23 juin 1137). Frédéric de Schwarzenburg ou de Friaul, archevêque de Cologne : (6 janvier 1100-22 octobre 1131).

8. Il succéda à Lothaire défunt en 1137, sous le nom de Conrad III et fonda la dynastie des Hohenstaufen.

9. Lothaire fut couronné à Rome par le pape Innocent II, le 4 juin 1133.

10. L'expédition de Lothaire II et du pape Innocent II en Italie du sud contre Roger comte de Sicile (nommé roi par l'antipape Anaclet en septembre 1130) date de l'été 1137 : cf. Suger, *Vie de Louis le Gros*, éd. Waquet X, p. 69.

11. Lothaire II mourut le 4 décembre 1137 au retour de son expédition en Italie méridionale, dans une localité du Trentin. Il fut enseveli dans l'abbaye de Königslutter près de Brunswick.

12. Henri I Beauclerc, né à Salby dans le Yorkshire en 1068, mort près de Gisors en 1135, roi d'Angleterre : 1100-1135 ; fils de Guillaume le Conquérant, frère et successeur de Guillaume le Roux. Il usurpa en 1100 le trône de son autre frère Robert II Courteheuse à qui il enleva également la Normandie (1106). Sa fille Mathilde, qu'il avait désignée comme héritière, fut évincée du trône par Etienne de Blois. Vainqueur à Brémule, il fut l'instigateur du projet d'invasion de

la France par son gendre l'empereur Henri V (1124). Il inquiéta pendant longtemps le roi de France et soutint Etienne de Garlande révolté. Cependant, bien qu'ennemi du roi de France, il ne cessa d'inspirer respect et admiration de la part de Suger, en raison de ses qualités politiques et administratives. Il mourut à Lyons près de Rouen, en décembre 1135.

13. Etienne de Blois était le fils d'Adèle, sœur d'henri I Beauclerc (fille de Guillaume le Conquérant) et d'Etienne-Henri, comte de Blois et de Meaux ; roi d'Angleterre : 1135-1154.

17. Suger ne lève pas, par là, l'imprécision concernant la date de naissance de Louis VII : selon lui, le jeune roi serait né en 1122 ou 1123. *Le Chronicon Sancti Dionysii ad cyclos paschales* (Elie Berger, *Bibl. de l'Ec. des Ch.*, t. 40, p. 261-296, ici p. 276) situe sa naissance en 1120. La seconde chronique de Saint-Denis (ibid., p. 287) la place en 1121.

18. Adélaïde de Maurienne, fille d'Humbert II comte de Savoie. Elle était la nièce par son père du pape Calixte II. Elle épousa le roi Louis VI en 1115. Devenue veuve, elle épousera bientôt en secondes noces Mathieu de Montmorency : cf. A. Luchaire, *Inst. monarch.*, t. I, Paris, 1883, p. 150-151.

19. A la fin du mois de mai 1137 Louis VI avait reçu la nouvelle de la mort du duc d'Aquitaine Guillaume X, et de la teneur de ses dernières volontés : il offrait au prince Louis la main de sa fille Aliénor, avec le duché d'Aquitaine. Le roi accepta et envoya son fils à Bordeaux, avec Thibaud de Champagne, Raoul de Vermandois, l'abbé Suger, Geoffroy de Lèves évêque de Chartres et légat du pape, Guillaume comte de Nevers et Rotrou comte du Perche, c'est-à-dire l'essentiel du conseil royal. Le départ eut lieu le 18 juin et le mariage de Louis et Aliénor fut célébré à Bordeaux à la mi-juillet. Louis VII fut couronné duc d'Aquitaine le 8 août à Poitiers : cf. Suger, *Vie de Louis le Gros*, éd. Waquet, XLV, p. 280-283.

20. L'élément essentiel du douaire de la reine mère était la région de Compiège, où elle se retira, mais elle semble avoir souvent résidé au palais royal de Compiègne : cf. A. Luchaire, *Etudes sur les actes de Louis VII*, n° 303 et 638.

22. On ne connait pas le motif exact de ces discordes : peut être sa présence empêchait-elle le roi d'avoir les mains libres : cf. A. Luchaire, *Instit. monarch.*, 2° éd., p. 128 et 154-157. La reine mère n'apparait ensuite que pour souscrire quelques chartes royales concernant Compiègne ou les églises de la région, et expédier en 1146 une charte pour l'abbaye de Chaalis qui révèle la présence de grands officiers dans son palais (Dufour, t. II, p. 483 n° 7 des chartes de la reine, et t. III, p. 220). J. Lair relève le fait que des tensions existaient, à la même époque, entre Amédée de Savoie et la cour de France, comme le révèle une lettre de Pierre le Vénérable au comte de Savoie, datée de 1137 : cf. J. Lair, *Fragment inédit de la Vie de Louis VII*

préparée par Suger, dans *Bibl. de l'Ec. des Ch.*, t. 34 (1873), p. 583-596, ici p. 590 note 4.

23. Suger accompagna le roi dans ses expéditions militaires en Bourgogne et en Champagne, au printemps 1138. Sans doute encouragé par saint Bernard, il œuvra constamment à un rapprochement avec Thibaud II de Champagne (1125-8 janvier 1152), un des ennemis les plus dangereux du roi, qu'il estimait cependant. Ce rapprochement avait été tenté dès l'automne 1135, se réalisa vers la fin du règne de Louis VI et dura jusqu'en 1141 ; mais une paix définitive n'interviendra qu'en 1144 grâce à l'intervention de Suger et de saint Bernard.

27. Il s'agit de la partie fortifiée de la ville : le château-fort, la place forte ou citadelle. Le soulèvement du Poitou devait éclater plus gravement au printemps 1138 : voir plus bas, note 29. Suivant l'hypothèse d'A. Giry, reprise par A. Luchaire, cette révolte qui, outre la commune de Poitiers, constituait une véritable confédération urbaine et aboutissait à une suppression de l'autorité comtale, était provoquée par le passage de la domination comtale à celle du roi, qui aurait fait perdre à cette ville certains de ses privilèges. Cette révolte et sa répression ne nous sont connues que par le présent texte de Suger : cf. A. Luchaire, *Instit. monarch.*, 2° éd., t. II, p. 170.

28. Ce refus du comte Thibaud d'aider le roi à soumettre le Poitou s'expliquerait tout naturellement par son souci de ne pas en faire plus que ne l'exigeaient ses devoirs féodaux.

30. C'est là l'idée majeure qui commanda toute l'action politique de Suger : la soumission de la féodalité à l'*imperium* exercé par le roi des Francs sur tout le royaume. « Piété » doit être interprété dans le sens antique de révérence envers les dieux.

32. Poitiers fut en effet désormais administrée par un prévôt royal, mais longtemps après le divorce royal, Aliénor rétablit la commune de cette ville : cf. un diplôme de Philippe Auguste, de l'année 1204, confirmant les anciens privilèges des habitants de Poitiers : cf. H. Fr. Delaborde et Ch. Petit-Dutaillis, *Recueil des Actes de Philippe Auguste*, t. II, Paris, 1943, n° 857, p.440-441 (Delisle n° 876).

33. Vendée, arr. des Sables-d'Olonne, ch. l. cant. Les deux étymologies données par Suger sont fantaisistes. En réalité le mot est formé d'une racine pré-indo-européenne : *tala*, signifiant la terre, l'argile, et d'un double suffixe *am-one* qui donna la forme *Talamun* attestée au XIe s. (A. Dauzat et Ch. Rostaing, *Dict. étymol. des noms de lieux en France*, 2° éd. [s. d.], p. 668.

34. Lezay, deux-Sèvres, arr. Niort, ch. l. cant. On ne connaît pas les mobiles de cette trahison. Le cartulaire de Talmont nous apprend que Guillaume le Chauve avait construit à Talmont un château inexpugnable : Guillaume de Lezay y apparait comme seigneur de Talmont, de même que son père, mais cela n'exclue pas qu'ils aient usurpé cette seigneurie, et que donc Suger ait raison : cf. J. Lair, *op. cit.*,

p. 586-587. On signale l'intervention de Guillaume *Talemundi* et de son frère Ebles *de Malo Leone* comme témoins au bas du testament de Guillaume X duc d'Aquitaine : cf. *Gallia Christiana* II, 1423 et Instr. 422.

37. Il s'agit de Charles III le Simple : 879 — Péronne 929, roi de France (893-922), fils de Louis le Bègue. Il lutta contre Eudes qui avait été élu roi (888) et fut couronné en 893. En 897 Eudes le désigna pour successeur. Il concéda le pays de Caux à Rollon, chef des Normands, par le traité de Saint-Clair-sur-Epte (911). Capturé à Saint-Quentin par Herbert de Vermandois, il fut détrôné en 922 et mourut prisonnier. Il était le père de Louis IV d'Outremer et eut pour successeur Robert I. Suger rappelle volontiers des faits historiques pour en tirer des leçons pour le présent: *Preteritorum enim recordatio futurorum est exhibitio (Traité sur l'administration*, II, chap. 7), et plus bas : *ne veritatis emula subrepat oblivio et exemplum auferat agendi (ibid.).*

38. L'abbaye située à l'intérieur du château de Talmont était l'abbaye de Sainte-Croix, fondée en 1040 : cf. *Gallia Christiana* II,1423.

INDEX DES NOMS DE LIEUX

Les renvois sont faits aux pages de la traduction.

Ableiges, Val-d'Oise, arr. Pontoise, cant. Vigny (95450), 109.
Aix-la-Chapelle, Allemagne, Rhénanie-Westphalie, 159.
Apulie : ancienne province du sud-est de l'Italie, aujourd'hui : Pouilles, 161.
Aquitaine, 107, 167, 171.
Argenteuil, Val-d'Oise, ch.-l. arr. (95100), 65, 67.
Arlange, lieu-dit disparu, situé près de Forbach, Moselle, ch.-l. arr. (57600), 107.
Autun, Saône-et-Loire, ch.-l. arr. (71400), 165.
Auxerre, Yonne, ch.-l. dépt. (89000), 19, 165.

Bari, port d'Italie du sud, capitale de la Pouille, 161.
Barville-en-Gâtinais, Loiret, arr. Pithiviers, cant. Beaune-la-Rolande (45340), 93.
Beauce, 77.
Beaune-la-Rolande, Loiret, arr. Pithiviers, ch.-l. cant. (45340), 91.
Benevent : ancienne province d'Italie du sud-ouest (Campanie), 161.

Berneval-le-Grand, Seine-Maritime, arr. Dieppe (76370), 109.
Blistetot (Blidestroff) Kleinblittersdorf, Allemagne, Sarre, Sarrebuck, 107.
Bondy, Seine-Saint-Denis, arr. Bobigny, ch.-l. cant. (93140), 67.
Bourdonné, Yvelines, arr. Mantes, cant. Houdan (78113), 67.
Breteuil-sur-Iton, Eure, arr. Évreux, ch.-l. cant. (27160), 91.
Brunoy, Essone, arr. Évry, ch.-l. cant. (91800), 103.

Capoue, Province de Campanie, 161.
Carrières, près de Berneval (lieu-dit), 109.
Catulliacum : bourg d'époque romaine, qui devint plus tard Saint-Denis, 7.
Celle (La) = Zellen, Moselle, arr. Forbach, cant. Grostenquin, com. Petit-Tenquin (57660), 107.
Cergy, Val-d'Oise, arr. et com. Pontoise (95000), 69, 71, 109.
Château-sur-Epte, Eure, arr. Les Andelys, com. Port-Mort (27940), 111.

INDEX DES NOMS DE LIEUX

Chaumont-en-Vexin, Oise, arr. Beauvais, ch.-l. cant. (60240), 107.

Chavenay, Yvelines, arr. Saint-Germain-en-Laye, cant. Saint-Nom-La-Bretèche (78450), 67.

Chérisy, Eure-et-Loir, arr. Dreux (28500), 67.

Chevreuse, Yvelines, arr. Rambouillet, ch.-l. c. (78460), 19, 73.

Cîteaux, Côte d'Or, arr. Beaune, cant. Nuits-St-Georges, com. St-Nicolas-lès-Cîteaux, 129.

Cochelingen = Kochlingen, Allemagne, Sarre, Sarrebruck, près Auersmacher, 107.

Cologne, Allemagne occidentale, Rhénanie-Westphalie, 159.

Corbeil, Essonne, arr. Évry, ch.-l. cant. (91100), 95, 97, 105 ; Baudouin de —, 77.

Corbie, Somme, arr. d'Amiens, ch.-l. cant. (80800), 99, 145 ; cf. Robert de —.

Cormeilles-en-Parisis, Val-d'Oise, arr. Argenteuil, ch.-l. cant. (95240), 69.

Cormeilles-en-Vexin, Val-d'Oise, arr. Pontoise, com. Marines (95830), 69.

Cornillon, Seine-et-Marne, arr. et com. de Meaux (77100) ; Guillaume de —, 25, 29 ; Ansoud de —, 105.

Courneuve (La), Seine-Saint-Denis, arr. Bobigny, ch.-l. cant. (93120), 59-61.

Dammartin-en-Goële, Seine-et-Marne, arr. Meaux, ch.-l. cant. (77230), 61.

Dampierre, Yvelines, arr. Rambouillet, cant. Chevreuse (78720), 73.

Ebersing, Moselle, arr. Sarreguemines, com. Blies-Ebersing (57200), 107.

Élancourt, Yvelines, arr. Rambouillet, cant. Chevreuse (78310), 67.

Ensonville, en Beauce (lieu-dit) ; cf. Berard d'—, 89.

Essonnes, cf. Corbeil, 95.

Étampes, Essone, ch.-l. arr. (91150), 79, 81, 83.

Évreux, Eure, ch.-l. dép. (27000), 75.

Fains-en-Dunois, Eure-et-Loir, arr. Chartres, cant. Voves (28150), 89.

Ferté-Baudouin (La), La Ferté-Allais, Essone, arr. Étampes, ch.-l. cant. (91590), 87.

Fleury-la-Forêt, Eure, arr. Les Andelys, cant. Lyons-la-Forêt (27480), 109.

Fontevrault, Maine-et-Loire, arr. Saumur (49590), 129.

France, 107, 165, 169.

Franconville, Val-d'Oise, arr. Pontoise, ch.-l. cant. (95130), 71.

Gâtinais, 91.

Gaule, 131, 141.

Gisors, Eure, arr. Les Andelys, ch.-l. cant. (27140), 71 ; cf. Payen de —.

Gomundas = Guemines, cf. Sarreguemines.

Gournay-sur-Marne, Seine-Saint-Denis, arr. le Raincy, cant. Noisy-le-Grand (93460), 97.

Guillerval, Essone, arr. Étampes, cant. Méréville (91690), 75.

Jerusalem, 91, 105, 137.

INDEX DES NOMS DE LIEUX

Hecelingas = Arlange, lieu-dit disparu, près de Forbach, Moselle, 107.
Herbertingas = Ebersing, Moselle, Sarreguemines, com. Blies-Ebersing (57200), 107.

Lagny, Seine-et-Marne, arr. Meaux, ch.-l. cant. (77400), 61.
Langres, Haute-Marne, ch.-l. arr. (52200), 165.
Lezay, Deux-Sèvres, arr. Niort, ch.-l. cant. (79120), 173-177.
Lilly, Eure, arr. Les Andelys, cant. Lyons-la-Forêt (27480), 109.
Lorraine, 107, 131, 175
Louveciennes, Yvelines, arr. Saint-Germain-en-Laye, cant. Marly-le-Roi (78430), 71.
Lyon, Rhône, ch.-l. dép. (69000).

Mareuil-lès-Meaux, Seine-et-Marne, arr. Meaux, ch.-l. cant. (77100), 105.
Marimont-lès-Benestroff, Moselle, arr. Château-Salins, cant. Albestroff (57670), 107.
Mayence, Allemagne, Rhénanie-Palatinat, 159.
Melun, Seine-et-Marne, ch.-l. dép. (77000), 67.
Méréville, Essonne, arr. Étampes, ch.-l. cant. (91660), 79.
Mesnil-Saint-Denis (le), Yvelines, arr. Rambouillet, cant. Chevreuse (78320), 73.
Metz (pays de —), 107.
Monnerville, Essonne, arr. Étampes, cant. Méréville (91930), 79, 81.
Montfort-l'Amaury, Yvelines, arr. Rambouillet, ch.-l. cant. (78490), 21, 75.

Montigny-lès-Cormeilles, Val-d'Oise, arr. Argenteuil, cant. Franconville (95370), 71.
Montereau-sur-le-Jard, Seine-et-Marne, arr. Melun, ch.-l. cant., 67.
Montlignon, Val-d'Oise, arr. Pontoise, cant. Saint-Leu-la-Forêt (95680), 57.
Montmélian, Oise, arr. Senlis, cant. Plailly (60128), 67.
Montmorency, Val-d'Oise, ch.-l. arr. (95160) ; Mathieu de —, 57 ; Oursel juif de —, 57, 59.
Morgny, Eure, arr. Les Andelys, cant. Étrepagny (27150), 109.

Neauphle-le-Château (ou Neauphle-le-Vieux), Yvelines, arr. Rambouillet, cant. Montfort-l'Amaury (78640), 73, 75.
Notre-Dame-de-Chartres, 85.
Notre-Dame-des-Champs, 97.

Orléans, Loiret, ch.-l. dép. (45000), 38, 85, 93, 157.
Osny, Val-dOise, arr. Pontoise, cant. Cergy-Nord (95520), 69.

Paris, Seine, ch.-l. arr., 61, 157, 165.
Pithiviers, Loiret, ch.-l. arr. (45300), 77.
Poinville, Eure-et-Loir, arr. Chartres, cant. Janville (28310), 89.
Poitiers, Vienne, ch.-l. dép. (86000), 167, 169.
Poitou, 167, 173.
Pontoise, Val-d'Oise, ch.-l. de dép. (95300), 15.
Puiset (le), Eure-et-Loir, arr. Chartres, cant. Janville (28310), 81, 83, 85.

Puiseux, Val-d'Oise, arr. Pontoise, cant. Cergy-Nord (95650), 71.

Rambouillet, Yvelines, ch.-l. arr. (78120), 19, 73, 75 ; « forêt d'Yveline », 73, 75.
Rome, 65, 161.
Rouvray-Saint-Denis, Eure-et-Loir, arr. Chartres, cant. Janville (28310), 81.
Rueil-Malmaison, Hauts-de-Seine, arr. Nanterre, ch.-l. cant. (92500), 143.

Saclas, Essonne, arr. Étampes, cant. Méréville (91690), 75.
Saint-Aignan d'Orléans, 85.
Saint-Benoît-sur-Loire, 85
Saint-Denis, Seine-Saint-Denis, arr. Bobigny, ch.-l. cant. (93200), passim.
Saint-Gaury, lieu-dit de Beauce ? 91, cf. Hubert de.
Saint-Jean-en-Vallée, 85.
Saint-Loup-des-Vignes, Loiret, arr. Pithiviers, cant. Beaune-la-Rolande (45340), 93.
Saint-Lucien, 61.
Saint-Père de Chartres, 85.
Saint-Pierre de Chaumont, 107.
Saint-Spire de Corbeil, 105.
Sainte-Sophie de Constantinople, 137.
Salonnes, Moselle, arr. Château-Salins (57170), 107.
Sannois, Val-d'Oise, arr. Argenteuil, ch.-l. cant. (95110), 71.
Sarreguemines, Moselle, ch.-l. arr. (57200), 107.
Saxe, Allemagne, 159.

Talmont-Saint-Hilaire, Vendée, arr. Les Sables d'Olonne, ch.-l. cant. (85440), 173.
Torcy, Seine-et-Marne, arr. Meaux, cant. Lagny (77200), 97.
Toury, Eure-et-Loir, arr. Chartres, cant. Janville (28390), 83, 89.
Trappes, Yvelines, arr. Versailles, ch.-l. cant. (78190), 67, 69.
Tremblay-lès-Gonesse, Seine-Saint-Denis, arr. Le Raincy, ch.-l. cant. (93290), 61.

Vaucresson, Hauts-de-Seine, arr. Nanterre, cant. Chaville (92420), 73.
Vergonville, Eure-et-Loir, arr. Chartres, cant. Voves (lieudit), 91.
Vernouillet, Yvelines, arr. Saint-Germain-en-Laye, cant. Triel-sur-Seine (78540), 73.
Vexin (comté de —), 67, 109.
Villaines, Eure-et-Loir, arr. Chartres, cant. Janville, com. Rouvray-sur-Seine (28310), 29, 83.
Villepreux, Yvelines, arr. Saint-Germain-en-Laye, cant. Saint-Nom-la-Bretèche (78450), 75.
Viltain, Yvelines, arr. et com. Versailles (78000), 73.
Yvelines, cf. Rambouillet,

Zellen (= La Celle), Moselle, arr. Forbach, cant. Grostenquin, Com. Petit-Tenquin (57660), 107.

INDEX DES NOMS DE PERSONNES

Adalbert de Sarrebruck, chancelier de l'empereur Henri V, archevêque de Mayence (1111-1137), 159.
Adam, abbé de Saint-Denis, prédécesseur de Suger (1099-1122), 83-87.
Adam de Pithiviers, 87-88.
Adélaïde de Maurienne, fille d'Humbert II, Comte de Savoie. Nièce du pape Calixte II. Reine de France en 1115, 163, 165.
Alain, évêque de Rennes (1141-1156), 141.
Albert, Comte de Marimont, 107.
Alienor, fille de Guillaume X duc d'Aquitaine, épouse du roi Louis VII, 43, 153.
Alvise, évêque d'Arras (1131-1148), 43, 51.
Amaury de Montfort, Amaury III seigneur de Montfort, comte d'Évreux, oncle de Philippe comte de Mantes, frère de Bertrade de Montfort, 21, 75.
Ansoud de Cornillon, 105.
Auger, évêque de Coutances (1132-1150), 43, 51.

Baudouin de Corbeil, 77.
Berard d'Ensonville, 89.

Boson, abbé de Saint-Benoît-sur-Loire (1108-1137), 85.

Calixte II = Guy, fils de Guillaume Tête-Hardie comte de Bourgogne ; oncle maternel d'Adélaïde, épouse de Louis VI ; pape (1119-1124), 131.
Charlemagne, fils de Pépin III le Bref ; roi (768-814), père de Louis le Pieux ; empereur d'occident (800-814), 65, 113.
Charles II le Chauve, roi de France (840-877) ; empereur d'occident (875-877), 103, 131, 133, 143, 145, 151.
Charles Martel, maire du Palais (716-741), père de Pépin le Bref, 113.
Charles III le Simple, roi de France (893-922), 175.
Clotaire le Grand = Clotaire II, roi de Neustrie en 584, puis roi des Francs (613-629), 7.
Conrad III de Hohenstaufen, frère de Frédéric duc d'Allemagne et père de Frédéric Barberousse ; empereur (1137-1152), 159.

Dagobert, roi des Francs (629-639), 7, 47, 75, 111, 129, 145, 147.

Daimbert, archevêque de Sens (1098-1122), 85.
Dioclétien, empereur romain (284-305), 15.
Donaldus, évêque d'Alet (Saint-Malo) (1120-1144), 141.

Élias, évêque d'Orléans (1137-1146), 43, 51.
Étienne de Boulogne, fils d'Adèle sœur d'Henri I roi d'Angleterre et d'Étienne-Henri comte de Blois, roi d'Angleterre (1135-1154), 129, 161.
Eudes II, évêque de Beauvais (1133-1144), 23, 43, 51, 141.
Eudes de Torcy, moine de Saint-Denis, 97.
Eugène III (Bernardo Pignatelli), pape (1145-1154), 131.
Evenus, évêque de Vannes (1137-1143), 141.
Évrard de Villepreux, 75.
Évrard, fils de Galéran de Breteuil et de Judith, 91.

Faucon de Bothéon, archevêque de Lyon (1139-1142), 141.
Frédéric de Schwarzenburg, ou de Frioul, archevêque de Cologne (1100-1131), 159.
Frédéric de Souabe, duc d'Allemagne, neveu de l'empereur Henri V, père de Frédéric Barberousse, 159.

Galéran de Breteuil, sa femme Judith et son fils Évrard, 91.
Geoffroy, frère de Roger prêtre d'une paroisse de Berneval, 109.
Geoffroy II de Lèves, évêque de Chartres (1116-1149), 37, 43, 49, 51.

Geoffroy Plantagenet, Comte d'Anjou, 161.
Geoffroy le Roux, 89.
Geoffroy III Loroux, archevêque de Bordeaux (1136-1158), 43, 51.
Girard, neveu de l'abbé Suger, 59.
Glaucinus, gardien de la prison où furent incarcérés saint Denis et ses compagnons, 145.
Gui, archevêque de Sens, en réalité Hugues de Toucy (1142-1168), 43, 49, 51.
Gui de Montaigu, évêque de Châlons (1144-1147), 43, 51.
Guillaume de Cornillon, 25, 59.
Guillaume de Lezay, Seigneur de Talmont, 173, 175, 177.
Guillaume VIII, comte de Poitiers = Guillaume X duc d'Aquitaine (1126-1137), père d'Aliénor, 173, 175.

Hamelin, évêque de Rennes (1127-1141), 141.
Henri V, empereur, fils de l'empereur Henri IV (1106-1125), 67, 159.
Henri I Beauclerc, fils de Guillaume le Conquérant, roi d'Angleterre (1100-1135), 109, 129, 161.
Henri Plantagenet, comte d'Anjou et du Maine, fils de Geoffroy Plantagenet et de Mathilde ; duc d'Aquitaine et roi d'Angleterre sous le nom d'Henri II (1154-1189), 161.
Herbert II, comte de Vermandois († 943), 175.
Hermenric et son épouse Numma, 65.
Hervé, prieur de Saint-Denis, 97.
Honorius II (Lambert Scannabechi), pape (1124-1130), 65.

Hubert de Saint-Gaury, 91.
Hugues, évêque de Laon (1111-1113), 137.
Hugues d'Amiens, archevêque de Rouen (1130-1164), 23, 43, 51, 107, 115, 141.
Hugues de la Ferté, archevêque de Tours (1133-1147), 141.
Hugues de Mâcon, évêque d'Auxerre (1137-1151), 43, 51.
Hugues, seigneur de Méréville, 79.
Hugues III, seigneur du Puiset, fils d'Évrard III et petit-fils d'Hugues I dit Blavons, 81, 83, 85, 87.

Innocent II (Gregorio Papareschi dei Guidoni), pape (1130-1143), 131, 161.

Jean II, évêque d'Orléans (1096-1135), 85.
Jean d'Étampes, fils de Payen, 75.
Joscelin de Vierzy, évêque de Soissons (1126-1152), 43, 51, 141, 173.
Judith, épouse de Galéran de Breteuil, 91.

Lancendis, 99.
Lothaire de Supplinburg, duc de Saxe, empereur (1113-1137), 159, 161.
Louis VI le Gros, roi de France (1108-1137), 67, 85, 89, 91, 133, 139, 151, 157.
Louis VII le Jeune, roi de France (1137-1180), 27, 29, 35, 41, 43, 45, 47, 49, 69, 79, 107, 153, 157 et suiv..
Louis le Pieux, fils de Charlemagne, roi et empereur d'occident (814-840), 65, 107.

Manassès II, évêque de Meaux (1134-1158), 43, 51, 105, 115, 141.
Mathieu de Montmorency, 57.
Mathilde, fille d'Henri I Beauclerc, roi d'Angleterre; épouse de l'empereur Henri V puis du comte d'Anjou Geoffroy Plantagenet, 161.
Milon châtelain de Chevreuse, Milon II de Monthléry, châtelain de Bray-sur-Seine et Vicomte de Troyes, frère cadet de Gui Trousseau ; cousin d'Hugues de Crécy, 21.
Milon I, évêque de Thérouanne (1131-1158), 43, 51.
Mitadolus, 153.

Nanthilde, épouse du roi Dagobert, 145.
Nicolas de Chièvres, évêque de Cambrai (1137-1167), 50.
Numma, épouse d'Hermenric, 65.

Oursel, juif de Montmorency, 57.

Payen d'Étampes, 77.
Payen de Gisors, 71.
Pépin III le Bref, roi (751-768) ; appelé « empereur » par Suger, père de Charlemagne, 65, 113.
Pépin II d'Herstal, maire du Palais (687-714), père de Charles Martel, 65.
Philippe I, roi de France (1060-1107) ; cf. Louis VI le Gros.
Pierre, évêque de Senlis (1134-1151), 23, 43, 51, 115, 141.

Raoul IV comte de Vermandois, neveu du roi Philippe I ; sénéchal du roi (1131-1152), 163.
Robert, abbé de Corbie (1127-1142), 99, 145.

Roger, prêtre d'une paroisse de Berneval et son frère Geoffroy, 109.

Roger II, comte de Sicile et duc de Calabre (1101), roi de Sicile (1130-1154), gendre de Thibaud de Blois comte palatin, 155, 161.

Rotrou de Beaumont-le-Roger, évêque d'Évreux (1139-1165), 43, 51.

Samson Mauvoisin, archevêque de Reims (1140-1161), 43, 49, 141.

Simon abbé de Saint-Benoît-sur-Loire (1103-1107), 85.

Simon de Neauphle, 75.

Simon frère de Raoul de Vermandois, évêque de Noyon (1123-1148), 43, 51.

Simon de Viltain, 73.

Suger, abbé de Saint-Denis (1122-1151), 117, 121, 125, 133, 153.

Thibaud comte de Blois, Chartres, Châteaudun, Sancerre et Meaux, frère d'Étienne de Boulogne roi d'Angleterre ; neveu d'Henri Ier Beauclerc, 35, 105, 129, 155, 161, 165, 167.

Thibaud, chevalier de Puiseux, 71.

Thibaud du Bec, archevêque de Cantorbéry (1139-1161), 43, 51.

Yves, évêque de Chartres (1091-1116), 85.

GLOSSAIRE DU VOLUME I

Absis : arc, voûte semi-circulaire, chœur voûté, coupole au-dessus d'un tombeau.

Ala : côté d'un édifice, aile d'un bâtiment, collatéral, bas-côté d'une église.

Advocatio : fonction d'avoué et ensemble des droits qui y sont attachés, territoire où s'exerce l'autorité d'un avoué, avouerie.

Advocatus : défenseur des droits d'une église devant les cours, représentant légal, fondé de pouvoir d'un comte, d'un évêque ou d'un abbé, intendant, lieutenant, gouverneur.

Anaglifus, Anaglyphus : ciselé, sculpté en relief.

Angaria : service de toute nature, dû par une personne ou une terre, charge oppressive, redevance en nature, corvée de transport.

Annona : blé, céréale, froment et sègle à faire le pain, récolte en céréale, cens annuel en céréale.

Anulus : anneau à sceller, sceau, cachet royal.

Aquilo : le nord (souvent pris comme symbole de l'esprit d'infériorité).

Ara : autel (souvent pris dans le sens mystique).

Arcae : dépôt, trésor, coffre aux reliques.

Arcus : cintre, voûte, arc, arcade.

Armarium : lieu où l'on range les documents et les livres, archives.

Atrium, : enclos consacré autour des églises, parvis, aitre, cimetière.

Aurifrisium, aurifrasium, aurifrigium : franges d'or, broderies d'or ou d'argent, orfroi.

Ballistarius : arbalétrier.

Berillus, beryllus : béryl, aigue-marine, cristal.

Bibliotheca : écriture sainte, Bible.

Biblus : écrit, papier, livre.

Birota, birotum : charrette, voiture à deux roues.

Bubulcus : qui a le soin, la conduite des bœufs, bouvier.

Cacumen : extrémité, sommet, faîte.

Cambiatio : échange, change, bureau de change, droit de change.

Camera : voûte, ensemble d'un toit et d'une cavité intérieure, pièce, chambre.

Camera : Trésorerie, chambrerie, dépôt, vestiaire, atelier.

Canonica : dignité, titre de chanoine, prébende, revenu de chanoine, canonicat.

Capitellum : extrémité supérieure, chapiteau de colonne.

Cappa : capuchon, manteau à capuche, vêtement liturgique, chape.

Carbunculus : pierre précieuse, escarboucle.

Carruca : charrue, terre labourable faisant partie de la réserve domaniale, étendue de terre que l'on peut exploiter avec une charrue.

Castellum : châteaufort, fortification, ville entourée d'une enceinte, bourg fortifié, fortification autour d'une abbaye.

Castrum : châteaufort, fortification, agglomération, bourg fortifié, fortification autour d'une abbaye.

Catalogus : énumération mise par écrit, liste, dénombrement.

Cementarius : maître-maçon, architecte qui dirige la construction d'une église.

Cespes : territoire, domaine, champs.

Chorea : mouvement circulaire, danse en chœur, chœur chantant, procession autour du chœur.

Chorum : partie de l'église, lieu du chant, chœur de l'église.

Cimiterium : espace autour de l'église généralement réservé aux sépultures, cimetière.

Circinatus, de circinare : former en cercle, parcourir en rond, entourer.

Clibanus : four, gril.

Collecta : récolte, impôt levé par quote-part, taille, impôt.

Colonus : tenancier rural à tenure héréditaire, dépendant pourvu d'une terre grevée de charges limitées, fermier.

Conduco : prendre à bail, à ferme, en adjudication, entrer en possession, recevoir.

Conductus : escorte, transport, protection, sauf-conduit, rétribution contre protection des voyageurs, péages.

Consuetudo : usage, droit coutumier, redevance dûe à un seigneur, prestation ou service dû, impôt, taxe.

Cornu : coin d'autel.

Crista : crête de montagne, ornement surelevé d'une tombe.

Crux ecclesie : transept.

Cruces collaterales : bras du transept.

Crypta : galerie, église souterraine, caveau, voûte, crypte.

Cuppa : coupe, gobelet.

Curia dans le sens synonyme de *curtis* : cour d'une maison, terrain cloturé, domaine rural, chef-manse, centre d'exploitation d'un domaine, exploitation rurale.

Curticula : enclos, jardin, petite cour, espace clos près d'une demeure, domaine peu important.

Curtis : enclos constitué d'une maison et d'un jardin, demeure rurale, ferme, domaine, village, centre d'exploitation.

Cyclas : vêtement de luxe, essentiellement féminin, long manteau de soie ou autre riche étoffe, bordé d'une bande circulaire.

Decachordus : instrument à dix cordes, décacorde.
Decurio : officier commandant dix cavaliers, chef de personnel au palais, conseiller.
Defossum : fossé, fosse.
Dextrarius : cheval de bataille (tenu de la main droite par l'écuyer), destrier.
Diadema : diadème, couronne.
Districtus : de distringo : revendiquer, réclamer fermement, poursuivre en justice, forcer avec sévérité, contraindre, punir sévèrement.
Dolium : jarre, tonneau.
Dominicatura : réserve seigneuriale, propriété, domaine.
Dominicum : propriété soumise à l'autorité d'un seigneur, dans la main d'un seigneur, église, bâtiment, demeure seigneuriale.
Dos : dotation offerte par son fondateur à l'église pour son entretien et la subsistance des desservants, équipement matériel d'une église, dotation.

Edictum : précepte royal, capitulaire, ordonnance royale, décret royal.
Equuleus : chevalet de torture (par étirement).
Esca : glandée, plat de viande.

Facetus : orné, embelli, rendu élégant.
Fiala : vase, coupe légèrement creusée.
Firmitas : place forte, forteresse, rempart, enceinte urbaine.
Fiscella : sac, bourse, petit panier, petite corbeille.

Fiscus : patrimoine, trésor royal, trésor d'un prince, d'un seigneur, d'un établissement religieux.
Frutectum : arbuste, arbrisseau, branchage.
Funis : corde, câble.

Galea : casque.
Gaza : butin, trésor royal, trésor.
Gazofilatium, gazophylatium : tronc des offrandes, offrande déposée dans le trésor, trésor d'église.
Gladius : épée, glaive.
Glandis : partie supérieure du rempart, tour de bois de défense.
Graffio : agent, exacteur, juge fiscal, percepteur de taxes.

Hominium : hommage vassalique, droit de recevoir l'hommage.
Hospes : immigrant, manant résidant dans le territoire d'une seigneurie et soumis à sa coutume, tenancier libre muni d'une tenure à cens modeste, hôte.
Hospitium : gîte, droit de gîte.
Hostia : offrande de son corps, victime eucharistique, hostie.
Hysopum : hysope, plante de purification, instrument pour asperger l'eau bénite, goupillon.

Inclusorius : cloisonné, d'orfèvrerie cloisonnée.
Indictum : foire publique, marché.
Infantia : enfance, bas âge, jeune âge, enfance (d'un prince).

Instrumentum : moyen, organe, appareil, enseignement, instrument.

Intersignum : signe, marque, signe d'authenticité, sceau.

Intitulare : mettre par écrit, intituler un écrit.

Justa : vase à contenir les liquides, flacon de table, ration, gobelet, mesure de boisson équivalant à une pinte environ, soit 0,93 litre.

Justicia : droit de justice, redevance ou charge, soit personnelle, soit réelle, fruit de justice, imposition, taxe.

Lagena : mesure de liquide, jarre, bouteille, flacon.

Lathomus : carrier, tailleur de pierres.

Lectica : cercueil, brancard pour porter les reliques, catafalque, reliquaire portatif.

Leuga : mesure de superficie, lieue : soit 1500 pas, un mille romain et demi ou 2250 m.

Locellus : petite place, endroit, petit oratoire, sanctuaire, petit emplacement, petit cercueil.

Lorica : cuirasse, haubert.

Macellum : halle à la viande, étal de boucher, boucherie, quartier des bouchers.

Maceria : maçonnerie, mur.

Mansio : logis, demeure, propriété rurale, unité d'exploitation, tenure domaniale, manse.

Marchia, marcha, marca : limite, frontière, marche, zone frontière.

Marcum : poids de métaux précieux valant 1/2 ou 2/3 de livre, monnaie d'or ou d'argent valant au XIIe siècle 12 sous et 4 deniers environ pour le marc d'argent, le marc d'or valant 15 marcs d'argent.

Ministerialis : fonctionnaire public, officier régisseur, artisan membre d'un corps de métier.

Ministerium : charge, office, fonction publique, circonscription ou revenu d'un officier public.

Monarchia : territoire gouverné par un seul, par un monarque.

Monile : joyau, chaîne, collier.

Mucro : pointe, extrémité aigüe, tranchant, épée, glaive de l'excommunication (ou de toute autre sentence ecclésiastique).

Municipium : châteaufort, ville fortifiée, enceinte urbaine, citadelle.

Musivum, musium, museum : ouvrage en mosaïque.

Nutrio : former, éduquer, élever (des enfants dans un monastère).

Obrisus, obrysus : jaune pâle, pur, fin.

Obrisum : or pur, or fin.

Ocrea : jambière.

Olla : pot.

Operio : vêtir, couvrir, recouvrir.

Opertura : housse, couverture, couvercle, dalle tumulaire, couverture d'un bâtiment.

Oppidanus : habitant d'un château, soldat de sa garnison, châtelain, citadin.

Oppidum : château, place forte, forteresse, agglomération accolée au château et dans les murailles.

Optimates : les dignitaires, les grands laïcs compagnons du roi, les grands laïcs du royaume, les grands vassaux.

Oratorium : oratoire, chapelle attenante à une église, à l'intérieur d'une église.

Pagus : territoire, ressort d'une *civitas*, campagne, pays, région.

Palagium : voir *paleagium*

Paleagium : redevance consistant en paille.

Palliatura : ornement d'église fait d'étoffe, draperie.

Palliatus : paré de draperies, fait de draperies.

Pallium : étoffe, pièce de drap, tissu de soie, de brocard, draperie, ouvrage de parement, tenture.

Palus : piquet, poteau.

Patulus : largement ouvert, béant.

Pedagium : tonlieu pour les gens allant à pied, péage, droit de passage.

Phlegma : humeur, mucus, glaire.

Pistor : boulanger.

Placitum : assemblée générale, assemblée, séance judiciaire, litige, action, procès, jugement.

Plaga (voir platea) : place, emplacement, lieu, espace.

Plancatum, plancatus : plancher, étage.

Platea : place, emplacement, terrain libre, espace.

Plaustrum : charriot, charrette, voiture.

Podium : appui, béquille, étai, échaffaudage de pied.

Porticus : entrée, porte, narthex, porche.

Prasius : d'émeraude.

Preceptum : ordonnance, diplôme royal, édit royal, diplôme, charte.

Prepositura : dignité, charge de prévôt, redevance dûe au prévôt.

Prepositus : laïc ou religieux préposé à une *cella*, à un groupement de domaines ou à un prieuré, agent domanial, prieur d'une église qui dépend d'une abbaye, responsable des intérêts matériels d'une église, chargé d'administrer des biens d'église.

Procella : orage, bourrasque, ouragan, trombe d'eau.

Proceres : les grands laïcs du royaume, les grands de l'entourage du roi, les grands vassaux, les princes, les dignitaires.

Procuratio : fourniture, entretien, charge d'hébergement, droit d'être hébergé.

Procurator : fondé de pouvoir, avoué, administrateur de biens, régent, agent domanial.

Promptuarium : dépôt, magasin, cellier.

Propugnaculum : moyen de défense, ouvrage de défense, retranchement, rempart, fortification.

Pulmentum : ragoût, viande, pitance, nourriture.

Pulpitum : chaire de lecteur, pupitre, ambon.

Refectio : action de se refaire, se restaurer, réconfort spirituel ou physique, repas.

Repagula : barre de fermeture, barrière.

Rima : fente, fissure, lézarde.

Sagittarius : tireur à l'arc, archer.

Sardonyx : matière précieuse composée de sardoine et d'onyx.

Sauma : fardeau d'une bête de bât, fardeau.

Scrinium : trésor royal, trésor d'église, archives d'église, reliquaire.

Scutella : plat, petite patène.

Servitium : service vassalique, prestation militaire, fourniture d'aliments pour le seigneur, redevance.

Sigillum : signe, marque, sceau.

Sinaxis, synaxis : réunion pour la psalmodie, réunion de religieux pour l'office, office religieux.

Situla : vase.

Solarium : étage, chambre haute.

Statio : service féodal de garde d'un château, service féodal de garnison.

Suffero : placer sous, présenter, fournir.

Sudis : pieu, piquet.

Suffragium : appui, soutien, étai.

Tabula : table ornée formant devant d'autel, devant d'autel, frontal, *antependium*.

Tabulatum : plancher, étage, étage supérieur, couvert d'un toit.

Tempestas : Temps chronologique, époque, temps météorologique, mauvais temps, tempête, orage, ouragan.

Tensamentum : redevance payée par le sujet pour être protégé par le suzerain.

Tentorium : tenture, tente.

Testudo : coquille, carapace de tortue, machine de guerre formée d'une juxtaposition de boucliers, emplacement entièrement couvert, voûte, salle voûtée.

Tetrarchia : la quatrième partie du royaume.

Theca : chapelle, tombeau, boîte, reliquaire.

Theloneum : bureau de douane, droit de passage, taxe sur le transport et la vente des marchandises.

Titulus : titre, monument, dédicace, inscription, écriteau.

Tonna, tunna : récipient conservé dans la cave, tonneau, tonne.

Torcularium : pressoir pour raisin.

Trabs, trabes : poutre.

Tristega, tristegum : [tour] à trois étages, échaffaud de beffroi, donjon mobile.

Unio : grosse perle, perle.

Vallum : défense, palissade, tour de bois de défense, rempart.

Valvae : battants d'une porte, porte à double battant.

Vasculum : récipient, petit vase, coupe.

Vectigal : ensemble des coutumes à payer par une personne dépendante, service de transport, service obligatoire de voiturage, charroi.

Venatio : droit de chasse, redevance payée moyennant le droit de chasse.

Vexillum : étendard symbolisant un pouvoir, bannière d'un saint, signe, marque, enseigne.

Viatura : droit de voierie, justice du voyer, voyage, transport.

Vicus : bourg, village.

Villa : demeure rurale, domaine foncier, agglomération à l'extérieur d'un *castrum*, bourg rural, village créé sur des terres défrichées, village avec ses champs et son finage.

Villicus : intendant, administrateur d'une ferme ou d'un village, régisseur d'un domaine, agent domanial.

Vimen : bois flexible, baguette, latte de bois.

Volta : voûte, lieu voûté.

TABLE DES MATIÈRES

Introduction..................................... VII

   I. Vie de Suger............................ VII
   II. Suger et Saint-Denis XXXII
   III. Les œuvres du 1er volume................. LIV
      Règles d'édition.......................... LXIV
      Bibliographie............................ LXVII

Écrit sur la consécration 2

L'œuvre administrative de l'abbé Suger de Saint-Denis 54

Histoire de Louis VII 156

Notes complémentaires........................ 179

   I. Écrit sur la consécration................... 179
   II. L'œuvre administrative 193
   III. Histoire de Louis VII..................... 243

Index des noms de lieux 247

Index des noms de personnes 251

Glossaire du volume 255

Planches 267

LES CLASSIQUES DE L'HISTOIRE DE FRANCE AU MOYEN AGE

publiés sous le patronage de l'Association Guillaume Budé
sous la direction d'André Vernet
de l'Institut

ABBON.
Siège de Paris par les Normands. (1 vol.).

ADALBÉRON DE LAON.
Poème au Roi Robert. (1 vol.).

BERNARD GUI.
Manuel de l'Inquisiteur. (2 vol.).

LA CHANSON DE LA CROISADE ALBIGEOISE. (3 vol.).

LA CHRONIQUE DE SAINT MAIXENT (751-1140). (1 vol.).

PHILIPPE DE COMMYNES.
Mémoires (3 vol.).

LE DOSSIER DE L'AFFAIRE DES TEMPLIERS. (1 vol.).

EGINHARD.
Vie de Charlemagne. (1 vol.).

ERMOLD LE NOIR.
Louis le Pieux et Epîtres au Roi Pépin. (1 vol.).

GRÉGOIRE DE TOURS.
Histoire des Francs. (2 vol.).

GUIBERT DE NOGENT.
Autobiographie. (1 vol.).

GUILLAUME DE POITIERS
Histoire de Guillaume le Conquérant. (1 vol.).

HISTOIRE ANONYME DE LA PREMIÈRE CROISADE. (1 vol.).

LOUP DE FERRIÈRES.
Correspondance (829-886). (2 vol.)

NITHARD.
Histoire des fils de Louis le Pieux, avec un fac-similé des Serments de Strasbourg. (1 vol.).

RICHER.
Histoire de France (888-995). (2 vol.).

SUGER.
Vie de Louis Le Gros. (1 vol.).

THOMAS BASIN.
Apologie ou plaidoyer pour moi-même. (1 vol.).
Histoire de Charles VII. (2 vol.).
Histoire de Louis XI. (3 vol.).

GEOFFROI DE VILLEHARDOUIN.
La Conquête de Constantinople. (2 vol.).

YVES DE CHARTRES.
Correspondance. (1 vol. paru).

*Ce volume
le trente septième
de la collection Les Classiques
de l'Histoire de France au Moyen Âge
publié aux Éditions Les Belles Lettres
a été achevé d'imprimer
en septembre 1996
sur les presses
de l'imprimerie F. Paillart
80103 Abbeville*

*N° d'éditeur : 3343
N° d'imprimeur : 9574*

PLANCHES

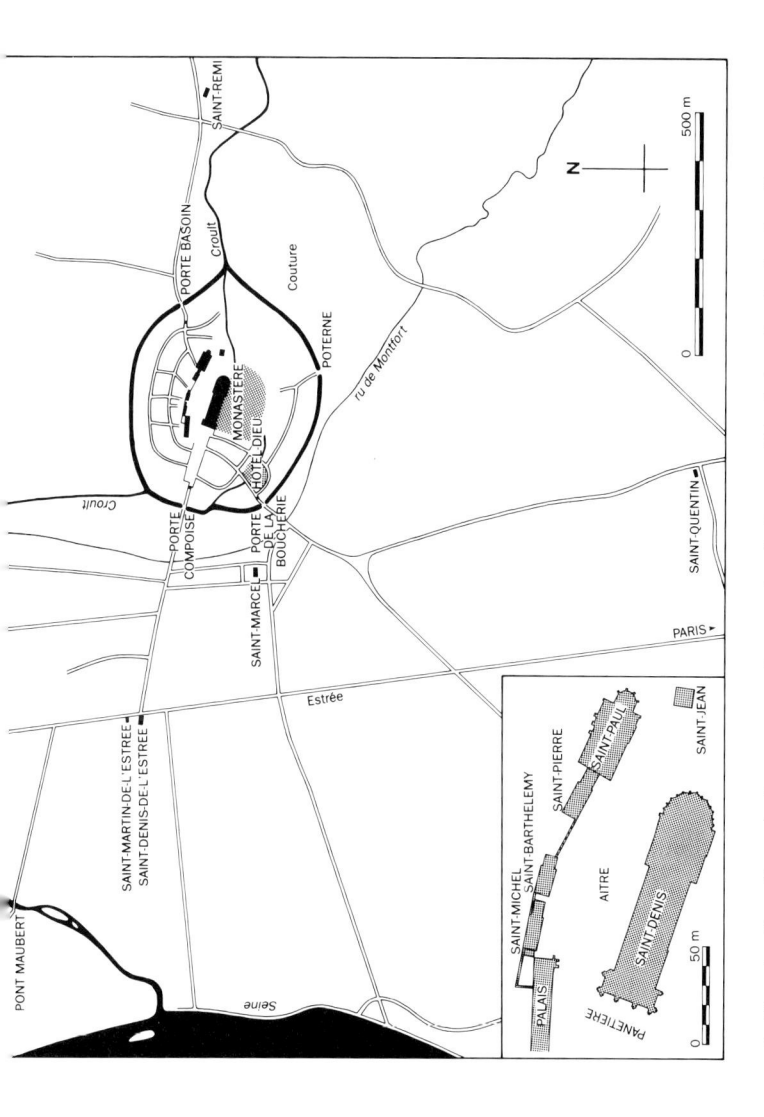

1. Plan du *Castellum*, du bourg monastique et des faubourgs. Détail des abords du cimetière.
Document unité archéologique de la ville de Saint-Denis — Dessin de M. Wyss.

2. L'abbaye de Saint-Denis d'après le *Monasticon Gallicanum*, vers 1690 (Germain, Peigne-Delacourt, Delisle 1871, pl. 6) ; gravure.

Document U.A.S.D.

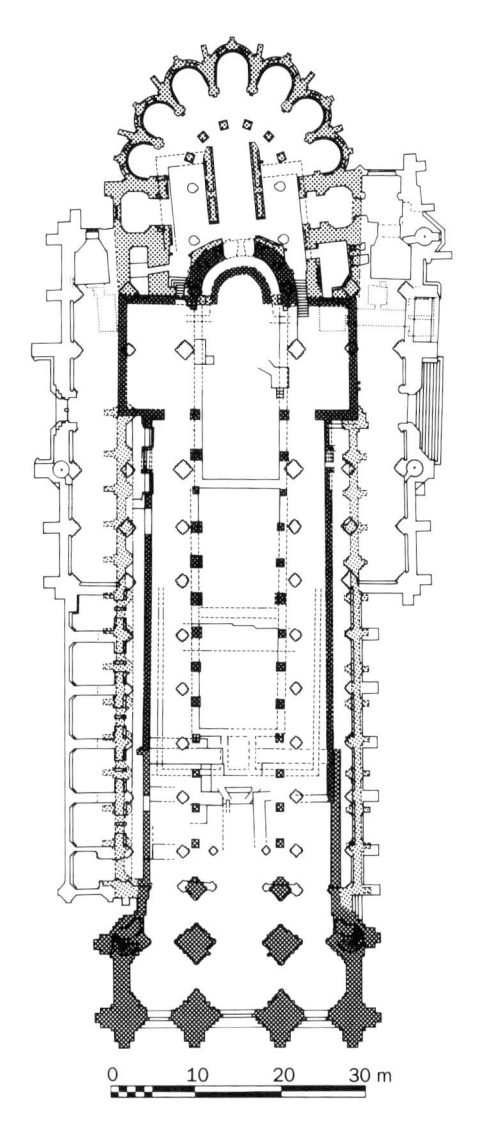

3. L'église de Suger

1. nef et Transept de l'église carolingienne (775)
2. massif occidental et raccordement à la nef carolingienne (1140)
3. chevet (1144)
4. fondations de la nouvelle nef projetée (1144-1151)

Document U.A.S.D. — Dessin de M. Wyss.

4. vue extérieure du chevet de l'église Saint-Denis.
— Aux niveaux inférieurs : fenêtres des chapelles rayonnantes de la crypte et du chevet de Suger.
— Aux niveaux supérieurs : Triphorium et verrières de la reconstruction commencée en 1231.

Howlet (B.), d'après un dessin de G. Anderson : 1812.

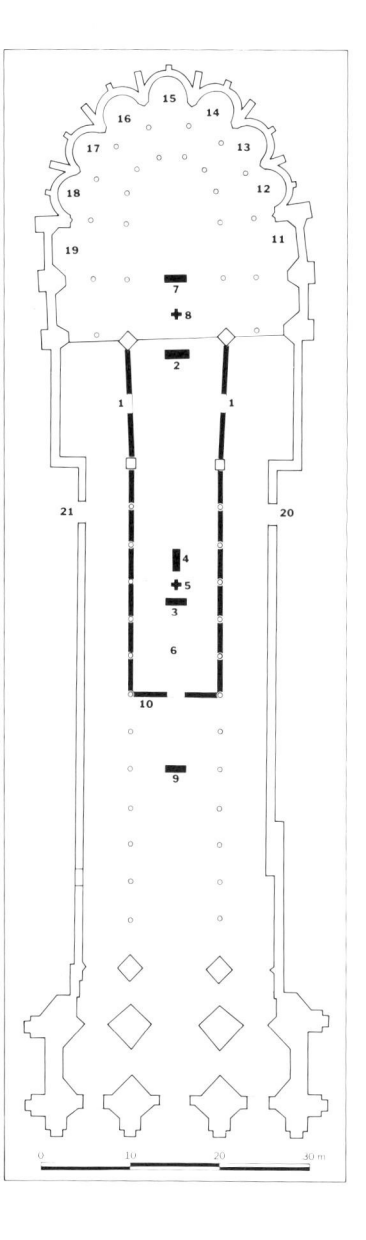

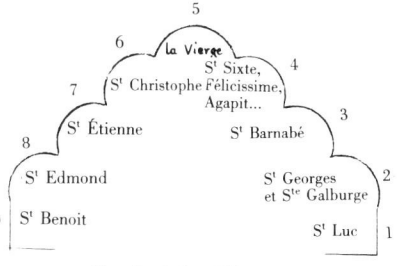

Chapelles de la crypte

5. Reconstitution de l'espace liturgique dans l'église du XIIIe siècle.

1. Porte latérales du jubé, dites « portes rouges ».
2. Autel majeur
3. Autel de la Trinité
4. Tombeau de Charles le Chauve
5. Croix de Charles le Chauve
6. Lutrin en forme d'aigle restauré par Suger
7. Autel des corps saints
8. Grande croix d'or de Suger
9. Oratoire de saint Hippolyte
10. Pupitre (ambon)
11. Chapelle de saint Jean-Baptiste et de saint Jean l'Évangéliste
12. Chapelle de saint Hilaire
13. Chapelle de saint Eugène
14. Chapelle de saint Cucuphas
15. Chapelle de la Vierge
16. Chapelle de saint Pérégrin
17. Chapelle de saint Eustache
18. Chapelle de sainte Osmanne
19. Chapelle des saints Innocents
20. Porte sud, donnant sur le cloître (Porte Saint-Eustache)
21. Porte nord, donnant sur le cimetière (Porte d'Airain).

Document U.A.S.D.
Dessin de M. Wyss

6. Escalier nord du déambulatoire dessiné par Percier en 1794-1795. Musée municipal Antoine Vivenel, Compiègne. Aquarelle.

Document U.A.S.D.

7. Vue du transept et du chœur de la basilique après les destructions révolutionnaires. Howlet (B.), d'après un dessin de G. Anderson : 1812.

Document U.A.S.D.

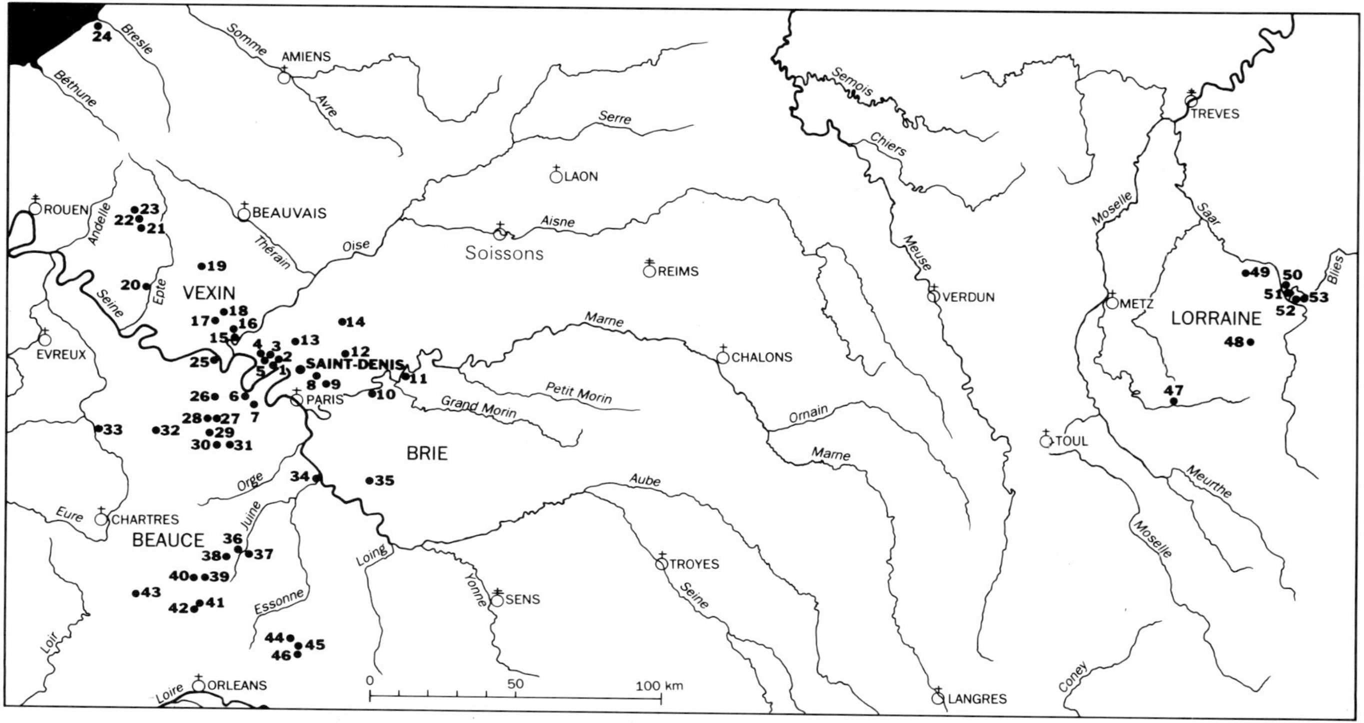

AMIENS
BEAUVAIS
ROUEN
EVREUX
CHARTRES
ORLEANS
PARIS
SAINT-DENIS
LAON
Soissons
REIMS
CHALONS
VERDUN
METZ
TREVES
TOUL
LANGRES
TROYES
SENS
VEXIN
BRIE
BEAUCE
LORRAINE
Somme
Bresle
Béthune
Avre
Andelle
Epte
Seine
Thérain
Oise
Serre
Aisne
Marne
Petit Morin
Grand Morin
Ornain
Aube
Yonne
Loing
Orge
Juine
Essonne
Eure
Loir
Loire
Semois
Chiers
Meuse
Moselle
Saar
Blies
Meurthe
Coney
0
50
100 km

8. Carte des possessions de l'abbaye de Saint-Denis, citées dans les œuvres de Suger.

> Document U.A.S.D.
> dessin de M. Wyss.

1. Argenteuil
2. Sannois
3. Franconville
4. Montigny-lès-Cormeilles
5. Cormeilles en Parisis
6. Louveciennes
7. Vaucresson
8. Saint-Lucien, La Courneuve
9. Bondy
10. Lagny
11. Mareuil-lès-Meaux
12. Tremblay-lès-Gonesse
13. Montlignon
14. Montmélian
15. Cergy
16. Osny
17. Ableiges
18. Cormeilles-en-Vexin
19. Chaumont-en-Vexin
20. Château-sur-Epte
21. Morgny
22. Lilly
23. Fleury-la-Forêt
24. Berneval-le-Grand, Carrière
25. Vernouillet
26. Chavenay
27. Trappes
28. Elancourt
29. Le Mesnil-Saint-Denis
30. Dampierre
31. Chevreuse
32. Bourdonné
33. Chérisy
34. Notre-Dame-des-Champs (Corbeil)
35. Montereau-sur-le-Jard
36. Guillerval
37. Saclas
38. Monnerville
39. Le Rouvray-Saint-Denis
40. Villaines
41. Toury
42. Poinville
43. Fains-en-Dunois, Vergonville
44. Barville en Gâtinais
45. Beaune-la-Rolande
46. Saint-Loup-des-Vignes
47. Salonnes
48. Celle
49. Arlange
50. Klein Blidestroff
51. Kochlingen
52. Sarreguemines
53. Ebersing

9. Fragment de la croix de saint Éloi, jadis placée sur le maitre-autel de l'abbatiale. Citée par Suger (Traité sur son administration, chap. 13).

   Bibl. Nat. de France. Cabinet des Médailles, RCB 12930.

10. Intaille de Julie, fille de Titus, jadis placée au sommet de l'« escrain de Charlemagne ». Cité par Suger (Traité sur son administration, chap. 13).

Bibl. Nat. de France, Cabinet des Médailles, RCB 1271.

11. « Trône de Dagobert », d'époque carolingienne, restauré par Suger et cité par lui (Traité sur son administration, chap. 17). Bibl. Nat. de France, Cabinet des Médailles, RCB 6526.

12. Navette de saint Éloi, en orfèvrerie cloisonnée, achetée par Suger et citée très probablement par lui (Traité sur son administration, chap. 19).

Bibl. Nat. de France, Cabinet des Médailles, RCB 10155.

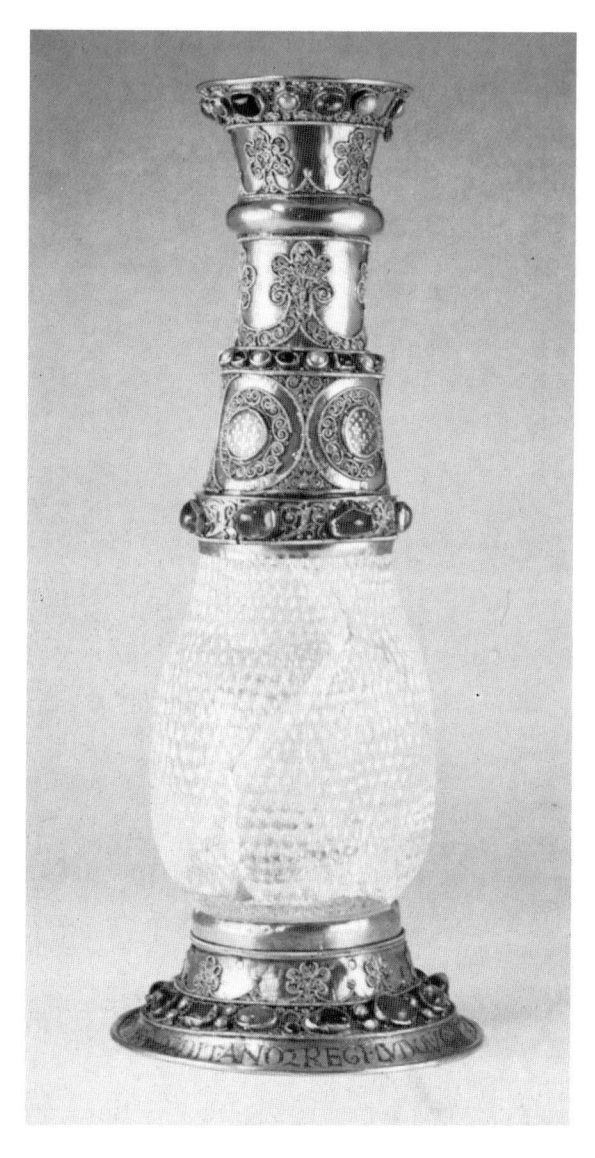

13. Vase de cristal, d'art sassanide des VI-VIIe siècles, ayant appartenu à la reine Aliénor. Cité par Suger (Traité sur son administration, chap. 19)

Musée du Louvre, Départ. des objets d'Art, MR 340.

14. Aiguière de sardoine ou d'agate, d'origine byzantine ou sassanide, du VIIe siècle. Citée par Suger (Traité sur son administration, chap. 19).

Musée du Louvre, Départ. des objets d'Art, MR 127.

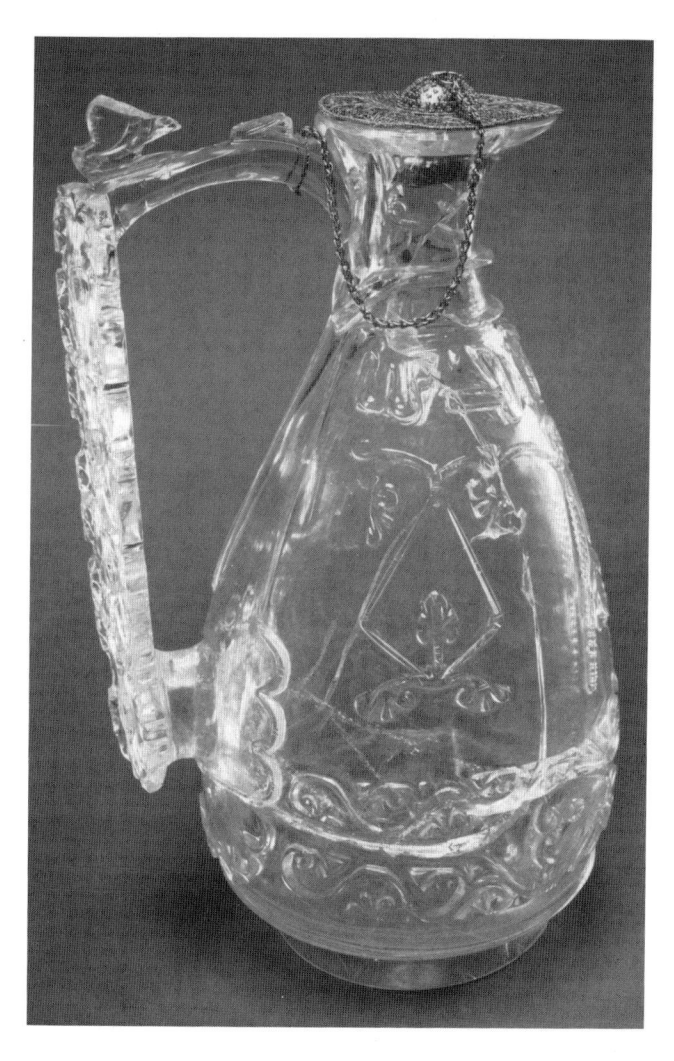

15. Aiguière de cristal de roche, d'art fatimide des xe-xie siècles. Peut-être citée par Suger (Traité sur son administration, chap. 19).

Musée du Louvre, Départ. des objets d'Art, MR 333.

16. Vase de porphyre, d'époque impériale, transformé en aigle par Suger et cité par lui (Traité sur son administration, chap. 19). Musée du Louvre, Départ. des objets d'Art, MR 422.